Dierk Hoffmann und Andreas Malycha (Hrsg.)
Erdöl, Mais und Devisen

Schriftenreihe der Vierteljahrshefte für Zeitgeschichte
Band 113

Im Auftrag des
Instituts für Zeitgeschichte München – Berlin
herausgegeben von
Helmut Altrichter   Horst Möller
Andreas Wirsching

Redaktion:
Johannes Hürter und Thomas Raithel

Erdöl, Mais und Devisen

Die ostdeutsch-sowjetischen Wirtschaftsbeziehungen 1951–1967
Eine Dokumentation

Herausgegeben von
Dierk Hoffmann und Andreas Malycha

unter Mitarbeit von
Matthias Uhl, Oxana Kosenko und Rainer Karlsch

ISBN 978-3-11-046364-4
ISBN (PDF) 978-3-11-046647-8
e-ISBN (EPUB) 978-3-11-046413-9
ISSN 0506-9408

Library of Congress Cataloging-in-Publication Data
A CIP catalog record for this book has been applied for at the Library of Congress.

Bibliografische Information der Deutschen Nationalbibliothek
Die Deutsche Nationalbibliothek verzeichnet diese Publikation in der Deutschen Nationalbibliografie; detaillierte bibliografische Daten sind im Internet über http://dnb.dnb.de abrufbar.

© 2016 Walter de Gruyter GmbH, Berlin/Boston
Titelbild: N. S. Chruschtschow und Walter Ulbricht (rechts) auf der Leipziger Frühjahrsmesse (am Messestand von Feinmechanik-Optik), 5. März 1959; Bundesarchiv, Bild-183-62500-0533 / Fotograf: Walter Heilig
Druck und Bindung: Hubert & Co. GmbH & Co. KG, Göttingen
♾ Gedruckt auf säurefreiem Papier
Printed in Germany

www.degruyter.com

Inhalt

Einleitung 1

Dokumente 15

Dokumentenverzeichnis 231

Abkürzungsverzeichnis 237

Literaturverzeichnis 241

Personenregister 247

Einleitung

Der Ost-West-Konflikt wurde auch in der Wirtschaft ausgetragen. Eine Arena, in der die wirtschaftspolitische Konkurrenz der beiden Systeme besonders hervortrat, war das geteilte Deutschland[1]. Bereits vor der doppelten Staatsgründung 1949 kam es zu einem deutsch-deutschen Wettstreit über das bessere Wirtschaftssystem. Für die westlichen Besatzungszonen entwickelten bekanntlich Kurt Schumacher (SPD) und Konrad Adenauer (CDU) eine Magnettheorie, der zufolge der erwartete wirtschaftliche Aufschwung im Westen Deutschlands eine Sogwirkung auf den Osten entfalten und die SED-Herrschaft zum Einsturz bringen würde[2]. Auf der anderen Seite des Eisernen Vorhangs entwarf der SED-Ko-Vorsitzende Otto Grotewohl 1946 wiederum eine eigene Variante der Magnettheorie für die Sowjetische Besatzungszone (SBZ)[3], die von der Überlegenheit des ostdeutschen planwirtschaftlichen Systems gegenüber dem privatkapitalistischen System im Westen ausging. Die propagierte Überlegenheit des jeweils eigenen Systems sollte der Identitätsstiftung in beiden deutschen Staaten dienen und trug damit zu deren Legitimierung und Stabilisierung bei. Gleichzeitig ging es aber auch darum, die Bevölkerung im anderen Teil Deutschlands von der Attraktivität der eigenen Wirtschafts- und Gesellschaftsform zu überzeugen[4]. Mit missionarischem Eifer suchten die politisch Verantwortlichen die Zustimmung der Bevölkerung im jeweils anderen Teil Deutschlands zu erreichen[5]. Sowohl Bonn als auch Ost-Berlin verfolgten das langfristige Ziel, als Sieger im Wettbewerb der Systeme die Wiedervereinigung Deutschlands zu den eigenen Konditionen herbeizuführen. Obwohl die DDR ab Mitte der 1950er Jahre immer öfter in die Defensive geriet und die Abstimmung mit den Füßen bis zum Mauerbau 1961 verdeutlichte, dass es der Führung in Ost-Berlin noch nicht einmal gelang, eine Magnetwirkung auf die eigene Bevölkerung zu entfalten, sollte der Gestaltungsanspruch der SED ernst genommen und die Wirtschaftsgeschichte der DDR nicht undifferenziert nur als Irrweg dargestellt werden[6].

---

[1] Vgl. zum Folgenden auch: Dierk Hoffmann, Einleitung, in: Dierk Hoffmann (Hrsg.), Die zentrale Wirtschaftsverwaltung in der SBZ/DDR. Akteure, Strukturen, Verwaltungspraxis, München 2016, S. 1–16, hier S. 1–3.
[2] Vgl. Werner Abelshauser, Zur Entstehung der „Magnet-Theorie" in der Deutschlandpolitik. Ein Bericht von Hans Schlange-Schöningen über einen Staatsbesuch in Thüringen im Mai 1946, in: Vierteljahrshefte für Zeitgeschichte 27 (1979), S. 661–679; Hans-Peter Schwarz, Vom Reich zur Bundesrepublik. Deutschland im Widerstreit der außenpolitischen Konzeptionen in den Jahren der Besatzungsherrschaft 1945–1949, Neuwied/Berlin 1966.
[3] Dirk Spilker, The East German Leadership and the Division of Germany. Patriotism and Propaganda 1945–1953, Oxford 2006, S. 94.
[4] Stefan Creuzberger/Dierk Hoffmann, Antikommunismus und politische Kultur in der Bundesrepublik Deutschland. Einleitende Vorbemerkungen, in: Dies. (Hrsg.), „Geistige Gefahr" und „Immunisierung der Gesellschaft". Antikommunismus und politische Kultur in der frühen Bundesrepublik, München 2014, S. 1–13, hier S. 1.
[5] Dierk Hoffmann, Ölpreisschock und Utopieverlust. Getrennte Krisenwahrnehmung und -bewältigung, in: Udo Wengst/Hermann Wentker (Hrsg.), Das doppelte Deutschland. 40 Jahre Systemkonkurrenz, Berlin 2008, S. 213–234, hier S. 222.
[6] So auch die Einschätzung bei Hartmut Berghoff/Uta Andrea Balbier, From Centrally Planned Economy to Capitalist Avant-Garde? The Creation, Collapse, and Transformation of a Socialist Econ-

Die SED war auch Ende der 1950er Jahre trotz mancher Rückschläge davon überzeugt, im Systemwettstreit den Sieg davontragen zu können. Trotz der Erfolge des bundesrepublikanischen Wirtschaftswunders war für viele Zeitgenossen in der Bonner Republik keineswegs ausgemacht, dass das Modell der sozialen Marktwirtschaft gegenüber dem planwirtschaftlichen Modell der DDR langfristig überlegen sein würde. Unter dem Eindruck des erfolgreichen Starts des sowjetischen Weltraumsatelliten „Sputnik" am 4. Oktober 1957 räumte Bundeswirtschaftsminister Ludwig Erhard in einem Gastbeitrag für die Hamburger Wochenzeitung ‚Die Zeit' zehn Monate später ein, dass sich die „Zuwachsraten des Sozialprodukts [der DDR-Wirtschaft] auf der Höhe der größten Erfolge westlicher Volkswirtschaften" bewegten[7]. Auf dem V. SED-Parteitag formulierte Walter Ulbricht im Sommer 1958 Wohlstandsversprechen, die die westdeutsche Seite zu einer Reaktion nötigten. Erhard sah in der „ökonomischen Hauptaufgabe" der SED eine große Herausforderung für die Bundesrepublik und begrüßte diese Art des Wettbewerbs auf „friedlichem Felde". Dieser direkte, auf hoher politischer Ebene und offen über die Medien geführte Schlagabtausch verdeutlicht die zentrale Relevanz von Wirtschaftspolitik für die deutsch-deutsche Systemauseinandersetzung nach 1945, mit der die bipolare Entwicklung der beiden Wirtschaftsordnungen (soziale Marktwirtschaft versus Planwirtschaft) noch weiter beschleunigt und vertieft wurde.

Bei der Errichtung der DDR-Planwirtschaft war die Sowjetunion das Vorbild. Sie hatte bereits in den 1920er Jahren damit begonnen, eine Zentralverwaltungswirtschaft aufzubauen; doch es dauerte bis 1928, ehe mit dem ersten Fünfjahrplan eine zentrale Planung und Steuerung der gesamten Volkswirtschaft in der 1922 gegründeten UdSSR vorgesehen wurde[8]. Historische Vorbilder gab es aber auch in Deutschland: Im Ersten Weltkrieg versuchte die deutsche Führung, den Ressourceneinsatz für die Kriegführung zu optimieren. So sollte das Vaterländische Hilfsdienstgesetz vom 5. Dezember 1916 die Steuerung des Arbeitsmarktes erleichtern. Als Wladimir I. Lenin wiederum seine spezifischen Vorstellungen von Planwirtschaft entwickelte, diente das Konzept der deutschen Kriegswirtschaft als Anregung[9]. Walther Rathenau – dem „erfolgreiche[n] Organisator von Kriegswirtschaft" – war im Übrigen schon 1915 bewusst gewesen, dass seine Vorstellungen eine inhaltliche Schnittmenge mit dem kommunistischen Modell aufwiesen[10].

Obwohl die Sowjetunion beim Aufbau der Planwirtschaft in der DDR Pate stand, wird der Begriff „Sowjetisierung" der Komplexität dieses Prozesses nicht gerecht. Zweifellos bestimmte Moskau die wirtschaftlichen Rahmenbedingungen durch die verhängten Demontagen und die angeordneten Reparationszahlungen. Darüber hinaus orientierten sich die ostdeutschen Planungsexperten an einzelnen, wichtigen Bestandteilen der sowjetischen Planwirtschaft, etwa in formaler Hinsicht beim Zyklus der Fünfjahrpläne bzw. des Siebenjahrplanes. Des Weiteren gab es in der DDR-Wirtschaftsverwaltung sowjetische Berater,

---

omy, in: Hartmut Berghoff/Uta Andrea Balbier (Eds.), The East German Economy, 1945–2010. Falling Behind or Catching Up?, New York/Washington 2013, S. 3–16, hier S. 5.
[7] Ludwig Erhard, Über den „Lebensstandard". Die Freiheit und der Totalitarismus – Die Herausforderung des Herrn Ulbricht, in: ‚Die Zeit' vom 15. 8. 1958, S. 11.
[8] Manfred Hildermeier, Geschichte der Sowjetunion 1917–1991. Entstehung und Niedergang des ersten sozialistischen Staates, München 1998, S. 368–377.
[9] Eric Hobsbawm, Das Zeitalter der Extreme. Weltgeschichte des 20. Jahrhunderts, München/Wien 1995, S. 471.
[10] Wolfgang Reinhard, Geschichte der Staatsgewalt. Eine vergleichende Verfassungsgeschichte Europas von den Anfängen bis zur Gegenwart, München 2000 (2., durchgesehene Aufl.), S. 468.

über deren Einfluss aber noch nicht viel bekannt ist[11]. Auch auf die zentrale Frage nach dem Ausmaß des sowjetischen Einflusses gibt es noch keine befriedigende Antwort. Gab es einen Export oder einen Oktroi sowjetischer Planwirtschaftselemente? Wie ist das Verhältnis von Autonomie und Heteronomie bei der Grundlegung der DDR-Planwirtschaft zu gewichten? Um hier etwas mehr Licht ins Dunkel zu bringen, wurden im Rahmen des vierbändigen Projekts über die Geschichte des Bundeswirtschaftsministeriums und seiner Vorläufer erstmals systematisch die Akten der sowjetischen Plankommission (Gosplan) ausgewertet, die im Russischen Staatsarchiv für Wirtschaft (RGAE) in Moskau liegen. Außerdem konnten einzelne Bestände des Russischen Staatsarchivs für Zeitgeschichte (RGANI) im Hinblick auf die wirtschaftlichen Beziehungen zwischen der UdSSR und der DDR gesichtet werden[12]. Die dabei gewonnenen Ergebnisse legen unter anderem den Schluss nahe, dass sich das ostdeutsche Verhältnis zur Hegemonialmacht Sowjetunion nicht pauschal auf den Begriff der Fremdbestimmung oder auf die holzschnittartige Formel reduzieren lässt, der Kreml habe „in Wirklichkeit [...] von Anfang bis Ende" Regie geführt[13]. Die in den zwei genannten Moskauer Archiven recherchierten russischsprachigen Dokumente werden nun erstmals vollständig und übersetzt einem deutschen Leserkreis zugänglich gemacht.

Der wirtschaftliche Aufbau in der SBZ/DDR unterschied sich signifikant von der Entwicklung in Westdeutschland. Bis Anfang der 1950er Jahre stellten die Demontagen und Reparationszahlungen für die sowjetische Besatzungsmacht eine schwere Hypothek für die ostdeutsche Ökonomie dar. Der Tod Iosif W. Stalins und der Volksaufstand am 17. Juni 1953 führten in Moskau zu einem Politikwechsel gegenüber der DDR, da Moskau kein Interesse an einer Destabilisierung der Machtverhältnisse im eigenen Imperium hatte. In der Folgezeit veränderten sich auch die Wirtschaftsbeziehungen zwischen beiden Ländern: Moskau erhöhte die Hilfslieferungen an die DDR und verzichtete in vielen Bereichen auf eine weitere Ausbeutung des ostdeutschen Staates. Unter Nikita S. Chruščëv wurde die außenpolitische Rolle der DDR aufgewertet. So verkündete er am 26. Juli 1955 – kurz nach dem Genfer Gipfeltreffen, bei dem die vier Siegermächte wieder keine Annäherung in der Deutschlandpolitik erzielen konnten – die „Zwei-Staaten-Theorie". Damit stand die DDR für Moskau nicht länger zur Disposition. Die SED erhielt die lang ersehnte Zusicherung, dass der Kreml die DDR bei Verhandlungen mit dem Westen nicht mehr zu opfern bereit war. Vor dem Hintergrund des Ost-West-Konflikts, der mit dem Berlin-Ultimatum Chruščëvs in eine neue Eskalationsstufe geriet, stieg die strategische Bedeutung der DDR, die zum „Schaufenster" des Sozialismus herausgeputzt werden sollte[14]. Dazu waren jedoch umfassende Wirtschaftshilfen notwendig, denn die DDR war durch die Einbindung in den Rat für gegenseitige Wirtschaftshilfe (RGW) ökonomisch vom Weltmarkt isoliert und handelspolitisch einseitig auf die Sowjetunion fixiert.

---

[11] Einen ersten Anlauf unternahm: André Steiner, Sowjetische Berater in den zentralen wirtschaftsleitenden Instanzen der DDR in der zweiten Hälfte der fünfziger Jahre, in: Jahrbuch für historische Kommunismusforschung (1993), S. 100–117.
[12] Vgl. Hoffmann, Die zentrale Wirtschaftsverwaltung in der SBZ/DDR.
[13] So aber Gerhard Wettig, Die sowjetische Besatzungsmacht und der politische Handlungsspielraum in der SBZ (1945–1949), in: Ulrich Pfeil (Hrsg.), Die DDR und der Westen. Transnationale Beziehungen 1949–1989, Berlin 2001, S. 39–61, hier S. 60; ders., Die Stalin-Note. Historische Kontroverse im Spiegel der Quellen, Berlin 2015, S. 174 (Zitat).
[14] Vgl. Michael Lemke (Hrsg.), Schaufenster der Systemkonkurrenz. Die Region Berlin-Brandenburg im Kalten Krieg, Köln/Weimar/Wien 2006.

Die politische, wirtschaftliche und militärische Einbindung der DDR in das osteuropäische Paktsystem bot der SED-Führung letztlich die Möglichkeit, sowjetische Unterstützung mit größerem Nachdruck einfordern zu können. Dazu wurden zwischen der DDR und der UdSSR Gespräche auf mehreren Ebenen geführt: auf höchster politischer Ebene zwischen den Staats- und Parteichefs beider Länder sowie auf der Ebene der wirtschaftspolitischen Experten in den obersten Planungsbehörden. Diese Gespräche fanden zwar nicht auf gleicher Augenhöhe statt. Sie verdeutlichen aber, dass die ostdeutsche Seite zeitweise über einen nicht unbeträchtlichen Handlungsspielraum verfügte und diesen auch Gewinn bringend einsetzen konnte. Die Dokumente zeigen, wie die ostdeutschen Vertreter die Interessen der DDR bei den Gesprächen in Moskau artikulierten und das Ziel verfolgten, von der sowjetischen Seite Zusagen für weitere Wirtschaftshilfen zu bekommen. Dabei trat die DDR keineswegs nur als Bittstellerin auf, sondern wusste die strategische Rolle zu nutzen, die ihr von Moskau aus außenpolitischen Gesichtspunkten zugewiesen wurde. Im Mittelpunkt der Dokumentation stehen zunächst die Protokolle von acht Unterredungen zwischen Chruščëv und Ulbricht (1959–1964) sowie Gesprächsprotokolle von neun Treffen zwischen der Leitung von DDR-Plankommission und sowjetischer Planungsbehörde (Gosplan) im Zeitraum von 1955 bis 1965. Dieser Fundus wird durch neun Notizen ergänzt, die bei Gesprächen zwischen den führenden Planungsexperten beider Länder angefertigt wurden (1962–1967). Darüber hinaus werden Dokumente zu den ostdeutsch-sowjetischen Wirtschaftsbeziehungen in den 1950er Jahren präsentiert, in denen es unter anderem um die Vorbereitung und Änderung des ersten Fünfjahrplanes in der DDR, Reparationszahlungen an die Sowjetunion, sowjetische Warenlieferungen in die DDR sowie um den RGW-Handel geht.

Die im vorliegenden Band präsentierten Dokumente decken ein breites Themenspektrum ab und zeigen den Wandel der ostdeutsch-sowjetischen Wirtschaftsbeziehungen in den 1950er und 1960er Jahren. Nach dem Ende des Zweiten Weltkriegs wurde die wirtschaftliche Entwicklung in der SBZ/DDR zunächst von den Reparationsforderungen der Sowjetunion geprägt, die unter den Folgen des deutschen Eroberungs- und Vernichtungskriegs besonders gelitten hatte. Die sowjetischen Reparationsansprüche belasteten lange Zeit den Wirtschaftsaufbau in der SBZ[15]. Auf Anweisung des Ministerrates der UdSSR kalkulierte die sowjetische Plankommission (Gosplan) Reparationslieferungen aus der DDR auch noch im ersten Fünfjahrplan (1951–1955) fest ein[16]. Dabei ergaben sich etwa bei der Lieferung von Handelsschiffen erhebliche Diskrepanzen zwischen sowjetischen Vorgaben und ostdeutschen Zusagen, die von den zuständigen Stellen in Moskau zur Kenntnis genommen wurden[17]. Obwohl die Hochphase der Demontagen Ende der 1940er Jahre weitgehend abgeschlossen war, blieb der sowjetische Zugriff im ökonomischen Bereich nach der DDR-Gründung am 7. Oktober 1949 vor allem in der Grundstoff- und Schwerindustrie unvermindert bestehen. So produzierten mehr als 200 Sowjetische Aktiengesellschaften (SAG) in erster Linie für die östliche Besatzungsmacht und unterstanden oftmals der sowjetischen Kontrolle. Nach dem niedergeschlagenen Volksaufstand vom 17. Juni 1953 gab Moskau viele SAG-Betriebe an die DDR zurück. Einzige Ausnahme blieb bekanntlich

---

[15] Vgl. Rainer Karlsch, Allein bezahlt? Die Reparationsleistungen der SBZ/DDR 1945–53, Berlin 1993; Rainer Karlsch/Jochen Laufer (Hrsg.), Sowjetische Demontagen in Deutschland 1944–1949. Hintergründe, Ziele und Wirkungen, Berlin 2002.
[16] Dokument Nr. 2 (14. 3. 1951).
[17] Dokument Nr. 4 (15. 1. 1952).

die Wismut AG bzw. ab 1954 die Sowjetisch-Deutsche Aktiengesellschaft (SDAG) Wismut, deren Arbeiter unter anfangs katastrophalen Arbeitsbedingungen Uranerz für das sowjetische Atombombenprogramm abbauten[18]. Der Uranbergbau in Sachsen und Teilen Thüringens belastete die Beziehungen zwischen der Hegemonialmacht und dem ostdeutschen Satellitenstaat nachhaltig, denn er stellte die Legitimität der von außen errichteten SED-Herrschaft in Frage. Die sowjetischen Reparationsforderungen und Demontagen hatten somit nicht nur negative Auswirkungen für die DDR-Wirtschaft, sondern auch für die Stimmungslage in der DDR-Bevölkerung. Mit der Einstellung der Reparationslieferungen drohte allerdings kurzfristig ein Absatzrückgang bei den DDR-Industrieprodukten, deren Lieferung bislang auf Reparationsrechnung erfolgt war. Daraufhin kündigte der Vorsitzende von Gosplan, Maksim Z. Saburov an, dass diese Frage „auf der Grundlage von Handelsübereinkommen entschieden" werde[19]. Die Sowjetunion wolle „eine normale Arbeit der deutschen Industrie [...] gewährleisten".

Die Errichtung der ostdeutschen Planwirtschaft erfolgte in enger Abstimmung mit der SMAD/SKK in Berlin-Karlshorst und den zuständigen Stellen in Moskau. Dabei orientierte sich Ost-Berlin weitgehend am sowjetischen Vorbild und stellte den Auf- und Ausbau der Grundstoff- und Schwerindustrie in den Mittelpunkt der wirtschaftspolitischen Planungen. Diese einseitige Industriepolitik ging von Anfang an zu Lasten der Leicht- und Konsumgüterindustrie, die bei der Verteilung der knappen Ressourcen (Kapital und Arbeit) benachteiligt wurden. Die SED-Führung unterrichtete die sowjetische Besatzungsmacht immer wieder detailliert über die Ausarbeitung der ostdeutschen Wirtschaftspläne. Auf dieser Grundlage erstellte die Hauptverwaltung für sowjetisches Vermögen in Deutschland im Frühjahr 1951 einen eigenen Fünfjahrplan, der die wirtschaftliche Entwicklung der sowjetischen Unternehmen in der DDR festhielt[20]. Die darin fixierten Wachstumsraten der Industrieproduktion lagen teilweise unter den Angaben des DDR-Fünfjahrplanes, die von der Staatlichen Plankommission stammten. Die unterschiedlichen Zahlenangaben hingen damit zusammen, dass die sowjetischen Kapitalinvestitionen niedriger waren und der sowjetische Fünfjahrplan zu diesem Zeitpunkt noch nicht vorlag. Mit dem Ende der Reparationszahlungen scheint sich der Informationsaustausch zwischen Gosplan und der DDR-Plankommission auf der Leitungsebene intensiviert zu haben. Dabei zeigen die hier abgedruckten Protokolle, wie führende DDR-Planungsexperten die Meinung ihrer sowjetischen Kollegen sowohl zu grundsätzlichen Fragen der Volkswirtschaftspläne als auch zu Detailproblemen einholten, wie etwa der Festsetzung der Materialverbrauchsnormen[21]. Bei diesen Gesprächen bat der Vorsitzende der Staatlichen Plankommission, Bruno Leuschner (SED), die sowjetische Seite auch um Hilfe bei der weiteren Qualifizierung der „Spezialisten" in der ostdeutschen Planungsbehörde, für die jedoch formal der Ministerrat der UdSSR zuständig war[22].

Führende SED-Politiker reisten in unregelmäßigen Abständen in die sowjetische Hauptstadt, wo sie von der Kremlspitze Anweisungen erhielten und wirtschaftspolitische Weichen-

---

[18] Vgl. Rudolf Boch/Rainer Karlsch (Hrsg.), Uranbergbau im Kalten Krieg. Die Wismut im sowjetischen Atomkomplex, Bd. 1: Studien, Berlin 2001; Juliane Schütterle, Kumpel, Kader und Genossen: Arbeiten und Leben im Uranbergbau der DDR. Die Wismut AG, Paderborn u. a. 2010.
[19] Dokument Nr. 5 (22. 8. 1953).
[20] Dokument Nr. 3 (30. 6. 1951).
[21] Dokument Nr. 5 (22. 8. 1953).
[22] Dokument Nr. 5 (22. 8. 1953).

stellungen in der SBZ/DDR vorbereiteten. Im Rahmen dieser Spitzengespräche wurden auch frühzeitig sowjetische Wirtschaftshilfen thematisiert. So wurde die sowjetische Führung von der ostdeutschen Delegation Mitte September 1949 gebeten, bei der Bewältigung von auftretenden Versorgungsengpässen mit Rohstoffen im Rahmen des laufenden Zweijahrplanes behilflich zu sein[23]. Diese Bitte bezog sich konkret auf die Lieferung von 200 000 Tonnen Walzwerkerzeugnissen in die DDR bis Ende 1949, die Lieferung von 13 000 Tonnen (1949) und 30 000 Tonnen (1950) Baumwolle sowie von 1000 schweren Lastkraftwagen. Bei der geplanten Erhöhung der Lebensmittelrationen zum 1. Januar 1950 sollte die Sowjetunion ebenfalls behilflich sein und insgesamt 380 000 Tonnen Brotgetreide und 20 000 Tonnen Fett zur Verfügung stellen. Nachdem Stalin seine grundsätzliche Zustimmung zu den Hilfslieferungen gegeben hatte, kündigte das SED-Politbüro am 25. Oktober 1949 „eine weitere Verbesserung der Versorgung der Bevölkerung mit Lebensmitteln und Gebrauchsgütern" an[24]. Doch für die DDR-Bevölkerung blieb die Versorgung mit Grundnahrungsmitteln lange Zeit unzureichend. Die SED-Führung konnte das Ende der Rationen-Gesellschaft (Rainer Gries) sogar erst Ende der 1950er Jahre einläuten: Im Gegensatz zur Bundesrepublik, wo Lebensmittelkarten schon Anfang 1950 abgeschafft wurden, erfolgte in der DDR die vollständige Aufhebung des aus der NS-Kriegswirtschaft übernommenen Rationierungssystems erst 1958[25]. Da Ost-Berlin einen Nachfrageanstieg bei gleich bleibendem Warenangebot befürchtete, wurde die mehrmals ins Auge gefasste Maßnahme immer wieder verschoben[26].

In der DDR wurden die Investitionsmittel auch beim zweiten Fünfjahrplan, den die Planungsexperten in Moskau und Ost-Berlin im Frühjahr 1955 aufeinander abstimmten, auf die Grundstoffindustrie und den Maschinenbau konzentriert[27]. Die Mitschriften der Gespräche zwischen den Führungsspitzen der beiden Planungsbehörden zeigen, dass den sowjetischen Vertretern aber häufig keine vollständig ausgearbeiteten Planungskonzepte vorgelegt wurden. So war man sich beim Treffen am 10. März 1955 über die Entwicklung der Kohle-, Energie- und Chemieindustrie grundsätzlich einig. Dagegen herrschte beim Ausbau der Schwarz- und Buntmetallurgie Unklarheit, was vor allem auf die unvollständigen Vorarbeiten der Staatlichen Plankommission (SPK) zurückgeführt wurde[28]. Die ostdeutsche Seite nutzte diese Treffen offenbar immer wieder, um etwa die Festlegung von einzelnen Produktionszielen im Fünfjahrplan mit dem Hinweis auf die unzureichende Versorgung der DDR-Industrie mit Rohstoffen (Eisenerz, Koks) zu verbinden. Auf diese

---

[23] Dokumente zur Deutschlandpolitik. II. Reihe, Bd. 2 (unveröffentlichte Dokumente 1949), hrsg. vom Bundesministerium des Innern unter Mitwirkung des Bundesarchivs, bearbeitet von Hanns Jürgen Küsters unter Mitarbeit von Daniel Hofmann, München 1996, S. 464–467. Erstmals zitiert von Dietrich Staritz, Die SED, Stalin und die Gründung der DDR. Aus den Akten des Zentralen Parteiarchivs des Instituts für Geschichte der Arbeiterbewegung (ehemals Institut für Marxismus-Leninismus beim ZK der SED), in: Aus Politik und Zeitgeschichte B 5 (1991), S. 3–16, hier S. 11.
[24] Dokumente der SED. Beschlüsse und Erklärungen des Parteivorstandes des ZK und des Politischen Büros, Bd. II, Berlin (Ost) 1952, S. 384–387.
[25] Vgl. Dierk Hoffmann, Lebensstandard und Konsumpolitik, in: Dierk Hoffmann (Hrsg.), Die zentrale Wirtschaftsverwaltung in der SBZ/DDR. Akteure, Strukturen, Verwaltungspraxis, München 2016, S. 423–509.
[26] Vgl. Jennifer Schevardo, Vom Wert des Notwendigen. Preispolitik und Lebensstandard in der DDR der fünfziger Jahre, Stuttgart 2006, S. 187.
[27] André Steiner, Von Plan zu Plan. Eine Wirtschaftsgeschichte der DDR, Bonn 2007, S. 86.
[28] Dokument Nr. 9 (10. 3. 1955).

Weise sollten sowjetische Zusagen für weitere Wirtschaftshilfen, die über die bereits getroffenen Vereinbarungen hinausgingen, erreicht werden.

Nach dem blutig niedergeschlagenen Volksaufstand am 17. Juni 1953 scheint auch die Sowjetunion die Relevanz von Konsumpolitik zur Stabilisierung der SED-Herrschaft allmählich erkannt zu haben. Dabei überwog zunächst jedoch die Sorge darüber, dass der Anstieg der Löhne und Gehälter mit dem Warenangebot nicht Schritt halten könnte. So betonte der Chef der Hohen Kommission der Sowjetunion in der DDR gegenüber dem sowjetischen Außenminister im November 1953, dass der geplante Produktionsanstieg bei den Konsumgütern „unzureichend" und die „vorgesehene Reserve bei den Warenfonds ungenügend" sei[29]. Außerdem wies er auf die Gefahr eines Defizits im DDR-Staatshaushalt, insbesondere bei der Außenhandelsbilanz hin. Die sowjetische Planungsbehörde Gosplan machte einige Monate später auf das Ungleichgewicht zwischen der Entwicklung der Industrie und der Landwirtschaft aufmerksam, das allerdings auch ein Resultat des von Moskau geforderten Wirtschaftskurses mit seiner Bevorzugung der Schwerindustrie war. Die ostdeutsche Agrarwirtschaft hinke „hinter dem Bedarf der Volkswirtschaft" hinterher und könne die Stadtbevölkerung – so die Warnung – nicht mit Lebensmitteln versorgen[30]. In diesem Zusammenhang stellte die Bundesrepublik die zentrale Bezugsgröße für Gosplan dar: In der geheimen Denkschrift, die zahlreiche Empfehlungen zur wirtschaftlichen Entwicklung der DDR enthielt, wurde unter anderem gefordert, dass ein Wohlstandsniveau erreicht werden müsse, „das nicht niedriger ist als das in Westdeutschland". Darüber hinaus seien die Einzelhandelspreise rasch zu senken, damit „die Preise für die wichtigsten Lebensmittel und Industriewaren niedriger als die in Westdeutschland sind".

Die Sowjetunion leistete in den 1950er Jahren bei der Modernisierung der ostdeutschen Eisenbahn partielle Aufbauhilfe, nachdem sie in ihrer Besatzungszone bis März 1947 zunächst Schienen mit einer Gesamtlänge von 11 800 km demontiert[31] und bis 1948 rund 3000 Lokomotiven[32] entwendet hatte. Die in den ersten DDR-Wirtschaftsplänen festgelegten Investitionen reichten allerdings nicht aus, um das Eisenbahnnetz, das wie kaum ein anderer Wirtschaftsbereich durch Demontagen und Reparationslieferungen nachhaltig geschwächt worden war[33], wieder aufzubauen[34]. Anfang 1954 richtete die DDR-Regierung zunächst an den RGW die Bitte, sich mit dem Ausbau der ostdeutschen Produktionskapazitäten oder dem Import von Dampflokomotiven aus den übrigen RGW-Mitgliedstaaten zu beschäftigen. Nach Einschätzung von Gosplan kam für die DDR jedoch beides nicht in Frage, da der Ausbau der Dampflokproduktion in der DDR eine zusätzliche Steigerung der Metallimporte aus der UdSSR voraussetze und ein zusätzlicher Import die ohnehin angespannte Finanzlage der DDR weiter beeinträchtigen würde[35]. Deshalb wurde dem sowjetischen Ministerrat empfohlen, der DDR ungefähr 1000 Lokomotiven aus den Beute-

---

[29] Dokument Nr. 6 (11.11.1953).
[30] Dokument Nr. 7 (24.3.1954).
[31] Karlsch, Allein bezahlt?, S. 81.
[32] Rüdiger Kühr, Die Folgen der Demontagen bei der Deutschen Reichsbahn (DR), in: Rainer Karlsch/Jochen Laufer (Hrsg.), Sowjetische Demontagen in Deutschland 1944–1949. Hintergründe, Ziele und Wirkungen, Berlin 2002, S. 473–506, hier S. 477 (Tabelle 3). Allgemein zur Thematik: Ders., Die Reparationspolitik der UdSSR und die Sowjetisierung des Verkehrswesens der SBZ. Eine Untersuchung der Entwicklung der Deutschen Reichsbahn 1945–1949, Bochum 1996.
[33] Karlsch, Allein bezahlt?, S. 82.
[34] Kühr, Die Folgen der Demontagen, S. 498.
[35] Dokument Nr. 8 (Oktober 1954).

beständen zurückzugeben, die sich für den Gütertransport in der Sowjetunion aufgrund ihrer geringen Leistungsfähigkeit ohnehin nicht eigneten[36]. Darüber hinaus sollte der ostdeutschen Regierung der Ratschlag erteilt werden, die Produktion von Ersatzteilen für Dampfloks zu erhöhen und den Anteil der nicht betriebsbereiten Lokomotiven um die Hälfte zu reduzieren.

Etwas anders verliefen die bilateralen Gespräche über den Aufbau einer zivilen Flugzeugindustrie, denn hier ließ die Moskauer Führung entsprechende Anfragen Ost-Berlins letztlich ins Leere laufen. Obwohl die Sowjetunion nach Kriegsende auch in diesem Bereich deutsche „Spezialisten" abgezogen hatte[37], befanden sich zunächst rund 60 Prozent der Flugzeugindustrie, die während der NS-Herrschaft massiv ausgebaut worden war, auf dem Territorium der SBZ[38]. Im Zuge der sowjetischen Demontagetätigkeit wurden jedoch rasch zahlreiche Produktionsstandorte abgebaut[39]. Mit der Rückkehr der letzten Flugzeug- und Triebwerkspezialisten[40] intensivierte die SED-Führung ihre Bemühungen zum Aufbau einer zivilen Luftfahrtindustrie in der DDR, die bereits im Frühjahr 1952 eingesetzt hatten, und gründete dazu am 1. Mai 1955 insgesamt fünf Betriebe[41]. Anfang 1956 schloss die DDR mit der UdSSR ein Regierungsabkommen über die Unterstützung bei der Aufnahme des Passagierflugzeugbaues[42]. Der kurze Traum Ost-Berlins von einer eigenen Flugzeugindustrie währte nicht lange, da erst Ende der 1950er Jahre Studien über die Absatzchancen angefertigt wurden, deren Ergebnisse für die SED-Führung desillusionierend waren[43]. Der Beschluss des Politbüros vom 28. Februar 1961 zur Einstellung des Flugzeugbaus hing also weder mit dem Absturz des Prototyps eines Mittelstreckenpassagierflugzeuges (Typ 152) am 4. März 1959 noch mit einer direkten Anweisung der Sowjetunion, sondern vielmehr mit der Erkenntnis fehlender Absatzmärkte zusammen, die sich auch in Gesprächen mit sowjetischen Vertretern Mitte 1959 deutlich abzeichnete[44]. Der stellvertretende Vorsitzende von Gosplan riet den ostdeutschen Planungsexperten, gut zu über-

---

[36] Ebenda, Staatliches Plankomitee an den Ministerrat der UdSSR (o. D.).
[37] Vgl. dazu Burghard Ciesla, Von der Luftkriegsrüstung zur zivilen Flugzeugproduktion. Über die Entwicklung der Luftfahrtforschung und Flugzeugproduktion in der SBZ/DDR und UdSSR 1945–1954, in: Hans-Jürgen Teuteberg (Hrsg.), Beiträge zur Geschichte der Binnenschiffahrt, des Luft- und Kraftfahrzeugverkehrs, Bergisch-Gladbach 1994, S. 179–202.
[38] Gerhard Barkleit, Die Spezialisten und die Parteibürokratie. Der gescheiterte Versuch des Aufbaus einer Luftfahrtindustrie in der Deutschen Demokratischen Republik, in: Ders./Heinz Hartlepp, Zur Geschichte der Luftfahrtindustrie in der DDR 1952–1961, Dresden 1995, S. 5–29, hier S. 6.
[39] Dag Krienen/Stefan Prott, Zum Verhältnis von Demontage, Konversion und Arbeitsmarkt in den Verdichtungsräumen des Flugzeugbaus in der SBZ 1945–1950, in: Rainer Karlsch/Jochen Laufer (Hrsg.), Sowjetische Demontagen in Deutschland 1944–1949. Hintergründe, Ziele und Wirkungen, Berlin 2002, S. 275–328, hier S. 326.
[40] Vgl. allgemein zur Deportation deutscher Spezialisten in die Sowjetunion (Geheimoperation „Osoaviakhim"): Dolores L. Augustine, Red Prometheus. Engineering and Dictatorship in East Germany, 1945–1990, Cambridge (Mass.)/London 2007, S. 2f.; Matthias Uhl, Stalins V-2. Der Technologietransfer der deutschen Fernlenkwaffentechnik in die UdSSR und der Aufbau der sowjetischen Raketenindustrie 1945 bis 1959, Bonn 2001, S. 132f.
[41] Gerhard Barkleit, Die Rolle des MfS beim Aufbau der Luftfahrtindustrie der DDR, Dresden 1995, S. 10.
[42] Barkleit, Die Spezialisten und die Parteibürokratie, S. 10.
[43] Hans-Liudger Dienel, „Das wahre Wirtschaftswunder" – Flugzeugproduktion, Fluggesellschaften und innerdeutscher Flugverkehr im West-Ost-Vergleich 1955–1980, in: Johannes Bähr/Dietmar Petzina (Hrsg.), Innovationsverhalten und Entscheidungsstrukturen. Vergleichende Studien zur wirtschaftlichen Entwicklung im geteilten Deutschland 1945–1990, Berlin 1996, S. 341–371, hier S. 349.
[44] Dokument Nr. 12 (2. 6. 1959).

legen, ob unter diesen Bedingungen „die Entwicklung dieses Flugzeugtyps [Typ 152] noch zweckmäßig ist".

In den ostdeutsch-sowjetischen Wirtschaftsbeziehungen nahm die Energieversorgung schon frühzeitig einen breiten Raum ein. Mit der Erhöhung der sowjetischen Erdöllieferungen stellte sich immer mehr die Transportfrage, zumal die Kosten für die Lieferung in die DDR wie auch in andere ostmitteleuropäische Länder, die in den 1950er Jahren noch per Eisenbahn bzw. per Schiff erfolgte, sehr hoch waren. Um die Lieferkosten zu senken und die Erdölmenge weiter zu erhöhen, wurde im RGW erstmals 1957 der Bau einer transkontinentalen Erdölleitung diskutiert und auf der IX. Ratstagung im Dezember 1958 beschlossen[45]. Neben der DDR sollten Ungarn, Polen und die ČSR künftig den größten Teil ihrer Rohölimporte, die in der DDR auch für das ambitionierte Chemieprogramm dringend benötigt wurden, über die Erdölpipeline „Freundschaft" beziehen, deren Bau aufgrund des Ost-West-Konflikts alles andere als reibungslos verlief. Eine vom RGW eingesetzte Arbeitsgruppe veranschlagte für den Bau der einzelnen Trassenabschnitte insgesamt fünf Jahre[46]. Mit der Verlegung der Erdölpipeline war auch der Neubau von erdölverarbeitenden Betrieben in den vier Ostblockländern verbunden. In einer Denkschrift des Vorsitzenden der Staatlichen Plankommission, die dem Politbüro am 30. September 1958 vorgelegt wurde, war erstmals von Schwedt als Standort für die DDR-Raffinerie die Rede[47].

Der Erdölbedarf der DDR konnte bereits Mitte der 1960er Jahre nicht mehr hinreichend gedeckt werden. Die hier erstmals abgedruckten Protokollauszüge zeigen in dem Zusammenhang, wie die Frage der Energieversorgung den Verlauf der Gespräche zwischen dem sowjetischen und dem ostdeutschen Parteichef immer mehr dominierte. Ulbricht nutzte nahezu jede Gelegenheit, um die ungelöste Erdölproblematik gegenüber Chruščev anzusprechen. Bei dem Treffen am 30. Mai 1964 erteilte der Kremlchef den Ratschlag, die DDR solle zusätzliches Rohöl aus Algerien beziehen[48]. Auf den Einwand Ulbrichts, der algerische Staatspräsident, Mohammed Ahmed Ben Bella, habe bisher „kein großes Interesse an der Ausweitung des Handels mit uns gezeigt", reagierte Chruščev mit der Zusage, sich deswegen persönlich an Ben Bella zu wenden. Die algerische Zurückhaltung war offenbar darauf zurückzuführen, dass Bonn mit der Hallstein-Doktrin diplomatischen Druck auf das nordafrikanische Land ausübte, um eine Intensivierung der Kontakte zur DDR zu verhindern[49]. Da die Gespräche mit anderen erdölfördernden Staaten im arabischen Raum offenbar erfolglos verliefen und die Tiefenbohrungen in der DDR nach eigenen Erdölquellen nicht den gewünschten Erfolg brachten[50], wandte sich Ulbricht kurze Zeit später an Chruščev, um zusätzliches Rohöl aus der Sowjetunion zu bekommen. Doch der Kremlchef ließ beim SED-Chef erst gar keine Hoffnung aufkeimen und riet diesem erneut: „Versucht, Erdöl aus Algerien oder sonst noch woher zu bekommen."[51] Nicht nur die DDR, sondern auch die anderen Ostblockstaaten waren vom sowjetischen Erdöl abhängig. Um die jeweiligen Liefermengen langfristig planen zu können, wurde eine Abteilung bei

---

[45] Rainer Karlsch, Energie- und Rohstoffpolitik, in: Dierk Hoffmann (Hrsg.), Die zentrale Wirtschaftsverwaltung in der SBZ/DDR. Akteure, Strukturen, Verwaltungspraxis, München 2016, S. 249–362.
[46] Dokument Nr. 11 (25.–29. 9. 1958).
[47] Karlsch, Energie- und Rohstoffpolitik.
[48] Dokument Nr. 33 (30. 5. 1964).
[49] Vgl. allgemein zur Afrikapolitik der DDR in den 1960er Jahren: Hermann Wentker, Außenpolitik in engen Grenzen. Die DDR im internationalen System 1949–1989, München 2007, S. 291–298.
[50] Karlsch, Energie- und Rohstoffpolitik.
[51] Dokument Nr. 34 (11. 6. 1964).

Gosplan mit der Koordinierungsaufgabe betraut. Aus einem Schreiben an den Ministerrat der UdSSR vom Frühjahr 1967 ist zu entnehmen, dass innerhalb des RGW nur die Tschechoslowakei mehr Erdöl erhalten sollte als die DDR[52]. Die sowjetischen Planungsexperten kritisierten jedoch ihrerseits die unzureichende Weiterverarbeitung des Rohöls in der DDR, insbesondere in der erdölverarbeitenden Industrie. Eine solche Nutzung könne man „kaum für gerechtfertigt halten", urteilte der Leiter der Gosplan-Abteilung Erdöl- und Erdgasindustrie[53].

Da die DDR von Anfang an unter einer unzureichenden Energieversorgung litt, war Ost-Berlin schon frühzeitig auf der Suche nach alternativen Energieträgern. Als 1955 die alliierten Kernforschungsverbote endeten, die Sowjetunion mehreren Ostblockstaaten Hilfe beim Bau einer „Atomkraftstation" anbot und zahlreiche hochkarätige Atomwissenschaftler aus der Sowjetunion in die DDR zurückkehrten[54], zog auch Ost-Berlin die friedliche Nutzung der Kernenergie – mit Zustimmung Moskaus – ernsthaft in Erwägung. Zu diesem Zeitpunkt waren die Regierungen in beiden deutschen Staaten davon überzeugt, dass der Atomtechnologie die Zukunft gehöre. Im Verantwortungsbereich des stellvertretenden Vorsitzenden des Ministerrates, Willi Stoph (SED), wurden in den 1950er Jahren einige Forschungsinstitute gegründet. Eine Schlüsselrolle nahm anfangs das Zentralinstitut für Kernphysik in Rossendorf bei Dresden ein, da hier der erste, aus der UdSSR gelieferte Forschungsreaktor eingebaut wurde[55]. Drei Gründe waren für das vorläufige Scheitern der ostdeutschen Pläne 1962 ausschlaggebend[56]: Der Einstieg in die Kernforschung erfolgte erstens ohne Einbindung der Industrieverwaltung und zweitens ohne Abschätzung der wirtschaftlichen Folgekosten. Drittens weigerte sich die Sowjetunion, der DDR Ausrüstungen und Materialen für den Aufbau und Vertrieb eines Atomkraftwerkes zu liefern. Mitte der 1960er Jahre kam es zu einer Neuorientierung der DDR-Kernenergiepolitik: Auf der Grundlage eines bilateralen Vertrages erklärte sich die UdSSR nach anfänglichem Zögern[57] zur schlüsselfertigen Lieferung von Reaktorblöcken bereit, die aber sehr viel kleiner waren, als die Staatliche Plankommission erwartet hatte. Damit war in der DDR das vorläufige Ende der Kernforschung und der eigenständigen Kernenergiewirtschaft mit industriellen Strukturen besiegelt. Die DDR-Führung musste stattdessen immer wieder Verhandlungen in Moskau führen, um etwa an Konstruktionsarbeiten und Forschungsmaterialien zu gelangen[58].

Mit der „Ökonomischen Hauptaufgabe" von 1958 hatte sich die SED-Führung selber unter Zugzwang gesetzt. Die Ankündigung, die DDR würde den westdeutschen Lebensstandard innerhalb weniger Jahre erreichen und übertreffen, hatte in der ostdeutschen Bevölkerung große Erwartungen geweckt. Doch die Zahl derjenigen, die der DDR den Rücken kehrten und nach Westdeutschland flohen, hielt Ende der 1950er Jahre unver-

---

[52] Dokument Nr. 42 (25. 3. 1967).
[53] Dokument Nr. 44 (13. 7. 1967).
[54] Dazu ausführlicher Karlsch, Energie- und Rohstoffpolitik.
[55] Thomas Stange, Zu früh zu viel gewollt. Der mißglückte Start der DDR in die Kernenergie, in: Deutschland Archiv 30 (1997), S. 923–933, hier S. 926.
[56] Vgl. Johannes Abele, Kernkraft in der DDR. Zwischen nationaler Industriepolitik und sozialistischer Zusammenarbeit 1963–1990, Dresden 2000, S. 12–19. Am Beispiel des Kernkraftwerks Rheinsberg: Mike Reichert, Kernenergiewirtschaft in der DDR. Entwicklungsbedingungen, konzeptioneller Anspruch und Realisierungsgrad, 1955–1990, St. Katharinen 1999, S. 205–211.
[57] Dokument Nr. 33 (30. 5. 1964).
[58] Dokument Nr. 43 (3. 6. 1967).

mindert an[59]. Ost-Berlin war es nicht gelungen, diese Menschen zum Bleiben in der DDR zu bewegen. Der Bau der Berliner Mauer am 13. August 1961[60] war insofern auch das Eingeständnis einer Niederlage, denn das auf dem V. SED-Parteitag proklamierte Ziel, die Bundesrepublik konsumpolitisch einzuholen, war endgültig gescheitert[61]. Anfang der 1960er Jahre befand sich die DDR in einer schweren Wirtschaftskrise: Die industrielle Bruttoproduktion war zurückgegangen, ebenso die Arbeitsproduktivität in den Betrieben und die Investitionsquote[62]. Sinkende Realeinkommen, neue Versorgungsprobleme und die Rationierung einiger Güter steigerten den Unmut in der Bevölkerung[63]. In dieser ohnehin angespannten Lage kam Ende September 1960 die Meldung, dass die Bundesregierung fristgerecht zum Jahresende das Berliner Abkommen kündigen werde, das den innerdeutschen Handel regelte[64]. Damit drohten weitere Versorgungsengpässe in der DDR. Vor diesem Hintergrund gewannen die ostdeutsch-sowjetischen Wirtschaftsbeziehungen für das SED-Regime eine quasi existentielle Bedeutung, denn es ging nunmehr darum, den drohenden Ausfall von westdeutschen Lieferungen schnellstmöglich zu kompensieren. Eine DDR-Regierungsdelegation unter Leitung von SPK-Chef Bruno Leuschner (SED) bat im Oktober 1960 in Moskau um zusätzliche Hilfsgüter im Wert von 1,25 Milliarden Valutarubeln, insbesondere Walzstahlerzeugnisse, Röhren und Eisenerz[65]. Doch der Hilfsbereitschaft der UdSSR waren Grenzen gesetzt. So wies der Leiter der Gosplan-Abteilung Warenumsatz darauf hin, dass eine Erhöhung der Fleisch- und Fettlieferungen in die DDR zu einer Verschlechterung der Versorgungslage in der Sowjetunion führen werde[66]. Kurz nach dem Mauerbau reiste eine DDR-Wirtschaftsdelegation, der Erich Apel (SED), Karl Mewis (SED) und Alfred Neumann (SED) angehörten, erneut in die sowjetische Hauptstadt, um Gespräche mit den „Planungsorganen der Sowjetunion über Maßnahmen [zu führen], die sich aus einem möglichen Bruch der Wirtschaftsbeziehungen mit der BRD ergeben könnten"[67]. Die dabei vorgelegte Wunschliste mit Hilfslieferungen wurde von Gosplan eingehend geprüft und nur zum Teil gebilligt[68].

Obwohl das Berliner Abkommen nach langwierigen Verhandlungen zum 1. Januar 1961 wieder in Kraft gesetzt werden konnte, zogen die politisch Verantwortlichen in Ost-Berlin die Konsequenzen aus den handelspolitischen Erfahrungen, die seit der Ankündigung Bonns gesammelt worden waren. Mit der seit Anfang 1961 betriebenen Aktion „Störfreimachung" sollte die Importabhängigkeit von der Bundesrepublik und anderen westlichen Staaten vermindert werden, ohne aber die Handelsbeziehungen zu Westdeutschland

---

[59] Vgl. dazu Damian van Melis/Henrik Bispinck (Hrsg.), „Republikflucht". Flucht und Abwanderung aus der SBZ/DDR 1945 bis 1961, München 2006.
[60] Vgl. zur Genese Matthias Uhl/Armin Wagner (Hrsg.), Ulbricht, Chruschtschow und die Mauer. Eine Dokumentation, München 2003.
[61] Vgl. auch Mark Landsman, Dictatorship and Demand. The Politics of Consumerism in East Germany, Cambridge (Mass.) 2005, S. 207.
[62] André Steiner, Die DDR-Wirtschaftsreform der sechziger Jahre. Konflikt zwischen Effizienz- und Machtkalkül, Berlin 1999, S. 40.
[63] Steiner, Von Plan zu Plan, S. 128.
[64] Vgl. zu den Hintergründen Peter E. Fäßler, Durch den „Eisernen Vorhang". Die deutsch-deutschen Wirtschaftsbeziehungen 1949–1969, Köln/Weimar/Wien 2006, S. 223–232.
[65] Dokument Nr. 17 (25. 11. 1960).
[66] Dokument Nr. 18 (14. 2. 1961).
[67] Dokument Nr. 20 (15. 8. 1961).
[68] Dokument Nr. 21 (14. 9. 1961).

vollends zu kappen⁶⁹. Auch dabei sollte die Sowjetunion behilflich sein. Zunächst griff Ulbricht einen Vorschlag Chruščëvs auf, der bei einem Treffen Ende November 1960 angekündigt hatte, die ostdeutsche Wirtschaft, „mit etwas Hilfe von Seiten anderer sozialistischer Länder, fast vollständig zu übernehmen"⁷⁰, und entwickelte die Idee einer ostdeutsch-sowjetischen Wirtschaftsgemeinschaft. Darunter verstand er etwas vage ein „Verwachsen mit der Wirtschaft der UdSSR"⁷¹. Dieser Vorstoß, der die Arbeitsteilung im RGW effizienter gestalten sollte und deshalb im Interesse der DDR war, verlief jedoch im Sande. Nach dem Mauerbau verschlechterte sich die Verhandlungsposition Ulbrichts. Da die Hegemonialmacht selbst mit massiven Wirtschaftsproblemen zu kämpfen hatte, kippte die sowjetische Hilfsbereitschaft spätestens 1962⁷². Dieser Stimmungswandel ist insbesondere in den Unterredungen zwischen Chruščëv und Ulbricht mit Händen zu greifen. So erklärte der Kremlchef, der an der Schaufensterpolitik grundsätzlich noch festhalten wollte, am 8. Juni 1962: „Natürlich werden wir Ihnen helfen, aber Ihr müsst auch selber arbeiten."⁷³ Die Bedenken Ulbrichts über den sinkenden Lebensstandard in der DDR wischte Chruščëv am 30. Mai 1964 mit dem Hinweis auf die schlechten Lebensverhältnisse in der Sowjetunion beiseite: „Im Ganzen ist die Lage in der DDR hervorragend."⁷⁴ Auf Bitten der SED-Führung, zusätzliche Lebensmittel zu liefern, reagierte der sowjetische Parteichef mittlerweile gereizt: „Ihr wollt doch Kaufleute sein und keine Geschenke von uns haben?"⁷⁵

Die Verschuldung der DDR entwickelte sich nicht erst seit dem Machtwechsel von Ulbricht zu Honecker zum Problemfall⁷⁶, sondern bereits Anfang der 1960er Jahre. Zwischen 1960 und 1962 stiegen die Schulden in konvertibler Währung von 800 000 auf 2,8 Millionen Valutamark (VM); 1965 traten erstmals Liquiditätsprobleme im westlichen Ausland auf⁷⁷. Dabei erwies sich insbesondere die Devisenbilanz frühzeitig als „Achillesferse"⁷⁸ der DDR-Wirtschaft, da Versorgungsengpässe immer öfter durch Warenimporte aus dem kapitalistischen Ausland behoben wurden⁷⁹. Den sowjetischen Planungsexperten bei Gosplan war bereits Mitte 1958 nicht entgangen, dass der von der DDR angegebene Kreditbedarf für die Jahre 1963/64 nicht ausreichen würde⁸⁰. Deshalb zeigte die SED schon Anfang der 1960er Jahre großes Interesse an langfristigen Krediten aus der Sowjet-

---

⁶⁹ Fäßler, Durch den „Eisernen Vorhang", S. 245.
⁷⁰ Hope M. Harrison, Ulbrichts Mauer. Wie die SED Moskaus Widerstand gegen den Mauerbau brach, Bonn 2011, S. 250.
⁷¹ Ulbricht am 18. 1. 1961 an Chruščëv. Zitiert nach: Michael Lemke, Die Berlinkrise 1958 bis 1963. Interessen und Handlungsspielräume der SED im Ost-West-Konflikt, Berlin 1995, S. 64.
⁷² Ralf Ahrens, Gegenseitige Wirtschaftshilfe? Die DDR im RGW. Strukturen und handelspolitische Strategien 1963–1976, Köln/Weimar/Wien 2000, S. 124.
⁷³ Dokument Nr. 28 (8. 6. 1962).
⁷⁴ Dokument Nr. 33 (30. 5. 1964).
⁷⁵ Ebenda.
⁷⁶ Jeffrey Kopstein, The Politics of Economic Decline in East Germany, 1945–1989, Chapel Hill/London 1997, S. 85.
⁷⁷ Oskar Schwarzer, Sozialistische Zentralplanwirtschaft in der SBZ/DDR. Ergebnisse eines ordnungspolitischen Experiments (1945–1989), Stuttgart 1999, S. 152.
⁷⁸ Christoph Buchheim, Die Achillesferse der DDR – der Außenhandel, in: André Steiner (Hrsg.), Überholen ohne einzuholen. Die DDR-Wirtschaft als Fußnote der deutschen Geschichte?, Berlin 2006, S. 91–103.
⁷⁹ Grundsätzlich dazu: Ralf Ahrens, Außenwirtschaftspolitik zwischen Ostintegration und Westverschuldung, in: Dierk Hoffmann (Hrsg.), Die zentrale Wirtschaftsverwaltung in der SBZ/DDR. Akteure, Strukturen, Verwaltungspraxis, München 2016, S. 510–590.
⁸⁰ Dokument Nr. 10 (20. 6. 1958).

union. Anlässlich eines Gespräches bei der Ständigen Vertretung von Gosplan in Ost-Berlin 1962 erklärte der SPK-Vorsitzende Karl Mewis (SED) auf eine entsprechende Nachfrage, dass die DDR bis 1968 „schwerlich" ohne Kredite auskommen werde[81]. Die Vertreter von Gosplan betrachteten die ostdeutschen Kreditwünsche freilich mit Argwohn, denn für sie war überhaupt nicht absehbar, „wann die DDR ohne Kredite aus der Sowjetunion auskommen" würde[82].

Die hier abgedruckten Wortprotokolle der Unterredungen zwischen Ulbricht und Chruščëv geben auch einen Einblick in die unterschiedliche Gesprächsführung der beiden kommunistischen Parteiführer und den persönlichen Umgang miteinander. Das erste der insgesamt acht Treffen fand am 9. Juni 1959 vor dem Hintergrund der laufenden Genfer Außenministerkonferenz statt, das letzte am 11. Juni 1964, wenige Monate vor dem Sturz Chruščëvs. Der SED-Chef versuchte stets den Eindruck zu erwecken, dass er über ein großes Detailwissen verfüge und für die Konsultationen inhaltlich sehr gut vorbereitet sei. So erläuterte Ulbricht beim Treffen am 4. Juni 1962 ausführlich den Entwurf des DDR-Volkswirtschaftsplanes für 1962 und konnte Chruščëv auf Nachfrage sofort die exakte Menge der jährlichen Milchleistung pro Kuh oder der Kartoffelimporte aus Polen nennen[83]. Der Kremlchef war offenbar über das selbstbewusste Auftreten Ulbrichts so ungehalten, dass er ihm einige Tage später schroff erklärte: „Ich brauche Ihre Zahlen nicht. [...] Ich möchte mir nicht auch noch darüber den Kopf zerbrechen, wir haben auch so Fragen genug."[84] Chruščëv nutzte wiederum die Gelegenheit, um mit seinem landwirtschaftlichen Fachwissen zu kontern und so den ostdeutschen Genossen fehlenden Sachverstand im Maisanbau anzukreiden: „Als ich bei euch war, habe ich gesehen, dass die Deutschen tatsächlich Mais anbauen, aber sie säen ihn nicht richtig aus."[85] Das bekam insbesondere der Minister für Staatssicherheit, Erich Mielke (SED), zu spüren, dem der sowjetische Diktator sogar unterstellte, die Landwirtschaftspolitik in der DDR zu bestimmen: Er „verehre Genossen Mielke", der jedoch vom Maisanbau nichts verstehe[86]. Darüber hinaus überraschte Chruščëv Ulbricht, indem er einige Gespräche mit Sinn für Humor beendete, der diesem völlig abging. So betonte er etwa zum Abschluss des Treffens am 23. Juli 1963: „Heute ist in unserem Gespräch alles ein bisschen zu positiv. Kein Streit, keine Diskussion."[87]

Die vorliegende Dokumentation ist chronologisch aufgebaut; sie setzt mit dem Beginn des ersten Fünfjahrplanes (1951–1955) in der DDR ein und endet 1967. Das Enddatum hängt in erster Linie mit den Zugangsmöglichkeiten in den Moskauer Archiven zusammen, die momentan die Akteneinsicht nur bis zu diesem Zeitpunkt gewähren. Bei der Schreibweise russischer Namen wurde die wissenschaftliche Transliteration verwendet. Biografische Kurzangaben zu den Personen finden sich in der Regel bei der ersten Nennung der Akteure, die sich über das Personenverzeichnis erschließen lassen.

---

[81] Dokument Nr. 24 (10. 4. 1962).
[82] Dokument Nr. 25 (18. 4. 1962).
[83] Dokument Nr. 27 (4. 6. 1962).
[84] Dokument Nr. 28 (8. 6. 1962).
[85] Ebenda. Chruščëv kam bei einer Unterredung mit Ulbricht am 1. 8. 1961 erstmals kurz auf den Maisanbau in der DDR zu sprechen. Vgl. Gerhard Wettig (Hrsg.), Chruschtschows Westpolitik 1955–1964. Gespräche, Aufzeichnungen und Stellungnahmen, Bd. 3: Kulmination der Berlin-Krise (Herbst 1960 bis Herbst 1962), München 2011, S. 295–313, hier S. 299f.
[86] Dokument Nr. 27 (4. 6. 1962).
[87] Dokument Nr. 32 (23. 7. 1963).

Abschließend richtet sich der Dank zunächst an das Bundesministerium für Wirtschaft und Energie, das die Dokumentation großzügig unterstützt hat. Der vorliegende Band steht im Zusammenhang mit dem Projekt „Geschichte des Bundesministeriums für Wirtschaft und Technologie (BMWi) und seiner Vorgängerinstitutionen", das im Herbst 2016 erscheinen wird und das ebenfalls vom Bundesministerium für Wirtschaft und Energie finanziell gefördert wurde. Den Archiven in Moskau sei schließlich für die Unterstützung durch die Mitarbeiter der benutzten Sammlungen ausdrücklich gedankt. Darüber hinaus gilt es all denen zu danken, die zum Gelingen des Bandes beigetragen haben: Die Recherchen in den Moskauer Archiven führten Dr. Matthias Uhl und Oxana Kosenko durch; beide übernahmen auch die Übersetzungsarbeiten. Bei der redaktionellen Bearbeitung der Dokumente waren Dr. Rainer Karlsch und Margret Kowalke-Paz behilflich. Die Kommentierung der einzelnen Dokumente übernahm Dr. Andreas Malycha. An der Fertigstellung des Buchmanuskripts war Stephan Klinghardt beteiligt, der außerdem noch Schlussrecherchen im Bundesarchiv Berlin-Lichterfelde durchführte. Dank gebührt auch noch Prof. Dr. Johannes Hürter und Prof. Dr. Thomas Raithel für die sehr gute redaktionelle Betreuung des Bandes sowie Angelika Reizle für die sorgfältige Lektorierung der Dokumentation.

Berlin, im Mai 2016   Dierk Hoffmann

Dokumente

Nr. 1
Schreiben des Leiters der Ersten Verwaltung der Hauptverwaltung für sowjetisches Vermögen im Ausland beim Ministerrat der UdSSR Lebedev an den stellvertretenden Vorsitzenden von Gosplan Pautin über die beabsichtigte Lieferung von Konsumgütern aus der DDR in die UdSSR, 27. Januar 1951

Geheim
Exemplar Nr. 2

An den Stellv[ertretenden] Minister für Außenhandel Gen. M. G. Lošakov[1]
An den Stellv[ertretenden] Vorsitzenden von Gosplan[2] der UdSSR Gen. N. A. Pautin[3]
In Kopie: An den Handelsminister der UdSSR Gen. V. G. Žavronkov[4]

Das Handelsministerium der UdSSR hat sich mit dem Schreiben Nr. 3214/14 vom 5. 1. 1951[5] an die Hauptverwaltung für sowjetisches Vermögen im Ausland beim Ministerrat der UdSSR[6] mit der Bitte gewandt, 1951 die Lieferungen von verschiedenen Ausrüstungen, Schreibmaschinen, Fahrrädern, Chemikalien und anderen Waren aus Deutschland in die UdSSR für den Verkauf an die Bevölkerung und den Verbrauch außerhalb des Marktes vorzusehen.

---

[1] Michail G. Lošakov: Politiker. 1948 Vertreter der UdSSR in Polen, 1951 stellvertretender Minister für Außenhandel, in den 1960er Jahren Außenhandelsexperte.
[2] Abkürzung für: Staatliches Plankomitee (beim Ministerrat der UdSSR). Gosplan wurde 1921 gegründet und diente ursprünglich zur Umsetzung des staatlichen Elektrifizierungsplanes GOELRO. Das Plankomitee war in der Zentralplanwirtschaft der UdSSR seit 1927 zuständig für die Koordinierung, Ausarbeitung und Kontrolle der mittelfristigen Perspektivpläne (Fünfjahrplan) und den daraus abgeleiteten jährlichen Volkswirtschaftsplänen. Ab 1941 wurden Gosplan Aufgaben zur Mobilisierung und Umstellung der Wirtschaft auf Kriegsproduktion und die Verlegung von Betrieben aus den vom deutschen Vormarsch betroffenen Westgebieten in die östlichen Teile der UdSSR sowie ab August 1943 die Ausarbeitung von Plänen für die Rekonstruktion von zerstörten Gebieten und der Rückverlegung von während des Krieges evakuierten Betrieben übertragen. Seit 1957 war Gosplan die zentrale Verwaltungsinstanz für die laufenden und künftigen Wirtschaftsplanungen.
[3] Nikolaj Aleksandrovič Pautin (1906): Wirtschaftsfunktionär. Bis 1936 Dekan der Fakultät für Planung an der Universität Novosibirsk, von Anfang der 1950er Jahre bis in die 1970er Jahre stellvertretender Vorsitzender von Gosplan.
[4] Vasilij Gavrilovič Žavronkov (1906–1987): Politiker. 1948–1953 Handelsminister der UdSSR, 1953–1956 Minister für Staatskontrolle der UdSSR.
[5] Hier nicht dokumentiert.
[6] Nach dem Zweiten Weltkrieg gründete die UdSSR 1946 die Hauptverwaltung für sowjetisches Vermögen im Ausland, in der alle bereits beschlagnahmten Industriebetriebe in Ostdeutschland und in Österreich als Teil der Reparationsleistungen in sowjetisches Eigentum zur zentralen Verwaltung überführt wurden. Dies betraf auch land- und forstwirtschaftliche Güter. Die Hauptverwaltung war zunächst dem Ministerium für Außenhandel der UdSSR unterstellt, wurde dann aber ab 1949 dem Ministerrat der UdSSR direkt zugeordnet. Ab 1947 war Vsevolod N. Merkulov (1895–1953), bis dahin Volkskommissar bzw. Minister für Staatssicherheit, Leiter der Hauptverwaltung.

Die Hauptverwaltung für sowjetisches Vermögen im Ausland hat die entsprechende Bitte geprüft und teilt mit, dass die sowjetischen Unternehmen in Deutschland im Jahr 1951 bei den vom Handelsministerium der UdSSR angefragten Positionen folgende Waren herstellen können:

1. Autobatterien:	50 000 Stück
2. Motorradbatterien:	40 000 Stück
3. Schreibmaschinen:	15 000 Stück
4. Fahrräder:	200 000 Stück
5. Uhren:	750 000 Stück
6. Gebrauchsgeschirr aus Emaille:	im Wert von 4 Mio. Mark
7. Klinker:	60 Millionen Stück
8. Perwolit[7]:	500 000 Quadratmeter
9. PKW BMW-340[8]:	2000 Stück
10. Motorrad R-35[9]:	5000 Stück
11. Motorrad AWO-425[10]:	3000 Stück
12. Porzellangeschirr:	im Wert von 7 Mio. Mark
13. Elektromotoren 10–100 kW:	300 Stück
14. Dampfarmaturen entsprechend der vorgelegten Spezifikationen:	200 000 Mark
15. Transporter entsprechend der vorgelegten Spezifikationen:	100 Stück

Ich bitte um Ihre Weisung hinsichtlich der für 1951 vorgesehenen Lieferungen der aufgeführten Waren im genannten Umfang auf Rechnung der Handelsübereinkunft zwischen der Sowjetunion und der Deutschen Demokratischen Republik[11].
Ich bitte Sie, Ihre Entscheidung mitzuteilen.

Mitglied des Kollegiums
Leiter der Ersten Verwaltung
N. Lebedev[12]

Quelle: RGAE, 4372/98/1039, Bl. 11.

---

[7] Lederersatzstoff, produziert von der AGFA Filmfabrik Wolfen. Der Betrieb gehörte bis Ende 1953 zur SAG Photoplenka.
[8] Im Eisenacher Motorenwerk (EMW) weiterentwickeltes Modell des BMW-321. Das Werk gehörte bis Mitte 1952 zur SAG Avtovelo.
[9] Tourenmotorrad der 350-cm³-Klasse von BMW, das seit 1937 gebaut und nach dem Krieg im EMW als Reparationsleistung für die Sowjetunion gefertigt wurde.
[10] Ab 1950 in Suhl gefertigtes Motorrad mit 12 PS und 100 km/h Höchstgeschwindigkeit.
[11] Am 12. 4. 1950 wurde zwischen der DDR und der UdSSR ein Handelsabkommen für 1950 unterzeichnet, in dem eine Erhöhung des gegenseitigen Warenaustausches um 250 Prozent gegenüber 1948 und um 35 Prozent gegenüber 1949 vorgesehen war. Die DDR exportierte in erster Linie Maschinen und industrielle Fertigwaren. Die Sowjetunion lieferte hauptsächlich notwendige Rohstoffe und Lebensmittel. Vgl. Hermann Wentker, Außenpolitik in engen Grenzen. Die DDR im internationalen System 1949–1989, München 2007, S. 75.
[12] Biografische Details nicht ermittelbar.

Nr. 2
Schreiben des stellvertretenden Vorsitzenden von Gosplan Perov an das Präsidium des Ministerrates der UdSSR über den Plan der Warenlieferungen auf Reparationsrechnung für die Jahre 1951 bis 1955, 14. März 1951

Geheim

An das Präsidium des Ministerrates der Union der SSR

<u>Über den Plan der Warenlieferungen auf Reparationsrechnung aus Deutschland für den Zeitraum 1951–1955</u>[13]
(Beschluss des Ministerrates der UdSSR Nr. 4490-1917s vom 2. November 1950 und Weisung des Ministerrates der UdSSR Nr. 16491 vom 4. März 1951)

In Umsetzung des Beschlusses des Ministerrates der UdSSR Nr. 4490-1917s vom 2. November 1950 stellt Gosplan der UdSSR folgenden Entwurf des Planes der Warenlieferungen auf Reparationsrechnung für den Zeitraum 1951 bis 1955 vor:

Ausgehend von gleichmäßigen jährlichen Lieferungen sieht der Entwurf Lieferungen von Ausrüstungen in einem Fünfjahreszeitraum im Wert von 1057 Millionen US-Dollar in Preisen von 1938 oder von 211,4 Millionen US-Dollar jährlich, einschließlich der Produktion der Aktiengesellschaft „Wismut"[14] im Wert von 88,9 Millionen US-Dollar (auf dem Niveau des Planes von 1951), sowie Lieferungen für die Volksrepublik Polen, auf Verrechnung ihres Anteils an den Reparationen, von jährlich 15,85 Millionen US-Dollar vor. Der Umfang der Produktion der Sowjetischen Staatlichen Aktiengesellschaften an den Reparationslieferungen liegt bei 88,8 Prozent.

Es ist vorgesehen, im Fünfjahreszeitraum auf Reparationsrechnung aus Deutschland folgende Waren in die Sowjetunion zu verbringen:

<u>1. Eisenbahnausrüstungen</u>

Passagierwaggons, Speise- und Kühlwagen	9950 Stück
Kesselwagen für den Transport von Alkohol	3000 Stück

---

[13] Die Warenlieferungen der DDR in die UdSSR wurden auf einem Reparationskonto (Reparationsrechnung) als eine Art Gutschrift verrechnet. Von ganz Deutschland forderte die Sowjetunion insgesamt 10 Milliarden US-Dollar Reparationsleistungen. Die Reparationen wurden jedoch nur von der SBZ/DDR geleistet. Nach sowjetischer Rechnung hatte die DDR bis Ende 1953 insgesamt 4,29 Milliarden US-Dollar an Reparationsleistungen erbracht. Diese setzten sich zusammen aus: 1,484 Milliarden US-Dollar für einmalige Entnahmen sowie 2,81 Milliarden US-Dollar für die Lieferungen aus der laufenden Produktion. Darin enthalten sind die Gutschriften für die Uranlieferungen der Wismut-AG (335 Millionen US-Dollar). Vgl. Rainer Karlsch, Umfang und Struktur der Reparationsentnahmen aus der SBZ/DDR 1945–1953. Stand und Probleme der Forschung, in: Christoph Buchheim (Hrsg.), Wirtschaftliche Folgelasten des Krieges in der SBZ/DDR, Baden-Baden 1995, S. 65.

[14] Die Wismut AG wurde im Mai 1947 als Sowjetische Aktiengesellschaft (SAG) gegründet und unterstand bis 1956 direkt dem sowjetischen Verteidigungsministerium. Die Wismut AG gehörte zu den größten Uranproduzenten der Welt. Ohne das in Sachsen und Thüringen geförderte Uranerz hätte sich das sowjetische Atombombenprogramm erheblich verzögert. Das von der Wismut AG gelieferte Erz wurde bis 1953 auf dem Reparationskonto verrechnet. Vgl. Rainer Karlsch, Uran für Moskau. Die Wismut – eine populäre Geschichte, Berlin 2007; Rudolf Boch/Rainer Karlsch (Hrsg.), Uranbergbau im Kalten Krieg. Die Wismut im sowjetischen Atomkomplex, Bd. 1: Studien, Berlin 2011.

2. Walzausrüstungen — 138 Tausend Tonnen

3. Hebe- und Transportausrüstungen

Kräne – verschiedene Typen	1711 Stück
Darunter:	
Kräne mit Elektromotoren und einer Tragkraft von 5, 10, 15, 20, 30, 50 Tonnen	490 Stück
Metallurgische Kräne	399 Stück
Kräne für die Verladung von Kohle und Eisenerz	92 Stück
Eisenbahnkräne mit einer Tragkraft von 25 und 50 Tonnen	550 Stück
Portalkräne mit einer Tragkraft von 10–15 Tonnen	124 Stück
Schwimmkräne mit einer Tragkraft von 50 und 150 Tonnen	24 Stück
Entladebrücken für Waggons zum Ausladen von Erz und Kohle	13 Stück

4. Schmiede- und Pressenausrüstung

Mechanische und hydraulische Pressen mit einer Presskraft von 100 bis 2000 Tonnen	785 Stück
Guillotine-Scheren zum Schneiden von Blechen einer Dicke von 10 bis 40 Millimetern	710 Stück
Kombinierte Scheren	650 Stück
Scheren zum Schneiden von Profilwalzstahl und Rohlingen	95 Stück
Blechricht-, Blechbiege- und Profilrichtmaschinen	168 Stück
Horizontale Schmiedemaschinen – 2 Zoll	70 Stück

5. Elektroenergieausrüstung

Große Elektromaschinen, 18 verschiedene Typen	1550 Stück
Transportable Dampf-Elektrostationen mit einer Leistung von 40 Kilowatt	2000 Stück

6. Ausrüstungen für Zementwerke und Ersatzteile hierfür

Komplette Ausrüstungen für Zementwerke mit einer Leistung von 1000 Tonnen täglich	18 Komplexe
Komplette Ausrüstungen für Zementwerke mit einer Leistung von 600 Tonnen täglich	11 Komplexe
Ersatzteile für bereits laufende Zementwerke (Gesamtgewicht ca. 9300 Tonnen)	4150 Tausend US-Dollar

7. Schiffe und Schiffsausrüstungen

Hochseetrockenfrachter mit einer Ladekapazität von 3000 Tonnen	40 Stück
Tanker 2000–3000 Tonnen	21 Stück
Dieseltrawler 800–1000 PS	10 Stück
Fischlogger	370 Stück
Fischkutter	300 Stück
Slipanlagen und Ausrüstungen für Slipanlagen	35 Stück

8. Produktion der Aktiengesellschaft Wismut   444,5 Millionen US-Dollar

sowie die Reparatur sowjetischer Schiffe im Wert von 48 680 Tausend US-Dollar, davon von Kriegsschiffen im Wert von 12 500 Tausend US-Dollar.

Die laut Entwurf in die Sowjetunion zu liefernden Ausrüstungen für Walz- und Zementwerke, Schiffe, Kräne, Schmiede- und Pressenausrüstungen ermöglichen es, innerhalb von fünf Jahren die Produktion von Walzstahl um 3,5 Millionen Tonnen und von Zement um 10 Millionen Tonnen zu steigern. Zudem können zusätzlich 2100 Millionen Tonnen-Seemeilen befördert und der Bedarf der metallurgischen, energetischen und Schiffbauindustrie an Kränen sowie der der Maschinenbaubetriebe an Ausrüstungen für die Fertigung von Rohlingen sichergestellt werden. Dadurch wird der unzureichenden Leistungskraft der eigenen Betriebe bei der Herstellung der genannten Ausrüstungen entgegengewirkt. Die Lieferung von 2450 Passagierabteilwaggons wird den Personenverkehr bei der Eisenbahn der UdSSR erheblich verbessern.

Grundlage der Berechnungen zum Planentwurf waren die Weltmarktpreise aus dem Jahr 1938 in US-Dollar, die der UdSSR vom Ministerium für Außenhandel mitgeteilt worden sind[15].

Ein Erläuterungsschreiben zur Differenz des Lieferumfangs in den Entwürfen von Gosplan der UdSSR und der SKK in Deutschland ist beigefügt[16].

Anhang: Entwurf für einen Beschluss des Ministerrates der UdSSR[17]

Der Stellv. Vorsitzende von Gosplan der UdSSR
G. Perov[18]

Quelle: RGAE, 4372/98/1036, Bl. 42–44.

---

[15] Eine Verrechnung in Dollarpreisen des Jahres 1938 wurde auf Verlangen der UdSSR ab 1951 durchgeführt. Grundlage dafür war die von der UdSSR im Mai 1950 veröffentlichte Reparationszwischenbilanz, die auf Dollar-Basis erstellt wurde. Seitdem wurde für die Reparationszahlungen ein Kurs von ca. 1 Dollar zu 5 DM (Ost) angewandt. Vgl. Rainer Karlsch, Umfang und Struktur der Reparationsentnahmen aus der SBZ/DDR, S. 63.
[16] Hier nicht dokumentiert.
[17] Hier nicht dokumentiert.
[18] Georgij Vasil'evič Perov (1905–1979): Wirtschaftsfunktionär. 1948–1955 stellvertretender Vorsitzender von Gosplan der UdSSR, 1955–1957 stellvertretender Vorsitzender des Staatskomitees für Volkswirtschaftsplanung beim Ministerrat der UdSSR, 1957–1962 1. Stellvertreter des Vorsitzenden von Gosplan der UdSSR.

Nr. 3

Schreiben des Leiters der Hauptverwaltung für sowjetisches Vermögen im Ausland beim Ministerrat der UdSSR Sergeev an Mikojan mit Schlussfolgerungen zu den Bemerkungen der SPK[19] zum Fünfjahrplan der Verwaltung für sowjetisches Vermögen in der DDR, 30. Juni 1951

Geheim

Schlussfolgerungen von Gosplan und dem Außenministerium
Frist: 7 Tage.
Mikojan[20]
3. 7. 1951

Kopie

Gen. A. I. Mikojan

Auf Weisung von Gen. A. M. Mikojan hat sich die Hauptverwaltung für sowjetisches Vermögen im Ausland mit den Vorschlägen der Staatlichen Plankommission der DDR zum Fünfjahrplan der Verwaltung für sowjetisches Vermögen in der DDR bekannt gemacht, die dem Ministerrat der UdSSR durch den Stellv[ertretenden] Vorsitzenden der Sowjetischen Kontrollkommission in Deutschland Gen. Semičastnov[21] übergeben wurden. Sie teilt Folgendes mit:

Der von der Verwaltung für sowjetisches Vermögen in Deutschland[22] ausgearbeitete und an die Staatliche Plankommission der DDR übergebene Entwurf eines Fünfjahrplanes

---

[19] Die Staatliche Plankommission (SPK) wurde auf der Grundlage des Gesetzes über die Regierung der DDR vom 8. 11. 1950 gebildet und war Nachfolgerin des im Oktober 1949 gegründeten Ministeriums für Planung. Unter dem Dach des Ministerrates der DDR war sie verantwortlich für die Ausarbeitung und Realisierung der Perspektiv- und Jahrespläne zur Entwicklung der Volkswirtschaft, die von der SED-Führung beschlossen und von der Volkskammer der DDR bestätigt wurden. Die Institutionalisierung einer zentralen Wirtschaftsplanung folgte dem sowjetischen Vorbild. Als am 18. 1. 1990 aus der SPK das Wirtschaftskomitee hervorging, endete ihre Geschichte als die zentrale wirtschaftsleitende staatliche Behörde. Vgl. Hoffmann, Die zentrale Wirtschaftsverwaltung in der SBZ/DDR.
[20] Anastas Ivanovič Mikojan (1895–1978): Politiker. 1936–1949 Volkskommissar bzw. Minister für Außenhandel der UdSSR, 1949–1953 stellvertretender Vorsitzender des Ministerrates der UdSSR, 1953–1955 Handelsminister der UdSSR, 1955–1964 stellvertretender Vorsitzender des Ministerrates der UdSSR, 1935–1966 Mitglied des Politbüros des ZK der KPdSU, 1964–1965 Vorsitzender und 1965–1974 Mitglied des Präsidiums des Obersten Sowjets der UdSSR.
[21] Ivan Fedorovič Semičastnov (1905–1994): Militär, Wirtschaftsfunktionär und Politiker, Generalmajor. 1942–1943 Mitarbeiter des Staatlichen Verteidigungskomitees, 1943–1949 stellvertretender Volkskommissar der UdSSR für Außenhandel, 1949–1954 1. Stellvertreter des Vorsitzenden der SKK, 1954–1964 stellvertretender Minister für Außenhandel der UdSSR, ab 1965 1. Stellvertreter des Ministers für Außenhandel der UdSSR.
[22] Die Verwaltung des sowjetischen Vermögens in Deutschland war seit Ende 1946 Teil der Hauptverwaltung des sowjetischen Vermögens im Ausland beim Ministerrat der UdSSR. Sie war Eigentümerin der rund 200 Betriebe der Sowjetischen Aktiengesellschaften (SAG), die im Juni 1946 in der SBZ zur Sicherung der sowjetischen Reparationsansprüche gegründet worden waren. Bis 1953 wurden die SAG-Betriebe sukzessive der ostdeutschen Wirtschaftsverwaltung übergeben. Vgl. Jan Foitzik, Sowjetische Militäradministration in Deutschland (SMAD) 1945–1949. Struktur und Funktion, Berlin 1999, S. 180–184; Albrecht Ritschl, Aufstieg und Niedergang der Wirtschaft der DDR. Ein Zahlenbild 1945–1989, in: Jahrbuch für Wirtschaftsgeschichte 1995/2, S. 10.

wird von Letzterer als Bestandteil des Fünfjahrplanes zur Entwicklung der Volkswirtschaft der Deutschen Demokratischen Republik angesehen[23]. Der Fünfjahrplan der Deutschen Demokratischen Republik sieht eine Steigerung der Industrieproduktion der gesamten Volkswirtschaft um 90 Prozent vor, während der Entwurf des Fünfjahrplanes für die Entwicklung der sowjetischen Unternehmen in Deutschland lediglich eine Steigerung der Industrieproduktion um 73 Prozent anstrebt. Das langsamere Wachstum der Produktion der sowjetischen Unternehmen im Vergleich mit dem der deutschen Betriebe erklärt sich wie folgt:

a) Die Regierung der DDR beabsichtigt, im Fünfjahrplan 14,1 Milliarden Mark für Kapitalinvestitionen auszugeben, wobei der Zuwachs der Industrieproduktion im selben Zeitraum 17 Milliarden Mark betragen soll. Demgegenüber planen die sowjetischen Unternehmen, lediglich 1,7 Milliarden Mark aufzuwenden (davon 0,5 Milliarden für Grundinstandsetzungen). Hier soll der Zuwachs der Industrieproduktion in fünf Jahren 2,7 Milliarden Mark betragen.

b) Die Regierung der DDR verwendet ihre Kapitalinvestitionen in den nächsten fünf Jahren für den Bau neuer großer Industriebetriebe in den Bereichen Metallurgie, Maschinenbau, Chemieindustrie u. a. Die diesbezüglichen Aufwendungen der sowjetischen Unternehmen werden hauptsächlich für die Reparatur und Erhaltung bereits bestehender Betriebe eingesetzt und fließen nur zu einem geringen Teil in Bauvorhaben, die das Ziel haben, Engpässe bei produzierenden Werken zu beseitigen.

c) Mit den Instandsetzungsarbeiten in den sowjetischen Unternehmen wurde bereits 1946 begonnen. Zu Beginn des Fünfjahrplanes werden diese bereits weitgehend abgeschlossen sein. Der Wiederaufbau der deutschen Betriebe begann später, und ihre Rekonstruktion verläuft in einem verzögerten Tempo.

Da der Fünfjahrplan zur Entwicklung der Volkswirtschaft der UdSSR noch nicht vorliegt, kann im Entwurf des Fünfjahrplanes zum Ausbau der sowjetischen Unternehmen in Deutschland die Befriedigung des gesamten Bedarfes der Volkswirtschaft der UdSSR noch nicht berücksichtigt werden. Nach Dafürhalten der Hauptverwaltung für sowjetisches Vermögen im Ausland soll deshalb die SKK[24] in Deutschland angewiesen werden, der Regierung der DDR mitzuteilen, den im Entwurf des Fünfjahrplanes zur Entwicklung der sowjetischen Unternehmen in der DDR vorgesehenen Produktionsumfang unverändert zu lassen. Alle Bemerkungen und Vorschläge der Staatlichen Plankommission der Deutschen Demokratischen Republik werden von der Verwaltung für sowjetisches Vermögen in Deutschland bei der Erstellung der jährlichen Produktionspläne des Fünfjahrplanes berücksichtigt.

---

[23] Der III. Parteitag der SED vom Juli 1950 bestätigte den ersten Fünfjahrplan für die Jahre von 1951 bis 1955. Mit dem ersten Fünfjahrplan, der zum 1. 1. 1951 in Kraft trat, ging die DDR-Wirtschaft endgültig den Weg einer Planwirtschaft sowjetischen Typs, bei dem die Produktion und Konsumtion von Gütern sowie die Festlegung von Preisen und Löhnen vollständig von der Staatlichen Plankommission geplant werden.

[24] Abkürzung für: Sowjetische Kontrollkommission. Am 10. 10. 1949 wandelte sich die SMAD nach der Gründung der DDR in „Sowjetische Kontrollkommission in Deutschland" (SKK) um. An ihrer Spitze stand Armeegeneral Vasilij Ivanovič Čujkov (1900–1982), der zuvor auch schon Chef der SMAD gewesen war. Der prägende Einfluss der SKK auf zentrale Bereiche der Politik, Wirtschaft und inneren Verwaltung blieb weiterhin sehr stark erhalten. Vgl. Elke Scherstjanoi, Das SKK-Statut. Zur Geschichte der Sowjetischen Kontrollkommission in Deutschland 1949 bis 1953. Eine Dokumentation, München 1998.

Was die Tätigkeit der Abteilung der staatlichen sowjetischen Aktiengesellschaft Wismut[25] in Deutschland betrifft, so hält es die Hauptverwaltung für sowjetisches Vermögen im Ausland für notwendig, die bereits von ihrer Verwaltung in Deutschland an die Regierung der DDR mitgeteilten Angaben auf den Produktionsumfang dieser Abteilung in wertmäßiger Angabe und Umfang der Kapitalaufwendungen im Fünfjahrplan ohne Spezifizierung der einzelnen Positionen zu begrenzen.

Ein Entwurf für eine Verfügung des Ministerrates der UdSSR ist beigefügt.

Anhang: Text

V. Sergeev[26]

Geheim
Ministerrat der UdSSR
Beschluss vom „___" Juli 1951 Nr. _____
Moskau, Kreml

Der Ministerrat der Union der SSR beschließt:
die SKK in Deutschland anzuweisen, der Regierung der Deutschen Demokratischen Republik mitzuteilen, dass der im Entwurf des Fünfjahrplanes zur Entwicklung der sowjetischen Unternehmen in der DDR vorgesehene und von der Verwaltung für sowjetisches Vermögen in Deutschland der Staatlichen Plankommission der DDR übermittelte Produktionsumfang gegenwärtig ohne Änderungen bleibt. Alle Bemerkungen und Vorschläge der Staatlichen Plankommission der Deutschen Demokratischen Republik werden von der Verwaltung für sowjetisches Vermögen in Deutschland bei der Erstellung der jährlichen Produktionspläne des Fünfjahrplanes berücksichtigt.

Was die Tätigkeit der Abteilung der sowjetischen staatlichen Aktiengesellschaft Wismut in Deutschland betrifft, so ist die Regierung der DDR über Folgendes in Kenntnis zu setzen: Bei der Ausarbeitung des Fünfjahrplanes der DDR muss sich auf die der Regierung der DDR von der Verwaltung für sowjetisches Vermögen in Deutschland bereits mitgeteilten Angaben über den Produktionsumfang dieser Abteilung in geldwerter Menge und den Umfang der Kapitalaufwendungen während des Fünfjahrplanes ohne Spezifizierung der einzelnen Positionen beschränkt werden.

Der Vorsitzende des Ministerrates der Union der SSR
I. Stalin[27]

---

[25] Die Wismut SAG unterstand direkt der Hauptverwaltung für sowjetisches Vermögen im Ausland in Moskau. Sie wurde am 1.1.1954 in eine Sowjetisch-Deutsche Aktiengesellschaft (SDAG Wismut) mit einer deutschen Kapitalbeteiligung von 50 Prozent umgewandelt.

[26] Vasilij Alekseevič Sergeev: Politiker. 1947 stellvertretender Minister für Außenhandel der UdSSR, nach 1947 Leiter der Hauptverwaltung für sowjetisches Vermögen im Ausland, die sich bis Mai 1947 in der Struktur des Außenhandelsministeriums befand und danach dem Ministerrat der UdSSR unterstellt wurde.

[27] Iosif Vissarionovič Stalin (1879–1953): Politiker. 1898 Eintritt in die Sozialdemokratische Arbeiterpartei Russlands (SDAPR), ab 1912 Mitglied des ZK der Bolschewiki, 1918 Mitglied des Revolutionären Kriegsrates, 1917–1923 Volkskommissar für Nationalitätenangelegenheiten, ab 1922 Generalsekretär des ZK der Kommunistischen Partei Russlands (Bolschewiki) bzw. ab 1925 der Kommunistischen Partei der Sowjetunion (KPdSU), 1927–1953 alleiniger politischer Führer der UdSSR.

Der Leiter der Verwaltung des Ministerrates der Union der SSR
M. Pomaznev[28]

Quelle: RGAE, 4372/98/1039, Bl. 88–90.

Nr. 4
Schreiben des Ministers für Außenhandel der UdSSR Kumykin an den stellvertretenden Vorsitzenden des Ministerrates der UdSSR Mikojan mit Bemerkungen zum Plan der SKK zu den Reparationslieferungen aus der DDR 1953–1955, 15. Januar 1952[29]

Kopie
Geheim

An den Stellvertretenden Vorsitzenden des Ministerrates der Union der SSR
Genossen A. I. Mikojan

Ich übermittle Ihnen hiermit die Bemerkungen des Außenhandelsministeriums der UdSSR zu dem von Gen. Čujkov[30] eingereichten Entwurf eines Ministerratsbeschlusses über die Ausarbeitung des Planes der Reparationslieferungen aus Deutschland für den Zeitraum 1953–1955 wie auch zur Lieferung von 38 Handelsschiffen auf Reparationskosten[31] (siehe Telegramm von Gen. Čujkov vom 27. Oktober 1951[32]).

Die Frage des Planes der Reparationslieferungen aus Deutschland im Zeitraum 1952–1955 hat der Ministerrat der UdSSR zu Beginn dieses Jahres geprüft und nicht zur Diskussion gestellt, da es als wenig sinnvoll angesehen wurde, diesen bis einschließlich 1955 zu bestätigen. Das Ministerium für Außenhandel der UdSSR sieht keinen Grund dafür, erneut auf diese Frage zurückzukommen.

---

[28] Michail Trofimovič Pomaznev (1911–1987): Wirtschaftsfunktionär. 1934–1938 Mitarbeiter von Gosplan der UdSSR, zuletzt Sektorenleiter, 1938–1945 beim Wirtschaftsrat des Rates der Volkskommissare der UdSSR, 1945–1948 Chef der Hauptversorgungsverwaltung Kohle beim Ministerrat der UdSSR, 1949–1953 Leiter der Verwaltung des Ministerrates der UdSSR, 1953–1965 Leiter der Plankommission im Gebiet Rjazan, 1966–1972 stellvertretender Abteilungsleiter beim Staatskomitee für Preise der UdSSR.
[29] Mikojan versah das Schreiben von Kumykin mit folgender Randbemerkung: „Den Vorschlägen von Gen. Kumykin ist zuzustimmen."
[30] Vasilij Ivanovič Čujkov (1900–1982): Offizier und Politiker. 1939–1940 Oberkommandierender der 9. Armee, 1940–1942 Militärattaché in China, 1942–1946 Oberbefehlshaber der 8. Gardearmee, 1945–1946 Chef der Sowjetischen Militäradministration (SMA) in Thüringen, 1946–1949 Stellvertreter des Chefs der SMAD, 1949–1953 Chef der SKK, 1953–1960 Chef des Militärbezirks Kiew, 1960–1964 Inspekteur der Landstreitkräfte, 1964–1972 Chef der sowjetischen Zivilverteidigung, ab 1972 Generalinspekteur des Verteidigungsministeriums.
[31] Die sowjetischen Reparationsforderungen konzentrierten sich seit 1950 auf Erzeugnisse des Maschinen- und Schwermaschinenbaus sowie auf den Schiffbau. Bis 1953 wurden in den Werften in Rostock, Warnemünde und Wismar über 1000 Schiffe auf Reparationsrechnung gefertigt. Die Erfüllung der Reparationsverpflichtungen war in einem jährlichen Reparationsplan fixiert. Als Folge des Volksaufstandes vom 17. 6. 1953 verkündete die Regierung der UdSSR per 1. 1. 1954 das Ende der Reparationen. Vgl. Rainer Karlsch, Allein bezahlt? Die Reparationsleistungen der SBZ/DDR 1945–1953, Berlin 1993, S. 181–192.
[32] Hier nicht dokumentiert.

Nach Meinung des Ministeriums ist es für die zeitgerechte Vorbereitung und Bestätigung des Planes der Reparationslieferungen aus Deutschland für 1953 erforderlich, die SKK, Gosplan und das Außenhandelsministerium zu beauftragen, bis zum 1. Juli 1952 beim Ministerrat der UdSSR einen Entwurf für diesen zur Prüfung vorzulegen.

Was den Vorschlag von Gen. Čujkov über die Lieferung von 38 Handelsschiffen im Zeitraum 1953-1955 betrifft, so ist aus dem Brief von Gen. Grotewohl[33], den die SKK Mitte November 1951 erhalten hat, ersichtlich, dass die Regierung der DDR im Prinzip lediglich der Lieferung von 8-10 Handelsschiffen im Zeitraum von 1953-1955 als Reparationslieferung zugestimmt hat. Das entspricht auch dem Beschluss des Ministerrates der UdSSR vom 24. September 1951.

Das Außenhandelsministerium ist der Meinung, dass die SKK diesen Beschluss erfüllen sollte. Eine Überprüfung des Beschlusses hinsichtlich einer Erhöhung der Zahl der Schiffe hält das Außenhandelsministerium nicht für sinnvoll.

Der Minister für Außenhandel
P. Kumykin[34]

Quelle: RGAE, 4372/99/666, Bl. 32.

Nr. 5
Mitschrift des Gespräches zwischen dem Vorsitzenden von Gosplan der UdSSR Saburov und dem Vorsitzenden der SPK Leuschner über den Entwurf der Kennziffern des DDR-Volkswirtschaftsplanes für die Jahre 1954 bis 1955, 22. August 1953

Geheim

Notizen zum Gespräch des Vorsitzenden von Gosplan der UdSSR Gen. M. Z. Saburov[35] mit dem Vorsitzenden der Staatlichen Plankommission der DDR Gen. B. Leuschner[36], das bei Gosplan der UdSSR am 22. August 1953 stattfand.[37]

---

[33] Otto Grotewohl (1894-1964): Politiker. 1912 Mitglied der SPD, 1946 der SED. 1945/46 einer der drei Vorsitzenden des Zentralausschusses der SPD, 1946-1954 gemeinsam mit Wilhelm Pieck Vorsitzender der SED, 1946 Mitglied des Zentralsekretariats, ab 1949 des ZK sowie des Politbüros der SED, 1949-1964 Ministerpräsident bzw. Vorsitzender des Ministerrates der DDR.
[34] Pavel Nikolaevič Kumykin (1901-1976): Politiker. 1943-1948 Abteilungsleiter im Außenhandelsministerium der UdSSR, 1948-1949 stellvertretender Außenhandelsminister der UdSSR, 1949-1951 1. Stellvertreter des Ministers für Außenhandel der UdSSR, 1951-1953 Minister für Außenhandel der UdSSR, 1953-1969 stellvertretender Außenhandelsminister, zugleich Vertreter der UdSSR im RGW.
[35] Maksim Zacharovič Saburov (1900-1977): Wirtschaftsfunktionär und Politiker. Ab 1938 bei Gosplan, zunächst Sektorenleiter, dann stellvertretender Vorsitzender und 1941-1942 Vorsitzender von Gosplan, 1944-1947 stellvertretender Vorsitzender von Gosplan, 1949-1955 Vorsitzender von Gosplan, zugleich ab 1953 stellvertretender Vorsitzender des Ministerrates der UdSSR, 1957 nach einem gescheiterten Versuch, Chruščëv zu stürzen, in die Provinz versetzt.
[36] Bruno Max Leuschner (1910-1965): Politiker. 1931 Mitglied der KPD, 1946 der SED, bis 1936 kaufmännischer Angestellter in der Textilindustrie, 1933-1936 illegaler kommunistischer Widerstand, 1936 Verhaftung, 1936-1945 Zuchthaus und KZ Sachsenhausen bzw. Mauthausen, 1945 Leiter der wirtschaftspolitischen Abteilung des ZK der KPD, 1946 Leiter der Wirtschaftsabteilung des Parteivor-

Gen. B[runo] Leuschner stellte Gen. Saburov eine Reihe von Fragen, die die zukünftigen Perspektiven der Entwicklung der Volkswirtschaft der DDR betrafen.

1. Gen. B. Leuschner bat Gen. Saburov um dessen Meinung zum Entwurf der Kennziffern des Volkswirtschaftsplanes der DDR für die Jahre 1954 bis 1955.

Gen. Saburov drückte seine Zustimmung zu dem Entwurf im Ganzen aus. Es ist aber zu berücksichtigen, dass er aufgestellt wurde, bevor die Regierung der UdSSR die Entscheidung traf, auf die Reparationszahlungen zu verzichten, unentgeltlich sowjetische Unternehmen zu übergeben und die Besatzungskosten zu senken, in deren Ergebnis die Regierung der DDR über beträchtliche zusätzliche Ressourcen verfügt. Deshalb unterliegt der Entwurf der Korrektur. Allerdings können einige Hinweise, die sich aus der vorläufigen Begutachtung der Kennziffern ergaben, innerhalb der nächsten zwei bis drei Tage mitgeteilt werden.

2. Gen. Leuschner berichtete Gen. Saburov über die Schwierigkeiten der Volkswirtschaft der DDR, in der Industrieproduktion die Materialkosten zu senken. Er bat Gen. Saburov, seine Empfehlungen in der Frage der richtigen Festsetzung der Materialverbrauchsnormen zu geben.

Gen. Saburov berichtete anhand konkreter Beispiele von den Erfahrungen zur Festlegung dieser Normen in der sowjetischen Praxis und verwies insbesondere auf die Notwendigkeit, entsprechende Daten über den tatsächlichen Materialverbrauch zu sammeln, denn deren Analyse in Kombination mit den Experteneinschätzungen und die systematische Kontrolle der Normerfüllung können helfen, in dieser Angelegenheit Verbesserungen zu erreichen.

3. Gen. Leuschner listete die Unzulänglichkeiten in der Versorgung mit Material und Technik auf und unterstrich dabei, dass ein entsprechendes System fehlen würde, um den tatsächlichen Bedarf der einzelnen Betriebe zu ermitteln.

Gen. Saburov erläuterte detailliert Fragen der Organisation bei der materiell-technischen Versorgung in der UdSSR und die Methodik zur Bestimmung des Bedarfs der Betriebe.

4. Gen. Leuschner erläuterte Gen. Saburov den Umstand, dass die deutschen Betriebe nur unzureichend kontinuierlich arbeiten. Insbesondere verwies er darauf, dass im I. und II. Quartal die Produktionskapazitäten und Arbeitskräfte nicht vollständig eingesetzt werden, während die Industrie im III. und besonders im IV. Quartal mit großer Anspannung arbeitet. Die beschriebene Situation erklärt sich vor allem aus dem verspäteten Eintreffen der Bestellungen sowjetischer Importorganisationen und den Verzögerungen bei der Übergabe der technischen Dokumentationen für Ausrüstungen, die nach sowjetischen Zeichnungen hergestellt werden sollen. Negativ wirkt sich auf die Arbeit der deutschen Industrie auch der Umstand aus, dass die Ermittlung der Zusammensetzung von Lieferun-

---

standes der SED, 1948–1949 Leiter der Hauptverwaltung Wirtschaftsplanung der DWK, 1949–1950 Staatssekretär im Ministerium für Planung der DDR, 1950–1952 1. Stellvertreter des Vorsitzenden der SPK, 1952–1961 Vorsitzender der SPK, 1961–1963 Stellvertreter des Vorsitzenden des Ministerrates für die Koordinierung der volkswirtschaftlichen Grundfragen, ab 1962 zudem Ständiger Bevollmächtigter der DDR im Exekutivkomitee des RGW, 1953 Kandidat und 1958 Mitglied im SED-Politbüro.

37 Leuschner war als Mitglied einer Regierungsdelegation der DDR unter Leitung Grotewohls am 20. 8. 1953 zu Verhandlungen mit der sowjetischen Führung nach Moskau gereist. Mit dabei waren u. a. der Minister für Außenhandel und Innerdeutschen Handel Gregor und der Minister für Hüttenwesen und Erzbergbau Selbmann. Die sowjetische Führung verkündete bei dieser Gelegenheit das Ende der Reparationszahlungen mit Beginn des Jahres 1954. Zudem wurden die Stationierungskosten sowjetischer Streitkräfte auf fünf Prozent der Staatseinnahmen der DDR begrenzt sowie die 33 noch bestehenden SAG-Betriebe (mit Ausnahme der Wismut AG) der ostdeutschen Wirtschaftsverwaltung übergeben.

gen sowie des Umfangs an Material und Rohstoffen aus der UdSSR nur mit erheblicher Verzögerung verläuft.

Gen. Saburov antwortete, dass die aufgeführten Unzulänglichkeiten leider immer noch vorhanden sind. Es wäre sinnvoll, wenn die entsprechenden sowjetischen und deutschen Organisationen diese Fragen umfassend prüften und entsprechende Maßnahmen zur Beseitigung dieser Schwierigkeiten planten. Weiterhin zielt eine Reihe von Maßnahmen, die bereits in diesem Jahr erfolgen, darauf hin, rechtzeitig jene sowjetischen Bestellungen für Ausrüstungen an die DDR zu richten, die eine längere Herstellungszeit benötigen.

5. Gen. Leuschner hat die Entscheidung der Regierung der UdSSR über die Einstellung der Reparationslieferungen mit Befriedigung zur Kenntnis genommen. Gleichzeitig ergibt sich aber die Frage nach den Perspektiven des Absatzes der deutschen Industrieprodukte, der auf Reparationsrechnung erfolgte.

Gen. Saburov antwortete, dass die Frage der möglichen Lieferung dieser Produkte in die UdSSR gegenwärtig auf der Grundlage von Handelsübereinkommen entschieden wird und die sowjetische Seite hofft, in dieser Hinsicht das maximal Mögliche tun zu können, um eine normale Arbeit der deutschen Industrie zu gewährleisten.

6. Gen. Leuschner äußerte den Wunsch, dass die sowjetische Seite der DDR Hilfe bei der Ausbildung von Kadern für Planungsarbeiten und bei der weiteren Qualifikation von Spezialisten leistet, die bei der Staatlichen Plankommission der DDR arbeiten.

Gen. Saburov entgegnete, dass nach seiner Meinung diese Frage geprüft werden könnte. Dafür müsse sich die Regierung der DDR allerdings im konkreten Fall an die Regierung der UdSSR wenden und den genauen Charakter dieser Hilfe benennen.

Am Schluss des Gespräches informierte Gen. Leuschner Gen. Saburov darüber, welche Maßnahmen die Regierung der DDR zur Verbesserung von Versorgung und kultureller Betreuung der Bevölkerung vorgesehen hat und welche Schwierigkeiten dabei entstehen.

Quelle: RGAE, 4372/11/992, Bl. 5–6.

Nr. 6
Schreiben von Semënov an Molotov über Änderungen im Fünfjahrplan der DDR für die Jahre 1954 und 1955, 11. November 1953 (Auszug)

Geheim

An den Gen. Molotov[38]

[...]

Nach Prüfung der im oben aufgeführten Entwurf vorgesehenen Direktiven zur Änderung des Fünfjahrplanes zur Entwicklung der Volkswirtschaft der DDR für die Jahre 1954–1955

---

[38] Vjačeslav Michajlovič Molotov (1890–1986): Diplomat und Politiker. 1941–1949 Volkskommissar bzw. ab 1946 Minister für Äußere Angelegenheiten der UdSSR und 1941–1957 Vorsitzender des Rates der Volkskommissare bzw. ab 1946 des Ministerrates der UdSSR, 1953–1956 Außenminister der UdSSR, 1953–1957 1. stellvertretender Vorsitzender des Ministerrates der UdSSR, 1957–1960 Botschafter der UdSSR in der Mongolei, 1926–1957 Mitglied im Politbüro der KPdSU, 1962 Ausschluss aus der KPdSU, 1984 Wiederaufnahme in die KPdSU.

haben wir der Staatlichen Plankommission der DDR hinsichtlich ihrer Vorschläge folgende Bemerkungen und Empfehlungen mitgeteilt:

Im Entwurf der Direktive zur Präzisierung des Fünfjahrplanes für die Jahre 1954–1955 sind wichtige wirtschaftliche Kennziffern, obwohl formal untereinander verbunden, faktisch ohne bilanzierte Grundlage und nicht durch die notwendigen Berechnungen bestätigt. So sind beispielsweise der Umfang der Investitionsarbeiten und die Rentabilität der Betriebe beim geplanten Einzelhandelsumsatz sowie die vorgesehenen Preissenkungen nicht in die Ein- und Ausgaben des Staatshaushaltes eingebunden. Mit einem geplanten Umfang der Investitionsbauten von 11,5 Milliarden Mark in den Jahren 1954–1955 gegenüber den zehn Milliarden Mark, die im Fünfjahrplan vorgesehen waren, wird die angespannte Situation der Volkswirtschaft nicht entschärft, sondern verstärkt.

Die Export- und Importpläne sind bei einzelnen Ländern und Waren nicht im vollen Umfang ausbilanziert. So spiegelt der Plan die Möglichkeiten im Außenhandel nicht vollständig wider.

Der Umfang des für 1954–1955 vorgesehenen Einzelhandels berücksichtigt nicht die tatsächlichen Geldeinnahmen und -ausgaben der Bevölkerung. Auch sind das Wachstum des Warenumsatzes mit Berücksichtigung der Preissenkungen und die vollständige Abschaffung des Kartensystems 1954 nicht durch entsprechende Warenfonds gedeckt. Der vorgesehene Produktionsanstieg bei den Konsumgütern ist gleichfalls unzureichend, wenn man berücksichtigt, dass der Anstieg des Bevölkerungseinkommens im Ergebnis der unternommenen Maßnahmen bedeutend größer sein wird als angenommen. Zudem ist die vorgesehene Reserve bei den Warenfonds ungenügend.

Im Bereich der Landwirtschaft hält die Entwicklung der Futtermittelbasis nicht mit dem Wachstum der Tierzucht Schritt.

Das Vorhandensein so schwerwiegender Unstimmigkeiten im Entwurf der Direktive erfordert eine detaillierte Überprüfung aller wichtigen Kennziffern des Planes und deren gegenseitige Abstimmung. Besonderes Augenmerk muss auf die Ausarbeitung konkreter Maßnahmen zur Erweiterung der Produktion von Konsumgütern sowie zur Entwicklung der Energie- und Brennstoffbasis der DDR gelegt werden. Zudem ist der Ausbau der eigenen Futtermittelbasis für ein größeres Wachstum der Tierzucht erforderlich.

Notwendig ist es auch, den vorgesehenen Umfang des Investitionsbaus zu prüfen, da dieser eingeschränkt werden muss, um die Anspannung der Volkswirtschaft der DDR zu verringern.

Zu den einzelnen Bereichen des Entwurfes der Direktive gibt es folgende Bemerkungen:

I. Zur Industrie

1. Aufgrund des Rückstandes bei der Inbetriebnahme neuer Kapazitäten in der Energie- und Brennstoffindustrie gegenüber den Aufgaben des Fünfjahrplanes und dem Bedarf der Volkswirtschaft sind im Entwurf der Direktive die entsprechenden Ministerien, Behörden sowie die Staatliche Plankommission der DDR anzuweisen:

a) für die Jahre 1954 und 1955 Maßnahmen zur Erweiterung der Energieerzeugung zu beschließen, damit so viel Energie produziert werden kann, wie im Entwurf der Direktive vorgesehen ist. Ferner sind Schritte zur kontingentgerechten Verteilung der Elektroenergie sowie zur störungsfreien und kontinuierlichen Versorgung der Bevölkerung und Industrie mit Energie zu unternehmen.

b) Für 1954 und 1955 sind Maßnahmen zur Steigerung des Produktionsausstoßes an Ausrüstungen für den Braunkohleabbau und die Brikettherstellung zu veranlassen, um bis zum Ende des Fünfjahrplanes die Kapazitäten so weit auszubauen, dass der Braunkohleabbau und die Brikettproduktion in dem Umfang erfolgen können, wie sie für die umfassende Versorgung der Bevölkerung mit Brennstoffen und den wachsenden Bedarf der Volkswirtschaft erforderlich sind.

c) Ergänzend ist es notwendig, die Auslastung der Betriebe des Elektromaschinenbaus zu prüfen, damit bei einer breiten Produktionskooperation zwischen den Betrieben des Maschinenbaus ohne zusätzliche hohe Kapitalinvestitionen der für 1954/55 vorgesehene Fertigungsumfang von Energieausrüstungen gewährleistet werden kann.

2. Die im Entwurf der Direktive vorgesehene Absenkung der Produktion von Raffinat- und Elektrolytkupfer im Jahr 1954 um 2,2 Prozent und im Jahr 1955 um 1,5 Prozent gegenüber 1953 ist nicht begründet. In den vorangegangenen Jahren war der Kupferausstoß systematisch angestiegen. Im Entwurf der Direktive ist ein weiteres Wachstum der Kupferproduktion in den Jahren 1954 und 1955 vorzusehen. Ein Absinken auf das bislang erreichte Fertigungsniveau ist nicht zuzulassen, da bei Verringerung des Kupferimports mehr Konsumwaren und Rohstoffe für die Produktion eingeführt werden können.

3. In den Direktiven ist die Erweiterung der Kapazitäten zur Produktion von Phosphordünger vorzusehen, um in Zukunft den Bedarf an diesem Düngemittel im Wesentlichen aus der eigenen Produktion zu decken.

4. In die Direktiven ist ein besonderer Abschnitt aufzunehmen, in welchem die Aufgaben zu den wichtigsten Kennziffern bei der Produktion von Massenbedarfsgütern bis zum Ende des Fünfjahrplanes niedergeschrieben werden. Dabei ist auf der Grundlage der vollständigen Nutzung der Industriekapazitäten die Fertigung bis zu dem Ausmaß sicherzustellen, das eine Entwicklung des Warenumsatzes unter Berücksichtigung der weiteren Senkung der Einzelhandelspreise gewährleistet.

In diesem Abschnitt müssen auch die wichtigsten Aufgaben formuliert werden, die den Bezirksorganen zur maximalen Nutzung der Kapazitäten der örtlichen Industrie und der Genossenschaften, der Privatunternehmer und des Handwerks zu einer umfassenden Erhöhung der Konsumgüterproduktion zu stellen sind. Gleichzeitig sind mittels örtlicher Initiativen die Qualität der Erzeugnisse zu verbessern und eine Erweiterung des Sortiments vorzunehmen. Dafür sollten in den jährlichen Volkswirtschaftsplänen entsprechend nötige Rohstoffe und Materialien, besonders für die Versorgung des Handwerks und der Privatunternehmer, vorgesehen werden.

5. Insgesamt ist in allen Industriebereichen eine verbesserte Auslastung der vorhandenen Kapazitäten zu erreichen.

II. Zur Landwirtschaft

1. Für die weitere Entwicklung der Tierproduktion in der DDR und die Erhöhung ihrer Produktivität sind Maßnahmen zum Ausbau der Futtermittelbasis zu planen. Hierfür sollte die Struktur der Anbaufläche dahingehend geprüft werden, den Getreideanbau zugunsten des Futtermittelanbaus in einem gewissen Maße einzuschränken. Bis 1955 sollten beispielsweise auf einer Fläche von 873 000 Hektar Kartoffeln angebaut werden, auf einer Fläche von bis zu 350 000 Hektar Futterhackfrüchte und auf einer Fläche von bis zu 600 000 Hektar Feldfutterpflanzen.

Die Frage der richtigen Nutzung von verlassenen und verwahrlosten Wirtschaften entsprechend des Beschlusses des Ministerrates der DDR vom 3.9.1953 ist zu prüfen[39].

2. Um den Anteil der Kühe innerhalb des Rindviehbestandes zu steigern, ist es notwendig, deren Zahl 1954 gegenüber den im Entwurf der Direktive aufgeführten 2,175 Millionen Stück auf 2,2 Millionen Stück zu erhöhen. Bei den Staatsgütern ist die Anzahl von 43 000 Stück auf 45 000 Stück zu steigern, 1955 gegenüber 2,25 Millionen Stück auf 2,3 Millionen Stück, davon bei den Staatsgütern von 44 000 auf 48 000. Die Zahl der Ferkel pro Sau ist im Jahr 1954 statt der im Entwurf der Direktive vorgesehenen 11,4 auf 12 und im Jahr 1955 statt 10,9 auf 12,5 Stück zu erhöhen.

3. Der beim allgemeinen Umfang der Traktorenarbeiten der MTS[40] vorgesehene Anteil der Pflugarbeiten von 9,296 Millionen Hektar und der Feldarbeiten von 5,976 Millionen Hektar stellt nicht den Bedarf der Bauern und landwirtschaftlichen Produktionsgenossenschaften sicher. Für 1954 wäre es sinnvoll, die Aufgaben der Traktorenarbeiten der MTS im Umfang von 9,296 Millionen Hektar Pflugarbeiten neu aufzuteilen, um das Ausmaß der Feldarbeiten auf 6,6 Millionen Hektar, der Drescharbeiten auf 300 000 Hektar und der Transportarbeiten auf 2,396 Millionen Hektar zu steigern.

4. Zur besseren Organisation der Kapitalinstandsetzung der Traktorenmotoren und anderer wichtiger Baugruppen von Traktoren und Landwirtschaftsmaschinen sind in den Bezirken überregionale Reparaturbetriebe und Werkstätten zu schaffen, indem dem Ministerium für Land- und Forstwirtschaft einige Industriebetriebe und entsprechende Ausrüstung zu übergeben sind.

III. Zum Verkehrswesen

1. Im Entwurf der Direktive sind bedeutende Senkungen gegenüber den Aufgaben des Fünfjahrplanes beim Abbau von Stein- und Braunkohle sowie Eisenerz und bei der Herstellung von Braunkohlebriketts, Koks sowie bei Kalisalzen, einigen Chemikalien und Baumaterialien wie Zement, Ziegeln und Fensterglas vorgesehen. Auch der Anbau einzelner landwirtschaftlicher Kulturen wird eingeschränkt. Der Anteil des Transports der oben aufgezählten Güter macht mehr als 50 Prozent der Beförderungsleistung im Verkehrswesen aus.

Gleichwohl spiegelt sich im Entwurf der Direktive für 1954 und 1955 bei den Kennziffern für das Verkehrswesen dieser Rückgang nicht wider, im Gegenteil, der allgemeine Umfang des Güteraufkommens wächst gegenüber den Aufgaben im Fünfjahrplan. Des-

---

[39] In der Folge ökonomischen und administrativen Drucks auf die bäuerlichen Wirtschaften verließen seit 1952 private Einzelbauern die DDR. Zudem wurden bei Unterschreitung des landwirtschaftlichen Abgabesolls bäuerliche Betriebe enteignet. Auf diese Weise entstanden verlassene Wirtschaften, die teilweise den Landwirtschaftlichen Produktionsgenossenschaften (LPG) zur Nutzung übergeben, aber nicht bewirtschaftet wurden. Die Verordnung des Ministerrates „über die Bewirtschaftung freier Betriebe und Flächen und die Schaffung von Betrieben der örtlichen Landwirtschaften" vom 3.9.1953 verfügte die Rückgabe von enteigneten landwirtschaftlichen Betrieben an ihre früheren Besitzer, insofern sie wieder in die DDR zurückkehrten. Für die Antragstellung auf Rückgabe wurde eine Frist bis 30.9.1953 gesetzt. Vgl. BArch, DC 20-I/3/200.

[40] Abkürzung für: Maschinen-Traktoren-Stationen. Die Maschinen-Traktoren-Stationen (MTS) entstanden 1952 aus den 1948 gegründeten Maschinen-Ausleih-Stationen (MAS) als staatliche Einrichtungen, in denen Bauern der LPG landwirtschaftliche Maschinen und Traktoren zur zeitweisen Nutzung ausleihen konnten. Seit 1960 wurden die Landmaschinen der MTS an die Landwirtschaftlichen Produktionsgenossenschaften übergeben.

halb ist es erforderlich, die in der Direktive für 1954 und 1955 aufgeführten Transportleistungen der DDR in Verbindung mit der Produktion der wichtigsten Güter im Land zu überprüfen und die einzelnen Transportarten rational zu nutzen. Es ist notwendig, Maßnahmen zur Verbesserung des Unterhalts des Bestandes an Waggons und Loks, des Schienennetzes und der Eisenbahnanlagen sowie zum Wiederingangsetzen der Transportwirtschaft vorzusehen.

2. Für eine grundlegende Verbesserung des Transports der Arbeiter zwischen Wohn- und Arbeitsplatz sind im Entwurf der Direktive Aufgaben zur Erweiterung des Bus- und Straßenbahnbestandes im städtischen Nahverkehr zu stellen. Zudem sind auf den Eisenbahnstrecken entsprechende Arbeiterzüge bereitzustellen. Die Auffüllung des Wagenparks ist vorzusehen.

IV. Investitionsbau

1. Die im Entwurf der Direktive für 1954 und 1955 vorgesehenen Kapitalinvestitionen sind hinsichtlich einer Kürzung zu prüfen. Sie sollten, entsprechend den Entscheidungen des XV. Plenums des ZK der SED[41], geringer ausfallen als ursprünglich im Fünfjahrplan vorgesehen.

2. Im Entwurf der Direktive ist darauf hinzuweisen, dass bei der Umsetzung des Wohnungsbaus Mittel in erster Linie dazu verwendet werden sollen, um halbzerstörte Gebäude wieder aufzubauen. Dabei sind Maßnahmen zur breiten Heranziehung von Eigenmitteln der Bevölkerung und zur Erweiterung der Tätigkeit von Wohnungsbaugenossenschaften auszuarbeiten. Zudem müssen auch die Aufgaben zur Realisierung des Wohnungsbaus bei Industriebetrieben der Ministerien und Behörden der DDR durch entsprechend bereitgestellte Mittel überprüft werden. Das Budget beim Lizenzbau ist hinsichtlich dessen Erhöhung zu prüfen. Die Vergabe von Krediten für Privatunternehmer in Industrie, Verkehrswesen, Landwirtschaft und Handel ist vorzusehen.

V. Zum Außenhandel

In der Direktive muss die Anweisung an das Ministerium für Außenhandel und an die Staatliche Plankommission der DDR dahingehend geprüft werden, zusammen mit den Industrieministerien konkrete Maßnahmen zur Änderung der Struktur der Exportpläne zu erarbeiten. Dabei muss die sich wandelnde Nachfrage der Länder des demokratischen Lagers an Industrieausrüstungen und Konsumgütern berücksichtigt werden. Gleichzeitig sind Schritte zur Aktivierung und Erweiterung des Handels mit den kapitalistischen Staaten zu unternehmen, wobei Privatfirmen in der DDR breit daran beteiligt werden sollten. Zur Knüpfung von Handelsverbindungen mit Firmen der kapitalistischen Staaten sollten

---

[41] In der Folge des Volksaufstandes vom 17. 6. 1953 bestätigte die 15. Tagung des ZK (24.–26. 7. 1953) den wirtschaftspolitischen Schwenk in der Industriepolitik zugunsten der Konsumgüterindustrie. Die SPK modifizierte die bereits zuvor beschlossenen Investitionskürzungen für die Eisen- und Stahlindustrie. So wurden rund eine Milliarde Mark an Investitionen von der Schwerindustrie auf die Zweige der Konsumgüterindustrie umgeschichtet. Damit verlor die Eisen- und Stahlindustrie ihre Vorrangstellung in der Investitionsplanung. Aus diesem Grund konnten die im Fünfjahrplan bis 1955 avisierten Wachstumsraten bei Roheisen, Stahl und Walzstahl nur zu 80 bis 85 Prozent erreicht werden. Vgl. Stefan Unger, Eisen und Stahl für den Sozialismus. Modernisierungs- und Innovationsstrategien der Schwarzmetallurgie in der DDR von 1949 bis 1971, Berlin 2000, S. 70 ff.

dorthin eigene Außenhandelsvertreter entsandt, aber auch Kontakte genutzt werden, die bereits durch die Länder des demokratischen Lagers bestehen.

VI. Zum Einzelhandel

1. Der Entwurf der Direktive sieht für das Jahr 1954 gegenüber dem Jahr 1953 ein nur unzureichendes Wachstum des Umfangs des Warenumsatzes von 29,0 auf 30,5 Milliarden Mark vor. Dieses Volumen berücksichtigt nicht den tatsächlichen Einkommensanstieg der Bevölkerung. Weiterhin sind die vorgesehenen Warenfonds nicht ausreichend, um die beabsichtigten Maßnahmen zur Senkung der Einzelhandelspreise und zur Abschaffung der Rationierung bei den noch verbleibenden Lebensmitteln sicherzustellen. Zugleich wachsen die Pro-Kopf-Normen beim Verbrauch wichtiger Lebensmittel 1954 gegenüber 1953 erheblich, während sie 1955 nahezu unverändert bleiben sollen. Somit wird der Lebensmittelimport im Jahr 1954 übermäßig anwachsen.

Es ist erforderlich, die Konsumgüterproduktion im Jahr 1954 zu steigern, um den wachsenden Warenumsatz sicherzustellen. Gleichzeitig sind ausreichende Reserven für einen kontinuierlichen Handel anzulegen sowie die weitere Senkung der Einzelhandelspreise zu gewährleisten. Ebenso ist es nötig, in der Direktive die Änderung der Struktur des Einzelhandelsumsatzes zugunsten einer erheblichen Steigerung des Anteils von Industriewaren am Warenumsatz zur Aufgabe zu machen.

2. Im Entwurf der Direktive sind bedeutende Warenfonds für einen Verbrauch von Industriewaren außerhalb des Marktes vorgesehen. Dies führt zu einer Senkung der Bestände für den Markt, die zum Verkauf an die Bevölkerung vorgesehen sind. Es ist deshalb zweckmäßig, die Frage einer möglichen Verringerung der Fonds zu prüfen, die für den Verbrauch außerhalb des Marktes bereitgestellt werden sollen.

3. Im Entwurf der Direktive ist vorgesehen, den Leitern von Geschäften das Recht einzuräumen, die Einzelhandelspreise für einige Waren selbst festzulegen. Dieser Vorschlag sollte aus dem Entwurf gestrichen und zu dieser Frage eine gesonderte Entscheidung vorbereitet werden.

VII. Zur Arbeit

Aufgrund der Verringerung des Wachstumstempos der Industrieproduktion und der Einschränkung des Umfanges des Investitionsbaus ist es notwendig, im Entwurf der Direktive eine Anweisung an die Staatliche Plankommission der DDR vorzusehen. Zusammen mit dem Ministerium für Arbeit sowie anderen Ministerien und Behörden der DDR sollte eine Bilanz der Arbeitskräfte und ausgebildeten Kader aufgestellt werden, auf deren Grundlage im Plan der richtige Einsatz der Arbeitskräfte und das notwendige Kontingent zur Ausbildung junger qualifizierter Arbeiter ermittelt werden können.

Im Entwurf der Direktive sollten Maßnahmen zur Verhinderung einer möglichen Arbeitslosigkeit in der DDR, für die gesamte Republik wie auch für einzelne Kreise, vorgesehen werden.

VIII. Zur Kultur

Im Entwurf der Direktive fehlen in Änderung des Fünfjahrplanes für 1954 und 1955 entsprechende Kennziffern für die Kultur, die Volks- und Hochschulbildung, das Gesundheitswesen usw. Es ist erforderlich, die Richtung der weiteren Entwicklung der Kultur in der DDR zu bestimmen und entsprechende Aufgaben zur Entwicklung von Volks- und

Hochschulbildung, Gesundheitswesen, Kunst, Körperkultur und Sport sowie anderer kultureller Maßnahmen festzulegen.

IX. Zu den Finanzen und zum Staatshaushalt

1. Im Entwurf der Direktive sind unbedingt entsprechende Anweisungen an die Staatliche Plankommission und an das Ministerium der Finanzen niederzuschreiben, alle wichtigen wirtschaftlichen Kennziffern des Volkswirtschaftsplanes und des Staatshaushalts unter Berücksichtigung der oben gemachten Bemerkungen zu verbinden, um ein Defizit bei der Umsetzung des Staatsbudgets sowie bei den Plänen zur Entwicklung des Außenhandels mit den Staaten des sozialistischen Lagers wie auch den kapitalistischen Staaten nicht zuzulassen. Zudem ist es notwendig, die Steigerung des Warenumsatzes mit der Erhöhung der Produktion von Konsumgütern zu koordinieren, damit die reale Möglichkeit besteht, 1954 neue umfangreiche Preissenkungen im Einzelhandel durchzuführen und eine bedeutende Verbesserung des Lebensniveaus der Bevölkerung zu gewährleisten.

2. Es muss geprüft werden, inwieweit die Selbstkosten der Produktion wie diejenigen des Investitionsbaus sowie die Kosten zum Unterhalt des wirtschaftlichen Verwaltungs- und Staatsapparates gesenkt werden können, denn eine schnelle Erhöhung der Rentabilität aller Wirtschaftszweige ist die notwendige Voraussetzung für eine weitere Verbesserung des Lebensniveaus der Bevölkerung.

3. Es sind Maßnahmen zur weiteren Reduzierung von Planstellen und der Verwaltungsausgaben im Staats- und Wirtschaftsapparat vorzusehen. Die für dieses Ziel 1954 eingeplanten Ausgaben sind zu senken[42].

Über das Weitere werden wir informieren.

V. Semënov[43]
B. Mirošničenko[44]
[...]
Gedruckt in 15 Exemplaren[45]

Quelle: RGAE, 4372/11/1847, Bl. 17–24.

---

[42] Allerdings wurden in den Jahren von 1954 bis 1957 sowohl die Zahl der Beschäftigten als auch die Ausgaben für die zentrale Staats- und Wirtschaftsverwaltung nicht reduziert. Am 31.12.1957 waren 32 015 Mitarbeiter dort (einschließlich nachgeordneter Einrichtungen) beschäftigt. Die Staatsausgaben für die zentralen Staats- und Wirtschaftsverwaltungen beliefen sich 1957 auf rund 287 Millionen DM. Vgl. den Bericht des Ministeriums für Finanzen über die Entwicklung der Stellenpläne im Staatsapparat vom 6.5.1959, in: BArch, DE 1/29983.

[43] Vladimir Semënovič Semënov (1911–1992): Diplomat und Politiker. 1940–1941 Botschaftsrat der UdSSR in Berlin, bis 1945 an der sowjetischen Botschaft in Stockholm tätig, 1946–1953 Politischer Berater der SMAD und der SKK, 1953 Chef der Hohen Kommission der Sowjetunion in Deutschland, 1953 Botschafter der UdSSR in der DDR, 1955–1978 stellvertretender Außenminister der UdSSR, 1978–1986 Botschafter der UdSSR in der Bundesrepublik.

[44] Boris Pantelejmonovič Mirošničenko (1911–1987): Diplomat. 1943–1953 Mitarbeiter, später Abteilungsleiter von Gosplan der UdSSR, 1953–1957 Botschaftsrat für Wirtschaftsfragen an der sowjetischen Botschaft in der DDR, 1957–1965 Abteilungsleiter beim ZK der KPdSU, 1968–1973 Botschafter der UdSSR in Kanada, 1973–1983 Botschafter der UdSSR in Kenia.

[45] Zum Verteiler des Dokuments gehörten neben Molotov u. a. noch Malenkov, Vorošilov, Chruščëv, Bulganin, Kaganovič, Mikojan, Saburov, Pervuchin, Kabanov und Kosjačenko.

Nr. 7
Einschätzungen von Gosplan der UdSSR zum Entwicklungstempo in der Industrie und in der Landwirtschaft sowie Empfehlungen zu Perspektiven der DDR-Volkswirtschaft, 24. März 1954

Geheim

Empfehlungen zu Fragen der wirtschaftlichen Entwicklung der Deutschen Demokratischen Republik

Mit der Erfüllung des Fünfjahrplanes hat die Deutsche Demokratische Republik bedeutende Erfolge bei der Entwicklung der einzelnen Industriezweige und der Landwirtschaft erreicht.

Im zurückliegenden Jahr 1953 wurden wichtige wirtschaftliche Maßnahmen zur Erhöhung des Lebensniveaus der Bevölkerung durchgeführt.

Gleichwohl gibt es bei der Entwicklung der Wirtschaft der DDR große Unzulänglichkeiten. Das betrifft in erster Linie das Entwicklungstempo der Industrie und Landwirtschaft, wobei die Landwirtschaft diesbezüglich hinter der Industrieproduktion noch zurückbleibt.

Während die Bruttoindustrieproduktion im Ganzen im Jahr 1953 das Vorkriegsniveau um das 1,8-Fache übertroffen hat, lag die Bruttoernte bei Getreide und Bohnenpflanzen nur bei 80 Prozent und bei Kartoffeln bei 97 Prozent des Vorkriegsniveaus. Obwohl der Viehbestand über den Zahlen vor dem Krieg liegt, werden die festgelegten Jahrespläne zur Entwicklung der Tierzucht nicht erfüllt. Die Aussaatfläche für Futtermittelpflanzen erreicht immer noch nicht das Vorkriegsniveau, was die weitere Entwicklung der Tierwirtschaft bremst.

Folglich hat sich ein Ungleichgewicht zwischen der Entwicklung der Industrie und der Landwirtschaft herausgebildet. Die Landwirtschaft hinkt hinter dem Bedarf der Volkswirtschaft zurück und kann der Industrie nicht im erforderlichen Ausmaß Rohstoffe liefern sowie die Stadtbevölkerung mit Lebensmitteln versorgen.

Wegen des unzureichenden Entwicklungstempos ist es auch in der Energie- und Kohlenwirtschaft zu Engpässen gekommen, die die weitere Entwicklung der gesamten Volkswirtschaft der DDR aufhalten.

Als großer Mangel bei der wirtschaftlichen Tätigkeit der Deutschen Demokratischen Republik erweist sich der Umstand, dass die Leiter von Ministerien und Behörden im Rahmen der Erfüllung vor ihnen stehender Aufgaben zur Erhöhung des materiellen Wohlstandes der Bevölkerung Fragen des Kampfes um Wirtschaftlichkeit und Bildung von Rücklagen nicht mehr genügend Aufmerksamkeit widmen. Die Kontrolle über die wirtschaftlich-finanzielle Tätigkeit der Betriebe und anderen Organisationen hat nachgelassen. Es gibt Fälle in der Industrie, in denen Planvorgaben hinsichtlich der Qualitätskennziffern gesenkt wurden.

Die Rentabilität der volkseigenen Betriebe ist gering, eine große Zahl von Betrieben in wichtigen Industriezweigen – wie der Kohlenindustrie und der Metallurgie – arbeitet mit Verlusten.

Von Seiten der SED und der Regierung der DDR werden Anstrengungen zur Mobilisierung der Werktätigen, was deren verbesserte Arbeitsergebnisse und in der Folge die schnellere Erhöhung des Lebensniveaus betrifft, nur unzureichend durchgeführt.

Im bestätigten Plan für 1954 gibt es eine Reihe von Unstimmigkeiten. So wurden Diskrepanzen zwischen den Fördermengen von Braunkohle im Tagebau und den bestehenden Abbaukapazitäten, zwischen dem Umfang des Einzelhandelswarenumsatzes und den Warenfonds, zwischen dem Ausstoß der Maschinenbauproduktion und den Möglichkeiten ihres Absatzes sowie zwischen der Futtermittelbasis und der Entwicklung der Tierzucht zugelassen. Außerdem erweisen sich die Bilanzen bei wichtigen Rohstoffarten, die zur Sicherung des Planes erstellt wurden, als überaus angespannt, zudem wird vom Erhalt großer Rohstoffmengen aus Importen ausgegangen. In den materiellen Bilanzen sind keine notwendigen Reserven vorgesehen.

Deshalb empfehlen wir, folgende Bemerkungen zu berücksichtigen[46].

Im Bereich der Industrie

1. Im Volkswirtschaftsplan für 1954 ist, ausgehend vom realen Angebot an materiellen Ressourcen zur Sicherstellung des Produktionsplanes, ein vermindertes Wachstumstempo im Maschinenbau vorzusehen. Die Kapitalinvestitionen in der Chemie- und Kohlenindustrie im Jahr 1954 sind zu erhöhen, um die Versorgung der Volkswirtschaft mit Kohle und Mineraldünger zu verbessern. Ferner sind Maßnahmen zur Beseitigung des Rückstandes beim Ausbau der Kraftwerke und der Kohlenindustrie auszuarbeiten und umzusetzen.

Ein Abschalten der Elektroversorgung für die Bevölkerung ist nicht zuzulassen, zudem ist der Verkauf von Brennstoffen an diese in ausreichenden Mengen sicherzustellen.

2. Die Spezialisierung einzelner Betriebe im Maschinenbau ist dahingehend zu überprüfen, sie auf die Herstellung von Produkten umzustellen, die auf dem Weltmarkt großen Absatz finden. Besonderes Augenmerk ist dabei auf die Verbesserung der Qualität der hergestellten Produkte zu richten.

3. Zur Sicherstellung der im Plan für 1954 vorgesehenen Inbetriebnahme neuer Kraftwerkskapazitäten müssen Maßnahmen zur Produktion von Energieanlagen wie Dampfkesseln, Turbinen und Generatoren umgesetzt werden, denn ohne die Durchführung von entsprechenden Sondermaßnahmen können die Vorhaben zur Produktion dieser Ausrüstungen, deren Kapazität das Fünf- bis Sechsfache gegenüber dem Planjahr 1953 beträgt, nicht erfüllt werden.

4. Berücksichtigend, dass der weitere Abbau von Kohle durch die fehlende Zahl an entsprechenden Ausrüstungen gebremst wird und bei vielen Betrieben des Maschinenbaus der für 1954 geplante Produktionsausstoß unter den tatsächlichen Zahlen für 1953 liegt, ist es notwendig, die Auslastung dieser Betriebe zu prüfen, um dort Bestellungen für die Kohlenindustrie zu platzieren. Hierbei sollte mit anderen Betrieben eng kooperiert werden.

5. In der DDR ist die Zusammenarbeit zwischen den Betrieben breit entwickelt, und Kooperationslieferungen von den Fabriken erfolgen zumeist erst im letzten Moment. Dies führt dazu, dass die Produktionspläne in anderen Betrieben nicht erfüllt werden können. Die Regierung der DDR sollte deshalb einen entsprechenden Beschluss zur Verantwort-

---

[46] Die Empfehlungen von Gosplan waren für die Ausarbeitung der Fünfjahrpläne 1951–1955 und 1956–1960 für die SPK faktisch verbindlich. Ins Zentrum der ostdeutschen Wirtschaftspolitik und des Investitionsgeschehens rückte Gosplan ab 1954 das Energiewesen. Die Investitionen in der Energie- und Brennstoffindustrie wurden erheblich aufgestockt. Diese Investitionspolitik führte schließlich zur Verabschiedung eines „Kohle- und Energieprogramms" durch den Ministerrat der DDR am 21. 3. 1957. Vgl. Lothar Baar/Uwe Müller/Frank Zschaler, Strukturveränderungen und Wachstumsschwankungen. Investitionen und Budget in der DDR 1949 bis 1989, in: Jahrbuch für Wirtschaftsgeschichte 1995/2, S. 47–74.

lichkeit der Direktoren bezüglich termingerechter Kooperationslieferungen verabschieden, die zudem der Erfüllung der Hauptproduktionspläne gleichgestellt werden sollten.

Im Bereich der Landwirtschaft

6. Es müssen Maßnahmen zur weiteren Erhöhung der Erträge der landwirtschaftlichen Kulturen, besonders bei Kartoffeln, zum Anstieg der Produktion in der Tierzucht, zur Erhöhung des Bruttoertrages in der Pflanzen- und Tierproduktion erarbeitet werden, um die Versorgung der Industrie mit Rohstoffen und die der Bevölkerung mit Lebensmitteln aus der eigenen Produktion zu verbessern.

7. Der richtigen räumlichen Aufteilung der landwirtschaftlichen Produktion muss mehr Aufmerksamkeit geschenkt werden, wobei es in erster Linie um eine rationelle Nutzung der Aussaatfläche unter Berücksichtigung der einzelnen [geografischen] Gebiete geht.

8. Es ist eine belastbare Futtermittelbasis zu schaffen. Da eine Diskrepanz zwischen dem Wachstum des Viehbestandes und den vorhandenen Futtermitteln besteht, ist der Anteil der Futtermittelkulturen bei der Struktur der allgemeinen Aussaatfläche zu erhöhen. Der Mechanisierungsgrad bei der Aussaat, Ernte und dem Transport von Futtermittelkulturen ist, insbesondere bei Kartoffeln und Hackfrüchten, zu steigern. Die Produktion von Silagefutter ist zu erweitern, im Plan für 1954 sind dafür Arbeiten zu einer einschneidenden Verbesserung der Wiesen und Weiden vorzusehen.

9. Für die Erhöhung der Fleischressourcen im Land sind Maßnahmen zur verstärkten Beteiligung von Staatsbetrieben an der Viehmast zu treffen. Für die Viehfütterung ist die maximale Nutzung von Lebensmittelabfällen aus der Lebensmittelindustrie, aber auch aus Küchen und Kantinen zu organisieren.

10. Es sind Maßnahmen zur Optimierung der Maschinen-Traktoren-Stationen und Staatsgüter auszuarbeiten und umzusetzen, um die landwirtschaftliche Technik voll nutzen zu können. Die MTS und Staatsgüter sind mit Landwirtschaftsmaschinen für die komplexe Mechanisierung der landwirtschaftlichen Produktion auszustatten, die Produktion von Maschinen für die Futtermittelgewinnung, Futtermittelherstellung und andere arbeitsintensive Tätigkeiten in der Tierproduktion ist zu intensivieren.

Die Produktion von pferdegezogenen Landwirtschaftsmaschinen und -ausrüstungen sowie von anderem Inventar zum Verkauf an die Bauern, Vereinigungen der gegenseitigen Bauernhilfe[47] und die landwirtschaftlichen Produktionsgenossenschaften ist zu erhöhen.

Für die Gewährleistung des arbeitsbereiten Zustandes des Maschinen-Traktoren-Parks, der bei den Einzelbauern wie auch in den Genossenschaften vorhanden ist, muss die Herstellung von Ersatzteilen erweitert werden. Die Reparatur von Traktoren und Landwirtschaftsmaschinen, die sich in der Hand von Privateigentümern befinden, ist zu organisieren. Von Seiten der MTS ist die Betreuung der landwirtschaftlichen Maschinen der bäuerlichen Privatwirtschaften zu verstärken.

---

[47] 1946 wurden die Vereinigungen der gegenseitigen Bauernhilfe (VdgB) gebildet. Mit den nach sowjetischem Vorbild gegründeten Bauernkomitees suchte die SED ihre Macht im landwirtschaftlichen Sektor zu sichern. Im November 1950 wurde der Zusammenschluss der VdgB mit den landwirtschaftlichen Genossenschaften beschlossen. Ziel war die Bildung einer einheitlichen Massenorganisation für die Landwirtschaft, die seit 1950 auch in der Volkskammer der DDR vertreten war. Die Erfüllung staatlicher Planvorgaben stand im Mittelpunkt ihrer Tätigkeit. Ein wichtiges Instrument war die seit 1950 tätige Bäuerliche Handelsgenossenschaft (BHG), die vor allem die Landbevölkerung, Kleinbauern und Gärtner mit Brenn- und Baustoffen, Geräten und Maschinen, Agrochemikalien, Arbeitsschutz- und Hygienebekleidung sowie Haushaltswaren versorgte. Außerdem hatte sie eine Finanzabteilung, die Konten für den Spar-, Zahlungs- und Verrechnungsverkehr führte.

11. Die Frage der richtigen Bearbeitung von verlassenen Wirtschaften ist zu prüfen, sie sind den Genossenschaften zu übergeben, damit auf dieser Fläche alle landwirtschaftlichen Arbeiten rechtzeitig durchgeführt werden können und eine normale Ernte eingebracht werden kann. Diese Wirtschaften sind mit Arbeitskräften, betreuenden MTS sowie Saatgut und Dünger zu versorgen.

<u>Auf dem Gebiet der Finanzen und des Warenumsatzes</u>

12. Besonderes Augenmerk muss auf die Stärkung der Planungs- und Finanzdisziplin in den volkseigenen Betrieben und die Einführung der wirtschaftlichen Rechnungsführung in allen Bereichen des volkswirtschaftlichen Sektors gelegt werden. Die Ansprüche an die Leiter der Ministerien und Behörden, die Erfüllung der festgelegten Pläne zur Senkung der Selbstkosten und Reservebestände betreffend, sind zu erhöhen, in der Praxis ist die systematische Prüfung der diesbezüglichen Berichte der Industrieministerien durch die Regierung einzuführen.

Das materielle Interesse der Betriebsleiter und des ingenieurtechnischen Personals an der Erfüllung und Übererfüllung der Aufgaben zur Senkung der Selbstkosten und Rücklagen ist zu steigern.

Die geltenden Verkaufspreise für Industrieerzeugnisse müssen unter Berücksichtigung ihrer Selbstkosten geprüft werden, um bei einem weiteren Anstieg der Arbeitsproduktivität und einer Senkung der Selbstkosten in kürzester Zeit die Wirtschaftlichkeit aller Bereiche der Volkswirtschaft sicherzustellen.

13. Für das Jahr 1954 sind Maßnahmen zur Mobilisierung der inneren Ressourcen in allen Bereichen der Volkswirtschaft zu treffen und umzusetzen, die materiellen Ressourcen sowie die vorhandenen Geldmittel sind sparsam zu nutzen und bestehende Überbestände von Waren und Material in Handel und Industrie zu beseitigen. Es müssen Maßnahmen zur schnellen Liquidation von Planüberbeständen an Waren und Material in Handel und Industrie eingeleitet werden. Waren, die keinen Absatz bei der Bevölkerung finden, sind nicht mehr zu produzieren.

14. Die wichtigste Aufgabe ist es, innerhalb kurzer Zeit ein Wohlstandsniveau der Arbeiterklasse und Werktätigen der DDR zu erreichen, das nicht niedriger ist als das in Westdeutschland. Es sind insbesondere Maßnahmen zur Erhöhung der Produktion hochwertiger Konsumgüter zu unternehmen.

15. Innerhalb kurzer Zeit ist eine Senkung der Einzelhandelspreise zu erreichen, sodass die Preise für die wichtigsten Lebensmittel und Industriewaren niedriger als die in Westdeutschland sind. Für dieses Ziel sollte als ein Schritt bereits im Herbst dieses Jahres eine Preissenkung im Wert von auf das Jahr gerechnet ca. 4 Milliarden Mark erfolgen.

16. Zur Stärkung des Geldsystems der DDR sind im Laufe des Jahres 1954 Maßnahmen zur Abschöpfung der überplanmäßigen Geldemission zu unternehmen, die im I. Quartal dieses Jahres die Summe von 300 Millionen Mark erreichte. In Zukunft sind Geldemissionen, die über dem Bedarf des Warenumsatzes liegen, nicht zuzulassen.

17. Den deutschen Freunden sind Maßnahmen zur Schaffung von Reserven an den wichtigsten Industriewaren und Lebensmitteln zur Sicherung der ununterbrochenen Versorgung der Bevölkerung der DDR zu empfehlen.

18. Da die Ausgaben zur Lenkung des Staatsapparates sowie der Industrie und des Handels weiterhin hoch sind, sind 1954 Schritte zur spürbaren Senkung der Aufwendungen und der Vertriebskosten im Handel zu unternehmen.

Auf dem Gebiet des Außenhandels

19. In den Produktions- und Exportplänen ist ein festgelegtes Warenkontingent zum Verkauf in den kapitalistischen Staaten vorzusehen, damit die vorgesehene Ausweitung des Exports in die kapitalistischen Länder nicht zu Lasten der Verpflichtungen der DDR gegenüber den demokratischen Staaten erfolgt. Operationen zur Entwicklung des Handels mit den kapitalistischen Ländern haben nur über DIA[48] zu erfolgen. Hierfür sind Vertreter der Betriebe heranzuziehen, die ihre Waren auf kapitalistische Märkte liefern.

20. Die Regierung der DDR hat ihre Aufmerksamkeit auf die fristgerechte Erfüllung der in den Exportverpflichtungen festgelegten Handelsvereinbarungen zu richten, gleichzeitig ist um eine spürbare Verbesserung der Qualität der Exporterzeugnisse und des Rufs der Fabrikmarken zu kämpfen, damit die Güte der in der DDR hergestellten Waren nicht unter der westdeutscher Produkte liegt. Es ist eine Prämienordnung für Betriebe zu erarbeiten, die ihre Exportaufträge erfüllen, zudem ist ein strenges System der Qualitätskontrolle der hergestellten Produkte zu installieren.

21. Es sind Maßnahmen zur Ausweitung der Produktion einer Reihe von Chemie- und anderen Waren zu entwickeln, die für den Verkauf in den kapitalistischen Ländern geeignet sind. So sollen Devisen erlöst werden, die für die Bezahlung der Importe aus diesen Staaten erforderlich sind.

Quelle: RGAE, 4372/11/1847, Bl. 193–199.

Nr. 8
Briefwechsel von Gosplan der UdSSR zum Ausbau des Bestandes von Dampflokomotiven in der DDR, Oktober 1954

Geheim

An Gen. M. Z. Saburov

Zur Frage der Ergänzung des Dampflokomotiven-Bestandes der Eisenbahn der DDR

Wie der Vertreter der DDR beim RGW[49] mitteilte, hat die Regierung folgende Entscheidung eingebracht: An den RGW soll die Bitte ergehen, Fragen des Bedarfs der Eisenbahn

---

[48] Abkürzung für: Deutscher Innen- und Außenhandel. Die staatliche Handelsunternehmung Deutscher Innen- und Außenhandel (DIA) entstand im September 1951 und war nach Branchen in 17 Fachbereiche untergliedert. Der Staatsbetrieb der DDR diente der Abwicklung von Auslandsgeschäften mit westlichen Ländern und sollte das Staatsmonopol der DDR im Außenhandel sichern. Zugleich wurden ihm die Aufgaben der bisherigen Gesellschaft für Innerdeutschen Handel übertragen. Die Möglichkeiten des DIA zur souveränen Gestaltung eines eigenen Außenhandels waren allerdings begrenzt, da der gesamte Außenhandel zu dieser Zeit noch durch die SKK überwacht und faktisch reguliert wurde.
[49] Abkürzung für: Rat für gegenseitige Wirtschaftshilfe (RGW). Der RGW war eine 1949 gegründete und 1991 aufgelöste Organisation der osteuropäischen Staaten mit Sitz in Moskau, die für die gegenseitige Abstimmung und Hilfe zwischen den Volkswirtschaften der Mitgliedsländer sorgen sollte. Er

der DDR an Dampflokomotiven durch den Ausbau der eigenen Dampflokfertigung oder den Import aus anderen Mitgliedsstaaten des RGW zu lösen.

Die Situation beim Bestand an Dampflokomotiven der DDR-Eisenbahn wird durch die folgenden Daten charakterisiert:

(zum Ende des Jahres)

	Maßeinheit	1936	1950	1953	1953 in Prozent zu 1936
Anzahl der Dampfloks mit europäischer Spurweite	Stück	5491	7140	5496	100
davon betriebsbereit	Stück	4722	3679	3630	77
Anteil der nicht betriebsbereiten Lokomotiven am allgemeinen Bestand	In Prozent	14	48,5	34	243

Es fällt hierbei vor allem die ungewöhnlich hohe Zahl der verschrotteten Lokomotiven auf. Die Deutschen haben im Zeitraum von 1950–1953 insgesamt 1644 Lokomotiven bzw. 22 Prozent des Gesamtbestandes von 1952 verschrottet.

Ende 1953 gab es 1866 nicht betriebsbereite Lokomotiven, was 34 Prozent des Gesamtbestandes entspricht und die unzureichende Organisation der Reparatur der Lokomotiven belegt.

Der Güterumschlag der Eisenbahn der DDR wird durch folgende Zahlen charakterisiert:

	Maßeinheit	1936	1950	1953	1953 in Prozent zu 1936
Frachtaufkommen	Mio. Tonnen	105,8	127,8	180,9	171
Güterumschlag	Mio. Tonnen-Kilometer	17 940	16 490	24 410	136
Passagierverkehr	Mio. Passagier-Kilometer	15 340	18 576	19 328	126

In Bezug auf 1936 hat sich die Arbeit des Eisenbahntransportes im Jahr 1953 um 31 Prozent erhöht, während in der gleichen Zeit die Zahl der einsatzbereiten Lokomotiven um 23 Prozent zurückgegangen ist.

Zur Ergänzung des Lokomotivbestandes schlagen die Deutschen vor, von 1955 bis 1960 in eigener Produktion 1300 Dampfloks sechs verschiedener Typen (3 Typen für den Passagier- und 3 Typen für den Güterverkehr) herzustellen. Ferner sollen Importe aus Polen, Ungarn, der Tschechoslowakei und Rumänien erfolgen, wo die Kapazitäten zum Bau von Lokomotiven nicht ausgelastet sind.

---

entstand unter sowjetischer Führung als Reaktion auf den Marshallplan der USA zum Wiederaufbau Westeuropas. Die Gründungsmitglieder des RGW waren Bulgarien, die ČSR, Polen, Rumänien, die UdSSR und Ungarn. Die DDR wurde am 28.9.1950 Vollmitglied. Seit 1951 war Georg Henke Vertreter der SPK im Büro des RGW in Moskau. Vgl. grundsätzlich: Ralf Ahrens, Gegenseitige Wirtschaftshilfe? Die DDR im RGW. Strukturen und handelspolitische Strategien 1963–1976, Köln 2000.

Gen. Zacharov⁵⁰ schlägt vor, auf der Sitzung der Stellvertretenden Vertreter der Mitgliedsstaaten des RGW die Empfehlung zu geben, den Vorschlag der Deutschen zu unterstützen⁵¹.

Zum Vorschlag der Deutschen gibt es folgende Bemerkungen:

In der DDR ist die Bilanz auf dem Metallsektor angespannt, und ein bedeutender Anteil des Metallbedarfes wird durch Einfuhren aus der UdSSR gedeckt. Ein Ausbau des Dampflokbaus in der DDR erfordert eine zusätzliche Steigerung der Metalleinfuhren aus der UdSSR.

Der Import von Lokomotiven aus den Ländern der Volksdemokratie beeinträchtigt zusätzlich die finanziell angespannte Lage der DDR.

Die Deutschen empfehlen, in sechs Jahren 1300 Lokomotiven sechs verschiedener Typen zu produzieren, das heißt, es werden Kleinserien gebaut, was wirtschaftlich nicht sinnvoll ist. Berücksichtigend, dass die Eisenbahn der UdSSR über eine große Anzahl deutscher Lokomotiven aus Trophäenbeständen verfügt, die zudem im Wesentlichen den von den Deutschen zu bauen beabsichtigten Typen entsprechen, und dass die Sowjetunion wie auch die anderen Staaten einen Bedarf an leistungsfähigeren Lokomotiven haben, erweist sich der Vorschlag der Deutschen, eine Produktion von Lokomotiven geringer Leistung zu beginnen, als wenig rational.

Zur Optimierung des vorhandenen Lokomotivbestandes in der DDR wäre es sinnvoll, ihrer Regierung zu empfehlen, die Produktion von Ersatzteilen für Dampfloks zu erhöhen und die Generalinstandsetzung der Lokomotiven so zu organisieren, dass der Prozentanteil an nicht betriebsbereiten Loks um die Hälfte zurückgeht. Mit dieser Maßnahme kann der Bestand an einsatzbereiten Lokomotiven bedeutend erhöht werden.

Gleichzeitig hielten wir es für möglich, sich an die Regierung der UdSSR mit dem Vorschlag zu wenden, der DDR ungefähr 1000 Lokomotiven aus Beutebeständen zu übergeben. Die deutschen Beuteloks arbeiten auf den Eisenbahnlinien der UdSSR, allerdings eignen sie sich, bedingt durch ihre geringe Leistungsfähigkeit, nicht für den Umfang des Gütertransports und das Gewicht der Züge auf unseren Strecken.

Das Ministerium für Verkehrswesen der UdSSR kann bereits 1955 aus der Reserve 300 Loks übergeben. In den folgenden fünf Jahren können jährlich 100–150 Dampfloks ausgeliefert werden.

Zur Kompensation der übergebenen Dampfloks kann die DDR zusätzliche Trichter-, Passagier- und Kühlwaggons sowie andere in der Sowjetunion benötigte Eisenbahnwagen liefern.

Was die Frage der Loktypen angeht, die sinnvollerweise in der DDR hergestellt werden sollen, so kann diese nicht ohne Beachtung der Probleme des Lokomotivbaus in den anderen Mitgliedsstaaten des RGW entschieden werden. Gegenwärtig werden in Polen, Ungarn, Rumänien und Bulgarien zahlreiche Lokomotivtypen (Dampfloks, E-Loks, Dieselloks) in jeweils vergleichsweise kleinen Serien produziert. Die in diesen Ländern vorhandenen Kapazitäten des Dampflokbaus sind nicht voll ausgelastet. Ein großer Teil der

---

[50] Aleksej Vasil'evič Zacharov (1913–1995): Politiker und Diplomat. 1951–1953 stellvertretender Außenhandelsminister der UdSSR, 1953–1954 ständiger Vertreter der UdSSR im RGW, 1954–1956 stellvertretender Vertreter der UdSSR im RGW, 1956–1959 stellvertretender Außenminister, 1959–1965 Botschafter der UdSSR in Finnland, danach bis zu seiner Pensionierung 1983 weiter im Außenministerium tätig.
[51] Vgl. Schreiben von Zacharov an Saburov, 21. 10. 1954, in: RGAE, 4372/11/1846, Bl. 46–47.

hergestellten Lokomotiven ist technisch veraltet und genügt von seiner Leistungsfähigkeit her nicht den modernen Anforderungen. So stellen beispielsweise Polen, Ungarn und Rumänien für die Sowjetunion Dampfloks der Baureihe ĖR[52] her, die den wachsenden Anforderungen an die Dampflokomotiven der Eisenbahn der Sowjetunion nicht mehr entsprechen.

Die dargelegten Überlegungen sind Grundlage dafür, ausgehend vom Bedarf dieser Länder und dem der Sowjetunion die Frage nach der Regulierung der Lokomotivproduktion in den europäischen Staaten der Volksdemokratie zu stellen, wobei zu berücksichtigen ist, dass die Spezialisierung der Länder auf die Produktion einzelner Lokomotivtypen den modernen Anforderungen entspricht.

Im Einzelnen könnten folgende Fragen geprüft werden:
- Aufträge für die Produktion von vierachsigen E-Loks in Ungarn, der DDR und der Tschechoslowakei, um das Werk in Novočerkassk[53] mit der Fertigung von achtachsigen E-Loks auszulasten;
- Lieferungen von [den] mit Wechselstrom betriebenen E-Loks aus Ungarn in die Sowjetunion, da die Fertigung in Ungarn bereits ausgereift ist;
- die Organisation der Herstellung von Dieselloks für die Sowjetunion in der Tschechoslowakei und DDR.

Für die Entscheidung dieses schwierigen Problems sind ergänzende Angaben über die in den Ländern vorhandenen Fertigungskapazitäten, den Bedarf an Lokomotiven in den kommenden zehn Jahren, Überlegungen zu den Wachstumsperspektiven des Gütertransports sowie zur Instandsetzung der Eisenbahnlinien usw. erforderlich.

Mit der Sammlung der notwendigen Informationen und der Ausarbeitung von Vorschlägen zum Lokomotivbau in den Ländern der Volksdemokratie ist zweckmäßigerweise der Rat für gegenseitige Wirtschaftshilfe zu beauftragen. Die Frage ist auf die Tagesordnung der routinemäßigen Sitzung des Rates für gegenseitige Wirtschaftshilfe zu setzen.

Ein Schreiben an den Ministerrat der UdSSR und der Entwurf eines Beschlusses in dieser Frage sind beigefügt.

N. Pautin
D. Zagljadimov[54]

Geheim
Staatliches Plankomitee beim Ministerrat der UdSSR

An den Ministerrat der UdSSR

---

[52] Die Baureihe ĖR war eine Weiterentwicklung der Baureihe Ė, die bereits für die Bahngesellschaft des Russischen Kaiserreichs in Breitspur gebaut worden war und später von den sowjetischen Eisenbahnen weiter genutzt wurde. Von der Baureihe Ė und ihren Weiterentwicklungen wurden mehr als 11 000 Stück produziert.
[53] Die Elektrolokomotivenfabrik Novočerkassk war eine der größten Lokomotivfabriken in der Sowjetunion im Gebiet Rostow im südlichen Russland. Sie stellte Lokomotiven für den Güter- und Schnellzugverkehr auf den elektrifizierten Strecken in der UdSSR her. Neben den Elektrolokomotiven für die UdSSR wurden auch Industrielokomotiven gefertigt, die in die RGW-Länder exportiert wurden.
[54] Dmitrij Petrovič Zagljadimov (1908–1965): Wirtschaftsfunktionär. Im Zweiten Weltkrieg Mitarbeiter des Volkskommissariats für Verkehrswesen, 1950 Stellvertreter des Vorsitzenden von Gosplan der UdSSR, danach weiter bei Gosplan tätig.

Hilfeleistung für die Deutsche Demokratische Republik bei der Ergänzung des Dampflokbestandes

Der Vertreter der Deutschen Demokratischen Republik im Rat für gegenseitige Wirtschaftshilfe[55] hat Folgendes mitgeteilt:

Die Regierung der DDR hat die Entscheidung getroffen, den Rat zu bitten, die Frage der Bedarfsdeckung der Eisenbahn der Deutschen Demokratischen Republik an Dampflokomotiven durch den Ausbau ihrer eigenen Dampflokfertigung oder den Import aus anderen Mitgliedsstaaten des Rates für gegenseitige Wirtschaftshilfe zu erörtern. Die Notwendigkeit der Ergänzung des Dampflokparks der Eisenbahn der Deutschen Demokratischen Republik wird mit dem anwachsenden Güterverkehr bei einer sinkenden Zahl von einsatzbereiten Lokomotiven begründet. Ende 1953 waren 5496 Dampfloks vorhanden, von denen 1866 bzw. 34 Prozent nicht fahrbereit sind. Zur Ergänzung des Dampflokbestandes schlagen die Deutschen vor, zwischen 1955 und 1960 in eigener Produktion 1300 Dampfloks herzustellen. Zudem sollen Importe aus Polen, Ungarn, der Tschechoslowakei und Rumänien erfolgen.

Zum Vorschlag der Deutschen gibt es folgende Bemerkungen:
– Der Ausbau des Dampflokbaus in der Deutschen Demokratischen Republik erfordert zusätzliche Metalllieferungen aus der Sowjetunion.
– Der Import von Lokomotiven aus den Ländern der Volksdemokratie erhöht zusätzlich die finanziell angespannte Lage der DDR.
– Die Deutschen empfehlen, in sechs Jahren 1300 Lokomotiven sechs verschiedener Typen zu produzieren, das heißt, es werden Kleinserien gebaut, was wirtschaftlich nicht sinnvoll ist.

Zur Auffüllung des vorhandenen Bestandes an Lokomotiven in der Deutschen Demokratischen Republik wäre es sinnvoll, über deren Vertreter im Rat für gegenseitige Wirtschaftshilfe der Regierung der DDR zu empfehlen, die Produktion von Ersatzteilen für Dampfloks zu erhöhen. Ferner müsste die Generalinstandsetzung der Lokomotiven so organisiert werden, dass der Anteil der nicht betriebsbereiten Loks etwa um die Hälfte zurückgeht.

Gleichzeitig hielten wir es für möglich, der Deutschen Demokratischen Republik aus der Sowjetunion ungefähr 1000 Lokomotiven aus Beutebeständen zu übergeben. Die deutschen Beuteloks arbeiten auf den Eisenbahnlinien der UdSSR, allerdings eignen sie sich, bedingt durch ihre geringe Leistungsfähigkeit, nicht für den Umfang des Güterverkehrs und das Gewicht der Züge auf unseren Strecken. Das MPS[56] kann bereits 1955 aus der Reserve 300 Loks übergeben.

Zur Kompensation der übergebenen Dampfloks kann die Deutsche Demokratische Republik in die UdSSR zusätzliche Trichter-, Passagier- und Kühlwaggons sowie andere in der Sowjetunion benötigte Eisenbahnwagen liefern.

Was die Frage der Loktypen angeht, die sinnvollerweise in der DDR hergestellt werden sollen, so kann diese nicht ohne die Beachtung der Probleme des Lokomotivbaus in den

---

[55] Von 1951 bis Ende 1954 war Georg Henke Vertreter der DDR im Büro des RGW in Moskau. Nachfolger wurde 1955 Kurt Opitz (1918–2008): Wirtschaftsfunktionär. 1951 Mitglied der SED, 1950–1952 Minister für Wirtschaft in der Landesregierung Sachsen-Anhalt, 1952–1955 stellvertretender Vorsitzender der SPK, 1955–1960 Vertreter der DDR im Büro des RGW in Moskau, ab 1960 Leiter der Abteilung Internationale ökonomische Beziehungen bzw. stellvertretender Vorsitzender der SPK.
[56] Abkürzung für: Ministerstvo putej soobščenija SSSR (MPS) – Ministerium für Verkehrswesen der UdSSR.

anderen Mitgliedsstaaten des RGW entschieden werden. Gegenwärtig werden in Polen, Ungarn, Rumänien und Bulgarien zahlreiche Lokomotivtypen (Dampfloks, E-Loks, Dieselloks) in jeweils vergleichsweise kleinen Serien produziert. Die in diesen Ländern vorhandenen Kapazitäten des Dampflokbaus sind nicht voll ausgelastet. Ein großer Teil der hergestellten Lokomotiven ist technisch veraltet und genügt in seiner Leistungsfähigkeit nicht den modernen Anforderungen. So stellen beispielsweise Polen, Ungarn und Rumänien für die Sowjetunion Dampfloks der Baureihe ĖR her, die den wachsenden Anforderungen an die Dampflokomotiven der Eisenbahn der Sowjetunion nicht mehr entsprechen.

Die dargelegten Überlegungen sind Grundlage dafür, ausgehend vom Bedarf dieser Länder und dem der Sowjetunion die Frage nach der Regulierung der Lokomotivproduktion in den europäischen Staaten der Volksdemokratie zu stellen, wobei zu berücksichtigen ist, dass die Spezialisierung der Länder auf die Produktion einzelner Lokomotivtypen den modernen Anforderungen entspricht.

Mit der Ausarbeitung von Vorschlägen zur Entwicklung des Lokomotivbaus in den Ländern der Volksdemokratie sollte der Rat für gegenseitige Wirtschaftshilfe beauftragt werden. Die Frage ist auf die Tagesordnung der routinemäßigen Sitzung des Rates für gegenseitige Wirtschaftshilfe zu setzen.

Der Entwurf eines Beschlusses ist beigefügt.

Der Vorsitzende von Gosplan der UdSSR
M. Saburov

Geheim
Entwurf

Ministerrat der Union der SSR
Beschluss Nr.

<u>Über die Hilfeleistung für die Deutsche Demokratische Republik bei der Auffüllung des Dampflokbestandes</u>

Aufgrund der Bitte der Regierung der Deutschen Demokratischen Republik im Rat für gegenseitige Wirtschaftshilfe, die Frage der Ergänzung des Dampflokbestandes der Eisenbahn der Deutschen Demokratischen Republik zu erörtern, beschließt der Ministerrat der Union der SSR:

1. den Stellvertretenden Vertreter der Sowjetunion im Rat für gegenseitige Wirtschaftshilfe Gen. A. V. Zacharov anzuweisen, der Regierung der Deutschen Demokratischen Republik über den Vertreter der Deutschen Demokratischen Republik im Rat für gegenseitige Wirtschaftshilfe zur Kenntnis zu geben, dass die Regierung der Sowjetunion bereit ist, der Deutschen Demokratischen Republik Hilfe bei der raschen Ergänzung des Dampflokbestandes zu leisten. So sollen ihr zwischen 1955 und 1960 von der Sowjetunion ungefähr 1000 betriebsbereite deutsche Beutedampfloks übergeben werden, davon 300 Stück im Jahr 1955 in Kompensation für die zusätzliche Lieferung von Trichter-, Passagier-, Kühl- und anderen Waggons in die Sowjetunion.

2. Bei einer erfolgten Zustimmung der Deutschen Demokratischen Republik ist das Ministerium für Außenhandel der UdSSR anzuweisen, Gespräche mit den zuständigen Organen der Deutschen Demokratischen Republik zur Frage der Bedingungen und Zeiträume

für die Übergabe von ungefähr 1000 Dampfloks zwischen 1955 und 1960, davon 300 Stück im Jahr 1955 in Kompensation für die zusätzliche Lieferung von Trichter-, Passagier-, Kühl- und anderen Waggons in die Sowjetunion, zu führen und seine Vorschläge dem Ministerrat der UdSSR vorzulegen.

Der Vorsitzende des Ministerrates der Union der SSR[57]

Der Leiter der Verwaltung des Ministerrates der Union der SSR

Quelle: RGAE, 4372/11/1846, Bl. 50–56.

Nr. 9
Mitschrift des Gespräches zwischen dem Chef der SPK Leuschner und dem stellvertretenden Vorsitzenden von Gosplan Pautin über die Ausarbeitung des Fünfjahrplanes zur Entwicklung der Volkswirtschaft für die Jahre 1956 bis 1960, 10. März 1955

Geheim

Gesprächsnotiz

Am 10. März 1955 haben die Genossen N. A. Pautin und G. M. Sorokin[58] mit dem Vorsitzenden der SKP der DDR, B. Leuschner, vorläufige Fragen über die Abstimmung der Arbeiten zur Erstellung des Fünfjahrplanes für die Entwicklung der Volkswirtschaft von 1956 bis 1960 sowie über den Ablauf und die Zeiträume zur Umsetzung dieser Arbeiten beraten[59].
 Gen. Pautin bat Gen. Leuschner, seine Überlegungen zu den genannten Fragen darzulegen.
 Gen. Leuschner teilte mit, dass die SPK der DDR und die Ministerien gerade erst mit der Arbeit am Entwurf des Fünfjahrplanes begonnen haben. Gleichwohl gibt es viele Schwierigkeiten und Unklarheiten bei der Entwicklung einer Reihe von wichtigen Wirtschaftszweigen der Volkswirtschaft.
 Unstrittig ist die Entwicklung der Kohle-, Energie- und Chemieindustrie sowie der Landwirtschaft. Allerdings ist sich die SPK der DDR unklar über die Perspektiven der Entwicklung der Schwarz- und Buntmetallurgie, des Maschinenbaus und der Lebensmittelversorgung der Bevölkerung der DDR. Wichtig ist es auch, die Fragen der Entwicklung der Baumaterial-, Chemie- und Textilindustrie zu erörtern.

---

[57] Von 1953 bis 1955 war Georgij M. Malenkov Vorsitzender des Ministerrates der UdSSR.
[58] Gennadij Michajlovič Sorokin (1910–1990): Wirtschaftsfunktionär. 1941–1945 und 1952–1957 stellvertretender Vorsitzender von Gosplan der UdSSR, 1961–1969 Direktor des Instituts für die Wirtschaft des sozialistischen Weltsystems, ab 1969 wissenschaftlicher Mitarbeiter und Abteilungsleiter am Institut für Wirtschaft der Akademie der Wissenschaften der UdSSR.
[59] Auf Einladung des ZK der KPdSU reisten der Vorsitzende der SPK Bruno Leuschner, die stellvertretende Vorsitzende der SPK Margarete Wittkowski sowie der Leiter der ZK-Abteilung Planung und Finanzen Wolfgang Berger zur Vorbereitung des Volkswirtschaftsplanes 1956–1960 am 10.3.1955 nach Moskau.

Was die Fragen der Abläufe und Zeiträume der Arbeiten zur Plankoordination betrifft, so äußerte Gen. Leuschner die Überlegung, dass eine gesonderte Gruppe aus Mitarbeitern der SPK der DDR und deutschen Spezialisten der entsprechenden Industriezweige gebildet werden soll, die auf Grundlage der Berechnungen der SPK der DDR in Moskau konkrete Fragen diesbezüglich erörtern kann. Die Vorbereitung der Fragen zur metallurgischen, chemischen und Textilindustrie wird innerhalb von 10–15 Tagen durchgeführt, die zum Maschinenbau in zwei Etappen innerhalb eines Monats. Alle Punkte sollten komplex betrachtet werden. So sollten bei der Prüfung der Schwarzmetallurgie neben dem Umfang der Produktion auch die Fragen der Versorgung mit Eisenerz und Koks abgestimmt werden, wobei festgelegt werden muss, aus welchen Quellen diese Rohstoffe kommen sollen. Das Sortiment des Walzstahls muss mit dem Bedarf im Maschinenbau verbunden werden. Wichtig ist es auch, die Frage der Entwicklung der Buntmetallurgie zu besprechen.

Die Hauptfrage bei der Ausarbeitung des Fünfjahrplanes in der DDR ist die Entwicklungsperspektive des Maschinenbaus und dessen Spezialisierung. Es wäre wünschenswert, festzustellen, welche Arten von Ausrüstungen in der Maschinenbauindustrie der DDR hergestellt werden sollten, um die Kapazitäten im Maschinenbau für die Länder des demokratischen Lagers vollständig nutzen zu können. Allerdings liegen der DDR über deren Bedarf gegenwärtig keine Angaben vor.

Gen. Pautin bemerkte, dass in diesem Gespräch die Frage des Bedarfes der UdSSR an Importen aus der DDR nicht entschieden werden kann. Im Moment sei man allerdings an Walzstahl- und Chemieausrüstungen sowie Schiffen und anderen Waren interessiert. Neben der Produktion von Anlagen für die demokratischen Länder sollte auch die Möglichkeit der Lieferung einer Reihe von Waren für kapitalistische Märkte in Betracht gezogen werden.

Zur Bewertung von Fragen zur Entwicklung der Landwirtschaft ist es wünschenswert, eine Bilanz für Getreide und andere landwirtschaftliche Produkte vorzulegen. Ebenso sollte die Notwendigkeit des Imports von landwirtschaftlichen Produkten aus der UdSSR begründet werden.

Die Besprechung der Planentwürfe kann so erfolgen, wie sie gegenwärtig praktiziert wird. Im Arbeitsprozess der Mitarbeiter von Gosplan der UdSSR und SPK der DDR werden die Planentwürfe präzisiert und die abschließenden Varianten mit den Regierungen abgestimmt.

In Bezug auf den Maschinenbau der DDR teilte Gen. Leuschner mit, dass dieser in den letzten Jahren nur mangelhaft ausgelastet sei. Dieses trifft vor allem für das I. Quartal zu, voll ausgelastet sind das III. und IV. Quartal. Ungefähr zehn Prozent der Arbeitskräfte im Maschinenbau sind überflüssig, allerdings können sie nicht entlassen werden, um keine Arbeitslosigkeit herbeizuführen. Bei vorliegenden Aufträgen und Material könnte der Maschinenbau bereits im laufenden Jahr mit den vorhandenen Kapazitäten und Arbeitskräften seinen Produktionsausstoß um 20 Prozent erhöhen.

Gen. Leuschner sagte weiterhin, dass die Überprüfung der Handels- und Zahlungsbilanz von großer Bedeutung ist. Die SPK der DDR kann ohne Klarheit bei den Im- und Exporten keinen Plan für die Entwicklung der Volkswirtschaft aufstellen.

Am Schluss des Gespräches teilte Gen. Pautin mit, dass Gen. Saburov hinsichtlich der Fragen, die mit der Abstimmung der zur Erstellung des Fünfjahrplanes für die Entwicklung der Volkswirtschaft notwendigen Arbeiten verbunden sind, die Möglichkeit hat, gegen Abend Gen. Leuschner zu empfangen.

An dem Gespräch nahmen teil: Gen. Wittkowski[60] – Stellv[ertretender] Vorsitzender der SPK der DDR, Gen. Berger[61] – Leiter der Finanz- und Planungsabteilung beim ZK der SED, Gen. A. V. Zacharov – Stellv[ertretender] Vertreter der UdSSR beim RGW, Gen. B. P. Mirošničenko – Botschaftsrat an der Botschaft der UdSSR in der DDR, die Gosplan-Mitarbeiter Genossen A. P. Podugol'nikov[62], V. I. Kiselev[63], G. M. Zotov[64], Gen. Malova[65] – Übersetzerin.

Das Gespräch notierte
G. M. Zotov

Quelle: RGAE, 4372/11/2134, Bl. 1–2.

Nr. 10
Auskunftsschreiben von Gosplan der UdSSR über den Stand der Gespräche mit einer DDR-Regierungsdelegation über den Ausbau der Maschinenbauindustrie in der DDR, 20. Juni 1958

Geheim

Auskunftsschreiben über den Stand der Gespräche mit der Regierungsdelegation der DDR zu wirtschaftlichen Fragen

Die am 11. Juni dieses Jahres begonnenen Gespräche mit der Regierungsdelegation der DDR ziehen sich etwas hin, da im Verlaufe der Besprechungen Unklarheiten bei einer Reihe von wichtigen Fragen zur Entwicklung der Wirtschaft auftraten[66].

---

[60] Margarete Wittkowski (1910–1974): Wirtschaftsfunktionärin. 1932 Mitglied der KPD, 1946 der SED, 1929–1934 Studium der Nationalökonomie und Jura an der Universität Berlin/Basel, 1932 Diplom-Volkswirtin, 1934 Promotion an der Universität Basel, 1935 Emigration in die Schweiz (Basel und Zürich), 1939–1946 Emigration nach England (London), 1946 Wirtschaftsredakteurin der SED-Zeitung ‚Neues Deutschland', 1947 Abteilung Wirtschaftsfragen der DWK, 1949/50 Leiterin des Zentralen Planungsamtes im Ministerium für Planung, 1951–1954 Vizepräsidentin bzw. Präsidentin des Verbandes Deutscher Konsumgenossenschaften, 1954 Ministerin für Handel und Versorgung, 1954–1958 1. Stellvertreter des Vorsitzenden der SPK, 1958–1961 stellvertretende Vorsitzende der SPK, 1961–1967 Stellvertreterin des Vorsitzenden des Ministerrates, 1967–1974 Präsidentin der Deutschen Notenbank/Staatsbank der DDR.
[61] Wolfgang Berger (1921–1994): Wirtschaftsfunktionär. 1945 Mitglied der KPD, 1946 der SED, nach 1945 Wirtschaftsstudium und Promotion an der Universität Leipzig, 1949 Referent in der Hauptabteilung Finanzen der DWK, 1951–1955 Leiter der Abteilung Planung und Finanzen im ZK der SED, 1955–1971 persönlicher Referent von Walter Ulbricht, dann Abteilungsleiter in der Zentralverwaltung für Statistik.
[62] A. P. Podgol'nikov: Wirtschaftsfunktionär. 1949 Bevollmächtigter von Gosplan der UdSSR im Gebiet Leningrad, ab Anfang der 1950er Jahre in der Moskauer Zentrale von Gosplan tätig.
[63] Biografische Details nicht ermittelbar.
[64] Biografische Details nicht ermittelbar.
[65] Biografische Details nicht ermittelbar.
[66] Am 10. 6. 1958 reiste eine Delegation der Regierung der DDR zu Wirtschaftsverhandlungen nach Moskau, an denen u. a. der Vorsitzende der SPK Bruno Leuschner und der Minister für Außenhandel

1. Im vorgesehenen Plan der wirtschaftlichen Entwicklung der DDR wird Kurs auf ein weiteres rasches Wachstum der Maschinenbauindustrie genommen. Es ist beabsichtigt, die Bruttoproduktion in diesem Sektor bis 1965 im Vergleich zu 1958 um 104 Prozent (also um mehr als das Zweifache) zu steigern, gleichzeitig wächst der Anteil des Maschinenbaus und der Metallbearbeitung am allgemeinen Umfang der Industrieproduktion von 31,2 Prozent auf 36 Prozent.

In Verbindung mit einem derartigen Wachstum des Maschinenbaus der DDR wird darum gebeten, die Lieferungen von Koks, Schwarz- und Buntmetallen aus der Sowjetunion, wie aus den folgenden Angaben sichtbar ist, bedeutend zu steigern:

	1957 – faktisch geliefert (in Tsd. Tonnen)	Für 1965 von der DDR gewünscht (in Tsd. Tonnen)
Koks	928	1550
Eisen	412	1885
Walzstahl	647	1930
Kupfer	14,7	50
Aluminium	17	85

Innerhalb von zehn Jahren – zwischen 1956 und 1965 – plant die Regierung der DDR, den Export von Ausrüstungen und Maschinen um das 2,5-Fache zu steigern und so einen Wert von 7,7 Mrd. Rubel zu erreichen. Das wird mit großen Schwierigkeiten verbunden sein und scheint kaum realistisch.

Nach Meinung der sowjetischen Experten sollte der Produktionsumfang des Maschinenbaus in der DDR innerhalb des Siebenjahrplanes[67] präzisiert werden, wobei er 1965 von 36,6 Mrd. Mark auf 33 Mrd. Mark zu verringern ist. Unter diesen Bedingungen würde das Wachstum gegenüber 1958 nicht bei 104 Prozent, sondern bei 84 Prozent liegen. In diesem Fall verringern sich die beantragten Lieferungen von Schwarzmetall in die DDR für das Jahr 1965 um 450 000 Tonnen.

Um eine richtige Entscheidung bei Fragen der Entwicklung der Maschinenbauindustrie in der DDR herbeiführen zu können, wäre es sinnvoll, nochmals die Berechnungen von deutscher Seite wie auch die Vorschläge der sowjetischen Experten zu prüfen.

---

und Innerdeutschen Handel Heinrich Rau teilnahmen. Während ihres Aufenthalts in Moskau fanden Gespräche mit Iosif I. Kusmin (1910–1996), Vorsitzender von Gosplan der UdSSR und Leiter der Verhandlungen von sowjetischer Seite, statt. Kusmin war von Mai 1957 bis März 1959 Vorsitzender von Gosplan.

[67] Entsprechend dem sowjetischen Vorbild sollten nach den ersten beiden Fünfjahrplänen 1951–1955 und 1956–1960 in einem Volkswirtschaftsplan Ziele für einen sieben Jahre währenden Zeitraum festgelegt werden. Der Zeitraum galt vom 1.1.1959 bis 31.12.1965. Der Siebenjahrplan, der an die Stelle des abgebrochenen zweiten Fünfjahrplanes 1956–1960 trat, wurde schließlich am 1.10.1959 von der DDR-Volkskammer bestätigt. In dem Gesetz über den Siebenjahrplan hieß es: „Die Erfüllung der ökonomischen Hauptaufgabe, durch Erhöhung der Arbeitsproduktivität und Steigerung der Produktion Westdeutschland im Pro-Kopf-Verbrauch bei den meisten industriellen Konsumgütern und Lebensmitteln bis Ende 1961 einzuholen und zu überholen, ist ein Teil der großen geschichtlichen Aufgabe, in Deutschland die Überlegenheit der sozialistischen Gesellschaftsordnung über die kapitalistische Gesellschaftsordnung zu beweisen." Gesetz über den Siebenjahrplan zur Entwicklung der Volkswirtschaft der Deutschen Demokratischen Republik in den Jahren 1959 bis 1965, in: Der Siebenjahrplan des Friedens, des Wohlstands und des Glücks des Volkes, Berlin (Ost) 1959, S. 159.

2. Zur Steigerung des Lebensniveaus der Bevölkerung in der DDR ist es vorgesehen, große Mengen von Waren auf kapitalistischen Märkten zu kaufen: Feinwolle, Kaffee, Kakaobohnen, Naturkautschuk, Südfrüchte u. a. Aufgrund der gegenwärtig begrenzten Devisenreserven bittet die Regierung der DDR die Sowjetunion darum, im Zeitraum von 1959 bis 1962 einen Kredit in frei konvertierbarer Währung im Wert von 1350 Millionen Rubel zu gewähren, davon 1959: 400 Millionen Rubel, 1960: 350 Millionen Rubel und 1961 bis 1962 jährlich 300 Millionen Rubel.

Aus der von der deutschen Delegation vorgelegten Zahlungsbilanz in frei konvertierbarer Währung wird deutlich, dass selbst nach Nutzung dieses Kredites, wenn er denn gewährt wird, das Defizit bei frei konvertierbarer Valuta 1963 bei rund 200 Millionen Rubel und 1964 bei rund 100 Millionen Rubel liegen wird. Mithin zeichnet sich aus den vorgelegten Berechnungen bereits jetzt mit erhöhter Wahrscheinlichkeit ab, dass man sich erneut an die Sowjetunion mit der Bitte um Kredit in frei konvertierbaren Devisen wenden wird, um das Defizit 1963/64 auszugleichen.

Nach Meinung der sowjetischen Experten berücksichtigt die angestrebte Entwicklung der Volkswirtschaft der DDR nicht vollständig deren Möglichkeiten in der Nutzung innerer Ressourcen und schafft keine Perspektive, um in naher Zukunft eine gefestigte Wirtschaft unter Verwendung eigener Mittel zu schaffen. Deshalb wäre es zweckmäßig, zusammen mit der deutschen Delegation diese Frage ergänzend zu untersuchen.

3. Im Zusammenhang mit der von den Deutschen beabsichtigten Entwicklung der Wirtschaft der DDR mit Kurs auf ein weiteres rasches Wachstum der Maschinenbauindustrie äußern die sowjetischen Experten Zweifel an der Zweckmäßigkeit der von den Deutschen vorgesehenen Kapitalinvestitionen nach Industriezweigen, was aus folgender Zusammenstellung ersichtlich ist: Nach den Vorstellungen der Deutschen ist vorgesehen, zwischen 1961 und 1965 in der Maschinenbauindustrie 5,2 Mrd. Mark zu investieren, aber in der Chemieindustrie insgesamt 6,5 Mrd. Mark. Mittlerweile ist bekannt, dass die Produktion der Chemieindustrie und die Gewinnung von Kalisalzen wegen unzureichender Investitionen ernsthaft zurückgeblieben sind. Nach Meinung der sowjetischen Fachleute würde die Entwicklung dieser Bereiche der DDR die reale Möglichkeit eröffnen, den Export, auch in frei konvertierbarer Währung, zu steigern und den Import von Material zu senken, das im sozialistischen Lager defizitär ist.

Nur langsam wird in der DDR die Produktion von Kalisalzen gesteigert, die einen traditionellen deutschen Exportartikel darstellen. In Verbindung hiermit erscheint es sinnvoll, nochmals die Schwerpunkte bei den Kapitalinvestitionen in die Volkswirtschaft der DDR zu prüfen.

Es muss bemerkt werden, dass es auch in einer Reihe weiterer Fragen zur DDR-Wirtschaft gegenwärtig noch viele ungelöste Probleme gibt.

Ja. Jušin[68]
20. 6. 1958

Quelle: RGAE, 4372/77/228, Bl. 1–3.

---

[68] Jakov Vasil'evič Jušin (1912–2002): Wirtschaftsexperte. In den 1950er Jahren Mitarbeiter von Gosplan der UdSSR, in den 1970er Jahren Leiter der Verwaltung Export- und Importlieferungen beim Staatskomitee des Ministerrates der UdSSR für materiell-technische Versorgung.

Nr. 11
Protokoll der Sitzung der Arbeitsgruppe zum Bau einer Erdölleitung aus der Sowjetunion nach Ungarn, in die DDR, nach Polen und in die ČSR in Warschau, 25.-29. September 1958

Kopie

Geheim

Rat für gegenseitige Wirtschaftshilfe
Ständige Kommission für wirtschaftliche und wissenschaftlich-technische Zusammenarbeit auf dem Gebiet der Erdöl- und Erdgasindustrie

Besondere Arbeitsgruppe

Protokoll

der Sitzung der Arbeitsgruppe zu Fragen des Baus einer Erdölleitung für den Erdöltransport aus der UdSSR nach Ungarn, in die DDR, nach Polen und in die Tschechoslowakei[69]

Warschau
25.-29. September 1958

Teilnehmer[70]:

von der Volksrepublik Bulgarien:
Gen. G. Džambov,
von der Volksrepublik Ungarn:
die Genossen E. Landler, I. Glinjanski, Ja. Marek, O. Sirmaj,
von der Deutschen Demokratischen Republik:
die Genossen R. Kettig, I. Strankenmüller, P. Winkler, P. Elgurt, G. Rahnefeld, G. Nierstein,
von der Volksrepublik Polen:
die Genossen B. Jaščuk, B. Taban, Z. Zborovsky, I. Dzerzhinsky, S. Lowinsky, B. Bylinsky, S. Batkovsky, S. Golicky, Ja. Worowsky, K. Baransky, T. Boruzky, S. Dutka, L. Wolynski, I. Pashkovsky, E. Kopzinsky, Č. Dantschak, S. Zdeb,
von der Union der Sozialistischen Sowjetrepubliken:
die Genossen V. V. Avramec, I. Z. Langurov, P. I. Gladkov, A. V. Žukov, V. P. Markov,

---

[69] Der hier konzipierte Bau einer Erdölleitung wurde kurze Zeit später auf der X. Tagung des RGW im Dezember 1958 in Prag beschlossen. Die Pipeline wurde von 1959 bis 1964 unter Beteiligung der RGW-Mitgliedsländer errichtet und führt von den russischen Ölfeldern zu den europäischen Raffinerien über Polen, die ČSR bis nach Ungarn. Am 17.7.1963 erreichte die Rohrleitung das Petrolchemische Kombinat (Erdölverarbeitungswerk) in Schwedt/Oder. Sie wurde am 18.12.1963 durch SED-Chef Ulbricht unter der Bezeichnung „Erdölleitung Freundschaft" offiziell in Betrieb genommen. Vgl. Gerd Neumann, Die ökonomischen Entwicklungsbedingungen des RGW 1945-1958. Versuch einer wirtschaftshistorischen Analyse, Berlin (Ost) 1980, S. 211f.
[70] Aufgrund der Vielzahl von Namen in diesem Dokument wird auf biografische Details verzichtet.

von der Tschechoslowakischen Republik:
die Genossen Ja. Pelz, Ja. Gol'čik, I. Krejči, M. Redl, Z. Suchoel', V. Zavazal',
vom Sekretariat des RGW:
Gen. M. D. Zabolotnikov,
vom ständigen Apparat der Kommission:
die Gen. N. Tabakopol, I. Jurkovsky.

Den Vorsitz führte Gen. B. Jaščuk.

Es wurden erörtert:
Fragen des Baus der Erdölleitung zum Erdöltransport aus der UdSSR nach Ungarn, in die DDR, nach Polen und in die Tschechoslowakei[71].

Es wurde beschlossen:
1. den beigefügten Bericht über den Bau der Erdöltrasse für den Erdöltransport aus der UdSSR in die RGW-Mitgliedsstaaten Ungarn, DDR, Polen und Tschechoslowakei zu bestätigen,
2. die Kommission für Erdöl- und Erdgasindustrie zu bitten, die erste Sitzung der Arbeitsgruppe für die Koordinierung des Baus der Erdölleitung, deren Schaffung im Abschnitt V des Berichtes empfohlen wird, bis spätestens zum Dezember 1958 einzuberufen.

Die Delegationsleiter:
Volksrepublik Ungarn
(E. Landler)
Deutsche Demokratische Republik*
Volksrepublik Polen
(B. Jaščuk)
Union der Sozialistischen Sowjetrepubliken
(V. V. Avramcev)
Tschechoslowakische Republik
(Ja. Pelz)
* Anmerkung:
Der Vertreter der DDR hat das Protokoll nicht unterzeichnet, da noch eine Beratung mit den zuständigen Organen des Landes erfolgen soll. Der Standpunkt der DDR wird ergänzend mitgeteilt.

Geheim

Bericht

Über den Bau einer Erdöltrasse für den Erdöltransport aus der UdSSR in die RGW-Mitgliedsstaaten Ungarn, DDR, Polen und Tschechoslowakei

---

[71] Auf einer Expertenkonferenz des RGW im Mai 1959 in Warschau wurde der konkrete Plan für den Bau der Erdölleitung endgültig angenommen. Am 18.12.1959 unterzeichneten Regierungsvertreter Polens, der DDR und der UdSSR das juristische Abkommen über die Verlegung der über 4000 Kilometer langen Pipeline. Als Termin der Inbetriebnahme wurde das Jahr 1963 angegeben. Die Ständige Kommission für Erdöl- und Erdgas der RGW koordinierte in der Folgezeit die Arbeiten für die neue Erdölleitung. Vgl. Rainer Karlsch, Energie- und Rohstoffpolitik, in: Dierk Hoffmann (Hrsg.), Die zentrale Wirtschaftsverwaltung in der SBZ/DDR. Akteure, Strukturen, Verwaltungspraxis, München 2016, S. 249–362.

Einführung

In Verbindung mit der Entwicklung der erdölverarbeitenden Industrie in den europäischen Staaten der Volksdemokratie wächst der Export von Erdöl aus der UdSSR in diese Länder von Jahr zu Jahr und wird im Jahr 1965, entsprechend den abgestimmten beiderseitigen Angaben, 13 550 Tausend Tonnen gegenüber 4195 Tausend Tonnen im Jahr 1958 betragen. Nach ungefähren Angaben, die auf der Sitzung der gegenwärtigen Arbeitsgruppe von den Ländern gemacht wurden, wird der Erdölbedarf in verstärktem Maße anwachsen und 1970 voraussichtlich das Niveau von 36 Millionen Tonnen erreichen.

Der Transport einer so großen Erdölmenge per Eisenbahn bis zur Grenze der UdSSR und von dort in die europäischen Staaten der Volksdemokratie zu den erdölverarbeitenden Betrieben ist mit großen Schwierigkeiten verbunden, die der begrenzten Durchlassfähigkeit des Eisenbahnnetzes in diesen Richtungen und der Notwendigkeit der Vergrößerung des Bestandes an Kesselwagen um das Mehrfache geschuldet sind. Außerdem ist der Transport von Erdöl per Eisenbahn vergleichsweise teuer.

Dies berücksichtigend, hat der Rat für gegenseitige Wirtschaftshilfe die Kommission für wirtschaftliche und wissenschaftlich-technische Zusammenarbeit auf dem Gebiet der Erdöl- und Erdgasindustrie angewiesen, zusammen mit der Kommission für Schwarzmetallurgie und der Transportkommission Maßnahmen zum Bau einer Erdöltrasse für den Erdöltransport aus der UdSSR nach Ungarn, in die DDR, nach Polen und in die Tschechoslowakei zu erarbeiten.

Für die vorläufige Bearbeitung der Fragen, die mit dem Bau dieser Trasse verbunden sind, wurde eine besondere Arbeitsgruppe geschaffen, die sich aus Vertretern der interessierten Staaten – Ungarn, DDR, Polen, UdSSR und Tschechoslowakei – zusammensetzt.

Auf der Beratung der Arbeitsgruppe wurden folgende Fragen geprüft:

I. Daten zum Bedarf an Erdölimporten aus der UdSSR im Jahr 1965 und den nachfolgenden Jahren bis 1975 in Ungarn, der DDR, Polen und der Tschechoslowakei. Informationen zu den voraussichtlichen Zeiträumen der Inbetriebnahme der Kapazitäten neugebauter erdölverarbeitender Betriebe, die Erdöl aus der Erdöltrasse erhalten sollen,

II. die Grunddaten hinsichtlich der Eigenschaften des beabsichtigten Erdölröhrensystems, dessen Durchlassfähigkeit, die Richtung der Erdöltrasse, deren Länge, der geforderte Röhrendurchmesser,

III. die vorgesehenen Fristen zum Beginn und zur Beendigung des Baus der einzelnen Trassenabschnitte,

IV. der Bedarf der Erdölpipeline an entsprechenden Röhren und die Sicherstellung desselben sowie an Ausrüstungen für die Pumpstationen,

V. die Organisation der Arbeiten zur Planung, geologischen Erkundung und zum Bau der Erdöltrasse,

VI. die Regelung der Beteiligung der Länder am Bau und andere Fragen.

I. Der Bedarf Ungarns, der DDR, Polens und der Tschechoslowakei an Erdölimporten aus der UdSSR

1. Nach den Daten, die in der Arbeitsgruppe von der Vertretern der am Bau der Erdölleitung interessierten Staaten vorgelegt wurden, liegt der Bedarf an Erdölimporten aus der UdSSR bei folgenden Mengen:

(in Mio. Tonnen)

Jahr	Ungarn		DDR		Polen		ČSSR		Gesamt	
	Gesamt	Davon Pipeline	Gesamt	Davon Pipeline	Gesamt	Davon Pipeline	Gesamt	Davon Pipeline	Gesamt	Davon Pipeline
1958	1,0	–	1,12	–	0,7	–	1,38	–	4,2	–
1965	0,8	0,8	4,8	4,0	2,7	2,0	5,25	4,8	13,55	11,6
1967	0,8	0,8	6,0	5,2	3,0	2,0	6,5	6,0	16,3	14,0
1968	0,8	0,8	6,8	6,8	5,0	4,0	7,5	7,0	20,1	18,6
1970	1,8	1,8	7,5	7,5	5,0	4,0	8,0	8,0	22,3	21,3
1972	2,0	2,0	9,5	9,5	5,0	4,0	10,0	10,0	26,5	25,5
1975	2,5	2,5	12,5	12,5	9,0	8,0	12,0	12,0	36,0	35,0

Anmerkung:
Der Umfang der Erdölimporte aus der UdSSR für das Jahr 1965 wurde entsprechend den vorläufigen beiderseitigen Gesprächen zwischen der UdSSR und diesen Ländern bestimmt, die 1958 in Moskau stattfanden. Der von den Ländern grob gerechnete Bedarf an Erdölimporten in den folgenden Jahren erfordert nachfolgende Präzisierung und Abstimmung.
2. Informationen zu den voraussichtlichen Zeiträumen der Inbetriebnahme der Kapazitäten neugebauter erdölverarbeitender Betriebe, die Erdöl aus der Erdölpipeline erhalten sollen:

Volksrepublik Ungarn:
Standort des Betriebes: im Raum Budapest
1965: 1,0 Mio. Tonnen
1968: 1,0 Mio. Tonnen

Deutsche Demokratische Republik:
Standort des Betriebes: im Raum Frankfurt (Oder)
1963: 2,0 Mio. Tonnen
1965: 2,0 Mio. Tonnen
1968: 2,0 Mio. Tonnen
1970: 2,0 Mio. Tonnen

Volksrepublik Polen:
Standort des Betriebes: im Raum Małkinia
1964: 2,0 Mio. Tonnen
1967: 2,0 Mio. Tonnen
1972: 2,0 Mio. Tonnen
1974: 2,0 Mio. Tonnen

Tschechoslowakische Republik:
Standort des Betriebes: im Raum Bratislava
1961: 1,0 Mio. Tonnen
1963: 2,0 Mio. Tonnen
1968: 2,0 Mio. Tonnen
Standort des Betriebes: im Raum Košice
1970: 2,0 Mio. Tonnen
Standort des Betriebes: im Raum Prostějov
1974: 3,0 Mio. Tonnen

II. Grundlegende Charakteristik des vorgesehenen Erdölpipelinesystems

Das Erdöl, welches durch die Erdölleitung gepumpt werden soll, stammt aus dem Romaškino-Erdölfeld in der Tatarischen Autonomen Sowjetrepublik. Es sollte möglichst bereits entwässert, entsalzt und stabilisiert sein. Von der Stadt Kujbyšev bis zur Stadt Mosyr ist der Bau einer Erdölleitung vorgesehen. Diese soll auf einen allgemeinen Güterstrom ausgelegt sein, der den Bedarf Ungarns, der DDR, Polens, der Tschechoslowakei und teilweise der UdSSR umfasst[72].

Am Punkt Mosyr teilt sich die Erdölpipeline in einen nördlichen und einen südlichen Strang. Der nördliche Strang ist für die Erdölversorgung Polens und der DDR vorgesehen und soll über das Gebiet Brest und das Gebiet Małkinia bis in den Raum Frankfurt (Oder) verlaufen. Der südliche Strang für Ungarn und die Tschechoslowakei soll über Užgorod bis nach Bratislava und weiter nach Hněvice führen. Auf dem Territorium der Tschechoslowakei ist zudem ein Abzweig zum erdölverarbeitenden Betrieb im Raum Budapest vorgesehen.

Zur Gewährleistung des Erdöltransports mit dem ersten Strang der Leitung in den Jahren 1967, 1970, 1972 und 1975 sind für das Pipelinesystem von der Stadt Mosyr nach Norden wie auch nach Süden mehrere Verlegungsvarianten von Röhren im Durchmesser von 529, 630 und 720 Millimetern vorgesehen.

Nach den vorliegenden Angaben ist der Verbrauch bei der Verlegung eines Erdölröhrenstrangs mit einem Durchmesser von 720 Millimetern bei geschweißten Röhren um 20 bis 40 Prozent und bei nahtlosen Röhren aus tschechoslowakischer Produktion um 14 Prozent geringer als bei zwei Strängen gleicher Leistungsfähigkeit von jeweils 529 Millimeter Durchmesser.

Da es aber bis zum Jahr 1963 nicht möglich sein wird, die notwendige Menge an Röhren mit einem Durchmesser von 630 oder 720 Millimetern aus eigener Produktion zu gewährleisten, sollte darauf orientiert werden, bis 1963 zum Bau des nördlichen wie auch des südlichen Strangs der Erdölleitung Röhren mit einem Maximaldurchmesser von 529 Millimetern zu verwenden.

Für den Abschnitt Mosyr-Lwiw, der zwischen 1963 und 1965 gebaut werden soll, können bereits die Röhren mit einem Durchmesser von 720 Millimetern aus tschechoslowakischer Produktion zum Einsatz kommen. Dies sollte bei der Ausarbeitung des Generalschemas berücksichtigt werden.

Außerdem wird es erforderlich sein, bis Ende 1967 im Abschnitt Mosyr-Kalkinja einen zweiten Parallelstrang (Durchmesser 529 Millimeter und größer) zu bauen. Auch bei der südlichen Pipeline sollte bis ca. 1970 im Abschnitt Lwiw–Užgorod–Šagi–Zbegi ein zweiter Strang (529 Millimeter) verlegt werden.

---

[72] Die dann im Dezember 1963 in Betrieb genommene Erdölleitung begann in Almetjewsk in der Autonomen Sozialistischen Sowjetrepublik (ASSR) Tatarstan innerhalb der Russischen Sozialistischen Föderativen Sowjetrepublik (RSFSR), führte über Weißrussland und Polen bis nach Schwedt/Oder. In Masyr (Mosyr) in Weißrussland teilte sich die Leitung in einen nördlichen und einen südlichen Abschnitt. Der nördliche Teil verlief durch Polen bis zur Erdölraffinerie in Schwedt, die später auch die Raffinerie in Leuna und das Chemiewerk in Böhlen bei Leipzig mit Erdöl versorgte. Der südliche Teil der Leitung zweigte bei Masyr in Weißrussland ab und führte nach Tschechien und weiter in die Slowakei bis nach Ungarn. Nachdem 1973 eine zweite Leitung in Betrieb genommen und die Pipeline weiter nach Osten bis zu den westsibirischen Erdölquellen ausgebaut worden war, werden gegenwärtig deutsche Unternehmen in Schwedt, Böhlen und Leuna über diesen Strang mit Erdöl aus Russland beliefert. Vgl. Rainer Karlsch/Raymond G. Stokes, Faktor Öl. Die Mineralölwirtschaft in Deutschland 1859-1974, München 2003.

Ungefähre Daten zum Erdölpipelinesystem von Moysr aus sowie zur Realisierung vorgeschlagene Varianten:

	Insgesamt	Davon	
		In nördlicher Richtung	In südlicher Richtung
1. Durchlassfähigkeit	15,0 Mio. Tonnen	7,5 Mio. Tonnen	7,5 Mio. Tonnen
2. Länge der Erdölleitung	2740 Kilometer	1100 Kilometer	1640 Kilometer
3. Röhrendurchmesser	–	529 Millimeter	529–325 Millimeter
4. Gewicht der Erdölleitung	312 000 Tonnen	123 000 Tonnen	189 000 Tonnen

Es ist vorgesehen, die Pumpstationen des Systems der Erdölleitung in allen Abschnitten mit elektrogetriebenen Kreiselpumpen auszurüsten. Das Pumpsystem ist nach dem Schema Pumpe zu Pumpe ohne die Verwendung von Lagertanks auf dem Großteil der Pumpstationen berechnet. Die Pumpstationen sollen mit einem Druck von 64 Atmosphären arbeiten.

Lagertanks für das Auffangen und die Weiterleitung des Öls sind bei Stationen vorgesehen, die nahe der Grenzen der beteiligten Länder, der erdölverarbeitenden Betriebe und der Abzweigpunkte der Erdölleitung liegen.

III. Fristen für den Beginn und die Beendigung des Baus der Erdölleitung

Die von den Teilnahmeländern angenommenen Fristen zum Bau der erdölverarbeitenden Werke und zur Inbetriebnahme ihrer Kapazitäten wie auch die Möglichkeiten des Eisenbahntransports berücksichtigend, hat sich die Arbeitsgruppe beraten und hält folgende Zeiträume für den Bau der Erdöltrasse für sinnvoll:

Name des Bauabschnitts	Baubeginn	Bauende und Inbetriebnahme
Südtrasse		
1. Mosyr–Lwiw	1963	1965
2. Lwiw–Užgorod	1961	1961
3. Užgorod–Bratislava	1960	1961
4. Šagi–Budapest	1964	1964
5. Zbegi–Hněvice	1963	1964
Nordtrasse	1961	1963

Dabei ist zu berücksichtigen, dass nach Mitteilung [von] sowjetischer Seite der Bau der Erdölleitung im Abschnitt Kujbyšev–Mosyr bis 1963 beendet werden kann.

IV. Ungefährer Bedarf an Röhren und Versorgung mit Röhren für den Bau der Erdölleitung

Ausgehend von den oben aufgeführten Fristen zur Beendigung des Trassenbaus ist folgende ungefähre Menge an Röhren mit einem Durchmesser von 350 Millimetern und mehr erforderlich:

(in Tausend Tonnen)

	1959	1960	1961	1962	1963	1964	1965	Gesamt
Südliche Trasse	10	23	56	-	17	45	32	183
Nördliche Trasse	–	–	15	43	65	–	–	123
Gesamt	10	23	71	43	82	45	32	306

Nach den vorläufigen Planungen der Länder sind bislang folgende Mengen an Röhren mit einem Durchmesser von 350 Millimetern und mehr für den Bau der Erdölleitung vorgesehen:

(in Tausend Tonnen)

	1959	1960	1961	1962	1963	1964	1965	Gesamt
Ungarn	–	–	–	–	–	–	–	–
DDR	–	–	–	–	–	–	–	–
Polen	–	5	17	12	6	–	–	40
ČSSR	–	–	–	14	49	61	59	183
Gesamt	–	5	17	26	55	61	59	223

Die Zusammenstellung der Ressourcen an Röhren und des Bedarfs zeigt folgendes Defizit an Röhren:

(in Tausend Tonnen)

	1959	1960	1961	1962	1963	1964	1965	Gesamt	
								Bis 1963	Bis 1965
Südliche Trasse	–10	–23	–56	+14	+32	+16	+27	–43	–
Nördliche Trasse	–	+5	+2	–31	–59	–	–	–83	–83
Gesamt	–10	–18	–54	–17	–27	+16	+27	–126	–83

Die Arbeitsgruppe empfiehlt, folgende Prinzipien für die Lieferung von Röhren und Ausrüstungen durch die Länder festzulegen:
Für die südliche Erdöltrasse:
Die Tschechoslowakei und Ungarn sollen den Bauabschnitt der Erdölleitung zwischen Mosyr bis Šagi mit Röhren und der nötigen Ausrüstung versorgen – proportional zur Erdölmenge, die auf diesem Abschnitt im Endausbau durch die Trasse für die Tschechoslowakei und Ungarn gepumpt wird. Der Bau vom Abzweig der Erdölpipeline bei Šagi bis Budapest sollte durch Ungarn mit Röhren und Ausrüstungen versorgt werden. Beim Bau des verbleibenden Abschnitts der Erdöltrasse auf dem tschechoslowakischen Territorium sollten Röhren aus der Tschechoslowakei zum Einsatz kommen.
Für die nördliche Erdöltrasse:
Die DDR sollte den Bauabschnitt der Trasse von der Stadt Małkinia bis zu ihrem Erdölwerk mit Röhren versorgen. Im Abschnitt von Mosyr bis Małkinia hat die DDR Röhren proportional zum Anteil der Erdölmenge zu liefern, die auf diesem Abschnitt in die DDR gepumpt wird.
Polen sollte den Abschnitt von Mosyr bis Małkinia mit Röhren und Ausrüstung beliefern, proportional zum Anteil der Erdölmenge, die Polen mit der Erdöltrasse erhält.
Um das bestehende Defizit bei den Röhren maximal zu senken, spricht die Arbeitsgruppe folgende Empfehlungen aus:
1. Die ČSSR beschleunigt die beabsichtigte Rekonstruktion des Werks in Chomutov[73] und erhöht damit die Produktion nahtloser Röhren in diesem Betrieb in den Jahren 1959

---

[73] Chomutov war zu dieser Zeit ein Zentrum der Metallverarbeitung in der ČSR. In den früheren Mannesmannröhren-Werken wurden 1890 die ersten nahtlosen Rohre der Welt hergestellt.

bis 1965 auf die Menge von 76 000 Tonnen, darunter 21 000 Tonnen Röhren mit einem Durchmesser von 508–700 Millimetern. Gleichzeitig beschleunigt sie den Übergang der Produktion von Röhren mit dem Durchmesser von 508 Millimetern auf Röhren mit einem Durchmesser von 529 Millimetern.

2. Alle Mitgliedsstaaten des RGW prüfen genau die Grundlagen für den Bedarf an geschweißten und nahtlosen Röhren mit großem Durchmesser, insbesondere mit einem Durchmesser von mehr als 500 Millimetern für den Bau von Gasleitungen, Wasserleitungen, Wasserkraftwerken, chemischen und metallurgischen Betrieben und für andere Zwecke. Ziel soll es sein, eine ergänzende Menge dieser Röhren für die Versorgung des Erdöltrassenbaus freizumachen, vor allem in den Jahren 1959–1963. Zudem ist zu beachten, dass Stahlröhren durch Asbestzementröhren und Röhren aus Spannbeton ersetzt werden können.

3. Zum Zweck der Erhöhung der Bestände an Röhren großen Durchmessers um ca. 5000 Tonnen im Jahre 1960 und ungefähr 15 000 Tonnen jährlich in den Jahren 1961 bis 1965 sollte Polen die Möglichkeit prüfen, den Bau und die Inbetriebnahme der neuen Presse im Werk Huta-Batory zu beschleunigen. Ebenfalls ist in Huta-Batory zu prüfen, ob das dortige Rohrwalzwerk ausschließlich oder hauptsächlich auf die Fertigung von Röhren mit einem Durchmesser von 529 Millimetern spezialisiert werden kann. Zudem sollte die Möglichkeit des Tausches dieser Röhren gegen Röhren geringeren Durchmessers in anderen Ländern untersucht werden.

4. Polen und die Tschechoslowakei vereinbaren den Tausch von Röhren mit einem Durchmesser von 529 Millimetern aus Polen gegen eine entsprechende Menge Röhren anderen Durchmessers.

5. Die DDR untersucht die Zweckmäßigkeit und Möglichkeit des Baus eines Röhrenwerks mit einer Kapazität von jährlich 15 000–20 000 Tonnen geschweißter Röhren mit einem Durchmesser von 529 Millimetern. Die Aufnahme der Produktion sollte spätestens im Jahr 1961 erfolgen[74].

6. Ungarn und Polen prüfen gemeinsam die Möglichkeit des Tausches von Röhren im Durchmesser von 325 Millimetern, die in Ungarn hergestellt werden, gegen Röhren mit einem Durchmesser von 529 Millimetern, die für den Bau der Erdölleitung erforderlich sind.

7. Polen und die Tschechoslowakei streben bei der Produktion von Röhren mit einem Durchmesser von 529 Millimetern und mehr eine maximal zulässige dünne Wandstärke an, wobei die entsprechende Festigkeit erhalten bleiben soll.

8. Zur Suche nach zusätzlichen Ressourcen an Röhren für den Bau von Erdölleitungen wird das Sekretariat des RGW gebeten, Folgendes anzuweisen:
– Die Kommission für Schwarzmetallurgie untersucht, inwiefern es möglich ist, den Bestand an Röhren großen Durchmessers für den Bau von Erdölleitungen zu vergrößern.
– Die Kommission für Außenhandel und Komplettlieferungen prüft die Optionen zum Kauf von Röhren großen Durchmessers in kapitalistischen Ländern und arbeitet entsprechende Vorschläge aus.

---

[74] Im VEB Stahl- und Walzwerk Riesa wurden nahtlose Stahlrohre produziert. Im Mai 1961 erfolgte die Grundsteinlegung für die Errichtung eines neuen Rohrwerkes in Zeithain, das 1965 als erste Warmwalzstraße unter der Bezeichnung Rohrwerk III (Stiefelstraße) in Betrieb genommen wurde. Seit 1969 gehörte das Stahlwerk zum VEB Rohrkombinat Riesa. In Riesa wurden ab 1907 nahtlose Stahlrohre gewalzt.

Durch die Umsetzung der Punkte 1, 3 und 5 könnte das Defizit bei den Röhren 1959 auf 8000 Tonnen, 1960 gleichfalls auf 8000 Tonnen und 1961 auf 21 000 Tonnen gesenkt werden. In den nachfolgenden Jahren wird es dann kein Defizit an mehr Röhren geben.

Für die Ausstattung der Umwälzpumpstationen mit den grundlegenden Anlagen wird empfohlen:

1. die DDR zu bitten, die Fertigung spezieller Turbopumpen mit Elektroantrieb im Umfang von 100 Stück innerhalb der Fristen zu organisieren, die eine zeitgerechte Inbetriebnahme der Pumpstationen garantieren. Die technische Dokumentation und die technischen Bedingungen für die Herstellung dieser Pumpen und Elektromotoren übergibt die DDR innerhalb des von den beiden Ländern festgelegten Zeitraums.

2. Die UdSSR und die Tschechoslowakei werden gebeten, Möglichkeiten zur Herstellung der notwendigen Menge von Stahlabsperrschiebern und Rücklaufventilen mit großem Durchmesser zu prüfen.

3. Die Tschechoslowakei ist zu bitten, die Aussicht einer Versorgung der Erdölleitung mit hochleistungsfähigen Flüssigkeitsmengenzählern zu untersuchen.

V. Die Organisation der Arbeiten zur Planung, geologischen Erkundung und zum Bau der Erdöltrasse

1. Es wird für sinnvoll erachtet, mit den Kräften der Projektorganisationen jedes interessierten Landes die Erkundungs- und Planungsarbeiten für die Erdölleitung im Abschnitt der sich auf dessen Territorium befindenden Trasse durchzuführen. Darüber hinaus sollten die grundlegende Vorgehensweise bei technischen Entscheidungen und die Typen der erforderlichen Ausrüstung abgestimmt werden, um ein technologisches Zusammenwirken aller Systeme der Erdölpipeline zu gewährleisten.

2. In Verbindung damit wird empfohlen, folgende Reihenfolge bei der Durchführung der Planungsarbeiten zu beachten:

Erstellung eines allgemeinen Schemas (grundlegende Bestimmungen) des Erdölpipelinesystems (von der Stadt Mosyr aus, entsprechend den Anweisungen, die in Anhang 1[75] aufgeführt sind). Mit der Umsetzung des allgemeinen Schemas ist zweckmäßigerweise eine sowjetische Projektorganisation unter Beteiligung der Projektorganisationen der beteiligten Staaten zu beauftragen.

Die Projektorganisationen der Länder bereiten die zur Erstellung des Generalplanes nötigen Materialen vor und übergeben diese der Projektorganisation der Sowjetunion, entsprechend Anhang 2[76] nicht später als bis zum Dezember 1958. Die sowjetische Projektorganisation erarbeitet das allgemeine Schema im ersten Quartal 1959.

Die Streckenplanung und Ausarbeitung des Entwurfes der Erdölleitung soll von den Projektorganisationen der einzelnen Mitgliedsstaaten des Bauvorhabens unter Berücksichtigung des allgemeinen Schemas ausgeführt werden, wobei die Besonderheiten zu beachten sind, die sich aus den Baubedingungen auf dem Territorium jeden einzelnen Landes ergeben. Dies bezieht sich vor allem auf die Notwendigkeit des Arbeitskontaktes zwischen den Projektorganisationen der interessierten Staaten und besonders, falls dies erforderlich sein wird, auf Konsultationen mit der sowjetischen Projektorganisation, die Erfahrung bei den Arbeiten zur Projektierung einer entsprechenden Rohrleitung hat.

---

[75] Hier nicht dokumentiert.
[76] Hier nicht dokumentiert.

3. Es wird für sinnvoll erachtet, die Kommission für Erdöl und Erdgas anzuweisen, den erwähnten Generalplan zum Bau der Erdölpipeline zu prüfen und den Ländern dessen Bestätigung zu empfehlen.

4. Der Bau der Erdölleitung und der mit ihr verbundenen Anlagen soll von jedem Land auf seinem Territorium mit den Kräften der eigenen Bau- und Montageorganisationen umgesetzt werden.

Von Seiten der Sowjetunion ist Hilfe für die am Bau der Erdölleitung beteiligten Staaten erwünscht. Diese sollte vor allem in der Übergabe von Spezialmaschinen (Rotorbagger, Reinigungsmaschinen, Isoliermaschinen, Elektroschweißmaschinen u. a.) für eine zeitweise Nutzung bestehen, die für die Durchführung der Arbeiten zur Verlegung einer Erdöltrasse erforderlich sind. Es wäre zudem wünschenswert, dass die Sowjetunion technische Konsultationen bei der Organisation des Baus der Erdölleitung sowie für die Nutzung der Spezialmaschinen gibt.

5. Die Arbeitsgruppe hält es für zweckmäßig, bei der Kommission für Erdöl- und Erdgasindustrie eine ständige Arbeitsgruppe einzurichten, die Koordinierungsaufgaben übernimmt und Fragen verknüpft, welche den Bau der Erdölleitung, die Prüfung der Umsetzung der gemeinsam getroffenen Entscheidungen und Empfehlungen sowie die Beaufsichtigung des Baufortschritts der Erdölpipeline betreffen. Für die Entscheidungen zu verwandten Themen sollten Spezialisten aus anderen Kommissionen hinzugezogen werden, für die Prüfung von Fragen, die die Versorgung des Baus der Erdölleitung mit Röhren betreffen, vor allem Spezialisten aus der Kommission für Schwarzmetallurgie.

VI. Andere Fragen

1. Die einzelnen Abschnitte der Erdölleitung sollten das Eigentum des Landes sein, auf dessen Territorium sie sich befinden.

2. Die Ausgaben für den Bau der Erdöltrasse tragen die entsprechenden Länder, jedes für sein eigenes Territorium. Fragen der Finanzierung des Baus der Erdölpipeline werden bilateral behandelt und durch entsprechende Übereinkünfte fixiert.

3. Die Kosten für die Auffüllung der Rohrleitung mit Öl sollen wie folgt getragen werden:
– Ungarn: vom Abzweigpunkt der Erdölpipeline auf dem Territorium der Tschechoslowakei bis zum eigenen erdölverarbeitenden Betrieb;
– DDR: vom erdölverarbeitenden Werk in Polen bis zum eigenen Betrieb;
– Polen: von der sowjetisch-polnischen Staatsgrenze bis zum erdölverarbeitenden Betrieb in Polen;
– UdSSR: für den Abschnitt von der Stadt Mosyr bis zur sowjetisch-polnischen und zur sowjetisch-tschechoslowakischen Staatsgrenze;
– Tschechoslowakei: von der sowjetisch-tschechoslowakischen Staatsgrenze bis nach Bratislava und Hněvice.

Wird in der ersten Zeit durch die Rohrleitung, die sich auf dem Territorium Polens befindet, nur Öl für die DDR geliefert, trägt die DDR die Kosten für die Auffüllung der Erdölleitung auf polnischem Territorium.

4. Die Tarife für den Transit des Erdöls durch die Erdölpipeline sollten zwischen den beteiligten Staaten abgestimmt werden.

5. Die Lieferung des Öls durch die Erdölleitung aus der UdSSR erfolgt unter den Bedingungen Frei Frachtführer (FCA)[77] für Polen und die DDR bis zur sowjetisch-polnischen Staatsgrenze und für die Tschechoslowakei und Ungarn Frei Frachtführer (FCA) bis zur sowjetisch-tschechoslowakischen Staatsgrenze.

6. Es wird für sinnvoll gehalten, dreiseitige Abkommen über die Bestimmungen der gemeinsamen Nutzung der Erdöltrasse abzuschließen, im Einzelnen zwischen der UdSSR, Polen und der DDR sowie zwischen der UdSSR, der Tschechoslowakei und Ungarn.

Die Delegationsleiter
Volksrepublik Ungarn
(E. Landler)
Deutsche Demokratische Republik*
Volksrepublik Polen
(B. Jaščuk)
Union der Sozialistischen Sowjetrepubliken
(V. Avramcev)
Tschechoslowakische Republik
(Ja. Pelz)

*Anmerkung:
Die DDR hat den Bericht bislang nicht unterschrieben. Es werden Konsultationen mit den zuständigen Organen ihres Landes stattfinden. Der Standpunkt der DDR wird ergänzend mitgeteilt.

Quelle: RGAE, 4372/77/302, Bl. 242–256.

Nr. 12

Protokoll der Besprechung zwischen dem stellvertretenden Vorsitzenden von Gosplan Chruničev und dem stellvertretenden Vorsitzenden der SPK Wunderlich über den Flugzeugbau in der DDR und die Lieferung des Flugzeuges 152 in die UdSSR, 2. Juni 1959

Geheim

Exemplar Nr. 4

Gesprächsnotiz

---

[77] Abkürzung für Free Carrier (FCA), übersetzt: Frei Frachtführer. FCA ist eine Vertragsformel für die Transportmodalitäten bei Außenhandelsgeschäften und bedeutet, dass der Verkäufer die Ware dem Frachtführer an einen benannten Ort liefert, danach trägt der Käufer die Frachtrisiken. Der Verkäufer ist verpflichtet, die Ware zur Ausfuhr freizumachen, jedoch hat er keine Verpflichtung, die Ware zur Einfuhr freizumachen, Einfuhrzölle zu zahlen oder entsprechende Zollformalitäten zu erledigen. Mit der Lieferung der Ware geht die Gefahr des Verlustes der Ware auf den Käufer über.

des Leiters der sowjetischen Delegation, Stellvertretender Vorsitzender von Gosplan der UdSSR Minister Gen. M. V. Chruničev[78], mit dem Leiter der Delegation der Deutschen Demokratischen Republik, Stellvertretender Vorsitzender der Staatlichen Plankommission der DDR Gen. H. Wunderlich[79].

Das Gespräch fand am 2. Juni 1959 von 10.00 bis 14.00 Uhr statt.

An der Besprechung nahmen teil:
Von sowjetischer Seite:
die Mitglieder der Delegation Genossen P. V. Dement'ev[80], Generalleutnant des ingenieurtechnischen Dienstes N. A. Zacharov[81], Generalleutnant der Panzertruppen G. S. Sidorovič[82], von Gosplan der UdSSR Konteradmiral N. I. Bereznoj[83], von der Hauptingenieurverwaltung des Staatskomitees für außenwirtschaftliche Beziehungen Ingenieur-Oberst E. G. Kovtun[84], Ingenieur-Oberst V. V. Pavlov[85] und A. A. Kas'janov[86].

---

[78] Michail Vasil'evič Chruničev (1901–1961): Politiker. 1939–1942 stellvertretender Volkskommissar für Luftfahrtindustrie der UdSSR, 1942–1946 1. Stellvertreter des Volkskommissars für Munition der UdSSR, 1946–1953 Minister für Luftfahrtindustrie der UdSSR, 1953–1955 stellvertretender Minister für mittleren Maschinenbau der UdSSR, 1956–1961 stellvertretender Vorsitzender von Gosplan der UdSSR, Generalleutnant.
[79] Helmut Wunderlich (1919–1994): Wirtschaftsfunktionär. 1951 Mitglied der SED, 1951–1953 Direktor der NOBAS (VEB Schwermaschinenbau) in Nordhausen, 1953–1958 Minister bzw. Staatssekretär für Allgemeinen Maschinenbau, 1959–1960 stellvertretender Vorsitzender der SPK, 1960–1963 stellvertretender Vorsitzender des Volkswirtschaftsrates, 1963–1967 Werkdirektor im VEB Elektrokohle Berlin-Lichtenberg, danach Werkdirektor des VEB Transformatorenwerks Berlin-Oberschöneweide, ab 1971 Generaldirektor des VEB Carl Zeiss Jena, 1971 Kandidat und 1976–1981 Mitglied des ZK der SED.
[80] Pëtr Vasil'evič Dement'ev (1907–1977): Politiker. 1953–1957 Minister für Luftfahrtindustrie der UdSSR, 1957–1963 Vorsitzender des Staatskomitees für Luftfahrttechnik der UdSSR, 1963–1977 Minister für Luftfahrtindustrie der UdSSR, Generaloberst.
[81] Nikita Alekseevič Zacharov: Offizier und Ingenieur. 1937–1941 Abteilungsleiter bei der Hauptverwaltung Zivilluftfahrt, im Krieg zunächst Hauptingenieur der Fernfliegerkräfte, 1944 Generalmajor des Fliegeringenieurdienstes, in den 1950er Jahren stellvertretender Direktor der Aeroflot, in den 1960er Jahren Direktor des Forschungsinstituts für die Zivilluftfahrt, dann dessen stellvertretender Leiter.
[82] Georgij Stepanovič Sidorovič (1903–1985): Militär. 1943–1944 Stabschef des III. Mechanisierten Korps, 1944 Generalmajor der Panzertruppen und Stabschef der 5. Garde-Panzerarmee, 1945–1948 Militärattaché in Finnland, 1953–1955 Abteilungsleiter beim Ministerium für Außenhandel, 1955–1959 Abteilungsleiter beim Staatskomitee für außenwirtschaftliche Beziehungen, 1958 Generalleutnant, 1959–1961 stellvertretender Vorsitzender des Staatskomitees für außenwirtschaftliche Beziehungen, 1962 Generaloberst der Panzertruppen.
[83] Nikolaj Ivanovič Bereznoj (1903–1986): Marineoffizier. 1933–1935 Ingenieur auf einem U-Boot, 1937–1939 Oberingenieur der 2. Abteilung der Schiffsbauverwaltung der Seekriegsflotte, 1939–1943 Bevollmächtigter der Schiffsbauverwaltung auf verschiedenen Werften, ab 1943 bei der für Rüstungsprojekte zuständigen Sondergruppe von Gosplan tätig, 1951 Beförderung zum Konteradmiral, 1960–1966 beim Staatlichen wissenschaftlich-wirtschaftlichen Komitee tätig, 1966–1971 erneut Mitarbeiter bei Gosplan, 1971 Pensionierung.
[84] Evgenij Grigor'evič Kovtun (1909–1975): Militär. 1959 beim Staatskomitee für außenwirtschaftliche Beziehungen, dann im Rang eines Generalleutnants Chef der Verwaltung Bewaffnung und Kampftechnik beim Generalstab der Sowjetarmee tätig.
[85] Biografische Details nicht ermittelbar.
[86] Biografische Details nicht ermittelbar.

Von deutscher Seite:
die Genossen Apel[87], Zeiler[88], Cichy[89], Baade[90], der Übersetzer Flick[91] und der Berater A. N. Kuznecov[92].

Gen. Chruničev teilte Gen. Wunderlich mit, die Prüfung der Pläne zur Produktion und Lieferung von Passagiermaschinen für die Zivilluftflotte durch die sowjetische Industrie

---

[87] Erich Apel (1917–1965): Ingenieur/Wirtschaftsfunktionär. 1946 Mitglied der SPD, 1954 der SED, 1939–1940 Wehrdienst Heeresversuchsstelle in Peenemünde, 1940 Betriebsingenieur/Leiter einer Forschungsabteilung in Peenemünde, 1945 Technischer Leiter in der „Heeres-Nebenmunitionsanstalt Kleinbodungen" (Harz) – Produktionsstätte für A4-Raketen (V2), 1945/46 Lehrer/Leiter einer Berufsschule in Steinach/Thüringen, 1946 Hauptingenieur der „Sowjetisch-Technischen Kommission in Nordhausen" (Zentralwerk Bleicherode) – Endmontage der A4-Rakete, 1946 Oberingenieur/Werkstattleiter eines Versuchsbetriebes (Raketentechnik) auf der Insel Gorodomlja in der UdSSR, 1952 Rückkehr und Abteilungsleiter im Ministerium für Maschinenbau, 1953 stellvertretender Minister für Maschinenbau, 1955 Minister für Schwermaschinenbau, 1958 Leiter der Wirtschaftskommission beim SED-Politbüro, 1961 Sekretär des ZK der SED für Wirtschaft, 1963–1965 Vorsitzender der SPK, seit 1961 Kandidat des Politbüros, 1965 Freitod.
[88] Friedrich Zeiler (1920): Wirtschaftsfunktionär. 1953–1955 stellvertretender Leiter der Abteilung Maschinenbau des ZK der SED, 1955–1957 Leiter der ZK-Abteilung Technik, 1957–1958 Sektorenleiter in der ZK-Abteilung Industrie, 1958–1961 Leiter der Abteilung Maschinenbau des ZK der SED, 1961–1962 Mitarbeiter des Nationalen Verteidigungsrates der DDR, 1962–1982 stellvertretender Vorsitzender der SPK für Fragen der ökonomischen Sicherstellung der Landesverteidigung, 1979 Generalleutnant, 1982 Pensionierung.
[89] Hans Cichy (1919): Wirtschaftsfunktionär. 1946 Mitglied der SED, 1953–1958 Planungsleiter bzw. Werkleiter im VEB Maschinen- und Apparatebau (MAB) Schkeuditz, 1958–1959 Leiter des Sektors Luftfahrtindustrie der SPK, 1959 Hauptdirektor der VVB Flugzeugbau Dresden, 1961 Leiter der Abteilung Allgemeiner Maschinenbau und 1964–1965 Leiter der Hauptabteilung Maschinenbau im Volkswirtschaftsrat, 1970 Werkdirektor im VEB Fahrzeugausrüstung Berlin, 1979 Mitarbeiter beim Rat des Stadtbezirks Berlin-Friedrichshain.
[90] Brunolf Baade (1904–1969): Ingenieur/Flugzeugkonstrukteur. 1954 Mitglied der SED, 1930–1936 Aufenthalt in den USA mit einer Forschungstätigkeit im Flug- u. Schienenfahrzeugbau, ab 1936 Leiter des Büros für Neukonstruktionen bei den Junkers-Werken in Dessau, 1945 Mitarbeiter, dann Leiter der Rekonstruktion im Flugzeug- u. Motorenwerk Dessau, 1946–1954 als Spezialist in der UdSSR tätig, Chefkonstrukteur in Sawjolowo bei Moskau, 1954 Rückkehr in die DDR, Konstruktion und Bau von Flugzeugen, 1958–1961 Generalkonstrukteur der Luftfahrtindustrie der DDR, nach deren Abwicklung ab 1961 Direktor des Instituts für Leichtbau und der ökonomischen Verwendung der Werkstoffe in Dresden, 1958–1963 Kandidat des ZK der SED.
[91] Biografische Details nicht ermittelbar.
[92] Biografische Details nicht ermittelbar.
[93] Mit der Bildung der „Vereinigung Volkseigener Betriebe Flugzeugbau" (VVB Flugzeugbau) begann 1958 in der DDR der Aufbau einer eigenständigen Luftfahrtindustrie. In der SPK war der von Hans Cichy geleitete Sektor Luftfahrtindustrie der Abteilung Maschinenbau für den neuen Industriezweig zuständig. Die fachliche Leitung der Entwicklungsarbeiten wurde Brunolf Baade übertragen, der in den USA, in Deutschland und in der Sowjetunion als Flugzeugkonstrukteur tätig gewesen war. Geplant war ursprünglich, das sowjetische Propellerflugzeug IL 14 in der DDR in Lizenz zu produzieren und an die UdSSR bzw. RGW-Staaten zu liefern. Später sollte das in der DDR entwickelte strahlgetriebene Passagierflugzeug 152 produziert und an die UdSSR geliefert werden. Grundlage des Vorhabens zum Aufbau einer Luftfahrtindustrie war das Regierungsabkommen zwischen der DDR und der UdSSR über die „Entwicklung, den Bau und die Prüfung von Versuchs- und Serienflugzeugen für den zivilen Verkehr und den dazu gehörenden Triebwerken in der DDR" vom 28.1.1956. Vgl. Gerhard Barkleit, Die Spezialisten und die Parteibürokratie. Der gescheiterte Versuch des Aufbaus einer Luftfahrtindustrie in der Deutschen Demokratischen Republik in: Gerhard Barkleit/Heinz Hartlepp, Zur Geschichte der Luftfahrtindustrie der DDR 1952–1961, Dresden 1995, S. 5–29, hier S. 7f.

im Zeitraum 1959–1965 habe gezeigt, dass der Bedarf vollständig von der Flugzeugindustrie der UdSSR abgedeckt werden kann. In Verbindung damit kann die Sowjetunion keine Zustimmung zur Lieferung von Passagierflugzeugen aus der Deutschen Demokratischen Republik geben[93]. Dies betrifft besonders das Flugzeug vom Typ 152[94].

Gen. Chruničev teilte gleichfalls mit, dass die Sowjetunion der DDR keinen Auftrag zur Entwicklung eines neuen, durch zwei PTL-Triebwerke[95] angetriebenen Passagierflugzeuges erteilen kann, da die Entwicklungen der sowjetischen Konstrukteure zu einer solchen Maschine derzeit die Flugerprobung durchlaufen und in naher Zukunft in den Serienbau gehen. Damit wird der Bedarf der Sowjetunion vollständig durch die eigene Produktion gedeckt werden. In Verbindung damit sollte die deutsche Seite entscheiden, ob die Entwicklung dieses Flugzeugtyps noch zweckmäßig ist.

Auf der Beratung der Kommission für die Zusammenarbeit auf dem Gebiet der Verteidigungsindustrie, die für Juli 1959 geplant ist, wäre es allerdings sinnvoll, die technischen Daten dieses Flugzeuges mitzuteilen. Es ist nicht ausgeschlossen, dass sich auf dieser Beratung der Bedarf anderer Länder der Volksdemokratie an einer solchen Maschine abzeichnet.

Gen. Chruničev erklärte die Bereitschaft der sowjetischen Seite, der deutschen Flugzeugindustrie technische Hilfe beim Abschluss ihrer Arbeiten zum Bau von Passagierflugzeugen zu leisten, einschließlich aller notwendigen Konsultationen durch die Kräfte der wissenschaftlichen Forschungsorganisationen. Hierfür muss die deutsche Seite in dem bereits festgelegten Verfahren eine entsprechende Bitte mit einer beigefügten Frageliste und einem beigelegten Programm übergeben. Auch teilte Gen. Chruničev Gen. Wunderlich mit, dass in der Frage der Lieferung von Ausrüstungen in die DDR, besonders von Triebwerken für die ersten Flugzeuge – solange die deutsche Industrie deren Produktion noch nicht eigenständig leistet – positiv entschieden werden kann.

Gen. Chruničev äußerte weiterhin, dass die sowjetische Seite bei der Entwicklung und Herstellung von Geräten zur Mechanisierung und Automatisierung von Fertigungsprozessen an einer Zusammenarbeit mit der DDR überaus interessiert sei. Dies betreffe nicht nur das Profil der Luftfahrtindustrie, sondern hauptsächlich die Bereiche Chemie, Metallurgie usw. Das Einverständnis der deutschen Seite für eine solche gemeinsame Entwicklungsarbeit vorausgesetzt, kann diese Frage in kürzester Zeit praktisch gelöst werden.

Gleichzeitig erklärte Gen. Chruničev das Interesse der sowjetischen Seite daran, die Anstrengungen beider Länder zur Entwicklung eines komplexen Flugnavigationssystems für die Automatisierung von Flug und Landung der Maschinen unter breitem Einsatz von Rechentechnik zu vereinen. Eine solche Zusammenarbeit erlaubt es, gute Resultate in einem kurzen Zeitraum zu erreichen. Die konkreten Verpflichtungen beider Partner bei dieser Entwicklung können nach Vorlage des ersten Entwurfes, den die deutsche Seite erarbeitet hat, festgelegt werden.

---

[94] Das Verkehrsflugzeug 152 war ein in den 1950er Jahren in der DDR entwickeltes Passagierstrahlflugzeug, das für 40 bis 60 Passagiere ausgelegt war und vor allem für den sowjetischen Markt produziert werden sollte. Der Erstflug des Protototyps 152V1 verlief im Dezember 1958 erfolgreich. Im März 1959 stürzte der Prototyp bei der Flugerprobung aufgrund von Problemen mit der Treibstoffversorgung ab. Im selben Jahr trat die UdSSR von geplanten Lieferungen zurück, 1961 wurde das Projekt eingestellt. Vgl. Reinhard Müller, Brunolf Baade und die Luftfahrtindustrie der DDR. Die wahre Geschichte des Strahlverkehrsflugzeuges 152, Erfurt 2013, S. 179ff.
[95] Abkürzung für: Propellerturbinenluftstrahltriebwerk (PTL), auch als Turboprop bezeichnet.

Gen. Apel äußerte seine Dankbarkeit darüber, dass die Möglichkeit besteht, die in Dresden begonnenen Gespräche fortzusetzen[96].

Bezüglich dieser hat die deutsche Seite einen Perspektivplan für die Flugzeugindustrie der DDR ausgearbeitet, der dem Politbüro des ZK der SED und der Regierung vorgelegt worden ist[97]. In diesem Plan sind konzentrierte Anstrengungen zum Bau des Flugzeuges vom Typ 152 vorgesehen, um die geforderten 90 Exemplare an die Sowjetunion liefern zu können.

Ferner äußerte Gen. Apel, dass gegenwärtig in der Flugzeugindustrie der DDR 26 000 Arbeiter und ingenieurtechnisches Personal arbeiten. Deren Perspektive beruhe in vieler Hinsicht auf der Gewissheit des Absatzes der Flugzeuge des Typs 152 an die Sowjetunion. Die jetzt erfolgte Weigerung der Sowjetunion, Flugzeuge zu kaufen, führt in der DDR zur Auflösung der Flugzeugindustrie und dem unausweichlichen Weggang eines Teils der Spezialisten nach Westdeutschland. In den Betrieben des Flugzeugsbaus [sic!] der DDR wird die Entwicklung des Gerätebaus im erforderlichen Umfang geplant, aber für das Werk in Dresden ist dies kein Ausweg aus der entstandenen Lage[98].

Somit, sagte Gen. Apel, gibt es zwei Fragen (über den Ankauf der Flugzeuge Typ 152 und Typ 153[99] durch die Sowjetunion), die nach den Gesprächen in Dresden für die deutsche Seite vollkommen gewiss erschienen und bei denen jetzt völlige Unklarheit herrscht. Da dies sehr wichtige Fragen sind und sie deshalb im Zentrum der heutigen Gespräche stehen sollten, bat Gen. Apel den Gen. Chruničev, mitzuteilen, ob die von ihm geäußerten Vorschläge die Meinung der sowjetischen Regierung darstellen.

---

[96] Vom 10. bis 16. 3. 1959 fanden Verhandlungen mit einer in der DDR weilenden sowjetischen Delegation über Fragen der weiteren Entwicklung und Produktion in der Flugzeugindustrie in Dresden statt. Vgl. den Bericht über diese Verhandlungen in: Protokoll der Sitzung des Politbüros am 21. 4. 1959, in: SAPMO-BArch, DY 30/J IV 2/2/642.

[97] Das Politbüro der SED hatte am 22. 11. 1955 den Aufbau des Industriezweiges Flugzeugbau mit der Vorgabe beschlossen, bis Ende 1957 zwei neue Flugzeugtypen und bis Ende 1959 drei neue Triebwerke zu entwickeln. Vgl. das Protokoll der Sitzung des Politbüros am 22. 11. 1955, in: SAPMO-BArch, DY 30/J IV 2/2/451. In der Folge dieses Beschlusses legte der Sektor Luftfahrtindustrie der SPK am 1. 7. 1958 einen Perspektivplan zur Entwicklung der Luftfahrtindustrie für die Jahre 1959 bis 1965 vor.

[98] Die VEB Flugzeugwerke Dresden wurden 1955 gegründet und bildeten den Stammbetrieb der VVB Flugzeugbau mit 8000 Mitarbeitern. Insgesamt waren 1959 im VVB Flugzeugbau ca. 25 000 Mitarbeiter beschäftigt. Nach dem Ende der Luftfahrtindustrie wurden in der 1961 gebildeten VEB Flugzeugwerft Dresden u. a. Flugzeuge der NVA instand gesetzt. Ein weiteres Werk befand sich in Karl-Marx-Stadt, in dem Flugmotoren gebaut und getestet wurden. Seit 1961 produzierten die VEB Industriewerke Karl-Marx-Stadt hydraulische Pumpen und Motoren für den Fahrzeugbau. In Ludwigsfelde bei Berlin entstand 1957 auf dem Gelände der ehemaligen Daimler-Benz-Motorenwerke ebenfalls ein Werk, in dem das in Pirna entwickelte Strahltriebwerk „Pirna-014" gefertigt wurde. Nach dem Ende des Flugzeugbaus begann dort eine LKW-Produktion des Typs W-50. Vgl. zum Flugzeugbau in der DDR: Jochen Werner, Luftfahrtindustrie in der DDR (1952–1961), in: Jürgen Michels/Jochen Werner (Hrsg.), Luftfahrt Ost 1945–1990. Geschichte der deutschen Luftfahrt in der Sowjetischen Besatzungszone (SBZ) und der Deutschen Demokratischen Republik (DDR), Bonn 1994; Burghard Ciesla, Die Transferfalle. Zum DDR-Flugzeugbau in den fünfziger Jahren, in: Dieter Hoffmann/Kristie Macrakis (Hrsg.), Naturwissenschaft und Technik in der DDR, Berlin 1997, S. 193–221; Gerhard Barkleit/Heinz Hartlepp, Zur Geschichte der Luftfahrtindustrie der DDR 1952–1961, Dresden 1995.

[99] Das Verkehrsflugzeug 153 war ein von der DDR entwickeltes Passagierflugzeug, das mit zwei PTL-Triebwerken des Typs Pirna-018 angetrieben werden sollte. Die Entwicklung des Flugzeuges, das 56 bis 82 Passagiere aufnehmen sollte, wurde im Juli 1959 abgebrochen, lediglich eine 1:1-Attrappe verließ das Flugzeugwerk in Dresden.

Gen. Chruničev antwortete, dass er und Gen. Žigarev[100] in Dresden lediglich ihre persönliche Meinung zum Flugzeug des Typs 152 geäußert hätten. Nach Prüfung der Frage in ihrer Gesamtheit habe sich der abschließende Standpunkt ergeben, dass es für die Sowjetunion nicht notwendig sei, Passagierflugzeuge in der DDR zu bestellen. Gleichwohl soll dies auf keinen Fall die völlige Auflösung der deutschen Luftfahrtindustrie bedeuten. Es ist erforderlich, die überflüssigen Produktionskapazitäten zur Fertigung von dringend benötigten und komplizierten Geräten für die Automatisierung zu nutzen. Dabei führte Gen. Chruničev als Beispiel an, dass die Auslastung der sowjetischen Flugzeugbauindustrie mit der Herstellung von Technik, die keinen direkten Bezug zur Luftfahrt hatte, es innerhalb der letzten drei bis fünf Jahre gestattet habe, die Zahl der qualifizierten Kader zu verringern.

Gen. Baade bat die sowjetische Delegation darum, die Besonderheiten der politischen Lage in der DDR und ihre Nachbarschaft zu Westdeutschland zu berücksichtigen, welches eine leistungsfähige Luftfahrtindustrie aufbaue. Bei einer Verringerung der Produktionskapazitäten der Luftfahrtindustrie der DDR sei die Abwerbung von qualifizierten Spezialisten durch westdeutsche Firmen unausweichlich. Zugleich würde ein solcher Abbau von feindlichen Elementen breit für die Diskreditierung der sozialistischen Planwirtschaft genutzt werden. Gen. Baade erklärte, dass selbst der Ankauf von vielleicht 20 Flugzeugen des Typs 152 durch die Sowjetunion den Absatz dieser Maschinen in einer Reihe von Ländern des sozialistischen Lagers, besonders aber in China, und in wirtschaftlicher Hinsicht schwach entwickelten kapitalistischen Staaten wie Indonesien fördern würde. Falls die Frage über den Absatz der genannten 20 Flugzeuge in der UdSSR nicht entschieden wird, ist es nicht sinnvoll, die Serienfertigung dieser Flugzeuge zu organisieren.

Gen. Wunderlich sagte, dass er an der Erörterung der Vorschläge zur Auslastung der deutschen Flugzeugindustrie durch Bestellungen zum Gerätebau mit Gen. Kosygin[101] teilgenommen habe. Für eine Reihe von Betrieben, insbesondere in Karl-Marx-Stadt, kann dies ein Ausweg aus der entstandenen Lage sein, es führt aber unweigerlich zur Auflösung des Werkes in Dresden und dem Weggang der qualifiziertesten Arbeitskräfte nach Westdeutschland. Zudem erschwert die Absage der Sowjetunion zum Ankauf von Passagierflugzeugen aus der DDR beträchtlich die Erarbeitung des Siebenjahrplanes. Gen. Wunderlich fügte hinzu, dass sich die Fertigungseinstellung von Passagierflugzeugen in der DDR auf die Erfüllung der wirtschaftlichen Hauptaufgabe – Westdeutschland bei der Pro-Kopf-Produktion einzuholen und zu überholen – negativ auswirke[102].

---

[100] Pavel Fëdorovič Žigarev (1900–1963): Offizier. 1941–1942 Befehlshaber der Luftstreitkräfte der Roten Armee, 1942 zum Befehlshaber der Luftstreitkräfte in Fernost degradiert, 1945 Oberbefehlshaber der 10. Luftarmee, 1946–1949 1. Stellvertreter des Befehlshabers der Luftstreitkräfte, 1949–1957 Oberkommandierender der Luftstreitkräfte, Hauptmarschall der Sowjetunion, ab 1957 Chef der Hauptverwaltung Zivilluftfahrt.

[101] Aleksej Nikolaevič Kosygin (1904–1980): Politiker. 1938–1939 Bürgermeister von Leningrad, 1939–1940 Volkskommissar für Textilindustrie der UdSSR, 1943–1946 Vorsitzender des Rates der Volkskommissare der RSFSR, 1948–1953 Minister für Leichtindustrie der UdSSR, 1953–1960 stellvertretender Vorsitzender des Ministerrates der UdSSR, zugleich 1959–1960 Vorsitzender von Gosplan der UdSSR, 1960–1964 1. Stellvertreter des Vorsitzenden des Ministerrates der UdSSR, 1964–1980 Vorsitzender des Ministerrates der UdSSR.

[102] Auf dem V. Parteitag der SED im Juli 1958 hatte Parteichef Ulbricht als wirtschaftspolitische Strategie verkündet, die Bundesrepublik hinsichtlich des Pro-Kopf-Verbrauchs bei den meisten industriellen Konsumgütern und Lebensmitteln einzuholen und zu überholen. In dem dann am 1.10.1959 verabschiedeten Gesetz über den Siebenjahrplan war vorgesehen, dieses Ziel bis Ende 1961 zu realisieren.

Wie Gen. Apel erklärte, habe die Entwicklung der Flugzeugindustrie große Aufwendungen an Kräften und Mittel erfordert, und wenn die Frage ihrer Auslastung mit Bestellungen der Sowjetunion für Passagierflugzeuge auf der jetzigen Beratung nicht entschieden werden könne, wäre es sinnvoll, diese Probleme auf einer höheren Ebene zu erörtern.

Auf die Frage von Gen. Dement'ev hin erklärte Gen. Baade, dass der Bau der „152" im IV. Quartal 1959 abgeschlossen werden wird. Die Flugerprobungen mit zwei Maschinen sind für Juli–August 1960 geplant, um im IV. Quartal 1961 mit der Serienproduktion beginnen zu können. Gen. Baade verwies zudem auf die Aussage von Gen. N. S. Chruščëv[103], dass dem deutschen Volk in der Luftfahrt ein breiter Weg offenstehe.

Gen. Dement'ev entgegnete, folglich werde mit der Serienfertigung dieser Flugzeuge faktisch Anfang 1962 begonnen. Zu dieser Zeit kann die sowjetische Flugzeugindustrie bereits den gesamten Bedarf des Landes mit heute gefertigten Flugzeugen der Typen Tu-104[104], Il-18[105] und An-10[106] sicherstellen. 1962 wird die Serienfertigung der Flugzeuge An-24[107] und Tu-124[108] beginnen, wobei alle Typen eine umfangreiche Erprobung mit 30 Maschinen und mehr durchlaufen. Folglich kann die deutsche Maschine des Typs 152 für die UdSSR von keinerlei Interesse sein.

Gen. Dement'ev empfiehlt der deutschen Seite, die „152" genau zu erproben und fortzuentwickeln; erst dann könne mit deren Lieferung in die Länder der Volksdemokratie und in kapitalistische Staaten (Südamerika, Indonesien) gerechnet werden. Gegenwärtig davon zu sprechen, dass sie eine zu empfehlende Maschine sei, ist aufgrund der großen Schwierigkeiten bei der Erprobung und der entsprechenden Nachbesserungen ausgeschlossen. Er führte als Beispiel an, dass bei der umfangreichen Erprobung der Il-18 gleichzeitig bis zu 40 Maschinen getestet wurden, die Millionen von Tonnen-Kilometern geflogen sind.

Gen. Chruničev wandte sich an Gen. Baade und sagte, dass das Wesen und der Vorteil der sozialistischen Planung gerade darin liegen, alle Möglichkeiten der Industrie zu berücksichtigen und rechtzeitig die Korrektur anfänglicher Pläne vorzunehmen. Er wiederholte, dass die sowjetische Seite aus zwei Gründen keine Möglichkeit sieht, Bestellungen für die Lieferung von Passagierflugzeugen in der DDR aufzugeben. Erstens stelle die sowjetische Luftfahrtindustrie vollständig die Lieferung von erstklassigen und bewährten Maschinen an

---

[103] Nikita Sergeevič Chruščëv (1894–1971): Politiker. 1950–1953 Sekretär des ZK der KPdSU für Landwirtschaft, 1953–1964 Erster Sekretär des ZK der KPdSU und zusätzlich 1958–1964 Vorsitzender des Ministerrates der UdSSR, 1938–1939 Kandidat, 1939–1964 Mitglied des Politbüros der KPdSU. Am 14.10.1964 wird er als Erster Sekretär des ZK der KPdSU abgelöst. Nachfolger wird Leonid Il'ič Brežnev.
[104] Tu-104: zweistrahliges sowjetisches Passagierflugzeug aus dem Konstruktionsbüro Tupolev. Das erste sowjetische Passagierflugzeug mit Strahlantrieb konnte bis zu 70 Passagiere über eine Entfernung von 2500 Kilometern befördern. Der Erstflug erfolgte 1955. Bis 1960 wurden rund 200 Maschinen des Typs gefertigt.
[105] Il-18: viermotoriges Turbopropflugzeug aus dem Konstruktionsbüro Il'jušin. Seit 1959 an die Aeroflot ausgeliefert. Von der Maschine, die bis zu 120 Passagiere über mehr als 6000 Kilometer befördern konnte, wurden rund 850 Exemplare gebaut.
[106] An-10: viermotoriges mittleres Fracht- und Passagierflugzeug aus dem Konstruktionsbüro Antonov. Zwischen 1957 und 1960 wurden 102 Exemplare der An-10 hergestellt. 1971 erfolgte, bedingt durch Materialermüdung, die Außerdienststellung.
[107] An-24: zweimotoriges mittleres Fracht- und Passagierflugzeug aus dem Konstruktionsbüro Antonov. Von dem in der Militär- und Zivilluftfahrt eingesetzten Flugzeug wurden mehr als 1300 Exemplare gebaut.
[108] Tu-124: zweistrahliges sowjetisches Passagierflugzeug aus dem Konstruktionsbüro Tupolev. Das Passagierflugzeug mit Strahlantrieb ist eine Weiterentwicklung der Tu-104. Der Erstflug erfolgte 1960. Bis 1962 wurden 165 Maschinen dieses Typs gefertigt.

die Zivilflugflotte sicher, und zweitens hätten die entsprechenden Flugzeuge [der DDR] noch keine Erprobung durchlaufen und befänden sich nicht in der Serienfertigung.

Gen. Chruničev antwortete dem Gen. Apel, dass es das Recht der DDR sei, die Frage der Bestellung von Flugzeugen durch die Sowjetunion auf einer höheren Ebene zu erörtern. Gleichwohl, so unterstrich er, sei der Rücktritt der Sowjetunion vom Kauf des Flugzeuges vom Typ 152 mit dem hohen Entwicklungsstand der einheimischen Flugzeugindustrie begründet[109]. Gen. Chruničev empfahl der deutschen Seite den Absatzmarkt für Flugzeuge genau zu untersuchen, sich mit den Ländern der Volksdemokratie, vor allem der Volksrepublik China, zu beraten und danach die Frage der Zweckmäßigkeit der Fertigung des Flugzeuges vom Typ 152 zu entscheiden.

Auch er als Vertreter der Zivilluftflotte und Hauptbesteller von Passagierflugzeugen, so äußerte Gen. Zacharov, sehe keinen Sinn in einer Bestellung von Flugzeugen dieses Typs durch die UdSSR, da die sowjetische Flugzeugindustrie die modernsten Maschinen liefere, die zudem die wirtschaftlichsten der Welt seien. Er führte als Beispiel den Einsatz von Passagierflugzeugen auf der Strecke Moskau–Leningrad an, wo der Preis eines Flugtickets unter den Kosten für eine Zugfahrkarte liegt und insgesamt rund 16 Kopeken pro Kilometer beträgt, während er auf den internationalen europäischen Linien 23–28 Kopeken pro Kilometer beträgt. Gen. Zacharov wies darauf hin, dass die Zivilluftflotte allein 1959 von der sowjetischen Luftfahrtindustrie genauso viele Flugzeuge des Typs Tu-104 erhält, wie insgesamt in den letzten fünf Jahren geliefert worden sind. Gegenwärtig verfüge die Sowjetunion über mehr Passagierflugzeuge mit PTL-Triebwerken als die USA, England und Frankreich zusammen.

Auf den Passagierlinien werde jetzt auch die erstklassige Il-18 eingesetzt. Dabei wies Gen. Zacharov die deutsche Delegation auf den Umstand hin, dass die Erprobung des Flugzeuges bis zur Serienreife drei Jahre dauerte und von der Luftfahrtindustrie beträchtliche Investitionen an Kräften und Mitteln erforderte. Die Zivilluftflotte ist ein sehr anspruchsvoller Kunde und übernimmt nur genauestens überprüfte Maschinen.

In naher Zukunft wird die sowjetische Flugzeugindustrie mit der Serienfertigung der erstklassigen Flugzeuge Tu-114[110], Tu-110[111] und Tu-124 beginnen, die selbst die besten ausländischen Maschinen übertreffen und gegen welche die deutsche Maschine vom Typ 152 nach seiner Meinung nicht konkurrenzfähig ist.

Gen. Zacharov erläuterte, dass der weltweite Bedarf an Passagierflugzeugen in der Klasse der „152" (ohne die Sowjetunion) bei rund 2000 Stück pro Jahr liege, und wenn die deutsche Maschine gut ausgeführt sein wird, so wird sie auf dem Weltmarkt Absatz finden.

---

[109] Die Entscheidung für den Aufbau einer Luftfahrtindustrie in der DDR beruhte wesentlich auf der sowjetischen Zusage, die in der DDR gebauten Maschinen für die zivile Luftfahrt in der UdSSR einzusetzen. Nach dem erfolgreichen Start des Sputniks 1 am 4.10.1957 ergaben sich jedoch neue Möglichkeiten für den militärischen Einsatz der Raketentechnik, sodass Kapazitäten in der sowjetischen zivilen Luftfahrtindustrie zum Bau von Passagiermaschinen frei wurden. Auf diese Weise konnte die UdSSR auf Importe aus der DDR verzichten. Vgl. Heinz Hartlepp, Hatte die DDR-Luftfahrtindustrie 1954 und danach eine Chance?, in: Zur Geschichte der Luftfahrtindustrie in der DDR, S. 47.
[110] Tu-114: viermotoriges sowjetisches PTL-Passagierflugzeug aus dem Konstruktionsbüro Tupolev. Der Erstflug erfolgte 1957. Bis 1964 wurden 31 Maschinen des Typs gefertigt. Das Turbopropflugzeug konnte bis zu 220 Passagiere über eine Entfernung von 10 000 Kilometern befördern.
[111] Tu-110: vierstrahliges sowjetisches Passagierflugzeug aus dem Konstruktionsbüro Tupolev. Das Passagierflugzeug mit Strahlantrieb ist eine Weiterentwicklung der Tu-104. Der Erstflug erfolgte 1957. Das Flugzeug ging allerdings nicht in Serie, da seine Leistungen die der Tu-104 nur geringfügig übertraf und zudem Probleme mit den Triebwerken auftraten.

Er verweilte bei der gewaltigen Bedeutung der Frage automatisierter Geräte für Starts und Landungen, da bei den existierenden Geschwindigkeiten und der Flugintensität auch der erfahrenste Fluglotse nicht in der Lage sei, eine fehlerfreie Führung der Flugzeuge zu garantieren. Auf diesem Gebiet ist der Bedarf der Sowjetunion außerordentlich hoch, und die Beteiligung der Deutschen Demokratischen Republik an solchen Entwicklungen sei überaus wünschenswert. Die Bestellungen für derartige Geräte, einschließlich des Bedarfes für die Militärluftfahrt, würden äußerst groß sein und die Auslastung der deutschen Flugzeugspezialisten und Arbeiter garantieren.

Gen. Baade äußerte sich bezüglich der Pläne für die Entwicklung von Passagierflugzeugen. Er kritisierte, dass eine durch die Kommission für Zusammenarbeit auf dem Gebiet der Verteidigungsindustrie nur unzureichende Verknüpfung der Pläne erfolgt ist. Infolgedessen hat die deutsche Industrie ein neues Flugzeug entwickelt, das in den Ländern der Volksdemokratie keinen Absatz findet[112]. Weiterhin äußerte er seine Überzeugung zur Notwendigkeit des Kurzstreckenflugzeuges vom Typ 155[113]. Dies soll vor allem auf Strecken von bis zu 1000 Kilometern mit einer Reisegeschwindigkeit von 650 Kilometern pro Stunde eingesetzt werden, wobei die Flugmasse 40 Tonnen und die Startstrecke 300–350 Meter beträgt. Zugleich sei es für Gen. Baade eine große Überraschung gewesen, dass auch die Sowjetunion ein analoges Flugzeugmodell entwickelt. Das weise zusätzlich auf die unzureichende Arbeit der oben genannten Kommission hin.

Gen. Dement'ev bemerkte, dass er genau deshalb Gen. Pätzold[114] darum gebeten habe, die Sowjetunion nicht als Kunden für deutsche Flugzeuge zu betrachten. Um die Qualitäten des Flugzeuges Typ 155 richtig einzuschätzen und die Möglichkeiten seines Absatzes zu bestimmen, wäre es gleichwohl sinnvoll, die Flugeigenschaften der Maschine auf der Sitzung der Sektion im Juni–Juli zu erörtern, worüber auch schon Gen. Chruničev gesprochen hat.

Gen. Dement'ev sagte, dass die Serienfertigung der „152" unbedingt in den Siebenjahrplan der DDR aufgenommen werden muss. Eine Laufzeit dieses Projekts über den gesamten Zeitraum der sieben Jahre fällt ihm aber schwer zu bestätigen, wenn er auf die Erfahrungen der Sowjetunion bei der Überarbeitung und Verbesserung von Flugzeugen zurückblickt. Gen. Dement'ev meint, dass die deutsche Flugzeugindustrie bereits jetzt über 20 Bestellungen verfügt und zusammen mit den Bestellungen der DDR für den Eigenbedarf beruhigt bis 1962 arbeiten kann, wobei besondere Aufmerksamkeit auf die Erprobung und Serienreife des Flugzeuges gelegt werden sollte. Gleichzeitig empfahl Gen. Dement'ev der deutschen Delegation, die zusätzliche Auslastung der Flugzeugindustrie mit dem Gerätebau für den Bedarf der Chemie und anderer Zweige der Volkswirtschaft nicht zu vernachlässigen. Dies würde helfen, Reservekapazitäten zu nutzen.

---

[112] Das in der DDR entwickelte Flugzeug 152 wurde ausschließlich nach den sowjetischen Vorgaben gestaltet und zunächst lediglich für 24 Passagiere konzipiert, sodass diese Variante als Verkehrsmaschine für andere RGW-Länder nicht akzeptabel war. Die nachfolgenden Entwicklungen für die Typen 153, 155 und 160 erfolgten nach den Vorstellungen der ostdeutschen Konstrukteure.

[113] Das Flugzeug 155 ist ein von Brunolf Baade entworfenes zweimotoriges Kurzstreckenflugzeug. Das PTL-Flugzeug sollte 56 bis 70 Passagiere über eine Distanz von bis zu 4700 Kilometern befördern. Das Projekt kam nicht über das Entwurfsstadium hinaus.

[114] Karl Pätzold (1912): Ingenieur/Wirtschaftsfunktionär. 1945 Mitglied der KPD, 1946 der SED, 1937–1945 Ingenieur bzw. Abteilungsleiter im Weser Flugzeugbau Bremen, 1947–1949 Betriebsleiter im Autoreparaturenwerk Halle, 1949–1951 Werftleiter der Peene-Werft Wolgast, 1951–1952 Hauptdirektor der Vereinigung Volkseigener Werften Rostock, 1952–1953 Leiter VVB Werkzeugmaschinen und Werkzeuge Karl-Marx-Stadt, 1954–1955 Werkdirektor im VEB Großdrehmaschinenbau „7. Oktober" Berlin-Weissensee, 1955–1959 Leiter der Verwaltung Luftfahrtindustrie der DDR.

Gen. Apel äußerte die Gewissheit, dass die sowjetische Seite die Schwierigkeiten richtig versteht, vor denen die deutsche Flugzeugindustrie steht, und alle notwendigen Schritte zur Hilfeleistung, vor allem bei der erforderlichen Erprobung des Flugzeuges vom Typ 152, unternimmt. Für die Bearbeitung der Fragen der Spezialisierung auf dem Gebiet des Flugzeugbaus ist es zudem nötig, einen engeren Kontakt zwischen beiden Seiten herzustellen.

Gen. Apel überbrachte Gen. Chruničev die Bitte der deutschen Delegation, dass sowjetische Spezialisten zusammen mit Gen. Baade einige Fragen der Materiallieferung für die Sicherstellung der Produktion des Flugzeuges vom Typ 152 prüfen.

Dieser teilte mit, dass die Besprechung der Fragen mit dem Gen. Beljanskij[115] im Staatskomitee für Luftfahrtindustrie um 16.00 Uhr erfolgen wird.

Auf das Versprechen verweisend, das Gen. Marschall Žigarev in Dresden gemacht hatte, bat Gen. Apel darum, den Abtransport der Il-18 in die DDR zu beschleunigen, damit sich die deutschen Spezialisten mit diesem Flugzeug bekannt machen können.

Gen. Chruničev entschuldigte sich für die Verzögerungen bei der Übergabe der Il-18 und versprach, die Weisung zu deren Abflug in nächster Zeit zu geben.

Am Schluss der Sitzung einigten sich die Genossen Chruničev und Wunderlich über das Reglement der weiteren Arbeit der Delegation. Danach wird die deutsche Delegation am 3. Juni nach Char'kov und Zaporože fliegen, um sich mit der Arbeit der dortigen Flugzeug- und Motorenbauwerke bekannt zu machen. Nach ihrer Rückkehr werden sich beide Seiten in der zweiten Tageshälfte des 4. Juni zu ihrer Abschlusssitzung treffen. Der Abflug der deutschen Delegation in die Heimat erfolgt am 5. Juni 1959.

Das Gespräch zeichnete auf
Kas'janov
4. Juni 1959

Quelle: RGAE, 29/1/610, Bl. 121–129.

Nr. 13
Mitschrift des Gespräches der sowjetischen Partei- und Staatsführung unter der Leitung von Chruščëv mit der Partei- und Regierungsdelegation der DDR unter der Leitung von Ulbricht über die Genfer Außenministerkonferenz und die Gewährung sowjetischer Wirtschaftshilfen, 9. Juni 1959[116]

Geheim
Exemplar Nr. 2
4. Juli 1959

---

[115] Aleksandr Aleksandrovič Beljanskij (1906–1981): Wirtschaftsfunktionär. 1938–1941 Direktor des Flugzeugwerks Nr. 18 in Woronesh, 1942–1955 Direktor des Flugzeugwerks Nr. 2 in Moskau, in den Jahren 1955–1976 stellvertretender Vorsitzender des Staatskomitees für Luftfahrtindustrie der UdSSR bzw. stellvertretender Minister für Luftfahrtindustrie der UdSSR.

[116] Das Dokument wurde als Übersetzung aus dem russischen Originaltext ebenfalls veröffentlicht in: Gerhard Wettig (Hrsg.), Chruschtschows Westpolitik 1955 bis 1964, Bd. 2: Anfangsjahre der Berlin-Krise (Herbst 1958 bis Herbst 1960), München 2015, S. 187–202. Die hier veröffentlichte Fassung ist mit dieser Übersetzung nicht völlig identisch.

Kurze Mitschrift der Gespräche mit der Partei- und Regierungsdelegation der DDR am 9. Juni 1959[117]

Von sowjetischer Seite nahmen an den Gesprächen teil:
1. N. S. Chruščëv
2. A. I. Kiričenko[118]
3. F. R. Kozlov
4. A. I. Mikojan
5. V. V. Kuznecov
6. V. S. Semënov
7. M. G. Pervuchin

Bei den Gesprächen waren gleichfalls anwesend: der Stellv[ertretende] Abteilungsleiter beim ZK der KPdSU N. T. Vinogradov, die kommissarischen Abteilungsleiter im Außenministerium der UdSSR N. M. Lun'kov und A. Ja. Popov.

Von deutscher Seite nahmen an den Gesprächen teil: die Partei- und Regierungsdelegationen der DDR. Bei den Gesprächen war ebenfalls das Mitglied des Kollegiums des Außenministeriums der DDR Ae. Kundermann[119] anwesend.

Chruščëv: Gestatten Sie mir, die Partei- und Regierungsdelegation der DDR vorzustellen und den Gästen das Wort zu erteilen.

Ulbricht: Es gibt eine Reihe von Problemen, die wir erörtern müssen.

Ich möchte gern mit der Frage der Beratungen in Genf beginnen[120]. Wie bekannt ist, wurde dem Vorschlag der Sowjetunion über einen Friedensvertrag auf der Genfer Konferenz mit einem Paket von Gegenvorschlägen der Westmächte geantwortet, dessen Inhalt,

---

[117] Am 8.6.1959 reiste eine Partei- und Regierungsdelegation der DDR in die Sowjetunion. Neben Gesprächen mit der sowjetischen Führung standen Besuche staatlicher und landwirtschaftlicher Betriebe, wissenschaftlicher Forschungsinstitute und Kultureinrichtungen in der Sowjetunion auf dem Programm. Für den 18.6.1959 war ein erneutes Zusammentreffen mit der sowjetischen Führung vorgesehen. Die Delegation hielt sich bis zum 20.6.1959 in der Sowjetunion auf.

[118] Aleksej Illarionovič Kiričenko (1908–1975): Partei- und Staatsfunktionär. 1955–1960 Mitglied des Politbüros und 1957–1960 Sekretär des ZK der KPdSU, Anfang 1960 als Politbüromitglied und Sekretär abgelöst und als Erster Sekretär des ZK des Rostov-Gebiets eingesetzt.

[119] Aenne Kundermann (1907–2000): Diplomatin. 1928 Mitglied der KPD, 1946 der SED, 1933–1945 Emigration in die UdSSR und Erwerb der sowjetischen Staatsbürgerschaft, 1944 Politinstrukteurin der Roten Armee in sowjetischen Kriegsgefangenenlagern, 1944/45 Besuch der Parteischule der KPD in Moskau, 1946–1949 Leiterin der Kaderabteilung des Landesvorstandes der SED Mecklenburg-Vorpommern, 1950/51 Chefin der diplomatischen Mission in Bulgarien, 1951–1953 Botschafterin der DDR in Polen, 1954–1960 Leiterin einer Hauptabteilung (Sowjetunion) im Ministerium für Auswärtige Angelegenheiten (MfAA) und Mitglied des Kollegiums des MfAA, 1960/61 Botschafterin der DDR in Albanien, 1962–1968 Leiterin der Abteilung Koordinierung und Kontrolle im MfAA.

[120] Die Konferenz der Außenminister Frankreichs, Großbritanniens, der UdSSR und der USA in Genf fand in zwei Phasen statt: vom 11.5. bis 20.6. sowie vom 13.7. bis 5.8.1959. An ihr haben auch Abordnungen der Bundesrepublik Deutschland und der DDR als Beraterdelegationen teilgenommen. Die SED-Führung drängte in Genf auf Gleichrangigkeit mit den Großmächten, was sich nicht durchsetzen ließ. Die zweite Phase der Genfer Außenministerkonferenz brachte keine Ergebnisse. Die Westmächte wiesen den von Chruščëv zuvor übermittelten Vorschlag für einen Friedensvertrag mit Deutschland zurück. Zwischen dem sowjetischen Parteichef Chruščëv und dem amerikanischen Präsident Eisenhower wurde lediglich eine Übereinkunft über die zeitlich unbefristete Wiederaufnahme der Gespräche über die Berlin-Problematik getroffen. Vgl. Dokumente zur Deutschlandpolitik, IV. Reihe/Bd. 2, 9. Mai bis 10. August 1959, Erster Halbband, hrsg. v. Bundesministerium für Innerdeutsche Beziehungen, Frankfurt a. M./Berlin (West) 1971.

kurz gesagt, darauf ausläuft, uns nicht sofort zu liquidieren, sondern dies Schritt für Schritt in drei Etappen zu tun[121].

In Verbindung mit den Beratungen in Genf stellt sich folgende Frage: Was kann unsere Delegation für die weitere Entwicklung der Initiative tun? Darüber würden wir uns sehr gern mit Ihnen austauschen. Wir glauben, dass es ein wichtiger Schritt bei der Entwicklung dieser Initiative war, dass Gromyko[122] vorschlug, eine Kommission aus den Vertretern der beiden deutschen Staaten zu bilden. Gleichwohl haben weder der Westen noch die Bonner Regierung bislang auf diesen Vorschlag geantwortet. Deshalb sollten wir darüber nachdenken, was wir weiter in dieser Richtung unternehmen[123].

Außerdem möchte ich bemerken, dass die Vorschläge der Westmächte vollkommen der Frage des Verbots von Atomwaffen in Westdeutschland ausweichen[124]. Deshalb will sich unsere Delegation in Genf in erster Linie mit der Frage der Verhinderung von Atomwaffen und der Stationierung von Raketenabschussrampen in Westdeutschland befassen. Das ist die erste Frage, mit der sich nach unserer Meinung die Kommission beschäftigen sollte.

Wir haben gleichfalls der BRD vorgeschlagen, einen Nichtangriffspakt und einen Vertrag zum Verzicht von Gewalt zwischen beiden deutschen Staaten zu unterzeichnen[125]. Adenauer[126] hat diesen Vorschlag abgelehnt, er trifft jedoch auf Unterstützung unter der Bevölkerung Westdeutschlands (vor allem von Seiten der SvDP[127] und der SPD). Unser Vorschlag ist allen verständlich und deshalb annehmbar, weil es nicht erforderlich ist, dass

---

[121] Die Sowjetunion hatte mit ihrem Entwurf für einen Friedensvertrag eine „Freie Stadt Berlin" und damit den Rückzug der Westmächte aus West-Berlin gefordert, was bedeutet hätte, West-Berlin dem Einfluss der UdSSR und der DDR zu überlassen. Demgegenüber bestanden die Westmächte darauf, dass die deutsche Einheit auf der Grundlage freier Wahlen wieder hergestellt werden müsse. Erst wenn die UdSSR bereit sei, diesen Grundsatz zu akzeptieren, könne über das Verlangen nach Abzug der Truppen der Vier Mächte aus Deutschland und die Entlassung der beiden deutschen Staaten aus den jeweiligen Bündnissen verhandelt werden. Freie Wahlen in ganz Deutschland unter Aufsicht der Vier Mächte lehnte die sowjetische Führung jedoch kategorisch ab. Vgl. Gerhard Wettig, Chruschtschows Berlin-Krise 1958 bis 1963. Drohpolitik und Mauerbau, München 2006, S. 56f.; ders. (Hrsg.), Chruschtschows Westpolitik 1955 bis 1964, Bd. 2.
[122] Andrej Andrejevič Gromyko (1909–1989): Politiker/Diplomat. 1943–1946 Botschafter der UdSSR in den USA, 1952/53 Botschafter in Großbritannien, 1957–1985 Außenminister der UdSSR, 1985–1988 Vorsitzender des Präsidiums des Obersten Sowjets der UdSSR.
[123] Der sowjetische Außenminister Gromyko hatte in Genf vorgeschlagen, ein „Gesamtdeutsches Komitee" auf paritätischer Grundlage zu bilden, welches binnen Jahresfrist einen Plan zur Wiedervereinigung bzw. zur Annäherung beider deutscher Staaten und zur Verstärkung ihrer Kontakte ausarbeiten sollte. Vgl. Wettig, Chruschtschows Berlin-Krise, S. 61; vgl. Michael Lemke, Die Berlinkrise von 1958 bis 1963. Interessen und Handlungsspielräume der SED im Ost-West-Konflikt, Berlin 1995, S. 123.
[124] Im Zusammenhang mit der Nuklearstrategie der NATO wurden in den 1950er Jahren die in der Bundesrepublik stationierten amerikanischen Streitkräfte mit Kernwaffenträgern ausgerüstet. Im März 1958 stimmte der Deutsche Bundestag der Stationierung weiterer nuklearer Gefechtsköpfe für Raketen und Granaten zu. Bis Sommer 1958 dauerte der Protest der Initiative „Kampf dem Atomtod" gegen die nukleare Aufrüstung in der Bundesrepublik an.
[125] In einer Erklärung zur Außenministerkonferenz in Genf vom 16. 4. 1959 hatte die Regierung der DDR u. a. vorgeschlagen, eine kernwaffenfreie Zone in Mitteleuropa zu schaffen, einen Nichtangriffspakt zwischen den Staaten der NATO und des Warschauer Vertrages abzuschließen und direkte Verhandlungen zwischen beiden deutschen Staaten aufzunehmen. Vgl. Friedensvertrag mit Deutschland, vordringlichste Aufgabe in Genf: Erklärung der Regierung der DDR zur Außenministerkonferenz vom 16. April 1959, Berlin (Ost) 1959.
[126] Konrad Adenauer (1876–1967): Politiker der CDU. 1949–1963 Bundeskanzler der Bundesrepublik Deutschland, 1951–1955 zugleich Bundesminister des Auswärtigen.
[127] Russische Abkürzung für die FDP – Svobodnaja demokratičeskaja partija Germanii.

beide Seiten auf ihre Positionen verzichten müssen. Wir überreichen Ihnen den Entwurf dieses Vertrages und würden gern Ihre Meinung zu dieser Frage wissen.

Gleichwohl steht auf jeden Fall die Frage des Friedensvertrages im Zentrum. Was uns betrifft, so unterstreichen wir, entsprechend der oben gemachten Bemerkungen, besonders ein Moment – die Verhinderung der Atombewaffnung Westdeutschlands, was unter der Bevölkerung der BRD auf Verständnis trifft.

Die zweite Frage, über die wir uns mit Ihnen austauschen möchten, ist West-Berlin. Wie bekannt ist, bestehen die Amerikaner bei der Frage West-Berlin auf der Wahrung ihrer Rechte. Wir glauben aber, dass jetzt nicht die Zeit ist, die Frage der Wahrung der Besatzungsrechte zu stellen. Wir glauben vielmehr, 14 Jahre nach Kriegsende ist die Zeit reif, zu einer Friedensübereinkunft zu kommen.

Die UdSSR hat vorgeschlagen, in West-Berlin symbolische Streitkräfte zu belassen. Was uns betrifft, so sind wir bereit, eine Garantie für den Zugang nach West-Berlin zu geben[128].

Worin bestehen die Unstimmigkeiten? Darin, dass die Westmächte keine Gespräche mit der DDR über eine Garantie führen wollen. Deshalb steht die Frage so: Wir sollten unabhängig von der Übereinkunft der Vier Mächte eine Garantie im Namen der DDR geben, obgleich es damit faktisch eine Fünf-Mächte-Übereinkunft geben wird. Danach sollte Gromyko auf den Beratungen streben. Der Westen wird dies aber für unannehmbar halten. Falls es bei einem Vier-Mächte-Gipfeltreffen zu einem Übereinkommen in diesem Punkt kommt, so sind wir bereit, eine gesonderte Garantieerklärung zu veröffentlichen.

Vor uns steht auch das Problem, welche Taktik wir in der Frage der Wiedervereinigung anwenden sollen. Unsere Delegation in Genf stellte die Frage, ob wir in Genf nicht unsere Erklärung hinsichtlich einer Konföderation veröffentlichen sollten. Dieser Punkt wurde im Politbüro erörtert[129]. Es sind bei uns allerdings Zweifel darüber entstanden, ob ein solcher Schritt im gegenwärtigen Augenblick sinnvoll ist, da die Beratung der Außenminister hierfür nicht besonders geeignet erscheint. Könnte es besser sein, dies während des Gipfeltreffens der Vier Mächte zu tun?

Während der Beratungen in Genf hat Gromyko die Thematik angesprochen, dass sich das Gesamtdeutsche Komitee[130] mit den Fragen der Vorbereitung und des Abschlusses ei-

---

[128] Nachdem die Westmächte in Genf auf ihrem Recht auf Anwesenheit in West-Berlin beharrten, forderte die Sowjetunion die Westmächte auf, auf ihr originäres Besatzungsrecht in Berlin formell zu verzichten und ihre Truppen in der Stadt auf einen nur noch symbolischen Umfang (ca. 1000 Mann) zu verringern. Außenminister Gromyko bot zudem eine zeitlich befristete Zwischenregelung an, die den freien Zugang westlicher Truppen nach West-Berlin garantieren sollte. Die Außenminister der drei Westmächte waren indes lediglich dazu bereit, auf eine Aufstockung ihrer Truppen in der Stadt zu verzichten und stellten deren Reduzierung in Aussicht, wenn die Wahrnehmung der westlichen Verantwortlichkeiten über West-Berlin nicht beeinträchtigt würde. Vgl. Wettig, Chruschtschows Berlin-Krise, S. 60f.
[129] Dem Politbüro lag am 3.3.1959 ein Entwurf zu einem Vertrag zwischen der DDR und der Bundesrepublik über die Bildung einer Konföderation vor. Nach Konsultationen mit Moskau hatte das Politbüro seit Dezember 1956 den Plan einer deutschen Konföderation propagiert. Dem Plan zufolge sollte an der Spitze der Konföderation ein Gesamtdeutscher Rat stehen. Als Voraussetzung definierte die SED-Führung den Austritt der Bundesrepublik aus der NATO und die Abschaffung der Wehrpflicht. Kurz vor der Genfer Außenministerkonferenz griff die SED den Konföderationsgedanken wieder auf. Vgl. das Protokoll der Sitzung des Politbüros am 3.3.1959, in: SAPMO-BArch, DY 30/J IV 2/2/635. Vgl. Wentker, Außenpolitik in engen Grenzen, S. 143; Michael Lemke, Einheit oder Sozialismus? Die Deutschlandpolitik der SED 1949–1961, Köln/Weimar/Wien 2001, S. 454.
[130] Das im Juni 1959 von der UdSSR während der Genfer Außenministerkonferenz ins Gespräch gebrachte Gesamtdeutsche Komitee aus Vertretern beider deutscher Staaten sollte sich mit der Vorbereitung der Wiedervereinigung Deutschlands beschäftigen. Diese Initiative wurde letztlich vom Westen abgelehnt.

nes Friedensvertrages und der Wiedervereinigung des Landes beschäftigen soll. Falls die sowjetische Seite keine Einwände hat, so könnte sie lassen [sic!], dass sich das Gesamtdeutsche Komitee mit der friedlichen Lösung der deutschen Frage beschäftigen wird. Wir würden dann unserem Minister Bolz[131] die Weisung geben, in Genf mit einem entsprechenden Vorschlag aufzutreten und zu erklären, dass wir bereit sind, in dieser Kommission auch Fragen der Wiedervereinigung zu erörtern.

Nächste Frage – die Gipfelkonferenz. Wenn auf der Konferenz eine Annäherung der Positionen und irgendeine Übereinkunft erreicht würden, so begrüßten wir dies, zudem glauben wir, dass es damit möglich wäre, zur Frage der Erörterung eines Friedensvertrages zurückzukehren. Gleichwohl können wir später darüber Genaueres besprechen. Dies war kurz, was ich sagen wollte.

Chruščëv: Wir haben alle diese Fragen besprochen und glauben, dass die Verhandlungen in Genf gute Resultate gebracht haben[132]. Sie zeigten das Scheitern der Politik von Dulles[133], die auf die sogenannte Befreiung Osteuropas ausgerichtet war. Diese Politik, die auf die Blockade Osteuropas, das Zersprengen dieser Staaten von innen heraus usw. ausgerichtet war, ist bankrott. Damit wurde deutlich demonstriert, dass die Politik, die Länder Osteuropas von ihrem sozialistischen Entwicklungsweg abzubringen, fehlschlug.

Stattdessen gingen sie zu den Verhandlungen in Genf, stimmten der Einladung der Deutschen Demokratischen Republik zu den Gesprächen zu, was die De-facto-Anerkennung der DDR bedeutet[134]. Damit hat sich die Situation insgesamt für uns vorteilhaft entwickelt. Was die Frage der deutschen Vereinigung betrifft, so wird dieses Problem gegenwärtig nur für propagandistische Zwecke gebraucht. Die uns vorliegenden Informationen bestätigen dies ausdrücklich. Als unsere verantwortlichen Genossen mit den Vertretern des Westens über diese Fragen gesprochen haben, haben Letztere direkt erklärt, dass eine Wiedervereinigung Deutschlands nicht möglich ist.

De Gaulle[135] sagte zum Beispiel: „Wir sind nicht nur für zwei Deutschlands, sondern sogar für drei oder vier."[136] Eisenhower[137] hat Gromyko zu verstehen gegeben, dass die

---

[131] Lothar Bolz (1903–1986): Politiker. 1929 Mitglied der KPD, 1948 der NDPD, 1948–1972 Vorsitzender der NDPD, 1949–1953 Minister für Aufbau, 1953–1965 Minister für Auswärtige Angelegenheiten der DDR. Bolz hatte als Vertreter der DDR an den Verhandlungen in Genf nicht direkt teilgenommen, dort aber Erklärungen abgegeben.
[132] Die hier von Chruščëv geäußerte Zuversicht gründete sich auf die westliche Bereitschaft zu Konzessionen. So boten die Westmächte in Genf an, ihre Truppen in Berlin dauerhaft auf 11 000 Mann zu begrenzen und auf deren atomare Bewaffnung zu verzichten. Dies erfüllte eine praktisch bedeutungslose, aber von der UdSSR immer wieder erhobene Forderung. Zudem deutete Chruščëv ein Gespräch Gromykos mit dem britischen Außenminister so, als ob die Westmächte die Notwendigkeit erkannt hätten, West-Berlin zu räumen und lediglich ihr Gesicht wahren wollten. Die Frage sei nur, zu welchem Zeitpunkt und unter welchen Bedingungen. Vgl. Wettig, Chruschtschows Berlin-Krise, S. 64.
[133] John Foster Dulles (1888–1959): US-amerikanischer Politiker der Republikanischen Partei. 1953–1959 unter US-Präsident Dwight D. Eisenhower Außenminister der Vereinigten Staaten.
[134] Außenminister Gromyko hatte über die Genfer Verhandlungen berichtet, dass die Außenminister Großbritanniens und Frankreichs in privaten Gesprächen einer faktischen Ankerkennung der DDR zugestimmt hätten. Vgl. Wettig, Chruschtschows Berlin-Krise, S. 64.
[135] Charles de Gaulle (1890–1970): französischer General und Staatsmann. 1944–1946 Chef der Provisorischen Regierung Frankreichs, 1959–1969 Präsident der Republik Frankreich.
[136] In den Gesprächen Chruščëvs mit dem französischen Staatspräsidenten können diese Äußerungen nicht nachgewiesen werden. Vgl. Wilfried Loth/Robert Picht (Hrsg.), De Gaulle, Deutschland und Europa, Opladen 1991.
[137] Dwight David Eisenhower (1890–1969): US-amerikanischer General und Politiker der Republikanischen Partei, 1953–1961 Präsident der Vereinigten Staaten.

USA gegenwärtig die Vereinigung nicht für möglich halten, und dabei bemerkt, dass dies seiner Meinung nach ein langer Prozess wäre.

So denken auch Macmillan[138] und Adenauer. Vor allem Letzterer fürchtet die deutsche Wiedervereinigung, und solange er lebt, wird es keine solche geben. Wir haben in Genf richtigerweise erklärt, dass wir für eine Wiedervereinigung Deutschlands sind, dass aber diese Frage die Deutschen selber entscheiden sollen, das ist das Entscheidende bei unserer Position.

Jetzt bereiten wir neue Vorschläge vor, die Gromyko heute vortragen wird. Diese Vorschläge ändern nichts, es ist aber taktisch sinnvoll, sie zu machen. Das Grundanliegen dieser Entwürfe besteht darin, dass wir vorschlagen, ein paritätisch besetztes Gesamtdeutsches Komitee beider deutschen Staaten zu schaffen, in dem das gegenseitige Verhältnis 1:1 betragen soll. Dieses Komitee soll sich mit Fragen der Annäherung zwischen den beiden deutschen Staaten beschäftigen, die Kontakte zwischen ihnen entwickeln und den Friedensvertrag vorbereiten. Dabei werden die Vier Mächte keine Verantwortung für die Tätigkeit des Komitees tragen und ihm keine Weisungen geben. Die Deutschen sollen selber alle Fragen entscheiden, die mit der Arbeit dieses Komitees verbunden sind.

Weiterhin, so glauben wir, bringt es nichts, den Westen an die Wand zu drücken. Es soll nicht der Eindruck erweckt werden, dass wir eine Anerkennung der DDR erzwingen wollen. Die Amerikaner wollen die DDR nicht anerkennen. Sie können sich darauf aus Prestigegründen nicht einlassen. Ja, auch wir waren beleidigt. Sie haben uns mehr als 16 Jahre nicht anerkannt, und sie wollen, dass man sie bereits nach zehn Jahren anerkennt. Sie müssen mindestens 17 Jahre warten. Auf jeden Fall würden eine derartige Fragestellung und entsprechender Druck von unserer Seite die Entspannung beeinträchtigen.

Ihr wisst, dass in den USA ein demagogisches System existiert. Es gibt zwei Parteien, aber die eine wie die andere sind Scharlatane. Sie haben so viel gegen das sozialistische Lager geredet, dass sie die DDR jetzt nicht einfach anerkennen können. Selbst wenn Herter[139] dazu bereit wäre, würden sie ihn unverzüglich davonjagen. Deshalb müssen wir die gegenwärtige Situation berücksichtigen. Bei einer solchen Lage ist es notwendig, unsere Taktik genau auszuarbeiten. Es ist erforderlich, dass nicht Bolz, sondern der Westen selber Vorschläge macht, die für uns nutzbringend sind. Man muss unsere Vorschläge so einbringen, dass sie wie ihre eigenen vorangetrieben werden, wir aber werden sie unterstützen. Es ist nicht nötig zu hetzen, wir müssen abwarten können. Wir dürfen keine Eile an den Tag legen, in grober Form darauf drängen, dass unsere Vorschläge angenommen werden.

Was die Zukunft der Genfer Gespräche betrifft, so kann man bereits jetzt sagen, dass sie keine spürbaren Ergebnisse liefern werden. Darüber haben wir bereits früher gesprochen, auch jetzt gibt die Situation keinen Raum für positive Resultate. Außerdem wird meiner Meinung nach kein Premierminister, der etwas auf sich hält, aus Prestigegründen seinem Außenminister gestatten, eine Übereinkunft zu konkreten Fragen zu unterschreiben. Glauben Sie, de Gaulle würde es seinem Minister erlauben, eine wichtige Entscheidung zu unterschreiben? Auch Eisenhower und Macmillan würden dies nicht gestatten.

---

[138] Harold Macmillan (1894–1986): britischer Politiker der Conservative Party. 1957–1963 Premierminister des Vereinigten Königreichs (UK).

[139] Christian Archibald Herter (1895–1966): US-amerikanischer Politiker der Republikanischen Partei, 1953–1956 Gouverneur von Massachusetts, 1959–1961 Außenminister der USA. Herter hatte den schwer erkrankten John Forster Dulles auf der Konferenz in Genf vertreten und war nach dessen Tod Außenminister der USA geworden.

Genf – das ist eine Kraftprobe, ein Abstecken der Positionen. Deshalb müssen wir unsere Vorschläge in eine solche Form bringen, dass sie für die Bevölkerung interessant sind.

Insgesamt ist zu bemerken, dass die Lage im Moment so ist, dass die Amerikaner gezwungen sind, einen Ausweg zu suchen. Allerdings sind sie stark von Prestigeüberlegungen eingeschränkt. Die USA erkennen an, dass die Lage in Berlin nicht normal ist und dass man zu einer Normalisierung kommen muss. Sie erklären zum Beispiel, dass sie bereit sind, ihre Truppen in West-Berlin von 10 000 auf 7500 Mann zu verringern. Aber die Frage der Streitkräfte in Berlin hat keinerlei Bedeutung für das Kräfteverhältnis. Darüber habe ich auch mit Macmillan während seines Besuches in Moskau gesprochen. Ich habe zu ihm gesagt: Schicken Sie ruhig 100 000 Soldaten nach West-Berlin, das wird nur für Sie schlimmer werden, wir aber werden es leichter haben, da bei einer Verschärfung der Lage diese Streitkräfte eingeschlossen werden und sich in der Falle befinden.

Die USA schlagen gegenwärtig vor, über das Abschaffen von Spionagezentren und Rundfunksendern, über die Einstellung von Propaganda und Untergrundtätigkeit zu verhandeln, wenn wir ihre Rechte in West-Berlin garantieren. Wir haben geantwortet, dass wir dieses nicht tun können, da seit Beendigung des Krieges bereits 14 Jahre vergangen sind. Gleichwohl wollen wir nicht ultimativ sprechen, wir möchten zeigen, dass wir reale Möglichkeiten zur Lösung dieser Fragen suchen.

Sie haben gleichfalls vorgeschlagen, die Zahl der Truppen in West-Berlin einzufrieren und darüber zu verhandeln, dass dort bis zur deutschen Vereinigung keine Atom- und Raketenwaffen stationiert werden. Gromyko wartet gegenwärtig zu diesen Fragen auf entsprechende Anweisungen von uns.

Jetzt zur Frage des Friedensvertrages. Früher haben wir gesagt, dass wir für den Fall einer Absage der Westmächte den Friedensvertrag mit beiden Deutschlands unterzeichnen werden, dass wir den Friedensvertrag mit der DDR unterschreiben. Jetzt ist allerdings eine Atempause nötig. Deshalb empfehlen wir, ein Gesamtdeutsches Komitee zu schaffen. Ohne uns, aber nach unserer Empfehlung, gründen die Deutschen ein solches Komitee, das sich mit Fragen der Vorbereitung des Friedensvertrages und der Wiedervereinigung des Landes beschäftigen wird. Wir empfehlen folgenden konkreten Zeitraum für die Arbeit des Komitees: ungefähr ein bis anderthalb Jahre, das heißt bis 1961. Wenn die Deutschen bis zu diesem Zeitpunkt keine Übereinkunft erreichen können, dann werden wir uns von entsprechenden Verpflichtungen freimachen und nach einer Möglichkeit suchen, mit beiden deutschen Staaten oder mit einem der deutschen Staaten einen Friedensvertrag zu unterschreiben.

Allerdings sollen sie im Verlaufe dieses Zeitraums, das heißt bis 1961, ihre Streitkräfte in West-Berlin verringern, ihre Untergrundtätigkeit und Propaganda einstellen und die entsprechenden Spionagezentren liquidieren. Das ist das Wichtigste. Wir werden unser Einverständnis geben, bis 1961 zeitweise das Besatzungsregime aufrechtzuerhalten.

Warum machen wir das? Es wäre sehr anziehend für alle Pazifisten, da wir damit zeigen können, dass wir keine Ultimaten stellen, sondern nach Lösungswegen in diesen Fragen suchen.

Auf der anderen Seite ist Zeit nötig, um den Westmächten die Möglichkeit zu geben, ihre alten Positionen zu räumen. Die Situation ist in diesem Fall wie folgt: Wir geben den Deutschen Zeit, um einen Ausweg zu suchen; falls sie ihn allerdings nicht finden, wie können wir dann helfen? Das ist eine sehr vorteilhafte Position. Was verlieren wir? Gar nichts. Die Entscheidung der Frage wird lediglich um ein bis anderthalb Jahre vertagt. Aber was passiert in dieser Zeit? Sie werden schwächer, wir werden stärker. Deshalb, denke ich, sollten wir die Ereignisse in dieser Frage nicht forcieren, denn genau dann können uns die neutralen Staaten und zahlreichen Friedensanhänger in der ganzen Welt nicht verstehen. Wir dürfen unsere Freunde und die neutralen Staaten[140] nicht zurückstoßen.

Die Tatsache, dass die DDR existiert und sich entwickelt, ist bereits in das Bewusstsein Eisenhowers und Macmillans vorgedrungen, und die öffentliche Meinung versteht und unterstützt die DDR immer mehr. Im deutschen Volk findet auch ein Evolutionsprozess statt. Die progressiven Kräfte unterstützen die DDR, und dieser Prozess wird sich in Zukunft verstärken. Genau deshalb tobt Adenauer. Darum möchte er den „kalten Krieg" nicht beenden. Daraus ergibt sich die Frage: Werden sie unsere neuen Vorschläge annehmen? Man kann mit 70-prozentiger Gewissheit davon ausgehen, dass diese abgelehnt werden. Dass macht umso mehr eine Gipfelkonferenz notwendig.

Insgesamt gesagt besteht der Kern unserer Unstimmigkeiten in dieser Frage darin, dass sie das Besatzungsregime verewigen wollen – wir hingegen möchten es begrenzen. Deshalb geben wir auf der einen Seite nach, aber gleichzeitig begrenzen wir ihre Zeit, geben ihnen die Möglichkeit, ihre Position zu überdenken.

Im vergangenen Jahr haben wir diese Fragen aufgeworfen. Jetzt ist bereits fast ein Jahr vergangen, und in dieser Zeit haben wir bereits die öffentliche Meinung gedreht. Ich möchte deshalb hier an ein russisches Sprichwort erinnern, in dem es heißt: Wenn du den Gegner zu Boden geworfen hast, musst du mit dem Knie auf seiner Brust bleiben. Wir müssen nicht demonstrieren, dass wir gewonnen haben. Man muss es so machen, dass die Meinung entsteht, dass beide Seiten Sieger sind. Sollen sie ruhig ihren Sieg herausschreien, wir aber werden sagen, dass dies auch unser Sieg ist.

1961 beginnt die DDR, die BRD im Lebensniveau einzuholen. Das wird eine ganz wichtige politische Bedeutung haben[141]. Das wird für den Westen wie eine Sprengladung werden. Deshalb besteht unsere Position darin, Zeit zu gewinnen.

<u>Grotewohl:</u> Es ist kaum davon auszugehen, dass man in Genf mit unseren Vorschlägen übereinstimmt. Gegenwärtig befinden sich die Gespräche in einem entscheidenden Stadium. Es ist möglich, dass die sowjetischen Vorschläge abgelehnt werden. Aber das bedeutet nicht, davon auszugehen, dass es keine Gipfelkonferenz geben wird. Unser Ziel besteht darin, Zeit zu gewinnen. Jede Zeit, die wir für Gespräche und Verhandlungen herausschlagen, ist besser als „kalter Krieg". Genau von dieser Position muss man bei der Bewertung der weltweiten historischen Erscheinungen – darunter auch der deutschen Frage – ausgehen, die zudem eine untergeordnete Bedeutung besitzt. Manchmal geschieht es bei den Deutschen, dass für sie nur Deutschland existiert. Indessen muss man bei der internationalen Politik der deutschen Frage so viel Platz einräumen, wie sie verdient. Wir sollten als Vertreter Deutschlands die Möglichkeit haben, bei lebenswichtigen Fragen frei vor dem deutschen Volk aufzutreten.

---

[140] Als neutrale Staaten sind jene Länder gemeint, die nach 1945 keinem militärischen Bündnis angehörten: Finnland, Schweden, Österreich und die Schweiz.

[141] Chruščëv war sich mit Ulbricht darin einig, dass sich die Wiedervereinigungskonzeption in ferner Zukunft nur verwirklichen lassen würde, wenn die DDR die Bundesrepublik beim Lebensniveau „eingeholt" bzw. „überholt" hätte. Denn langfristig lief der Konföderationsplan darauf hinaus, die gesellschaftlichen Verhältnisse der DDR auf die Bundesrepublik zu übertragen. Das ansteigende wirtschaftliche Wachstum in der DDR bestärkte die SED-Führung in ihrem Glauben, dass die im Siebenjahrplan übernommene Verpflichtung, Westdeutschland bis 1961 im Pro-Kopf-Verbrauch einzuholen und zu überholen, mit sowjetischer Hilfe gelingen könnte.

Die von Gen. Chruščëv erwähnten sowjetischen Vorschläge enthalten für uns in keiner Hinsicht irgendwelche Begrenzungen, deshalb unterstütze ich diese Vorschläge. Wenn es möglich sein wird, einen Kompromiss zu erreichen, das heißt, wenn die Deutschen gezwungen werden, miteinander zu sprechen, so ist das schon ein gewaltiger Schritt nach vorn, dies würde die Anerkennung der DDR bedeuten. Falls Westdeutschland das ablehnt, so haben wir ein großes Plus, da es uns die Möglichkeit gibt, unsere Arbeit im Westen zu aktivieren. Unter der Kraft dieser Einflüsse wird der Westen gezwungen sein, irgendwelche positiven Schritte zu unternehmen, zum Beispiel den Verzicht, die deutschen Staaten mit Atomwaffen auszurüsten. Wir glauben, dass dies unbedingt erreicht werden muss. Das gibt neue Impulse. Ein anderer richtungsweisender Schritt wäre die Liquidation aller Zentren der Untergrundtätigkeit. Die Situation ist für uns klar, wenn die Zentren der Wühltätigkeit nicht beseitigt werden, dann unternehmen wir selber die nötigen Schritte zur Herstellung unserer Sicherheit.

Das Wichtigste ist, dass die Leute in der gesamten Welt sehen, dass in der Angelegenheit der Sicherung des Friedens ein Schritt nach vorn getan wurde. Ein solcher Schritt könnte das Verbot von Kernwaffen in Deutschland sein. Unter diesem Gesichtspunkt und dem Gesichtspunkt der deutschen Frage sind diese Vorschläge annehmbar.

Es ist nötig, dass wir die Lage in Genf gemeinsam erörtern. Und es wäre wünschenswert, wenn die Vertreter der Nationalen Front[142] und der anderen Parteien, die hier anwesend sind, ihre Meinung zu diesen Fragen darlegen würden.

<u>Chruščëv</u>: Unsere Vorschläge schnüren nicht die Initiative der deutschen Genossen ab. Die Empfehlungen, die von den deutschen Genossen gemacht wurden, sind sehr gut. Ich denke aber, es ist nicht sinnvoll, direkt an den Westen zu appellieren.

<u>Ulbricht</u>: (Replik) Sie sind noch nicht daran gewöhnt.

<u>Chruščëv</u>: Wir sind bereit, die Meinung aller Genossen zu hören, die sich zu den aufgeworfenen Fragen äußern wollen.

<u>Bach</u>[143]: Ich bin sicher, dass die neuen Vorschläge der sowjetischen Regierung beim deutschen Volk auf ein positives Echo treffen werden, da sie nicht nur den Wünschen der DDR entsprechen, sondern auch den Interessen der friedliebenden Kräfte in der BRD. Die Teile der Bevölkerung Westdeutschlands, die sich bisher gefürchtet haben, mit Vertretern der DDR in Kontakt zu treten, sind jetzt aktiviert. Man muss bedenken, dass, falls der Vorschlag zur Schaffung eines Gesamtdeutschen Komitees angenommen wird, die Kräfte in Westdeutschland zusammengefasst werden, die bislang eine gewisse Unschlüssigkeit an den Tag legten. Es ist meiner Meinung nach zudem wichtig, dass die Arbeit des Komitees auf bestimmte Zeiträume begrenzt wird.

---

[142] Alle Parteien und Massenorganisationen, die in der Volkskammer der DDR vertreten waren, bildeten den Dachverband „Nationale Front", der von einem Nationalrat und dessen Präsidium geleitet wurde. Für die Wahlen zur Volkskammer, die alle fünf Jahre stattfanden, traten die Parteien und Massenorganisationen mit einer gemeinsamen und einzigen Liste der „Nationalen Front" an. Mit nach Moskau gereist waren u. a. der Präsident des Nationalrates der Nationalen Front der DDR Erich Correns, der stellvertretende Vorsitzende der NDPD Heinrich Homann, der Vorsitzende der Liberal-Demokratischen Partei Deutschlands (LDPD) Hans Loch, der Vorsitzende der CDU August Bach sowie der stellvertretende Vorsitzende der Demokratischen Bauernpartei Deutschlands (DBD) Paul Scholz.
[143] August Bach (1897-1966): Journalist und CDU-Politiker. 1945 Mitbegründer der CDU in Thüringen, 1949-1958 Chefredakteur des Thüringer Tageblatts, ab 1949 Mitglied der Volkskammer und dort bis 1955 Vorsitzender der CDU-Fraktion, 1955-1958 Abgeordneter und Präsident der Länderkammer der DDR, 1958-1966 Vorsitzender der CDU.

Unter der deutschen Bevölkerung verbreitet sich die Meinung, dass sich die Gespräche in Genf nur wenig mit der Frage der Vereinigung Deutschlands befassen. Da das gesamte Paket des Westens um diesen Punkt kreist, erlauben uns die neuen Vorschläge, die die Frage der Vereinigung aufwerfen, die Initiative zu übernehmen.

Homann[144]: Ich unterstütze die hier aufgetretenen Genossen. Die Frage der Sicherheit und des Friedens steht auch für uns an erster Stelle. Alle anderen Fragen müssen sich dieser unterordnen. Deshalb glaube ich, dass die hier gemachten Vorschläge richtig sind. Die Gespräche im Gesamtdeutschen Komitee, die bis 1961 durchgeführt werden sollen, geben uns die Möglichkeit, umfassend unsere Position darzulegen und zu zeigen, dass von unserer Seite aus die nationale Frage friedlich und im friedlichen Zusammenleben mit anderen Staaten gelöst wird. Zugleich können wir zeigen, dass die Entwicklung der DDR eine glückliche Zukunft Deutschlands gewährleistet. Wir können zudem zeigen, dass die in der DDR unter der Führung der Arbeiterklasse durchgeführte Politik tatsächlich eine nationale Politik ist.

Loch[145]: Adenauer stellt sich selbst als Kämpfer für Demokratie und Wiedervereinigung dar, aber dessen Entscheidung, seine Kandidatur für das Amt des Bundespräsidenten zurückzuziehen, hat eine Welle des Protestes hervorgerufen und vielen die Augen über die tatsächliche Lage in der BRD geöffnet. Deshalb werden die Vorschläge des Gen. Chruščëv große Bedeutung besitzen. Das Gesamtdeutsche Komitee, welches das Schicksal Deutschlands entscheiden wird, ist natürlich einen Schritt nach vorwärts. Die Gründung eines solchen Komitees kann die oppositionellen Kräfte in Westdeutschland stärken. Die Ausweitung der Kontakte zwischen Parteien aus Westdeutschland und der DDR erhält neue Impulse.

Abschließend möchte ich meine Zuversicht darüber ausdrücken, dass wir mit guten Ergebnissen in die DDR zurückkehren werden, was es uns erlauben wird, den Kampf um die Lösung der vor uns stehenden Aufgaben zu verstärken.

Scholz[146]: Falls man sich Frieden wünscht, kann man mit Ihren Vorschlägen nur einverstanden sein. Während der Zeit der Genfer Gespräche haben wir unter den Bauern Aufklärungsarbeit durchgeführt, und bei jeder Versammlung wurde die Frage gestellt: Wird es nach Genf Krieg geben? Das beweist, wie stark sich die Menschen nach Frieden sehnen. Gleichwohl lassen einige den Mut sinken, sie sehen nicht die reale Möglichkeit, eine Übereinkunft zu erzielen. Deshalb wäre die Bildung des Komitees ein wichtiger Schritt, der viele begeistern würde. Deshalb bin ich vollständig mit den Vorschlägen der sowjetischen Genossen einverstanden.

Correns[147]: Hier ist schon viel über die Vorschläge des Gen. Chruščëv gesagt worden. Ich denke, dass diese Vorschläge in Westdeutschland gut aufgenommen werden, da sie

---

[144] Heinrich Homann (1911-1994): Offizier und Politiker der NDPD, ab 1934 Berufssoldat, 1943 als Major in sowjetischer Kriegsgefangenschaft, 1948 Rückkehr nach Deutschland, 1952-1967 stellvertretender Vorsitzender der NDPD, 1972-1989 Vorsitzender der NDPD.
[145] Hans Loch (1898-1960): Politiker. 1945 Mitbegründer der LDPD im Kreis Gotha, 1948-1950 Justizminister in der Landesregierung Thüringen, 1949-1955 Minister der Finanzen der DDR, 1952-1960 Vorsitzender der LDPD, ab 1954 Vorsitzender des durch den Ministerrat gebildeten Ausschusses für Deutsche Einheit und Mitglied des Präsidiums des Nationalrates der Nationalen Front.
[146] Paul Scholz (1902-1995): Landarbeiter und Redakteur. 1945 Mitglied der KPD, 1946 der SED, 1948 Mitbegründer der DBD, ab 1950 stellvertretender Vorsitzender der DBD, 1950-1952 und 1953-1955 Minister für Land- und Forstwirtschaft, 1952-1967 stellvertretender Vorsitzender des Ministerrates.
[147] Erich Correns (1896-1981): Chemiker. 1950-1981 Präsident des Nationalrates der Nationalen Front der DDR, 1951-1962 Direktor des Instituts für Faserstoff-Forschung der Deutschen Akademie

vernünftig sind. Die Propaganda in der BRD versucht den Eindruck zu erwecken, dass die UdSSR immer „nein" sagen würde. Die neuen sowjetischen Vorschläge schlagen einer solchen Propaganda die Beine weg. Dies ist eine große Hilfe bei der gesamtdeutschen Arbeit und gibt uns die Möglichkeit, mit der Bevölkerung der BRD ins Gespräch zu kommen.

Chruščëv: Falls es keine weiteren Wortmeldungen gibt, möchte ich noch eine Frage präzisieren. Die Westmächte sind nicht bereit, unseren Vorschlag einer freien Stadt anzunehmen. Psychologisch haben sie sich aber bereits darauf vorbereitet, dass der Vertrag mit der DDR unterschrieben wird. Deshalb beunruhigt sie im Moment die Frage der Lage in West-Berlin sehr. Sie fragen uns, wollen genau wissen, wie der Status von Berlin sein wird. Von ihrer Seite kam der Vorschlag, dass die DDR die Kontrolle über die Verbindungswege der Westmächte nach West-Berlin „im Auftrag" der Sowjetunion durchführen soll. Wir haben darauf direkt geantwortet, dass dies für uns nicht akzeptabel ist. Aber auf eine Frage müssen wir ihnen eine Antwort geben. Sie sagen: Was wird, wenn die DDR eines Tages die Initiative ergreift und die Verbindung zwischen West-Berlin und dem Westen schließt? Deshalb muss es in dieser Frage eine klare Übereinkunft geben. Das hat eine wesentliche Bedeutung, selbst in der Beziehung zwischen Freunden. Man kann sich selber zwei Formen von Garantien vorstellen:

1.) Die DDR unterschreibt zusammen mit den Westmächten eine solche Übereinkunft über Garantien. Allerdings wird sich der Westen wohl kaum darauf einlassen. Ja, und wir sollten nicht darauf drängen.

2.) Die DDR gibt die Garantien durch eine einseitige Erklärung ab. Gleichwohl wird der Westen in diesem Fall wollen, dass wir eine Garantie für ihre Garantie geben.

Ulbricht: Bitte.

Chruščëv: Das wäre nicht richtig. Wir können uns nicht darauf einlassen. Deshalb sollten wir mit den Westmächten einen Vertrag unterschreiben, der bei der UNO registriert wird. Dieser Vertrag sollte für den Fall, dass die DDR die von ihr gegebenen Garantien verletzt, vorsehen, dass die Großmächte dann zusammen nach entsprechenden Gegenmaßnahmen gegenüber der DDR suchen. Nach unserer Meinung ist das der einzig mögliche Ausweg. Oder haben Sie vielleicht andere Vorschläge zu dieser Frage?

Ulbricht: Wird dieser Standpunkt in Genf oder auf dem Gipfeltreffen dargelegt werden?

Chruščëv: Ja, in Genf. Falls wir dies nicht auf den Genfer Beratungen machen, dann könnte in Genf eine gewisse Leere entstehen, und die Beratungen wären ohne Perspektive.

Wir wissen nicht, ob Eisenhower darauf eingehen wird[148]. Gleichzeitig ist es aber notwendig, dass die Weltgemeinschaft über die positiven Vorschläge von unserer Seite in Kenntnis gesetzt wird.

Ulbricht: Die Bemerkungen von Gen. Chruščëv sind sehr wichtig. Die Zeit ist dafür reif. Wir müssen einen Ausweg finden. Deshalb habe ich mich sehr vorsichtig zum Friedensver-

---

der Wissenschaften (DAW) in Teltow-Seehof, 1957 Mitglied des Forschungsrates, ab 1960 Mitglied des Staatsrates der DDR.

[148] Das Ziel Chruščëvs, die Westmächte zur Annahme der sowjetischen Forderungen oder wenigstens einer dahin führenden Zwischenlösung zu bewegen, konnte Außenminister Gromyko in Genf nicht durchsetzen. Es kam auch auf der Schlusssitzung der Außenministerkonferenz zu keiner Annäherung der Standpunkte in der Deutschlandpolitik. Die Westmächte waren insbesondere nicht bereit, ihre Berlin-Präsenz in irgendeiner Form aufzugeben. Auch im Hinblick auf die Anerkennung der DDR waren die Westmächte zu keinerlei Konzessionen bereit.

trag geäußert, da klar ist, dass die Unterzeichnung des Friedensvertrages mit der DDR die Lage verschärfen würde, worauf wir jetzt allerdings noch nicht vorbereitet sind. Wirtschaftlich können wir noch keinen Einfluss auf den Westen ausüben, weshalb wir Zeit gewinnen müssen. Das betrifft auch unsere Politik hinsichtlich der Sozialdemokraten und gegenüber den Oppositionskreisen im Westen, um Adenauer zu isolieren. Die Unterzeichnung des Friedensvertrages mit der DDR würde die Lage komplizieren. In jeder Hinsicht werden die von Gen. Chruščëv gemachten Vorschläge deshalb der realen Lage und unserer innenpolitischen Situation gerecht.

Wir sind aber daran interessiert, dass die Frage der atomaren Abrüstung auf der Tagesordnung bleibt. Darüber muss ständig gesprochen werden, da sich Adenauer nur so isolieren lässt. Deshalb müssen wir diese Frage, die der Mehrheit des deutschen Volkes verständlich ist, besonders hervorheben. Unsere Meinungen stimmen in dieser Hinsicht vollkommen überein. Alle Parteien der DDR haben sich für diese Vorschläge ausgesprochen. Davon ausgehend, haben wir unserer Delegation in Genf entsprechende Anweisungen erteilt.

Wir werden auch weiterhin für einen Nichtangriffspakt zwischen den beiden deutschen Staaten und für die Beseitigung des Besatzungsregimes in West-Berlin eintreten. Allerdings müssen wir unter dem Gesichtspunkt der Lageentwicklung Zeit gewinnen, da die westliche Propaganda jetzt behauptet, dass die Abhängigkeit West-Berlins vom Osten für die Stadt eine Verschlechterung des Lebensniveaus bedeuten würde.

<u>Chruščëv:</u> Ich würde gern unseren Meinungsaustausch in diesen Fragen kurz zusammenfassen. Ich möchte mich bei den deutschen Freunden aufrichtig dafür bedanken, dass sie uns richtig verstehen und zwischen uns völlige Einstimmigkeit darüber herrscht, dass uns das deutsche Volk unterstützt. Das flößt uns Zuversicht ein, das ist für uns ein Zeugnis dafür, dass unsere Politik richtig ist. Wenn auch alle Parteien der DDR unserer Politik zustimmen, dann heißt das, dass auch die weltweite öffentliche Meinung unsere Politik annimmt. Dieses Verständnis ist ein großer Sieg für unsere friedliebende Politik.

<u>Ulbricht:</u> Ich würde mich gern noch zur Lage in der DDR äußern. Die ersten Monate bei der Planerfüllung dieses Jahres zeugen davon, dass wir uns erfolgreich vorwärtsbewegen. Mit einzelnen Bereichen, vor allem der Chemie und dem Bau, haben wir uns gründlich beschäftigt, deshalb konnten wir hier die bekannten Erfolge erzielen. In der Bauwirtschaft läuft die Sache jetzt auch besser. Jetzt kümmern wir uns um die Leichtindustrie und um den Handel, da wir hier die bekannten Defizite haben.

Die Hauptfrage ist jetzt für uns die Erhöhung der Arbeitsproduktivität und die Rekonstruktion der Industrie. In der chemischen Industrie wurde der entsprechende Plan bereits ausgearbeitet. Bei den anderen Bereichen werden entsprechende Gespräche geführt. Das Neue besteht darin, dass sich die Zusammenarbeit zwischen den Arbeitern und der Intelligenz entwickelt und verstärkt. Es wurden Brigaden der sozialistischen Arbeit gebildet[149]. Wir haben bereits jetzt ca. 10 000 dieser Brigaden. Als Anstoß diente dabei die Initiative der sowjetischen Genossen zur Schaffung von Brigaden der kommunistischen Arbeit. Tat-

---

[149] Brigaden der sozialistischen Arbeit waren Arbeitsgruppen in den staatlichen Industriebetrieben, die sich nicht nur zu vorbildlichen Arbeitsleistungen in der Produktion, sondern auch zu einer „sozialistischen Arbeits- und Lebensweise" verpflichteten. Ab August 1959 wurde dafür der Titel „Brigade der sozialistischen Arbeit" als staatliche Auszeichnung verliehen. Die Brigaden der sozialistischen Arbeit wurden als Wettbewerbskampagne initiiert, die sich an den zuvor in der UdSSR eingeführten kommunistischen Brigaden orientierte.

sächlich bewegt sich dies natürlich auf einem niedrigeren Niveau als bei ihnen, aber es wird ohne jegliche Propaganda und Druck von oben durchgeführt, weshalb wir diese Entwicklung als bedeutsam einschätzen.

In Verbindung damit gibt es bei uns die Bitte: Die Zusammenarbeit zwischen den großen Betrieben unserer Länder sollte erweitert und entbürokratisiert werden. Bis heute fahren zu viele Funktionäre und Gewerkschaftsmitglieder, aber kaum unmittelbare Vertreter der Produktion in die Sowjetunion. Die Beziehungen zwischen den Bestarbeitern sollten ausgebaut werden.

Bis zum August werden wir im Wesentlichen den Plan für die Entwicklung der Volkswirtschaft im Zeitraum bis 1965 erarbeitet haben[150]. Wir haben aber Aufgaben, die wir mit unseren Kräften nicht bis 1961 lösen können. Es geht dabei um den Erwerb von einigen Nahrungsmitteln und Konsumgütern, wie zum Beispiel Wolle, Kaffee, Kakao, Südfrüchte.

Chruščëv: Wir werden Ihnen Erdöl anstelle von Kakao geben.

Ulbricht: Natürlich können wir ohne Kakao leben. Aber es geht hier um den Vergleich des Lebensniveaus bei uns mit dem in Westdeutschland und West-Berlin. Gegenwärtig fährt die Bevölkerung noch nach West-Berlin, um dort einige dieser Waren zu kaufen, was natürlich negative politische Auswirkungen hat.

Wir haben eine Liste mit Waren, die für uns nötig sind, und wir bitten Sie, sich mit dieser vertraut zu machen und zu sehen, womit Sie uns helfen können. 1963 sind wir bereit, alles so zu bezahlen, wie Sie es wünschen. Das ist ein Vorschlag des Politbüros und der Plankommission. Diese Liste ist nicht für die Verhandlungen vorgesehen. Wir möchten lediglich, dass sich Ihre Spezialisten damit vertraut machen und uns sagen könnten, womit sie uns helfen können. Konkret geht es um einen Kredit über 700 Millionen Rubel für einen Zeitraum von 2 Jahren (1961–1962).

Chruščëv: Sollen sich Leuschner und Mikojan mit dieser Frage befassen.

Ulbricht: Ich würde Sie gern noch über die Situation in der Landwirtschaft informieren. Die Entwicklung der landwirtschaftlichen Produktion verläuft im Ganzen gesehen normal. Im Moment verfügen die LPGs über 49 Prozent der landwirtschaftlichen Produktionsfläche. Wir möchten jetzt die schwachen LPGs stärken und starken Genossenschaften landwirtschaftliche Technik übergeben. Das Tempo bei der Bildung von bäuerlichen Genossenschaften soll nicht forciert werden.

Auf dem Gebiet der Tierzucht haben wir die bekannten Schwierigkeiten. Wir beschäftigen uns jetzt aber mit diesen Fragen, um die bestehenden Unzulänglichkeiten zu überwinden. Im Ganzen, das möchte ich noch einmal unterstreichen, ist die Lage in der Landwirtschaft nicht schlecht.

Wir haben noch eine Bitte. Sie betrifft die Erweiterung der wissenschaftlich-technischen Zusammenarbeit zwischen unseren Ländern. Auf einigen Gebieten haben wir bereits Weltniveau erreicht. Auf anderen liegen wir noch weit zurück. Deshalb möchten wir Sie bitten, uns Hilfe bei der Entwicklung der Chemieindustrie und einigen anderen Industriezwei-

---

[150] Von der Volkskammer der DDR wurde am 1.10.1959 das „Gesetz über den Siebenjahrplan der Volkswirtschaft" (1959–1965) verabschiedet, das als „ökonomische Hauptaufgabe" vorsah, durch eine Steigerung der Produktion Westdeutschland im Pro-Kopf-Verbrauch bei den meisten industriellen Konsumgütern und Lebensmitteln bis Ende 1961 einzuholen und zu überholen. Vgl. das „Gesetz über den Siebenjahrplan zur Entwicklung der Volkswirtschaft der Deutschen Demokratischen Republik in den Jahren 1959 bis 1965", in: Der Siebenjahrplan des Friedens, des Wohlstands und des Glücks des Volkes, Berlin (Ost) 1959.

gen zu leisten. Ich meine dabei Unterstützung bei der Beherrschung der Technologie neuer Maschinen. Wir übergeben Ihnen unsere neuesten Maschinen, die Organisation der technologischen Prozesse zur Herstellung dieser Maschinen, Zeichnungen usw. und Sie – Ihre. Weiterhin bitten wir darum, dass Sie uns mit den Maschinenmustern bekannt machen, die Sie in Amerika und den anderen kapitalistischen Staaten kaufen. Wir produzieren jetzt zum Beispiel hervorragende Kunstseide, liegen aber bei der Produktion von Webmaschinen weit zurück. Unser Forschungsrat[151] hat einen konkreten Plan und Vorschläge zu dieser Frage erarbeitet. Wir haben bereits Anweisung gegeben, die Produktion von alten Maschinen einzustellen. Die Lage ist bei uns beispielsweise beim Schwermaschinenbau und in der Chemieindustrie gut, das sind die Bereiche, bei denen Sie auf uns den bekannten Druck ausgeübt haben.

Wir können Westdeutschland aber nur durch eine schnelle Wiederherstellung unserer Industrie einholen. Ohne dies können wir unsere wirtschaftliche Hauptaufgabe nicht lösen. Zudem vergleicht unsere Intelligenz nicht nur unser Lebensniveau mit dem Niveau in Westdeutschland, sondern auch das Produktionsniveau. Deshalb spielt dies auch eine große Rolle für die Intelligenzpolitik.

Insgesamt dreht sich das Problem um die Verbesserung des Austausches und der Zusammenarbeit. Ihre Delegationen, die in der DDR waren, haben uns in dieser Hinsicht bedeutende Hilfe geleistet. Wir hoffen, dass die Zusammenarbeit in der Zukunft noch weiter ausgebaut wird.

Wir glauben auch, dass es an der Zeit wäre, die Zusammenarbeit zwischen unseren Ländern auch im Bereich der Schulen zu vertiefen, beispielsweise bei der Vorbereitung von Lehrbüchern. In letzter Zeit stand die Sache hier ziemlich schlecht. Im letzten Jahr hat sich die Lage aber gebessert. Es ist wahr, bei uns gibt es einige andere Formen und Methoden der Arbeit, aber das Prinzip ist das Gleiche. Vor Ihnen und vor uns stehen dieselben Probleme. Wir bereiten jetzt ein neues Schulgesetz vor, das in nächster Zeit verabschiedet wird[152]. Die Hauptrichtung ist, dass wir den Weg der Polytechnisierung[153] der Schulen gehen. Besonders liegen wir aber bei der Erarbeitung neuer Schulbücher zurück, und in diesem Bereich benötigen wir beträchtliche Hilfe.

<u>Chruščëv:</u> Wir stimmen Ihnen zu und werden Sie dort, wo wir können, unterstützen. Aber es gibt dabei schwierige Fragen. Deshalb müssen wir gemeinsam kämpfen. Die Frage

---

[151] Der Forschungsrat der DDR wurde nach der Auflösung des Zentralamtes für Forschung und Technik bei der Staatlichen Plankommission durch einen Beschluss des Ministerrates vom 6. 6. 1957 als höchstes beratendes Gremium für die Planung und Koordinierung der naturwissenschaftlichen und technischen Forschung geschaffen und erhielt im Januar 1965 ein Statut. Er bekam die Aufgabe zugewiesen, langfristige Wissenschaftsprogramme auszuarbeiten, die Forschung auf Schwerpunkte zu lenken, wirtschaftliche Planungen zu begutachten und über Forschungspotentiale (Mittelvergabe, Kapazitäten, technische Infrastruktur) mitzuentscheiden. Vgl. Matthias Wagner, Der Forschungsrat der DDR. Im Spannungsfeld von Sachkompetenz und Ideologieanspruch. 1954 – April 1962, Dissertation, Humboldt-Universität zu Berlin 1992.

[152] Nachdem der Besuch der achtklassigen Grundschule 1946 gesetzlich verfügt worden war, wurde mit dem neuen Schulgesetz vom Dezember 1959 die „Zehnklassige polytechnische allgemeinbildende Oberschule" (POS) eingeführt, an die eine mindestens zweijährige, zum Fachschulbesuch berechtigende Berufsausbildung anschloss.

[153] Der Begriff Polytechnisierung beschreibt die Idee des polytechnischen Unterrichts, der auf eine Verbindung von geistig-schöpferischem Denken und praktisch-produktiver Arbeit abzielt. Der gesamte Unterricht an der Einheitsschule zielte darauf, einen engen Praxis- und Lebensbezug von Bildung, Unterricht und Erziehung herzustellen.

der Schulen ist natürlich einfacher als die Frage der Rekonstruktion der Industrie. Nehmen Sie, was Sie brauchen, was Sie für sich als nützlich befinden. Falls irgendetwas für Sie nicht geeignet ist, dann brauchen Sie es nicht. Hier sollte ein freier Meinungsaustausch herrschen. Bei den Maschinen ist die Sache schwieriger. Das liegt aber nicht an der Geheimhaltung, sondern daran, dass wir bei uns sehr viele Maschinen haben und wir selber oft nicht wissen, ob wir sie besser als in anderen Ländern herstellen.

In Verbindung damit möchte ich sagen, dass mir Ihre Messe sehr gut gefallen hat[154]. Sie gibt eine Vorstellung vom Niveau bei den Errungenschaften der weltweiten Technik. Sie diente auch als Anstoß für das Plenum des ZK der KPdSU, das wir in diesem Monat abhalten werden.

Im Ganzen wollen wir sagen – sollen Ihre Ingenieure ruhig anschauen, was für sie passt, und wenn es passt, nehmen Sie es! Wir kaufen viele Maschinen im Ausland. Sie können die Zeichnungen dieser Maschinen erhalten, und Ihre Ingenieure können zu deren Montage übergehen. Für die Informationen zur Lage in Ihrem Land – danke schön.

Ulbricht: Wir müssen uns über die Ausarbeitung eines Textes für das Kommuniqué einigen. Von unserer Seite können bei der Vorbereitung die Genossen Leuschner, Kundermann und Korb teilnehmen.

Chruščëv: Von unserer Seite werden die Gen. Kuznecov, Pervuchin und Semënov teilnehmen.

Grotewohl: Ich habe noch eine Sorge. Gen. Ulbricht hat hier bereits seine Überlegungen geäußert, unseren Standpunkt zu den ökonomischen Fragen. Wir haben vereinbart, dass Gen. Leuschner diese Fragen mit Gen. Patoličev[155] besprechen wird. Wir sind aber schon früher mit diesem Problem konfrontiert worden. Wenn die Genossen an diese Frage vom Standpunkt des Außenhandels herangehen, wird die Sache nur formal zum Abschluss gebracht. Aber unter unseren Bedingungen werden die wirtschaftlichen Probleme zu politischen Schwierigkeiten.

Wenn wir die Gründung eines Gesamtdeutschen Komitees erzwingen, werden wir gezwungen sein, bei bestimmten Positionen nachzugeben, und damit wird unsere Lage schlimm werden. Deshalb bitte ich Sie inständig darum, diesen Umstand zu beachten. Wir benötigen diese Kredite in den Jahren 1961 und 1962, und ich würde darum bitten, dass die sowjetischen Genossen bei dieser Frage meine geäußerten Überlegungen berücksichtigen[156].

---

[154] Im März 1959 besuchte Chruščëv die Leipziger Frühjahrsmesse.
[155] Nikita Semënovič Patoličev (1908–1989): Partei- und Staatsfunktionär. 1950–1956 Erster Sekretär des ZK der Kommunistischen Partei Weißrusslands, 1956–1958 stellvertretender bzw. 1. stellvertretender Außenminister der UdSSR, 1958–1985 Minister für Außenhandel der UdSSR.
[156] Im Ergebnis der Verhandlungen über Wirtschaftshilfen sagte die sowjetische Führung einen Kredit für 1960 in Höhe von 250 Millionen Rubel (die DDR hatte 400 Millionen Rubel gefordert), für 1961 in Höhe von 200 Millionen Rubel (die DDR hatte 400 Millionen Rubel gefordert) und für 1962 in Höhe von 120 Millionen Rubel (die DDR hatte 300 Millionen Rubel gefordert) zu. Vgl. Wettig, Chruschtschows Westpolitik, Bd. 2, S. 212. Allerdings hatte Ulbricht mit seinen Forderungen nach zusätzlichen Stahllieferungen sowie Devisenkrediten für Konsumgüterexporte aus dem Westen zunächst keinen Erfolg. Erst im Januar 1961 stellte die UdSSR in den Verhandlungen für die Jahre 1962 bis 1965 umfangreiche Lieferungen über das langfristige Handelsabkommen hinaus an Walzstahl, chemischen Rohstoffen und Lebensmitteln sowie Kredite für den Ausgleich der Zahlungsbilanz in Aussicht. Vgl. Ralf Ahrens, Gegenseitige Wirtschaftshilfe? Die DDR im RGW. Strukturen und handelspolitische Strategien 1963–1976, Köln 2000, S. 122.

Chruščëv: Wir werden das alles berücksichtigen. Man muss aber auch die realen Möglichkeiten bedenken. Ich möchte daran erinnern, dass wir den Wettstreit mit den Kapitalisten nackt und barfüßig begonnen haben. Unser Volk glaubte uns nicht nur wegen der Versprechungen von Wurst und Bier, sondern auch wegen des Studiums von Marx und Lenin. Jetzt hegen die Amerikaner große Hoffnungen auf die Organisation ihrer Ausstellung in Moskau[157]. Sie rechnen damit, dass die sowjetischen Menschen, wenn sie diese Errungenschaften sehen, sich von ihrer Regierung abwenden. Doch die Amerikaner verstehen unser Volk nicht. Wir möchten diese Ausstellung nicht gegen die Amerikaner wenden. Wir sagen unseren Menschen: Schaut, was das reichste Land des Kapitalismus in Hunderten von Jahren erreicht hat. Der Sozialismus gibt uns die Möglichkeit, das in einem bedeutend kürzeren Zeitraum zu erreichen. Deshalb werden wir die Frage nicht stellen – Sozialismus oder Kaffee. Der Sozialismus steht an erster Stelle, Kaffee kann man besorgen, heute vielleicht keine ganze Tasse, aber morgen eine volle.

Wir sind keine Händler, sondern Freunde. Deshalb gehen wir alle Fragen politisch an[158]. Doch bevor wir eine Antwort geben können, müssen wir rechnen, müssen wir nach den bei uns vorhandenen Möglichkeiten schauen.

Es haben aufgezeichnet:
- Gen. Beleckij,
- Gen. Kotomkin,
- Gen. Mjaldisin

4 Exemplare. gd/lk/IK/VB
Nr. 608/Zeo
29. 6. 59
Versandt:
an das Sekretariat von N. S. Chruščëv – 2
in die Akten des Zeo – 2

Quelle: RGANI, Bestand 52, Findbuch 1, Akte 557, Bl. 50–66.

---

[157] Ab 24. 7. 1959 konnte eine USA-Ausstellung im Moskauer Sokolniki-Park besichtigt werden, die u. a. den Wohnkomfort am Modell eines amerikanischen Durchschnittshauses mit fünf Zimmern, Küche, Bad und Veranda demonstrierte. Den sowjetischen Besuchern sollte gezeigt werden, was amerikanischer Lebensstandard ist. Während der Eröffnung der amerikanischen Ausstellung durch US-Vizepräsident Nixon kam es zu dem berühmt gewordenen Streitgespräch zwischen Nixon und Chruščëv in einer amerikanischen Musterküche. Parallel dazu eröffnete der 1. Stellvertreter des Vorsitzenden des Ministerrates der UdSSR Koslov am 30. 6. 1959 eine UdSSR-Ausstellung im New Yorker Coliseum, die u. a. das Modell einer Moskauer Mietwohnung mit drei Zimmern für eine vierköpfige Familie präsentierte. Ausstellungsstücke waren zudem Sputnik- und Raketenmodelle sowie ein Modell des Atomeisbrechers „Lenin". Ausgestellt wurden auch repräsentative Kunstwerke des jeweiligen Landes. Beide Ausstellungen sollten die Lebensumstände der Bürger und das wahre Gesicht ihres Landes aus einem wohlwollenden Blickwinkel illustrieren.

[158] Die sowjetischen Kredite und Lieferungen für die DDR in den Jahren von 1958 bis 1961 wurden auch nicht in erster Linie aus wirtschaftlichen, sondern vorrangig aus politischen Gründen gewährt. In der DDR sollte der Beweis erbracht werden, dass auch in einem industrialisierten Land der Sozialismus möglich sein würde (Schaufensterfunktion der DDR). Vgl. Michael Lemke (Hrsg.), Schaufenster der Systemkonkurrenz. Die Region Berlin-Brandenburg im Kalten Krieg, Köln/Weimar/Wien 2006.

Nr. 14
Schreiben von Gosplan der UdSSR an das ZK der KPdSU über die zusätzlichen Lieferwünsche der DDR, 1. Februar 1960

Geheim

An das ZK der KPdSU

Zusätzliche Lieferungen von Waren in die DDR im Jahr 1960[159]

Entsprechend der Anweisung des ZK der KPdSU wurde von uns die Bitte des ZK der Sozialistischen Einheitspartei Deutschlands (Gen. Ulbricht)[160] über die Lieferung einer Reihe von Waren über die im Protokoll für den Handelsaustausch für das Jahr 1960 vorgesehene Menge hinaus geprüft. Folgende Waren gehören dazu: Walzerzeugnisse aus Schwarzmetall, Erdöl, Wolle, Schnittholz, Gold, Silber. Zudem wird ein verbessertes Sortiment bei Baumwolle, Wolle und Walzerzeugnissen aus Schwarzmetall im Rahmen der Mengen gewünscht, die im Handelsprotokoll vorgesehen sind. Seine Bitte begründet Gen. Ulbricht damit, dass sich der Umfang der sowjetischen Lieferungen 1960 gegenüber 1959 angeblich nicht erhöht und die DDR deshalb nicht die Möglichkeit hat, ihre Industrieproduktion, so wie dies im Plan für 1960 vorgesehen ist, um zehn Prozent zu steigern.

Gosplan der UdSSR und das Ministerium für Außenhandel halten es für notwendig, Folgendes festzustellen:

Entsprechend dem Protokoll über den Handelsaustausch werden 1960 sowjetische Waren im Wert von 3860 Mio. Rubel in die DDR geliefert. 1959 waren es Waren im Wert von 3682 Mio. Rubel. Damit beträgt der Zuwachs 4,8 Prozent. Werden aus dem Lieferumfang für 1959 noch die Sendungen von 39 000 Tonnen Fleisch und 19 000 Tonnen Butter im Wert von 140 Mio. Rubel herausgerechnet, da diese auf besondere Bitte der DDR zusätz-

---

[159] In den Verhandlungen zwischen der DDR und der UdSSR ging es um die Erhöhung sowjetischer Lieferungen wichtiger Rohstoffe, Lebensmittel und anderer Materialien, die über das langfristige Handelsabkommen zwischen der DDR und der UdSSR für die Jahre 1958 bis 1960 hinausreichten. Angesichts ihrer geostrategischen Bedeutung für den gesamten Ostblock erhielt die DDR im zweiten Halbjahr 1960 dann zusätzliche sowjetische Lieferungen. Chruščëv schwor auch die anderen Mitgliedsländer des RGW auf die wirtschaftliche Unterstützung der DDR als „Frontstaat" gegenüber dem Westen ein. Die Wünsche der DDR-Führung für 1961 wurden von der Sowjetunion ebenfalls noch größtenteils erfüllt. Doch reichten die Zusagen nicht aus, um den laufenden Siebenjahrplan bis 1965 aufrechtzuerhalten. Schon vor dem Bau der Mauer im August 1961 mussten die Planziele gesenkt werden. Auch die Verschuldung der DDR gegenüber dem Westen nahm zu. Im Februar 1962 musste die UdSSR der DDR mit einem Kredit von über 1,3 Milliarden Mark in konvertierbarer Währung aushelfen. Die Sowjetunion zeigte sich allerdings seit 1962 angesichts der eigenen wirtschaftlichen Schwierigkeiten nicht mehr bereit, die Wünsche der DDR nach erhöhten Rohstofflieferungen zu erfüllen. Vgl. Ahrens, Gegenseitige Wirtschaftshilfe?, S. 123f.; Michael Lemke, Wandlungsprozesse in den Beziehungen zwischen der DDR und der Sowjetunion als Grundlage der Entwicklung von äußeren Handlungsspielräumen für die SED von 1955/56 bis zum Beginn der sechziger Jahre, in: Heiner Timmermann (Hrsg.), Die DDR – Analysen eines aufgegebenen Staates, Berlin 2001, S. 505–519.
[160] In einem Schreiben an Chruščëv vom 14. 1. 1960 hatte Ulbricht u. a. darum gebeten, die sowjetischen Lieferungen von Walzstahl über die vereinbarten Mengen hinaus zu erhöhen. Als Begründung führte er an, „daß die Erfüllung der ökonomischen Hauptaufgabe bis Ende 1961 sich als schwieriger erweist als ursprünglich angenommen wurde". In: SAPMO-BArch, DY 30/3707.

lich zur Handelsübereinkunft überbracht wurden, beträgt der Zuwachs der sowjetischen Lieferungen im Jahr 1960 neun Prozent.

Das Wachstum der Lieferungen bei für die Entwicklung der Wirtschaft der DDR besonders wichtigen Waren von 1960 gegenüber 1959 wird durch die folgenden Zahlen verdeutlicht:

(in Tausend Tonnen)

	Entsprechend dem Protokoll für 1959	Entsprechend dem Protokoll für 1960	1960 in Prozent zu 1959
Walzerzeugnisse aus Schwarzmetall	1005	1140	113,4
Eisenerz	1820	2000	109,9
Kohle	5150	5300	102,9
Erdöl	1390	1550	111,5
Kupfer	21,6	23,7	109,7
Naturkautschuk	12,2	13,6	111,5
Wolle	8,6	11,2	130,2
Baumwolle	84,5	88	104,1
Schnittholz (in Tausend Kubikmeter)	603	651	107,9
Zellulose	20,5	26	126,8

Zu den einzelnen Waren wird Folgendes festgestellt:

<u>1. Walzerzeugnisse aus Schwarzmetall</u>

Im Protokoll über den Handelsaustausch für 1960 sind Lieferungen von Walzgut aus Schwarzmetall in die DDR im Umfang von 1140 Tausend Tonnen abgestimmt, gegenüber 1160 Tonnen, die die langfristige Handelsvereinbarung vorsieht. Hinsichtlich des Sortiments der Walzstahllieferungen sind 1046 Tausend Tonnen abgestimmt. Noch nicht vereinbart im Protokoll ist das Sortiment bei einem Warenkontingent von 94 Tausend Tonnen. Gen. Ulbricht bittet darum, die Walzstahllieferungen 1960 auf bis zu 1160 Tausend Tonnen zu erhöhen, das heißt um 20 Tausend Tonnen zu steigern und hinsichtlich des bereits abgestimmten Sortiments folgende Walzstahlarten zusätzlich zu liefern:

(in Tausend Tonnen)

	1959 geliefert	Für 1960 vereinbart	Zusätzliche Bitte der DDR
Feinblech	111,7	121,3	21
Schiffbaustahl	8,2	10	10
Dekapiertes Feinblech[161]	8,3	8	14
Dynamoblech	1,6	2,5	4

---

[161] Die Bleche werden zur Oberflächenvergütung und Verbesserung der Verarbeitungsfähigkeit vor dem Kaltwalzen gebeizt.

Transformatorenblech	1,6	2,2	4
Grobblech	243,5	306,7	25
Feinstahl	104,2	86,9	13
Walzstahl	18	20	7
Baustahlblech	32,2	30,5	16

Wir halten es für möglich, der Bitte von Gen. Ulbricht um eine Steigerung der Lieferungen von Walzerzeugnissen aus Schwarzstahl auf 1160 Tausend Tonnen gegenüber 1140 Tausend Tonnen im Protokoll, das heißt um 20 Tausend Tonnen, zu entsprechen. Die zusätzlichen Lieferungen sind den Exportfonds zu entnehmen.

Was die angefragten Lieferungen von 114 Tausend Tonnen Walzstahl im geforderten Sortiment betrifft, so ist es denkbar, das Kontingent bei Grobblech um 25 Tausend Tonnen, bei Feinblech um 10 Tausend Tonnen, bei Feinstahl um 7 Tausend Tonnen und bei Walzstahl um 3 Tausend Tonnen, also insgesamt um 45 Tausend Tonnen zu erhöhen.

Hinsichtlich der verbleibenden Menge von 69 Tausend Tonnen Walzstahl ist der DDR folgendes Sortiment vorzuschlagen: Walzrohlinge: 35 Tausend Tonnen, Eisenträger und U-Träger: 29 Tausend Tonnen, Schienen: 5 Tausend Tonnen, da eine Lieferung des gesamten von Gen. Ulbricht gewünschten Sortiments an Walzstahl aufgrund der vorhandenen Ressourcen nicht möglich ist.

2. Wolle

Entsprechend der langfristigen Handelsvereinbarung sollen 1960 13,3 Tausend Tonnen geliefert werden, einschließlich 5 Tausend Tonnen Feinwolle, die entsprechend dem Beschluss des Ministerrates der UdSSR vom 19. Juni 1959 gegen Devisen für die DDR gekauft werden sollen. Nach dem Protokoll über den Handelsaustausch sind für 1960 Wolllieferungen im Umfang von 11,2 Tausend Tonnen in die DDR vorgesehen. Von dieser Menge ist die Lieferung von 7,5 Tausend Tonnen, darunter 5,5 Tonnen Feinwolle und 2 Tausend Tonnen Grobwolle, bereits fest vereinbart.

Gen. Ulbricht bittet darum, 1960 3,9 Tausend Tonnen Halbgrobwolle sowie Grobwolle ohne Filz und totes Haar zu liefern. Derartige Wolle ist in der Sowjetunion und den sozialistischen Staaten nicht vorhanden, und ihre Lieferung ist nur durch einen Ankauf gegen frei konvertierbare Devisen möglich.

Die Frage der Lieferungen von Wolle dieser Qualität an die DDR wurde vom ZK der KPdSU bereits in Verbindung mit der Bitte des Gen. Leuschner geprüft. Gen. Leuschner ist mitgeteilt worden, dass der Ankauf dieser Wolle nur bei dem Verzicht auf andere Waren erfolgen kann, die gleichfalls gegen Devisen für die DDR gekauft werden. Insgesamt ist hierfür eine Summe von 250 Mio. Rubel vorgesehen.

Die deutsche Seite hat bereits zugestimmt, auf den Kauf von 5 Tausend Tonnen Kaffee zu verzichten, und das Außenhandelsministerium gebeten, mit Hilfe der so freiwerdenden Devisen 1,9 Tausend Tonnen Wolle zu kaufen. Gegenwärtig erfolgen durch das Außenhandelsministerium der Ankauf und die Lieferung von 1,9 Tausend Tonnen Wolle in die DDR.

Wir halten es für zweckmäßig, der Regierung der DDR mitzuteilen, dass die Sowjetunion halbgrobe und grobe Wolle ohne Filz und totes Haar bei Verzicht der DDR auf den Ankauf anderer Waren im Rahmen der besagten 250 Mio. Rubel liefern kann, oder, wie bereits früher vorgeschlagen wurde, die Lieferung der verbliebenen Wollmenge durch Reexporte aus China und der Mongolei sowie teilweise aus sowjetischer Produktion erfolgt.

3. Baumwolle

Das Protokoll über den Handelsaustausch für 1960 sieht die Lieferung von 88 Tausend Tonnen Baumwolle in die DDR vor. Gen. Ulbricht bittet darum, bei dieser Menge den Anteil an Baumwolle von ausgewählter Qualität und der Sorte I um 4 Tausend Tonnen zu erhöhen und zudem die Lieferung von 7 Tausend Tonnen Baumwolle aus dem IV. Quartal in das I.-III. Quartal 1960 vorzuziehen.

Wir denken, dass es möglich sein wird, der DDR 4 Tausend Tonnen Baumwolle ausgewählter Qualität und der Sorte I bei einer Verringerung der Menge an Baumwolle der Sorten II und III im gleichen Umfang zu liefern sowie die Lieferungen von Baumwolle im II. und III. Quartal um 2 Tausend Tonnen – bei entsprechender Verringerung im IV. Quartal – vorzuziehen.

<u>Bemerkung:</u> 1960 werden wir 70 Tausend Tonnen Baumwolle von ausgewählter Qualität und der Sorte I in die DDR liefern, was 80 Prozent der Gesamtmenge entspricht, während der Prozentsatz von Baumwolllieferungen dieser Art in andere Länder bei 58 Prozent liegt. Die einheimische Baumwollindustrie verarbeitet aus dem allgemeinen Bestand der Baumwollernte 56 Prozent zu Baumwolle ausgewählter Qualität und der Sorte I.

4. Andere Waren

Gen. Ulbricht bittet darum, zusätzlich zu dem im Protokoll vom 21. November 1959 für 1960 festgelegten Kontingent die aufgeführten Waren zu liefern:

	Maßeinheit	Nach dem Protokoll für 1959	Für 1960 vorgesehene Lieferungen	Zusätzliche Bitte
Schnittholz	Tsd. Kubikmeter	603	651	110
Nutzholz	Tsd. Kubikmeter	350	300	150
Davon				
Schleifholz	Tsd. Kubikmeter	200	150	150
Zellulose	Tsd. Tonnen	20,5	26	7
Davon				
Textilzellulose	Tsd. Tonnen	–	–	7
Flachs	Tsd. Tonnen	2,4	2,5	1,8*
Wasserflachs	Tsd. Tonnen	–	–	2
Eisenerz	Tsd. Tonnen	1820	200	320
Aluminium	Tsd. Tonnen	35	35	4
Platin	Kilogramm	470	470	112
Quecksilber	Tonnen	260	300	20
Kobalt	Tonnen	60	50	70
Gold	Kilogramm	230	230	970
Silber	Tonnen	50	50	105
Erdöl	Tsd. Tonnen	1390	1550	250

* Es wird darum gebeten, 1,8 Tausend Tonnen gekämmten Flachs zu liefern, was in etwa 4,5 Tausend Tonnen Flachs entspricht.

Wir halten es für möglich, der DDR zusätzlich 2 Tausend Tonnen Aluminium, 50 Tausend Kubikmeter Schleifholz, 10 Tausend Kubikmeter Schnittholz, 20 Tonnen Quecksilber und 15 Tonnen Kobalt zu liefern.

Es wird vorgeschlagen, der DDR zusätzlich 250 Tausend Tonnen Erdöl zu liefern, unter der Bedingung, dass sich die deutsche Seite bereit erklärt, per Eisenbahntransport nichtdemineralisiertes Erdöl aus dem Fördergebiet Romaškino oder als Kompensation für das Erdöl 100–150 Tausend Tonnen Autobenzin zu beziehen. Als Ersatz für den von der DDR erbetenen gekämmten Flachs und den Wasserflachs wird vorgeschlagen, 3 Tausend Tonnen Werg[162] (kurze Flachsfasern) zu liefern und anstelle der Viskosezellulose 2 Tausend Tonnen Sulfitzellulose[163].

Die Lieferungen der anderen Waren in die DDR zu erhöhen, ist aufgrund der Ressourcenlage nicht möglich.

Der Wert der zusätzlichen Warenlieferungen beträgt ungefähr 48 Mio. Rubel. Es wird vorgeschlagen, zur Gegenfinanzierung mit der DDR Gespräche über die Lieferung von Maschinen und Ausrüstungen sowie über die entsprechend zu vereinbarenden Spezifikationen zu führen, die über das Kontingent des Handelsaustausches für 1960 hinausgehen.

Gleichzeitig halten es Gosplan der UdSSR und das Ministerium für Außenhandel für notwendig, darauf hinzuweisen, dass die deutsche Seite ihre Lieferverpflichtungen gegenüber der UdSSR bei einer Reihe von wichtigen Ausrüstungen nur unzureichend erfüllt. So wurden 1959 von 40 Kränen für metallurgische Werke nur 22 geliefert, von 22 Laufkränen nur 11, von 400 Spezialwerkzeugmaschinen nur 329, von 90 Schifftrawlern – einschließlich der Lieferrückstände für 1958 – nur 74. Von sechs Kabelkrananlagen und drei Umladekränen wurde kein Einziger komplett angeliefert, sondern nur einzelne Bauteile und Baugruppen.

Auch Ausrüstungen für Zementanlagen im Wert von 50 Mio. Rubel, hauptsächlich ergänzende Elektroausrüstung, aus Verpflichtungen vorangegangener Jahre zur Inbetriebnahme von Objekten wurden nicht geliefert.

Die deutsche Seite hat beim Abschluss des Protokolls über den Handelsaustausch für 1960 gegenüber der langjährigen Handelsvereinbarung die Lieferungen von 20 Spezialkränen in die UdSSR auf 15, bei Kränen für metallurgische Werke von 42 auf 37, bei Gasgebläsemaschinen von 80 auf 20 verringert und die Lieferungen von Phthalsäureanhydrid[164], polychloriertem Teer[165] und anderen Waren gekürzt.

Wir halten es für wichtig, die Aufmerksamkeit der Regierung der DDR nochmals auf die Notwendigkeit der Erfüllung ihrer Lieferpflichten gegenüber der UdSSR zu richten.

---

[162] Werg besteht aus kurzen Faserstücken und entsteht bei der Aufbereitung und Verarbeitung von Flachs und Hanf. Diese Kurzfasern lassen sich zu groben Garnen verspinnen oder werden als Polstermaterial sowie Putz- und Abdichtmaterial verwendet.
[163] Sulfit-Zellulose entsteht durch die Anwendung von chemischen Verfahren bei der Gewinnung von Zellstoff aus dem Rohstoff Holz. Es wird zwischen Sulfit- und Sulfat-Verfahren unterschieden. Nach diesen beiden chemischen Verfahren sind die Zellstoffe (Zellulose) benannt: Sulfit-Zellstoff und Sulfat-Zellstoff.
[164] Phthalsäureanhydrid ist eine organische Verbindung und ein wichtiger Ausgangsstoff für die Herstellung von Kunstharzen und Farbstoffen.
[165] Gemeint sind organische Chlorverbindungen, die damals vor allem in Transformatoren, elektrischen Kondensatoren, in Hydraulikanlagen als Hydraulikflüssigkeit sowie als Weichmacher in Lacken, Dichtungsmassen, Isoliermitteln und Kunststoffen verwendet wurden.

Ein Entwurf für eine Verfügung des ZK der KPdSU in dieser Frage ist beigefügt[166].

A. Kosygin

N. Patoličev

Quelle: RGAE, 4372/79/231, Bl. 40–46.

Nr. 15
Schreiben des Vorsitzenden von Gosplan der UdSSR Kosygin an das ZK der KPdSU über zusätzliche Warenlieferungen in die DDR, 5. Februar 1960

Geheim

An das ZK der KPdSU

Über die zusätzlichen Warenlieferungen in die DDR im Jahr 1960

Entsprechend der Weisung des ZK der KPdSU haben wir uns mit Gen. Leuschner getroffen und die Bitte um zusätzliche Warenlieferungen in die DDR im Jahr 1960, die im Schreiben von Gen. Ulbricht an das ZK der KPdSU gerichtet worden ist, erörtert[167].
Im Ergebnis der Besprechung wurde eine für beide Seiten akzeptable Lösung der Frage des Sortiments von Walzwaren aus Schwarzmetall, das entsprechend dem Protokoll über den Warenaustausch 1960 in die DDR geliefert werden soll, erreicht. Übereinstimmung wurde gleichfalls bei den zusätzlichen Lieferungen von 3 Tausend Tonnen Flachs-Werg anstatt des erbetenen gekämmten Flachses und des Wasserflachses, von 2 Tausend Tonnen Sulfitzellulose anstatt der gewünschten Textilzellulose, von 70 Tausend Kubikmeter Nutzholz, davon 50 Tausend Kubikmeter Schleifholz, von 10 Tausend Kubikmeter Schnittholz, von 2 Tausend Tonnen Aluminium, von 20 Tonnen Quecksilber, von 15 Tonnen Kobalt, von 700 Tonnen Ferrotitan und von 20 Tonnen Ferroniob erzielt.
Außerdem ist die Erhöhung der Lieferung von Baumwolle ausgesuchter Qualität und der Sorte I in die DDR um 4 Tausend Tonnen vorgesehen, wofür die Lieferungen von Baumwolle der Sorte II und III entsprechend verringert werden. Zudem werden 2 Tausend Tonnen im II. und III. Quartal abtransportiert, statt wie ursprünglich geplant im IV. Quartal.
Infolgedessen, dass die deutsche Seite die vorgeschlagene zusätzliche Lieferung von nichtdemineralisiertem Erdöl aus dem Fördergebiet Romaškino[168] abgelehnt hat, schlug

---

[166] Hier nicht dokumentiert.
[167] In der Folge eines Schreibens von Ulbricht an Chruščëv vom 14. 1. 1960 traf Leuschner während seines Besuches der internationalen Landwirtschaftskonferenz in Moskau mit Vertretern von Gosplan zusammen, um über die von Ulbricht erbetenen Rohstoff- und Warenlieferungen zu verhandeln.
[168] Romaškino liegt im Gebiet Orenburg im Föderationskreis Wolga, europäisches Russland, unweit der Grenze zu Kasachstan. Orenburg ist zudem Ursprung einer 2750 km langen Erdgasleitung, deren Bau über mehrere Jahrzehnte hinweg durch die RGW-Staaten realisiert wurde.

Gosplan der UdSSR vor, stattdessen 60 Tsd. Tonnen Traktorenkerosin zu liefern. Die Antwort auf diesen Vorschlag wird die deutsche Seite ergänzend mitteilen. Nach dem Eintreffen der Antwort wird Gosplan der UdSSR einen entsprechenden Vorschlag erarbeiten.

Gosplan der UdSSR übermittelt dem ZK der KPdSU einen überarbeiteten Entwurf für einen Beschluss des ZK der KPdSU in dieser Frage[169].

Der Vorsitzende von Gosplan der UdSSR
A. Kosygin

Quelle: RGAE, 4372/79/231, Bl. 56.

Nr. 16
Bericht des sowjetischen Chefberaters bei der Flugzeugbauindustrie der DDR Pavlovskij[170] über die zwei Testflüge des Flugzeuges vom Typ 152 und deren Folgen, 5. September 1960

An den Bevollmächtigten der Haupt-Ingenieursverwaltung des Staatskomitees für außenwirtschaftliche Beziehungen in Berlin, Genossen A. N. Selichov[171]

Ich berichte Ihnen, dass der erste Testflug des Flugzeuges vom Typ 152 am 27. 8. 1960 stattgefunden hat und normal verlief. Am 4. 9. 1960 wurde ein zweiter Testflug mit dem gleichen Programm unternommen, der ebenfalls normal endete[172].

Das Flugprogramm bei beiden Testflügen war minimal und für eine Flugzeit von 20–25 Minuten ausgelegt. Ziel des ersten Fluges war es, die Starteigenschaften zu überprüfen, auf eine Flughöhe von 1400 Metern zu steigen und anschließend die Landeeigenschaften zu erproben. Die Flüge erfolgten mit ausgefahrenem Fahrwerk und Klappen, die auch in der Luft nicht eingefahren wurden. Der zweite Flug diente dem Training der Besatzung. Die Flugtechnik arbeitete normal, die Flugzeugsteuerung erfolgte zufriedenstellend. Bei der technischen Auswertung des Fluges hatten die Piloten und der Bordingenieur keine während des Fluges aufgetretenen Beanstandungen zu machen.

Die Beobachtung vom Boden aus, sowohl visuell als auch mit Hilfe von Fernseh- und Telemetriegeräten, die von Bord des Flugzeuges aus die Werte der Triebwerksmessgeräte übermittelten, bestätigte gleichfalls das normale Verhalten des Flugzeuges und der Triebwerke während beider Flüge vom Start bis zur Landung.

---

[169] Hier nicht dokumentiert.
[170] Boris V. Pavlovskij: Luftfahrttechniker. Bis 1960 stellvertretender Hauptkonstrukteur des Experimental-Konstruktionsbüros (OKB) 240, dann als Chefberater zum VVB Flugzeugbau Dresden abkommandiert, nach der Auflösung der Luftfahrtindustrie der DDR im Sommer 1961 wieder zurück in die Sowjetunion versetzt.
[171] Biografische Details nicht ermittelbar.
[172] Hier sind die Testflüge des zweiten Prototyps des deutschen Passagierstrahlflugzeuges 152 gemeint. Der erste Prototyp war am 4. 3. 1959 beim zweiten Versuchsflug abgestürzt. Die insgesamt drei Prototypen wurden vom VEB Flugzeugwerke Dresden hergestellt. Nach der Flugerprobung und dem Beginn der Serienproduktion wurde das Projekt jedoch im Juli 1961 aufgrund mangelnder wirtschaftlicher Effizienz und fehlender Absatzmöglichkeiten in der Sowjetunion und in den anderen RGW-Staaten eingestellt.

Dann wurde die Flugerprobung für einen Monat unterbrochen, da die Besatzung bis zum 25. 9. 1960 in den Urlaub gefahren ist. Die Pause wird damit begründet, dass die Besatzung Erholung benötigte – sie hatte schon zwei Jahre keinen Urlaub mehr. Während dieser Zeit werden am Flugzeug eine Reihe von Verbesserungen und konstruktive Veränderungen vorgenommen.

Gegenwärtig gibt es vor allem beim Treibstoffsystem große Unzulänglichkeiten, und zwar folgende:

1.) Die Treibstoffmessgeräte aus eigener Produktion gewährleisten keine zuverlässige Angabe des Treibstoffverbrauchs und der noch vorhandenen Restmenge, besonders bei den Treibstoffbehältern der Gruppe I. Demzufolge haben weder die Piloten noch der Bordingenieur während des Fluges genaue Informationen über die Treibstoffmenge und den -verbrauch.

2.) Bei einer Treibstoffreserve von ungefähr 4000 Litern erfolgt bei einer negativen Längsneigung im Winkel von 10° eine vollständige Sperrung der Treibstoffversorgung, weshalb das Treibstoffminimum bei der Betankung bei ungefähr 10 000 Litern liegt.

3.) Bei heftigen Bremsbewegungen am Boden kann Treibstoff in das Rohrleitungssystem der Klimaanlage gelangen und folglich auch in die Kabinenluft. Die Ursache hierfür liegt in dem gemeinsamen System für Klimaanlage und Treibstoffversorgung, bei dem der Treibstoffbehälter mit Zapfluft aus den Triebwerken gespeist wird. Darüber hinaus gibt es eine umfangreiche Mängelliste und verschiedene Unzulänglichkeiten bei Flugzeug und Triebwerk, die beseitigt werden müssen.

In Verbindung mit der Organisation des ersten Fluges möchte ich auf Folgendes hinweisen: Der Flug war für den 26. 8. 1960 vorgesehen, und die Maschine wurde deshalb zu diesem Zeitpunkt von der Prüfstelle für Luftfahrtgerät (PfL)[173] unter Ausfertigung der notwendigen Dokumentation zum Erstflug geprüft.

Als am festgelegten Tag zur entsprechenden Stunde das Flugzeug zum Start geschleppt wurde, fiel der Flugzeugbesatzung beim Anlassen der Triebwerke auf, dass die Hydraulikleitung zur Steuerung der Antriebsaggregate leckte. Anstatt zu starten, wurde deshalb der Rest des Tages mit der Beseitigung des festgestellten Defektes verbracht und der Flug auf den nächsten Tag verschoben. Beim Gespräch mit dem Leiter der PfL, Mindach[174], stellte sich heraus, dass die Vertreter der PfL im letzten Dokument notiert hatten, bei den am Hydrauliksystem der Triebwerke durchgeführten Arbeiten sei es erforderlich, die Hydraulikleitungen bei laufendem Triebwerk auf ihre Dichtigkeit hin zu überprüfen. Gleichwohl wurde dieser Punkt von den Arbeitern des Betriebes nicht ausgeführt und das Flugzeug als zum Abflug fertig zum Start geschleppt.

Es ist gleichfalls darauf hinzuweisen, dass am Tag des Starts die Elektroenergieversorgung des Flugzeugwerkes durch Diversion außer Betrieb gesetzt wurde. Schadenssuche und Behebung des Fehlers nahmen ungefähr zwei Tage in Anspruch.

---

[173] Die Prüfstelle für Luftfahrtgerät (PfL) der DDR wurde am 1. 3. 1957 in Pirna-Sonnenstein gegründet und von Boris Mindach geleitet. Sie hatte die Aufgabe, neue Flugzeugtypen auf ihre Luftfahrttauglichkeit zu prüfen. Als juristische Person und Haushaltsorganisation unterstand sie unmittelbar dem Leiter des Amts für Technik (AfT). Die PfL wurde später in Entwicklungs- und Prüfstelle der Zivilen Luftfahrt (EPZL) umbenannt.

[174] Boris Mindach: Flugzeugingenieur. Am 1. 3. 1957 als Oberingenieur aus dem Konstruktionsbüro von Brunolf Baade zum Leiter der PfL der DDR berufen. In dieser Funktion war er bis Juli 1966 tätig.

Der Chefberater bei der Flugzeugindustrie der DDR

B. Pavlovskij

Quelle: RGAE, 29/1/1326, Bl. 239–240.

Nr. 17
Schreiben von Gosplan der UdSSR an das ZK der KPdSU über zusätzliche Waren- und Rohstofflieferungen in die DDR, 25. November 1960

Streng geheim

An das ZK der KPdSU

Im Auftrag des ZK der KPdSU wurden von uns die Fragen der Hilfeleistung für die Deutsche Demokratische Republik in Verbindung mit der Aufkündigung der Handelsvereinbarung durch die Bonner Regierung geprüft[175]. Diese waren im Brief von Gen. Ulbricht vom 19. Oktober 1960[176] und in den Vorbereitungsgesprächen mit der in der UdSSR eingetroffenen DDR-Regierungsdelegation unter der Führung von Gen. Leuschner aufgeworfen worden.
   Die deutschen Genossen bitten darum, der DDR 1961 Hilfe bei der Lieferung von Waren im Wert von 1250 Mio. Valutarubel zu erweisen. Diese Lieferungen sollen zusätzlich zu den Lieferungen erfolgen, die in der langfristigen Handelsvereinbarung vorgesehen sind und nach denen die Sowjetunion für die DDR Ankäufe im Wert von 200 Mio. Rubel in Devisen tätigt[177].
Die deutschen Genossen bitten darum zu liefern:

---

[175] Nachdem die Bundesregierung aufgrund von Schikanen gegen westdeutsche Besucher Ost-Berlins (Passierscheinpflicht) am 30. 9. 1960 per Jahresende die innerdeutschen Handelsvereinbarungen (Berliner Abkommen) außer Kraft gesetzt hatte, kalkulierte SED-Chef Ulbricht mit sowjetischen Ersatzlieferungen, um nicht gegen konvertible Devisen in anderen westlichen Ländern kaufen zu müssen. Die Bundesrepublik war bis dahin ein Lieferant für Stahl und Eisen, später für Maschinen und Elektrogeräte. Chruščëv mobilisierte zwar kurzfristig Unterstützung, bestand aber auf fortgesetzten Verhandlungen mit der Bundesrepublik. Nach langwierigen Verhandlungen kamen beide Seiten am 29. 12. 1960 überein, das Berliner Abkommen in seiner Fassung vom 16. 8. 1960 mit allen Zusatzvereinbarungen und Anlagen zum 1. 1. 1961 wieder in Kraft zu setzen. Vgl. Wettig, Chruschtschows Berlin-Krise, S. 109–119.
[176] In dem Schreiben an Chruščëv vom 19. 10. 1960 hatte Ulbricht auf die Verschärfung der wirtschaftlichen Situation in der DDR verwiesen und außergewöhnliche Hilfeleistungen der UdSSR gefordert. Trotz aller Einsparungen, so hieß es, stehe die DDR vor einer solchen Situation, „daß wir zur Zeit nicht wissen, wie wir unter den gegenwärtigen Bedingungen überhaupt weiterkommen sollen", in: SAPMO-BArch, DY 30/3708.
[177] Die sowjetischen Wirtschaftsfunktionäre hielten die Wünsche Ulbrichts für unrealistisch. Erst nach einem Gespräch zwischen Ulbricht und Chruščëv am 30. 11. 1960 im Anschluss an ein Treffen kommunistischer und Arbeiterparteien in Moskau war die UdSSR zu größerer wirtschaftlicher Unterstützung für die DDR bereit. Ulbricht bot als Gegenleistung an, die Wirtschaft der DDR stärker auf die Bedürfnisse der UdSSR ausrichten zu wollen. Vgl. Wettig, Chrutschows Berlin-Krise, S. 110f.; Lemke, Die Berlinkrise, S. 58f.

1. 358 Tausend Tonnen Walzerzeugnisse aus Schwarzmetallen und Röhren (Dynamostahl, Transformatorenstahl, Baustahlbleche, gewalzte und gezogene Röhren sowie andere Walzstahlprodukte) nach unserer Einschätzung im Wert von ungefähr 350 Mio. Rubel;

2. 7,5 Tausend Tonnen Naturkautschuk, 6,7 Tausend Tonnen Aluminium und Walzerzeugnisse aus Aluminium, 4 Tausend Tonnen Kakaobohnen, 6,8 Tausend Tonnen Wolle, Vigognegarn und andere Textilrohstoffe, Holz, Zellulose und weitere Waren im Wert von 235 Mio. Rubel, die die deutschen Genossen ursprünglich auf dem kapitalistischen Markt kaufen wollten;

3. 150 Tausend Tonnen Eisenerz aus Krivoj Rog, 90 Tausend Tonnen Eisenerzkonzentrat aus dem Gebiet der Halbinsel Kertsch, 120 Tausend Tonnen Schwefelkies, 25 Tausend Tonnen Manganerz der Sorte I, 400 Tonnen Peroxid, 600 Tausend Tonnen Erdöl sowie 47 Tausend Tonnen Butter und 75 Tausend Tonnen Fleisch im Wert von 370 Mio. Rubel;

4. Schmiedeteile, Geräte, Baugruppen und Halbfabrikate für den Maschinenbau und die Chemieindustrie im Wert von 300 Mio. Rubel, die zuvor in der Bundesrepublik gekauft wurden.

5. Die deutschen Genossen bitten weiterhin um die Lieferung von Baumaterial und darum, die Lieferungen von Walzausrüstungen aus der DDR in die UdSSR zwischen 1961 und 1965 um 22 Tausend Tonnen verringern zu dürfen und im selben Zeitraum 60 Tausend Tonnen Walzausrüstungen aus der UdSSR in die DDR geliefert zu bekommen, die für die Entwicklung der metallurgischen Industrie der DDR benötigt werden.

Die erwähnten Bitten prüfend, halten wir es für nötig, folgende Vorschläge zu machen:

<u>1. Über die Lieferung von Walzstahlerzeugnissen aus Schwarzmetallen und Röhren</u>
Die langfristige Handelsvereinbarung sieht für 1961 die Lieferung von 1370 Tausend Tonnen Walzerzeugnissen aus Schwarzmetallen und Röhren vor, gegenüber 1200 Tausend Tonnen, die 1960 geliefert worden sind. Dabei sind beim Sortiment für 1961 Lieferungen im Umfang von 1283 Tausend Tonnen bereits abgestimmt.

Wir schlagen vor, über das bereits vereinbarte Sortiment hinaus statt der gewünschten 358 Tausend Tonnen 344,8 Tausend Tonnen Walzstahl, Röhren und Metallwaren zu liefern, darunter 200,9 Tausend Tonnen Walzwaren anstelle der erbetenen 209 Tausend Tonnen, 97,5 Tausend Tonnen Röhren anstelle der gewünschten 100 Tausend Tonnen und 46,4 Tausend Tonnen Erzeugnisse zur Weiterverarbeitung und Metallwaren anstelle der gewünschten 49 Tausend Tonnen. In diesem Fall wird das Wachstum des Verbrauchs von Walzstahl und Röhren in der DDR 1961 gegenüber 1960 ungefähr neun Prozent betragen.

Die zusätzlichen Metalllieferungen in die DDR können teilweise aus dem Bestand 1960 nicht verwendeter Verbrauchsfonds von 31,5 Tausend Tonnen, zum Teil durch Kürzung der Lieferungen an die Verbraucher nach Fonds im laufenden Jahr von 45,7 Tausend Tonnen sowie durch die Verringerung des Metallverbrauchs in der Volkswirtschaft im Jahr 1961 realisiert werden. Hierfür sind u. a. die Produktionspläne für Metallbetten um zwei Millionen Stück und die für verzinktes Geschirr um 4 Tausend Tonnen zu kürzen. Zugleich sind in den Rüstungsbetrieben des Maschinenbaus die Norm der Übertragbestände von derzeit 45 Tagen auf 40 Tage abzusenken[178] und die Fonds anderer Verbraucher zu kürzen. Aber auch wenn diese Maßnahmen durchgeführt werden, müssen 66,5 Tausend Tonnen Walzgut, 80,1 Tausend Tonnen Röhren und 33,7 Tausend Tonnen Erzeugnisse

---

[178] Am Rand dieses Satzes befinden sich ein handschriftlich eingetragener Anmerkungsstrich und ein Fragezeichen.

zur Weiterverarbeitung und Metallwaren gegen frei konvertierbare Devisen angekauft werden, wofür die Bereitstellung einer Summe von 235 Mio. Rubel erforderlich ist. Gleichzeitig ist es notwendig, aus der Staatsreserve 5 Tausend Tonnen Weißblech freizugeben.

2. Über die Lieferung von Waren, die die DDR aus kapitalistischen Staaten einführen wollte
Wir halten es für möglich, der DDR durch die zusätzliche Bereitstellung von 4 Tausend Tonnen Aluminium, 2 Tausend Tonnen Aluminiumwalzerzeugnissen, 30 Tonnen Kobalt, 300 Tonnen Zinn, 7,5 Tausend Tonnen Naturkautschuk, 4 Tausend Tonnen Lederhäuten, 2,2 Tausend Tonnen Flaumwolle und 2 Tausend Tonnen halbgrober Wolle, 15 Tausend Tonnen Zellulose, 50 Tausend Kubikmeter Schnittholz, 100 Tausend Kubikmeter Schleifholz, 53 Tausend Quadratmeter Fensterglas, 75 Tausend Quadratmeter poliertem Glas und einer Reihe von anderen Waren zu helfen.

Zur Gewährleistung der Lieferung aufgeführter Waren ist es erforderlich, aus der Staatsreserve 6 Tausend Tonnen Aluminium, 30 Tonnen Kobalt, 300 Tonnen Zinn und 2,2 [Tausend] Tonnen Flaumwolle freizugeben sowie 72 Mio. Rubel in frei konvertierbaren Devisen für den Ankauf von Kautschuk, halbgrober Wolle, Vigognegarn, Azetylzellulose und einigen anderen Waren bereitzustellen. Die verbleibenden Güter sollten aus der Reserve des Ministerrates der UdSSR und der nicht verteilten Reserve geliefert werden. Was die Lieferungen von Kakaobohnen, Viskosezellulose, Polyamidseide und anderen Devisenwaren betrifft, so glauben wir, die bei uns bestehenden Devisenprobleme berücksichtigend, dass die DDR mit der Warenmenge auskommen sollte, die mit Hilfe der von ihr bereitgestellten 200 Mio. Rubel 1961, entsprechend dem Beschluss des Ministerrates der UdSSR vom 19. Juni 1959, gekauft werden soll. Zudem kann die DDR eigene Ankäufe durchführen.

3. Über zusätzliche Lieferungen von Eisen- und Manganerz sowie Erdöl, Butter und Fleisch aus der Sowjetunion
Wir denken, dass es möglich ist, der Bitte der DDR um eine Steigerung der Lieferungen von Eisenerz zuzustimmen und ergänzend zu der Menge, die in der Handelsvereinbarung für den Export in die DDR für 1961 vereinbart ist, 150 Tausend Tonnen Eisenerz aus Krivoj Rog, 90 Tausend Tonnen Eisenerzkonzentrat aus dem Gebiet der Halbinsel Kertsch, 120 Tausend Tonnen Schwefelkies und 300 Tonnen Peroxid bereitzustellen.

Wegen nicht vorhandener Ressourcen ist es allerdings unmöglich, der Bitte der DDR um die Lieferung von Manganerz der Sorte I nachzukommen. Deshalb wird vorgeschlagen, 15 Tausend Tonnen Manganerz der Sorte II aus Nikopol' zu liefern.

Die Ressourcenlage erlaubt es gleichfalls nicht, der Bitte der DDR um die Erhöhung der in der langjährigen Handelsvereinbarung für 1961 vorgesehenen 1900 Tausend Tonnen Erdöl auf bis zu 2500 Tausend Tonnen zu entsprechen[179]. Dabei wird berücksichtigt, dass die DDR einen Teil der Erdölprodukte in die BRD verkauft hat und mit der Kündigung des Interzonenhandelsabkommens der Verkauf in die BRD entfällt. Sollte der Handel mit der BRD wieder einsetzen, so kann auf diese Frage im Verlauf des Jahres zurückgekommen werden.

Bei der gegenwärtigen Ressourcenlage wird es möglich sein, der DDR 1961 36 Tausend Tonnen Butter anstelle der angefragten 47 Tausend Tonnen sowie 52 Tausend Tonnen

---

[179] Ulbricht hatte sich schon in einem Schreiben vom 23. 6. 1960 mit der Bitte an Chruščev gewandt, zusätzlich zu den für 1960 vereinbarten 1550 Tausend Tonnen Erdöl 365 Tausend Tonnen Erdöl im IV. Quartal 1960 an die DDR zu liefern. Gosplan sagte die zusätzlichen Lieferungen zu. Vgl. das Schreiben Ulbrichts an Chruščev vom 23. 7. 1960, in: SAPMO-BArch, DY 30/3707.

Fleisch anstelle der angefragten 75 Tausend Tonnen zu liefern. Für 1960 ist in der Handelsvereinbarung die Lieferung von 36 Tausend Tonnen Butter und 60 Tausend Tonnen Fleisch in die DDR, davon 10 Tausend Tonnen auf zusätzliche Bitte der DDR, vorgesehen.

Für die Lieferungen von Butter und Fleisch 1961 in die DDR ist es erforderlich, aus der Staatsreserve für besondere Zwecke 25 Tausend Tonnen Butter und 32 Tausend Tonnen Fleisch freizugeben.

4. Über die Lieferung von Erzeugnissen zur Komplettierung von Maschinen und Ausrüstungen, die von der [ost]deutschen Maschinenbauindustrie hergestellt werden, sowie von Produkten der Chemieindustrie

Die von Seiten der DDR angefragten Erzeugnisse zur Komplettierung der von der dortigen Industrie hergestellten Maschinen und Ausrüstungen sowie einiger Produkte der Chemieindustrie zum Austausch gegen früher von der BRD gelieferte erfordert umfangreiche technische Präzisierungen und Abstimmungen. Die Arbeit zur Präzisierung dieser Listen wird durch die eingetroffene Gruppe von 110 Spezialisten aus der DDR durchgeführt. Erst nach Durchführung der Gespräche mit den deutschen Spezialisten kann die Frage über mögliche Lieferungen dieser Erzeugnisse erörtert werden.

Es ist möglich, dass es nach Abklärung der Spezifikationen mit den deutschen Spezialisten erforderlich sein wird, einige Erzeugnisse und Chemikalien gegen Valuta anzukaufen.

5. Über die Lieferung von Walz- und Bauausrüstungen

Eine Verringerung der Lieferungen von Walzausrüstungen aus der DDR im Jahr 1961 ist nicht zweckmäßig, da diese Anlagen hauptsächlich für die Inbetriebnahme von Objekten der einheimischen Industrie vorgesehen sind.

Es wäre allerdings möglich, der Bitte um Verringerung der Lieferungen für Walzausrüstungen in den Jahren 1962–1965 um 17 Tausend Tonnen von deutscher Seite zu entsprechen. Was die Erhöhung der Liefermenge der Ausrüstungen aus der UdSSR in die DDR in den besagten Jahren um 60 Tausend Tonnen betrifft, so ist es zweckmäßig, diese Frage zu entscheiden, wenn die Ergebnisse der Gespräche zum Lieferumfang von Walzausrüstungen aus der Sowjetunion in die Chinesische Volksrepublik von 1961–1965 vorliegen.

Die Frage über die Lieferung von Bauausrüstungen sollte sinnvollerweise nach ihrer Prüfung durch die deutschen Spezialisten erörtert werden. Die deutschen Genossen sind damit einverstanden.

Insgesamt müssen zusätzliche Warenlieferungen im Umfang von etwa 800 Mio. Rubel durchgeführt werden, davon Ankäufe gegen frei konvertierbare Devisen im Wert von 307 Mio. Rubel. Hierfür ist es erforderlich, 69 Tonnen Gold zu verkaufen.

In den Gesprächen haben die deutschen Genossen erklärt, dass das Politbüro die Frage der Kompensation der zusätzlichen sowjetischen Lieferungen geprüft und entschieden hat, uns eigene Waren im Wert von 400–500 Mio. Rubel zu liefern. Für die Deckung der Differenz zwischen unseren Lieferungen und denen aus der DDR wird die Regierung der UdSSR um die Bereitstellung eines Kredites gebeten.

Der Ausgleich für unsere zusätzlichen Lieferungen wird nach Angaben der deutschen Genossen auf Kosten der Waren durchgeführt, die für den Export in die BRD vorgesehen waren – darunter Braunkohlebriketts –, wird aber auch einige Ausrüstungen und andere Waren umfassen, die durch Kürzungen beim Investitionsbau in der DDR frei werden. Eine Liste dieser Waren können die deutschen Genossen bislang nicht vorlegen, da sie einen Teil derer, die für den Export in die BRD vorgesehen waren, selber auf dem kapitalistischen Markt absetzen wollen, um so ihre Schulden gegenüber den kapitalistischen Staaten teilweise zu tilgen und einige Ankäufe selbst durchführen zu können.

Die Frage der Nomenklatur der zusätzlichen Warenlieferungen aus der DDR sollte bei den Handelsgesprächen über die gegenseitigen Warenlieferungen für 1961 entschieden werden. Nach diesen Gesprächen kann auch die Frage der Bereitstellung eines Kredits für die DDR geprüft werden.

Ein Entwurf für einen Beschluss des ZK der KPdSU ist beigefügt[180].

A. Kosygin
A. Mikojan
F. Kozlov[181]
V. Novikov[182]
A. Zasjad'ko[183]
M. Lesečko[184]
N. Patoličev

Quelle: RGAE, 4372/79/231, Bl. 123-127.

Nr. 18
Schreiben des Leiters der Abteilung Warenumsatz von Gosplan der UdSSR Trifonov an den stellvertretenden Vorsitzenden von Gosplan der UdSSR Orlov über zusätzliche Lebensmittellieferungen im Zeitraum 1962 bis 1965 in die DDR, 14. Februar 1961

Geheim

An Genossen G. M. Orlov[185]

Bezüglich Ihrer Anweisung zur Frage der Lieferungen von Lebensmitteln im Zeitraum 1962-1965 in die DDR teilt die Abteilung Warenumsatz Folgendes mit:

---

[180] Hier nicht dokumentiert.
[181] Frol Romanovič Kozlov (1908-1965): Politiker. 1960-1964 Sekretär des ZK der KPdSU für Kader- und Organisationsfragen.
[182] Vladimir Nikolaevič Novikov (1907-2000): Wirtschaftsfunktionär. 1958-1960 Vorsitzender von Gosplan der RSFSR, 1960-1962 Vorsitzender von Gosplan der UdSSR, 1962-1965 Vorsitzender der Kommission des Präsidiums des Ministerrates der UdSSR für Fragen des RGW im Rang eines Ministers, 1965-1980 stellvertretender Vorsitzender des Ministerrates der UdSSR.
[183] Aleksandr Fëdorovič Zasjad'ko (1910-1963): Wirtschaftsexperte. 1957-1958 Leiter der Abteilung Kohleindustrie bei Gosplan der UdSSR, 1958-1962 stellvertretender Vorsitzender des Ministerrates der UdSSR, gleichzeitig ab 1960 Vorsitzender des wissenschaftlich-wirtschaftlichen Rates beim Ministerrat der UdSSR, 1962 Pensionierung.
[184] Michail Avksent'evič Lesečko (1909-1984): Partei- und Wirtschaftsfunktionär. 1958-1962 1. Stellvertreter des Vorsitzenden von Gosplan der UdSSR, 1962-1980 stellvertretender Vorsitzender des Ministerrates der UdSSR, zugleich bis 1977 Ständiger Vertreter der UdSSR beim RGW.
[185] Georgij Michajlovič Orlov (1903-1991): Politiker. 1953-1954 Minister für Holz- und Papierindustrie der UdSSR, 1954-1957 Minister für Holzindustrie der UdSSR, 1958-1960 stellvertretender Vorsitzender von Gosplan der RSFSR, 1961-1962 1. Stellvertreter des Vorsitzenden von Gosplan der UdSSR, 1962-1965 Vorsitzender des Staatskomitees für holz-, zellulose-, und papierverarbeitende Industrie und Forstwirtschaft der UdSSR, 1965-1978 stellvertretender Vorsitzender des Staatskomitees für materiell-technische Sicherstellung.

Zu Butter:

Die Schlussfolgerungen des Staatlichen Wirtschaftsrates beim Ministerrat der UdSSR bezüglich der Lieferung von Butter und Ölsaaten in die DDR und deren Auswirkungen auf die laufende Planung der Volkswirtschaft sind richtig. Diese Lieferung über die Menge hinaus, die in der langjährigen Handelsübereinkunft vorgesehen ist, macht es notwendig, die Marktfonds bei Butter im Jahr 1962 auf 330 Tausend Tonnen gegenüber 370 Tausend Tonnen, die im Plan für 1961 festgesetzt sind, zu verringern.

Auch in den nachfolgenden Jahren wird die Lage angespannt bleiben.

Zu Fleisch und tierischem Fett:

Wir halten es für realisierbar, der DDR zwischen 1962 und 1964 jährlich 52 Tausend Tonnen Fleisch und 36 Tausend Tonnen tierische Fette zu liefern, das heißt, das Niveau beizubehalten, das für 1961 vorgesehen ist. 1965 kann entsprechend der Anforderung der DDR geliefert werden.

Eine Erhöhung der Lieferungen von Fleisch und tierischen Fetten in die DDR über die angegebene Menge hinaus zwingt zur Verringerung der für 1962–1965 vorgesehenen Marktfonds. Das führt zur Verschlechterung der Versorgung unserer Bevölkerung mit Fleisch und tierischen Fetten, vor allem im Jahr 1962, wenn die Ressourcen bei Fleisch und tierischen Fetten besonders angespannt sein werden.

Werden 1962 in die DDR 36 Tausend Tonnen tierische Fette geliefert, so beträgt der Marktfonds nach vorliegenden Berechnungen 680 Tausend Tonnen, während die Kennziffern für dieses Jahr 751 Tausend Tonnen vorsehen. 1963 wird der Marktfonds 735 Tausend Tonnen betragen, während die Kennziffer bei 803 Tausend Tonnen liegt.

14. Februar 1961
S. Trifonov[186]

Quelle: RGAE, 4372/79/680, Bl. 1.

Nr. 19

Mitschrift des Gespräches zwischen dem Ersten Sekretär des ZK der KPdSU Chruščëv und dem Ersten Sekretär des ZK der SED Ulbricht über den Ausbau der wirtschaftlichen und wissenschaftlich-technischen Zusammenarbeit zwischen der UdSSR und der DDR, 31. März 1961 (Auszug)

[…][187]

W. Ulbricht: Nun zu den wirtschaftlichen Fragen[188]. Hier gibt es einige Probleme, die wir gleichzeitig lösen müssen. Erstens, bei uns geht die volkswirtschaftliche Bilanz nicht

---

[186] S. Trifonov: Wirtschaftsexperte. 1961 Leiter der Abteilung Warenumsatz von Gosplan der UdSSR.
[187] Im Anschluss an eine Tagung des Politischen Beratenden Ausschusses der Mitgliederstaaten des Warschauer Vertrages in Moskau (18.–29. 3. 1961) traf Ulbricht mit Chruščëv zusammen. Eine deutsche Übersetzung zu den außenpolitischen Fragen des Gespräches ist zu finden in: Gerhard Wettig (Hrsg.), Chrustschows Westpolitik 1955 bis 1964, Band 3: Kulmination der Berlin-Krise (Herbst 1960 bis Herbst 1962), München 2011, S. 106–115. Der wirtschaftspolitische Teil wird hier erstmalig in deutscher Übersetzung vorgestellt.
[188] Ulbricht hatte in einem Schreiben an Chruščëv vom 19. 1. 1961 ein enges „Zusammenwachsen der Wirtschaften der DDR und der UdSSR" vorgeschlagen, in: SAPMO-BArch, DY 30/3708. Eine dement-

auf, das kann aber nicht geändert werden, wenn wir keine strukturellen Veränderungen durchführen. Wir haben im Moment ein zu breites Produktionssortiment. Zum Beispiel stellen wir im Bereich des Maschinenbaus 80 Prozent der weltweiten Nomenklatur her. Das ist ein wahres Kaufhaus.

N. S. Chruščëv: Ihr arbeitet wie Handwerker. Das ist einfach zu teuer.

W. Ulbricht: Ja. Im ZK sind wir übereingekommen, dieses zu ändern. Zum Beispiel müssen in der Textilindustrie die Typen der vorhandenen Maschinen verändert werden. Andere Maschinentypen sollen in der UdSSR und der ČSSR produziert werden. Die Forschungsarbeiten kann man gemeinsam organisieren. Unlängst war eine Delegation unserer Textilexperten bei Ihnen. Sie sahen sich die Textilmaschinen an, die Sie in Frankreich gekauft haben. Es stellte sich heraus, dass diese Maschinen besser sind als unsere, aber sie sind nicht die besten der Welt.

N. S. Chruščëv: Diese Textilmaschinen haben wir bei unserem alten Bekannten – dem Industriellen Boussac[189] – gekauft.

W. Ulbricht: Eine Zusammenarbeit unserer Konstrukteure ist notwendig. Das betrifft nicht nur den Textilmaschinenbau, sondern alle Bereiche. Man muss diese Arbeit konkret über den RGW entwickeln. Wir befinden uns hier in einer schwierigeren Lage als die anderen Länder der Volksdemokratien. Wir sind bereit, die Produktion einiger Maschinen einzustellen, aber die anderen Länder der Volksdemokratie wollen diese Typen nicht produzieren. Wie können wir da existieren? Wir tauschen Zeichnungen und Patente aus, aber das hilft wenig. Es ist notwendig, zusammenzuarbeiten.

Die zweite Frage – die Struktur. Wir meinen, dass bei uns der Waggonbau nicht entwickelt werden sollte, und fahren ihn bereits zurück. In den Schiffbau investieren wir bereits keine Mittel mehr. Gleiches trifft für die Brikettfabriken, den Bau von komplexen Fertigungsanlagen und die Herstellung von Ausrüstungen für die Zementindustrie zu. Alles verbleibt auf dem bisherigen Niveau, da die Produktion zu metallintensiv ist. Wir sollten die Chemie entwickeln und beim Maschinenbau besprechen, was zu produzieren ist.

N. S. Chruščëv: Entwickeln Sie den chemischen Anlagenbau.

W. Ulbricht: Wir müssen Ausrüstungen für die Feinmechanik, die Optik und die Keramik produzieren, wir sollten die arbeitsintensiven Produktionsbereiche entwickeln. Oder wir werden unsere Bilanz niemals ausgleichen, und wir werden ein Defizit haben. Heute sind wir gezwungen, solche Waren zu produzieren, für die wir mehr auf den Weltmärkten bekommen.

Ich spreche deshalb darüber, weil die Sache nicht nur in unserer Abhängigkeit von Westdeutschland liegt, sondern auch in der allgemeinen Struktur unserer Wirtschaft. Schon jetzt müssen entsprechende Perspektivpläne zur Überwindung dieser Strukturdefizite erarbeitet werden. Denn unsere Abhängigkeit von der BRD äußert sich nicht so wie bei Rumänien oder Polen, die gleichfalls einige Dinge aus Westdeutschland einführen, ohne die sie allerdings auch auskommen würden. Wir müssen uns spezialisieren und zusammenarbeiten. Heute tun dies die Kapitalisten besser als wir, die Konzerne arbeiten untereinander zusammen. Wir aber werkeln immer noch vor uns hin, wie die Schuhmacher.

---

sprechende Vereinbarung wurde am 30.5.1961 unterzeichnet. Vgl. ‚Neues Deutschland' vom 31.5.1961.

[189] Marcel Boussac (1889–1980): französischer Industrieller in der Textilindustrie. Dem französischen „Baumwoll-König" gehörten u. a. Textilfabriken, Gestüte, Rennställe, eine Bank und Immobilienfirmen. Er war Begründer des Modehauses Dior.

N. S. Chruščëv: Ich habe unlängst in der Zeitung gelesen, dass in Bulgarien mit der Produktion von Traktoren begonnen wurde. Aber bei einer geringen Stückzahl von Traktoren dürfte dies sehr teuer werden und nicht wirtschaftlich sein.

W. Ulbricht: Im RGW wurde festgelegt, wer welchen Traktor herstellen soll. Uns wurde gesagt: Die DDR braucht keine Traktoren herzustellen, sondern wird diese aus Rumänien und der Tschechoslowakei erhalten. Die Tschechoslowakei hat allerdings keine Traktoren geliefert, und die Traktoren aus Rumänien sind technisch so veraltet, dass sie es nicht erlauben, entsprechende angehängte landwirtschaftliche Geräte zu verwenden. Jetzt sind wir gezwungen, erneut die Eigenproduktion eines 54-PS-Traktors zu beginnen.

Es ist also nötig, auf der Grundlage der Spezialisierung eine Beseitigung unserer Abhängigkeit von der BRD zu erreichen. Sie haben allerdings recht damit, dass die Maschinen, für welche die entsprechenden Rohstoffe weder bei uns noch in der UdSSR vorhanden sind, aus der Produktion zu nehmen sind. Ich würde darum bitten, dass die sowjetische Gruppe, die sich mit Fragen der Reorganisation der Wirtschaft der DDR befasst, von dieser Perspektive ausgeht[190].

N. S. Chruščëv: Sie müssen sich mit unseren Genossen aus den Planungsorganen treffen und darüber verhandeln. Gen. Pervuchin sollte ruhig daran teilnehmen, er ist mit den Fragen der Planung gut vertraut.

Wenn die DDR nicht ihre Industrie auf die Massenproduktion umstellt, wird die BRD sie genauso schlagen, wie sie England, Frankreich, ja sogar die USA schlägt. Nur Japan kann mit ihr konkurrieren, da dort die Arbeitskraft billig ist.

W. Ulbricht: Westdeutschland hat nach dem Krieg bereits zweimal das Grundkapital erneuert und schlägt jetzt in einigen Bereichen die USA.

N. S. Chruščëv: Es kann sein, dass wir bei einigen Erzeugnissen direkt kooperieren müssen. Es könnte sein, dass es für Sie sinnvoll ist, den Feinmaschinenbau sowie die Produktion von Optik und Geräten zu entwickeln.

W. Ulbricht: Außerdem steht noch die Frage der wissenschaftlichen Zusammenarbeit. Ich weiß, dass es hier Überlegungen der Geheimhaltung gibt. Ich möchte mich aber dazu äußern, wie sich die Zusammenarbeit bisher entwickelt hat. Auf der Ebene der Ingenieure und Neuerer verläuft die Kooperation hervorragend. Gleichwohl ist sie auf der höchsten Ebene – auf dem Niveau der Akademie der Wissenschaften – schlecht. Der Präsident der Akademie der Wissenschaft Nesmejanov[191] hat unlängst zum ersten Mal Berlin besucht, obwohl unsere Akademie bereits seit vier Jahren existiert[192]. Bis dahin gab es zwischen den

---

[190] Während der Wirtschaftskrise 1960/61 beschloss die sowjetische Führung im Einvernehmen mit der SED-Führung, bei Gosplan eine besondere sowjetische Gruppe für die Probleme der Versorgung der DDR zu bilden, die unmittelbar mit einer Gruppe von ostdeutschen Spezialisten in Moskau zusammenarbeiten sollte. Zudem entsandte Gosplan eine Gruppe sowjetischer Experten zur SPK nach Ost-Berlin, die offiziell der sowjetischen Handelsvertretung in der DDR zugeordnet wurde. Vgl. André Steiner, Sowjetische Berater in den zentralen wirtschaftsleitenden Instanzen der DDR in der zweiten Hälfte der fünfziger Jahre, in: Jahrbuch für historische Kommunismusforschung (1993), S. 100–117, hier S. 117.

[191] Aleksandr Nikolaevič Nesmejanov (1899–1980): Chemiker. 1951–1961 Präsident der Akademie der Wissenschaften der UdSSR, 1954–1980 Direktor des Instituts für Element-Organische Verbindungen der Akademie der Wissenschaften der UdSSR.

[192] Hier ist offenbar die Deutsche Akademie der Wissenschaften zu Berlin (DAW) gemeint. Die DAW war im Sommer 1945 aus der Preußischen Akademie der Wissenschaften hervorgegangen und entwickelte sich bis zum Ende der 1950er Jahre aus einer traditionellen Gelehrtengesellschaft zu einer Forschungsakademie mit zahlreichen Forschungsinstituten. Ulbricht bezog sich mit seiner Äußerung

Akademien keine Kontakte. Unsere Wissenschaftler nahmen Nesmejanov mit großer Begeisterung auf. Gleichwohl teilte man mir nach dem ersten Tag mit, dass der Eindruck bestehe, dass Genosse Nesmejanov nur entsprechend dem Protokoll nach Berlin gekommen sei und auch dementsprechend vom Außenministerium der UdSSR instruiert worden war. Am anderen Tag wurden ihm unsere Institute für Chemie und Physik gezeigt, woraufhin er sagte, dass es ja bei uns doch irgendetwas gebe, er sei bisher davon ausgegangen, dass wir weit zurückliegen würden. Erst zum Ende seiner Visite entstanden freundschaftliche Beziehungen. Das hätte aber auch bereits vier Jahre früher geschehen können.

N. S. Chruščëv: Sie überschätzen den Einfluss unseres Außenministeriums. Ich denke, dass Nesmejanov nicht nur nicht weiß, was sich in der DDR tut, er weiß auch nicht, was in der Akademie der Wissenschaften selber geschieht. Das ist unser Unglück. Unsere Akademie der Wissenschaften ist vollkommen unregierbar. Wir haben schon die Frage ihrer Reorganisation vorbereitet. Beim Ministerrat wird ein Komitee zur Organisation der wissenschaftlichen Forschung geschaffen. Nesmejanov wird zum Kollegium des neuen Komitees gehören.

W. Ulbricht: Bei uns gibt es jetzt einen Forschungsrat bei der Regierung[193]. Dort sitzen kluge Leute, sie erfüllen unsere Aufgaben und unterminieren die Akademie[194]. Bis jetzt hatte diese Institution keinen eigenen Apparat. Jetzt geben wir ihnen einen entsprechenden Apparat, und sie werden die Forschungsinstitute durch Perspektivpläne koordinieren[195]. Ihre Maßnahmen interessieren uns, da wir auch die Wissenschaftsführung umbau-

---

wahrscheinlich auf die Gründung der „Forschungsgemeinschaft der naturwissenschaftlichen, technischen und medizinischen Institute der Akademie der Wissenschaften zu Berlin" im Mai 1957. In ihr wurden die 39 damals zur DAW gehörenden und bis dahin den Klassen zugeordneten naturwissenschaftlichen, technischen und medizinischen Institute separiert und vereinigt. Die Gelehrtengemeinschaft und die geisteswissenschaftliche Forschung bildeten nach der Gründung der Forschungsgemeinschaft somit eine Art „Restakademie". Vgl. Peter Nötzoldt, Der Weg zur „sozialistischen Forschungsakademie". Zum Wandel des Akademiegedankens in der SBZ/DDR zwischen 1945 und 1968, in: Dieter Hoffmann/Kristie Macrakis (Hrsg.), Naturwissenschaft und Technik in der DDR, Berlin 1997, S. 125–146, hier S. 137.

[193] Im August 1957 konstituierte sich der Forschungsrat der DDR, der dem Ministerrat unterstellt wurde und dem die führenden Natur- und Technikwissenschaftler der DDR angehörten, so z. B. der Physiker Manfred von Ardenne und der Biochemiker Samuel Mitja Rapoport. Die Mitglieder des Forschungsrates, deren Anzahl auf 45 begrenzt war, wurden vom Vorsitzenden des Ministerrates jeweils für drei Jahre in ihre Funktionen berufen. Zum Vorsitzenden berief Otto Grotewohl den Physiochemiker Peter Adolf Thiessen, der in den Jahren von 1945 bis 1956 in der UdSSR wissenschaftlich gearbeitet hatte und nach seiner Rückkehr 1956 zum Professor für physikalische Chemie an der Humboldt-Universität zu Berlin und Direktor des Instituts für Physikalische Chemie der DAW berufen wurde. Vgl. Johannes Bähr, Entwicklung und Blockaden des Planungssystems für Forschung und Technik, in: Dierk Hoffmann (Hrsg.), Die zentrale Wirtschaftsverwaltung in der SBZ/DDR. Akteure, Strukturen, Verwaltungspraxis, München 2016, S. 363–422; Wagner, Der Forschungsrat der DDR.

[194] Tatsächlich griff die Bildung des Forschungsrates in die Kompetenzen der Deutschen Akademie der Wissenschaften (DAW) und deren Möglichkeiten zur Profilierung und Initiierung komplexer Forschungsprogramme ein. Die SED-Führung versuchte, über den Forschungsrat mehr Einfluss auf das Forschungsprofil der Akademieinstitute zu gewinnen. Die Gründung des Forschungsrates schränkte die wissenschaftspolitische und organisatorische Sonderstellung der DAW ein.

[195] Am 7.12.1960 trat erstmals ein Vorstand des Forschungsrates zusammen, dem ein Sekretariat zugeordnet wurde. Im Vorstand des Forschungsrates befanden sich der Vorsitzende des Forschungsrates, sein 1. Stellvertreter und mindestens fünf weitere Stellvertreter. Der Forschungsrat sollte, ausgehend von international erkennbaren Entwicklungstrends, in den 1960er Jahren den wissenschaftlich-techni-

en müssen. Wir werden die gegenwärtige Lage ändern. Unlängst war ich in einem Textilwerk, und die Arbeiter zeigten mir „neue" Maschinen, die bereits 1928 konstruiert worden waren.

N. S. Chruščëv: Bei uns werden auch manchmal noch alte Maschinen hergestellt. Dabei wird darauf verwiesen, dass dies bei der örtlichen Produktion geschehe. Aber das Metall ist doch allgemeiner Besitz.

Jetzt kaufen wir moderne Ausrüstung in Japan und auch bei Boussac. Ich habe mit ihm gute Beziehungen. Als ich in Frankreich war, hat er gesagt, dass er niemanden in sein Konstruktionsbüro lässt, aber die sowjetischen Leute erhalten Zutritt. Wir haben bei ihm Maschinen gekauft, denn die Textilproduktion hinkte bei uns zurück. Wir haben uns bis jetzt mit Rüstungstechnik und anderen Dingen beschäftigt, bis zur Textilindustrie haben wir es noch nicht geschafft. Jetzt haben wir auch in Amerika Textilmaschinen gekauft. Die Amerikaner, so scheint es, wollen mit uns handeln.

W. Ulbricht: Wir produzieren einige Typen von Textilmaschinen, die zu den besten der Welt gehören[196].

N. S. Chruščëv: Bauen Sie diese für uns, dann können Sie viele Exemplare herstellen. Denn es ist eine Frage der Massenproduktion. Bei Erzeugnissen, die in Kleinserien gefertigt werden, gehen Sie bankrott.

W. Ulbricht: Die chemische Industrie bereitet uns die meisten Unannehmlichkeiten. Der Plan für die Chemie wurde jetzt so weit gekürzt, dass selbst die Chemiker unzufrieden sind.

N. S. Chruščëv: Wer hat denn gekürzt?

W. Ulbricht: Wir selber, da uns die Rohstoffe nicht reichen. In Guben haben wir den Bau eines Kunstfaserwerks auf Eis gelegt. Wir haben die Fertigstellung des Baus des Kombinats Buna um 2-3 Jahre gestreckt[197]. In diesem Jahr betrug das Wachstum bei der Chemieindustrie nur 6 Prozent. Das ist völlig unzureichend.

N. S. Chruščëv: Als ich von meiner Reise aus den Gebieten der landwirtschaftlichen Produktion zurückgekehrt bin, habe ich gesagt, dass wir die Produktion von Gummi und Reifen entwickeln müssen, da bei uns die Reifen für Automobile und Traktoren nicht reichen. Jetzt eignen wir uns die direkte Produktion von Kautschuk aus Erdgas an. Die

---

schen Forschungsvorlauf für die „sozialistische Rationalisierung" und Intensivierung der Produktion fördern und organisieren. Dazu bildete er verschiedene Beratungsgremien (Gruppen, Kommissionen, Arbeitskreise), die dafür zu sorgen hatten, dass in den Planvorgaben alle einschlägigen Entwicklungen von der Grundlagenforschung bis zur Produktion berücksichtigt würden. Aufgrund der Analyse zukunftsträchtiger Aufgabengebiete initiierte der Forschungsrat wissenschaftlich-technische Konzeptionen für Erzeugnisse, Technologien und Verfahren.

[196] Textilmaschinen wurden u. a. in Karl-Marx-Stadt (VEB Spinnereimaschinenbau) hergestellt. Die verschiedenen Fabriken, die Textilmaschinen herstellten, wurden 1978 zu einem VEB Kombinat Textima Karl-Marx-Stadt zusammengeführt.

[197] Der VEB Chemische Werke Buna in Schkopau entstand nach 1945 aus einer Tochtergesellschaft des zur I.G. Farben gehörenden Ammoniakwerks Merseburg, der u. a. Synthesekautschuk herstellte. Die Chemiefabrik wurde 1954 von einer Sowjetischen Aktiengesellschaft (SAG) in einen volkseigenen Betrieb (VEB) überführt und von 1958 bis 1960 durch den Bau neuer Anlagen erweitert. Mit der Inbetriebnahme der neu errichteten Carbidfabrik 1960 wurde der VEB Chemische Werke Buna zum größten Carbid-Produzenten der Welt. Die polymere Kunststoffproduktion wurde in den 1960er Jahren unter dem Slogan „Plaste und Elaste aus Schkopau" zum prägenden Markenzeichen des Chemiebetriebes. Aus den Schkopauer Buna-Werken entstand 1970 das Kombinat VEB Chemische Werke Buna.

Produktion von Kautschuk aus Gas ist sehr billig, da das Gas quasi ein Begleiter des Erdöls ist. Zudem verringern sich in Verbindung mit der Vereinfachung des Herstellungsprozesses die Kosten für die Ausrüstung.

Es hat aufgezeichnet:

V. Koptel'cev

Quelle: RGANI, Bestand 52, Findbuch 1, Akte 557, Bl. 123-128.

Nr. 20
Schreiben des Vorsitzenden von Gosplan der UdSSR Novikov an das ZK der KPdSU über die bevorstehende Reise einer Wirtschaftsdelegation der DDR nach Moskau, 15. August 1961

Geheim

An das ZK der KPdSU

Entsprechend der Weisung des Präsidiums des ZK der KPdSU fand am 5. August 1961 ein Treffen der Genossen A. F. Zasjad'ko, V. N. Novikov und K. N. Rudnev[198] mit dem Vorsitzenden der Wirtschafskommission beim Politbüro des ZK der SED Gen. Apel und dem Sekretär des ZK der SED Gen. Honecker[199] statt[200].
    Im Verlauf dieses Gespräches teilte Gen. Apel auf Anweisung von Gen. Ulbricht mit, dass das ZK der SED und die Regierung der DDR beabsichtigen, eine Wirtschaftsdelegation der Regierung nach Moskau zu entsenden. Zweck sollen Gespräche mit den Planungsorganen der Sowjetunion über Maßnahmen sein, die sich aus einem möglichen Bruch der Wirtschaftsbeziehungen mit der BRD ergeben könnten.

---

[198] Konstantin Nikolaevič Rudnev (1911–1980): Rüstungsexperte. 1958–1961 stellvertretender Vorsitzender des Staatskomitees für Verteidigungstechnik, 1961–1965 stellvertretender Vorsitzender des Ministerrates der UdSSR, 1965–1980 Minister für den Anlagenbau von Mitteln zur Automatisierung und Lenkungssysteme der UdSSR.
[199] Erich Honecker (1912–1994): Politiker. 1930 Mitglied der KPD, 1946 der SED, 1937–1945 Zuchthaus Brandenburg wegen illegalen Widerstandes gegen den Nationalsozialismus, 1946–1955 Vorsitzender der Freien Deutschen Jugend (FDJ), ab 1950 Kandidat und ab 1958 Mitglied des Politbüros, ab 1958 Sekretär des ZK der SED für Sicherheits- und Kaderfragen, 1971–1989 Erster Sekretär bzw. Generalsekretär des ZK der SED, 1971–1989 Vorsitzender des Nationalen Verteidigungsrates, 1976–1980 Vorsitzender des Staatsrates, 1989 Rücktritt von allen Ämtern.
[200] Am Vortag hatte Ulbricht in einem langen Schreiben an Chruščëv die sowjetische Führung über die eklatanten wirtschaftlichen Probleme der DDR informiert und dafür vor allem die offene Grenze verantwortlich gemacht. Dieses Schreiben war für die Begründung des Mauerbaus von erheblicher Bedeutung. Der Brief ist abgedruckt in: André Steiner, Politische Vorstellungen und ökonomische Probleme im Vorfeld der Errichtung der Berliner Mauer. Briefe Walter Ulbrichts an Nikita Chruschtschow, in: Hartmut Mehringer (Hrsg.), Von der SBZ zur DDR. Studien zum Herrschaftssystem in der Sowjetischen Besatzungszone und in der Deutschen Demokratischen Republik, München 1995, S. 254–268.

Nach Mitteilung des Vertreters der Staatlichen Plankommission der DDR in der UdSSR Gen. Henke[201] vom 12. August 1961 werden mit den Delegierten auch Gen. Apel sowie der Vorsitzende der Staatlichen Plankommission der DDR Gen. Mewis[202] und der Vorsitzende des Volkswirtschaftsrates der DDR Gen. Neumann[203] anreisen. Das Eintreffen der Wirtschaftsdelegation der DDR in Moskau ist für den 17. August 1961 geplant.

Ich bitte darum, die beigelegten Entwürfe für Beschlüsse des ZK der KPdSU und Anordnungen des Ministerrates der UdSSR in dieser Frage zu prüfen[204].

Der Vorsitzende von Gosplan der UdSSR

V. Novikov

Quelle: RGAE, 4372/79/939, Bl. 2.

Nr. 21
Schreiben des Vorsitzenden von Gosplan der UdSSR Novikov an das ZK der KPdSU über zusätzliche Wirtschaftshilfen für die DDR, 14. September 1961

Geheim

An das ZK der KPdSU

Über zusätzliche Hilfe für die Deutsche Demokratische Republik

Aufgrund der Bitte der Regierung der Deutschen Demokratischen Republik um zusätzliche Hilfeleistungen im Zusammenhang mit dem möglichen Abbruch der Wirtschafts-

---

[201] Georg Henke (1908–1986): Wirtschaftsfunktionär, Diplomat. 1931 Mitglied der KPD, 1946 der SED, 1950–1955 Vertreter der SPK im Büro des RGW in Moskau, 1955–1958 stellvertretender Vorsitzender der SPK, 1961 Leiter der SPK-Vertretung bei Gosplan in Moskau, 1961 Mitglied der Außenpolitischen Kommission des Politbüros, 1961–1963 Leiter der Hauptabteilung Internationale Beziehungen und Außenhandel der SPK, 1963–1967 Leiter der Abteilung Wirtschaftspolitik im MfAA, 1968–1972 Botschafter in der Koreanischen Demokratischen Volksrepublik.
[202] Karl Mewis (1907–1987): Politiker. 1924 Mitglied der KPD, 1946 der SED, 1929–1932 Sekretär der KPD-Bezirksleitung Magdeburg-Anhalt, 1937/38 Leitung der Internationalen Brigaden im spanischen Bürgerkrieg, 1938–1945 Emigration in die Tschechoslowakei und nach Schweden, 1946–1949 Sekretär der SED-Landesleitung Berlin, 1951–1952 Erster Sekretär der SED-Landesleitung Mecklenburg, 1952–1961 Erster Sekretär der SED-Bezirksleitung Rostock, 1961–1963 Vorsitzender der SPK, 1958–1963 Kandidat des Politbüros, 1960–1963 Mitglied des Staatsrates, 1963–1968 Botschafter der DDR in Polen.
[203] Alfred Neumann (1909–2001): Politiker. 1929 Mitglied der KPD, 1946 der SED, 1934–1937 Emigration nach Dänemark, Schweden und in die UdSSR, 1939 Emigration nach Frankreich, 1942–1945 Zuchthaus Brandenburg-Görden, 1949–1951 Sekretär der SED-Landesleitung Berlin, 1951–1953 stellvertretender Oberbürgermeister von Ost-Berlin, 1953–1957 Erster Sekretär der SED-Bezirksleitung Berlin, 1954 Kandidat und 1958–1989 Mitglied des Politbüros, 1961–1965 Vorsitzender des Volkswirtschaftsrates, 1965–1968 Minister für Materialwirtschaft, 1968–1989 1. Stellvertreter des Vorsitzenden des Ministerrates.
[204] Hier nicht dokumentiert.

beziehungen zwischen der DDR und der Bundesrepublik Deutschland[205] hat der Ministerrat der UdSSR am 17. August 1961 Gosplan der UdSSR, den Staatlichen Wirtschaftsrat beim Ministerrat der UdSSR für laufende Planung der Volkswirtschaft und das Staatskomitee des Ministerrates der UdSSR für die Koordinierung der wissenschaftlich-technischen Arbeit angewiesen, zusammen mit dem Ministerium für Außenhandel und dem Staatskomitee beim Ministerrat der UdSSR für außenwirtschaftliche Beziehungen Gespräche mit der Wirtschaftsdelegation der Regierung der Deutschen Demokratischen Republik zu führen.

Die Wirtschaftsdelegation der Regierung der DDR mit den Genossen Apel – Kandidat des Politbüros und Sekretär des ZK der SED, Mewis – Kandidat des Politbüros und Vorsitzender der Staatlichen Plankommission der DDR, Neumann – Mitglied des Politbüros des ZK der SED und Vorsitzender des Volkswirtschaftsrates der DDR – und anderen leitenden Mitarbeitern, die am 24. August 1961 in Moskau eintraf, stellte während der Gespräche folgende Hauptfragen, die mit der Gewährleistung der weiteren Entwicklung der Wirtschaft der Deutschen Demokratischen Republik in den Jahren 1961 bis 1962 verbunden sind:

über zusätzliche Hilfeleistungen für die Deutsche Demokratische Republik im Jahr 1962 bei Getreide und Lebensmitteln (Fleisch und Butter);

über zusätzliche Lieferungen von Rohstoffen, Materialien und Ausrüstungen in den Jahren 1961 und 1962 aus der UdSSR in die DDR in Verbindung mit der vom Politbüro des ZK der SED getroffenen Entscheidung über die Erhöhung des Wachstumstempos der Industrieproduktion der DDR im Jahr 1962[206];

über die Übergabe von Rohstoffen und Materialien aus der Sondermaterialreserve des Ministerrates der UdSSR in die Verfügung der Regierung der DDR zur Deckung des laufenden Bedarfs, da – nach Meinung der deutschen Delegation – der Abbruch der Handelsbeziehungen zwischen der BRD und der DDR in diesem Jahr unausweichlich sein wird;

über die Anwerbung von Arbeitern und ingenieurtechnischem Personal aus der Sowjetunion für die Arbeit in der Industrie der DDR;

über technische Unterstützung von Seiten der Sowjetunion beim Bau wichtiger Industrieobjekte in der DDR im Zeitraum 1961 bis 1963 und über einige Fragen zur Organisation der wissenschaftlich-technischen Zusammenarbeit zwischen der UdSSR und der DDR;

über die Kürzung der Lieferungen bei einigen Rohstoffen, Materialien, Schiffen, Maschinen und Ausrüstungen aus der DDR in die UdSSR;

über einige Fragen des Transportes.

Nach Erörterung der Fragen, die von der Wirtschaftsdelegation der DDR gestellt wurden, teilen wir Folgendes mit:

---

[205] Im Kontext der Ost-West-Konfrontation befürchtete die SED-Führung den Abbruch der deutsch-deutschen Handelsbeziehungen. In den Wirtschaftsverhandlungen zwischen der DDR und der UdSSR forderten die DDR-Vertreter deshalb, sowjetische Produkte und Rohstoffe als „Materialreserve" für den erwarteten Ausfall der Importgüter aus der Bundesrepublik bereitzuhalten, falls es tatsächlich zu einem Handelsabbruch durch die Bundesrepublik kommen sollte. Vgl. Wettig, Chruschtschows Berlin-Krise, S. 125f.
[206] Auf seiner Sitzung am 29. 8. 1961 hatte das Politbüro das „Produktionsaufgebot" als großangelegte Kampagne zur Steigerung der Industrieproduktion beschlossen. Unter der Losung „In der gleichen Zeit für gleiches Geld mehr produzieren!" sollten die Beschäftigten in den Betrieben von der gewerkschaftlichen Massenorganisation dazu mobilisiert werden, die Produktion nicht aus materiellem Interesse, sondern aus ideologischen Gründen deutlich zu steigern, um die ausgebrochene Wirtschaftskrise zu überwinden. Vgl. SAPMO-BArch, DY 30/J IV 2/2/788.

Über zusätzliche Hilfeleistungen für die DDR im Jahr 1962 bei Getreide und Lebensmitteln (Fleisch und Butter)

Die deutschen Genossen haben sich mit der Bitte um die Erhöhung der Lieferungen von Futtergetreide im Jahr 1962 an uns gewandt. Es geht um 1500 Tausend Tonnen zusätzlich zu den 1700 Tausend Tonnen, welche die langfristige Handelsvereinbarung vorsieht, sowie um zusätzlich 8 Tausend Tonnen Fleisch und 7 Tausend Tonnen Butter zu der Menge, die in der laufenden Vereinbarung vorgesehen ist. Diese Bitte wird damit begründet, dass bedingt durch die ungünstigen klimatischen Bedingungen 1961 eine schlechte Ernte erwartet wird. Das in Verbindung damit entstehende Defizit an Futtermitteln kann 1962 zu einem Rückgang der Produktion von Fleisch, Milch und Butter führen. Außerdem kann nach Meinung der deutschen Genossen die unzureichende Futtermittelversorgung zu einer Verringerung der Großviehbestände führen, wodurch es Schwierigkeiten bei der Erfüllung des Planes der Tierproduktion für 1963 geben könnte.

Um der DDR Hilfe zu leisten, halten wir es für möglich, ihr für 1962 den Vorschlag über eine zusätzliche Lieferung von 500 Tausend Tonnen Futtergetreide über die 5 Mio. Tonnen hinaus, die entsprechend dem Beschluss des Präsidiums des ZK der KPdSU vom 24. August 1961 für den Export bereitgestellt worden sind, zu unterbreiten. Die angegebene Menge von Getreide aus den 5 Mio. Tonnen zu entnehmen, die vom Präsidium des ZK der KPdSU am 24. August 1961 festgelegt wurden, ist allerdings nicht möglich, da aus diesem Vorrat bereits Lieferungen in die DDR und die sozialistischen Staaten im Umfang von 3362 Tausend Tonnen und in die kapitalistischen Staaten von 1638 Tausend Tonnen vorgesehen sind.

Hinsichtlich Fleisch und Butter sollte der Bitte der deutschen Seite entsprochen werden. Unter Berücksichtigung der zusätzlichen Hilfe beträgt der Umfang der Fleischlieferungen in die DDR im Jahr 1962 78 Tausend Tonnen und bei Butter 57 Tausend Tonnen gegenüber 52 Tausend Tonnen Fleisch und 36 Tausend Tonnen Butter, die 1961 in die DDR geliefert werden.

Berücksichtigend, dass die Bitte der DDR bei Futtergetreide nur teilweise erfüllt werden kann, sollte den deutschen Freunden empfohlen werden, für die Viehfütterung 1 Mio. Tonnen Zuckerrüben einzusetzen, die ursprünglich zur Zuckerherstellung vorgesehen waren.

Dabei kann der infolgedessen in der DDR nicht produzierte Zucker mittels zusätzlicher Lieferungen von 150 Tausend Tonnen Rohzucker aus der Sowjetunion kompensiert werden.

Über die zusätzlichen Warenlieferungen aus der UdSSR in die DDR im Zeitraum 1961/62

Wie die Delegation der DDR erklärte, ist nach Erörterung der Frage des Wachstumstempos der Industrieproduktion für 1962 im Politbüro des ZK der SED anerkannt worden, dass das ursprünglich im Planentwurf für die Entwicklung der Volkswirtschaft vorgesehene Wirtschaftswachstum von 5,2 Prozent unzureichend ist und nicht die Erfüllung der Aufgaben des Siebenjahrplanes für 1963 gewährleistet. Das Politbüro des ZK der SED ist zu dem Schluss gekommen, dass ein Wachstum der Industrieproduktion von 7–7,5 Prozent erzielt werden muss, um 1963 das im Siebenjahrplan festgelegte Niveau der Industrieproduktion zu garantieren[207].

---

[207] Das Politbüro beschäftigte sich im Sommer 1961 wiederholt mit den Vorgaben für das Wachstumstempo der Industrieproduktion. Für den Volkswirtschaftsplan 1962 wurden die Kennziffern erhöht. Vgl. die Sitzung des Politbüros am 27. 6. 1961, in: SAPMO-BArch, DY 30/J IV 2/2/770, sowie am 28. 7. 1961, in: SAPMO-BArch, DY 30/J IV 2/2/780.

Für die Sicherstellung des beabsichtigten Wachstumstempos der Industrie im Jahr 1962 und zur Erfüllung des Planes für 1961 hat sich die deutsche Seite mit der Bitte an uns gewandt, die Warenlieferungen für 1961 um 85 Mio. Rubel, für 1962 um 275 Mio. Rubel zu erhöhen. Für das Jahr 1961 bittet die DDR darum, zusätzlich 908 Tausend Tonnen Steinkohle, 3000 PKW, 5,4 Tausend Tonnen Baumwolle, 15,2 Tausend Tonnen Pflanzenöl und 17 Tausend Tonnen Reis sowie andere Waren zu erhalten.

Von den realen Möglichkeiten ausgehend, kann der Bitte der Regierung der DDR teilweise entsprochen und die Zustimmung zur Lieferung von Waren im Wert von 22 Mio. Rubel aus der UdSSR in die DDR gegeben werden, darunter 280 Tausend Tonnen Steinkohle, 29 Tausend Tonnen metallurgischer Koks, 6,4 Tausend Kubikmeter Schnittholz, einige Arten von chemischen Produkten sowie Erzeugnisse der Leicht- und Lebensmittelindustrie. 1961 könnten gleichfalls zusätzlich 200 Tausend Tonnen Donezker Magerkohle durch Verringerung der dortigen Schachtreserven geliefert werden, vorausgesetzt, dass die deutsche Seite ihrer Nutzung zustimmt. Gegenwärtig wird in den Betrieben der DDR diese Kohle unter Beteiligung sowjetischer Spezialisten erprobt. Die Lieferung von zusätzlich 280 Tausend Tonnen verkokbarer Kohle ist nicht möglich, da die Reserven an dieser Kohle bei den metallurgischen Werken im Süden der UdSSR gerade einmal für 3–4 Tage reichen.

Für 1962 erbittet die deutsche Seite zusätzliche Lieferungen von 3300 Tausend Tonnen Steinkohle, 230 Tausend Tonnen metallurgischem Koks, 181 Tausend Tonnen Walzstahlerzeugnissen aus Schwarzmetall und Röhren sowie um Maschinen und Ausrüstungen im Wert von 50 Mio. Rubel und einige Arten von chemischen Produkten sowie Erzeugnisse der Leicht- und Lebensmittelindustrie.

Für 1962 halten wir es für realistisch, das Einverständnis zu einer Steigerung der Lieferungen aus der Sowjetunion in die DDR um 123 Mio. Rubel zu geben. So können u. a. 1800 Tausend Tonnen Gas- und Magersteinkohle aus Donezk, 100 Tausend Tonnen Koks, 8 Tausend Tonnen Chromerz, 77,5 Tausend Tonnen Walzstahlerzeugnisse aus Schwarzmetall und Röhren sowie einige Arten von chemischen Produkten, Holz, Papier, Fensterglas und andere Waren geliefert werden. Zudem kann die DDR 1500 Tausend Tonnen Anthrazitgrus und -staubkohle beziehen, falls die deutsche Seite dazu ihre Zustimmung gibt.

Eine detaillierte Liste der Waren, welche die deutsche Seite 1961 und 1962 zusätzlich zu liefern erbittet, ist im Anhang aufgeführt[208].

Was die zusätzlichen Lieferungen von Maschinen und Ausrüstungen im Zeitraum 1961 bis 1962 betrifft, so waren die Vorschläge der deutschen Seite bei vielen Produkten des Maschinenbaus ohne die nötigen Spezifikationen und technischen Daten. Deshalb ist es bislang nur teilweise möglich, der Bitte der deutschen Seite um die Sendung einiger Arten von Schmiede- und Pressenausrüstungen, Straßenbaumaschinen, Geräten und anderen Ausrüstungen zu entsprechen.

Nach Weisung des Ministerrates der UdSSR vom 12. August 1961 setzen Gosplan der UdSSR und der Staatliche Wirtschaftsrat beim Ministerrat der UdSSR für die laufende Planung der Volkswirtschaft gegenwärtig die gemeinsame Arbeit mit den deutschen Spezialisten fort, um die Spezifikationen und technischen Daten dieser Ausrüstungen zu präzisieren. Danach werden dem Ministerrat der UdSSR entsprechende ergänzende Vorschläge unterbreitet.

---

[208] Hier nicht dokumentiert.

Über die Sondermaterialreserve

Entsprechend seinem Beschluss Nr. 761-327 vom 12. August 1962[209] schafft der Ministerrat der UdSSR eine Sondermaterialreserve für die DDR für den Fall des Abbruchs der Handelsbeziehungen zwischen der BRD und der DDR[210]. Es wurden entsprechende Richtlinien zu deren Nutzung festgelegt.

Die deutsche Seite stellte die Frage, ob Rohstoffe und Materialen, die zur besagten Reserve gehören, der Regierung der DDR bereits zur Nutzung für den laufenden Bedarf in Industrie und Bau im Jahr 1961 übergeben werden könnten, da der Abbruch der Handelsbeziehungen mit der BRD noch in diesem Jahr eintreten wird. Wir halten die Übergabe dieser Ressourcen an die Regierung der DDR für zu früh, da sie lediglich für den Fall vorgesehen sind, dass tatsächlich der Abbruch der Wirtschaftsbeziehungen zur BRD eintritt. Sollte der Handel mit der BRD weiter fortgesetzt werden, so ist besagte Reserve für die Zwecke der Volkswirtschaft der UdSSR zu nutzen.

Für die Präzisierung der Spezifikation und die Abstimmung der nötigen Daten wäre es zweckmäßig, wenn der deutschen Seite der Umfang und die Zusammensetzung der Waren, die zu dieser Reserve gehören, sowie die Bedingungen für deren Nutzung mitgeteilt würden.

Über die Anwerbung von Arbeitern und ingenieurtechnischem Personal aus der Sowjetunion zur Arbeit in der Industrie der DDR

Die Wirtschaftsdelegation der Regierung der DDR hat sich mit der Bitte an uns gewandt, aus der Sowjetunion 40 Tausend Arbeiter und ingenieurtechnisches Personal zur Arbeit in der Industrie der DDR für die Dauer von drei bis fünf Jahren anzuwerben. Davon sollen 16 600 qualifizierte Arbeiter, 22 500 ungelernte Arbeitskräfte und 900 ingenieurtechnisches Personal sein. Die deutschen Genossen erklärten, dass die Vorschläge über die Bedingungen des Einsatzes der Arbeiter und des ingenieurtechnischen Personals aus der Sowjetunion in der Industrie der DDR bislang vorläufig seien und eine weitere gemeinsame Prüfung erforderlich sei. Wir halten es für möglich, qualifizierte Arbeiter und ingenieurtechnisches Personal zu entsenden, ungelernte Arbeitskräfte aber nicht.

Entsprechend der mit der deutschen Seite erzielten Übereinkunft halten wir es für notwendig, zur Vorbereitung der Vorschläge in dieser Frage eine zweiseitige Kommission aus Vertretern der zuständigen sowjetischen und deutschen Organe zu bilden. Von Seiten der UdSSR sollten dieser Vertreter des Staatskomitees beim Ministerrat der UdSSR für technische Berufsausbildung, des Staatskomitees beim Ministerrat der UdSSR für Fragen der Arbeit und der Entlohnung sowie des Staatskomitees beim Ministerrat der UdSSR für außenwirtschaftliche Beziehungen angehören.

---

[209] Hier nicht dokumentiert.
[210] Für den Fall eines westlichen Embargos bei Abschluss eines separaten Friedensvertrages mit der DDR hatte der Ministerrat der UdSSR in einem Beschluss vom August 1961 eine Sonderreserve aus Beständen der sowjetischen Staatsreserve in Aussicht gestellt. Die Materialreserve sollte die ausfallenden Lieferungen der Bundesrepublik ersetzen und bereitgestellt werden, wenn es zu einem vollständigen Abbruch des innerdeutschen Handels kommen sollte. Ende Oktober 1961 bat Ulbricht um die Freigabe dieser Sonderreserve, da die Wirtschaftsprobleme dramatisch anwuchsen. Chruščëv lehnte es jedoch ab, die Wirtschaft der DDR permanent mit außergewöhnlichen Hilfsleistungen zu stabilisieren. Chruščëv hatte erwartet, dass sich mit dem Mauerbau die ostdeutschen Wirtschaftsprobleme lösen lassen. Erst als Ulbricht Ende Februar 1962 in Moskau mit Chruščëv zusammentraf, war die UdSSR zu einem Entgegenkommen bereit. Vgl. Wettig, Chruschtschows Berlin-Krise, S. 126 und 201.

Über technische Hilfe der Sowjetunion beim Bau von Industriebetrieben und -objekten in der DDR
Die deutsche Seite hat sich mit der Bitte um technische Hilfeleistungen beim Bau von Betrieben zur Produktion von Betonelementen, Objekten zur Erdölförderung, Vorrichtungen zur Schmelze von Zinnkonzentrat und Blei-Zinkstaub sowie bei der Rekonstruktion von Kupferschmelzbetrieben und einer Reihe anderer Objekte an uns gewandt. Gleichzeitig wurde der Wunsch geäußert, zwischen 1961 und 1963 sowjetische Spezialisten einzelner Industriebereiche in die DDR zu entsenden.

Das Staatskomitee für außenwirtschaftliche Beziehungen beim Ministerrat der UdSSR soll angewiesen werden, die Prüfung dieser Fragen sowie die Gespräche mit der deutschen Seite bis zum 15. Oktober abzuschließen und dem Ministerrat der UdSSR entsprechende Vorschläge vorzulegen. Zur Lösung verschiedener wissenschaftlicher Probleme und bei der wissenschaftlich-technischen Zusammenarbeit allgemein schlug die Delegation der DDR vor, den deutschen Wissenschafts-, Forschungs- und Projektorganisationen direkte Kontakte zu den entsprechenden Forschungsinstitutionen sowie zu Wissenschaftlern aus der UdSSR zu ermöglichen. Dies könnte nach Meinung der deutschen Genossen zu einer Beschleunigung der wissenschaftlichen Forschungs-, Entwicklungs- und Versuchsarbeiten in der DDR führen. Der deutschen Seite wurde erklärt, dass in der UdSSR eine entsprechende Ordnung zur Organisation der wissenschaftlich-technischen Zusammenarbeit existiert und dass es nicht zweckmäßig wäre, diese hinsichtlich der DDR zu ändern. Die deutsche Seite stimmte dem zu. Mit der Delegation der DDR wurde zudem vereinbart, dass die deutsche Seite dem Staatskomitee beim Ministerrat der UdSSR für die Koordinierung der wissenschaftlich-technischen Arbeiten bis zum 16. September konkrete Vorschläge zur Prüfung einreicht, mit welchen Versuchsproduktionen und wissenschaftlich-technischen Errungenschaften der UdSSR die deutschen Spezialisten in der Sowjetunion vertraut gemacht werden wollen.

Über die Verringerung von Lieferungen im Jahr 1962 bei einigen Rohstoffen, Materialien, Schiffen, Maschinen und Ausrüstungen aus der DDR in die UdSSR
Die Wirtschaftsdelegation der Regierung der DDR hat das Ersuchen zur Verringerung von Lieferungen aus der DDR in die UdSSR im Jahr 1962 bei einigen Waren an uns gerichtet, die entsprechend dem Protokoll vom 30. Mai 1961 eine Summe im Wert von 36 Mio. Rubel ausmachen[211]. Dazu gehören chemische Ausrüstungen für ungefähr 7 Mio. Rubel, darunter Komplettanlagen für Sodawerke im Wert von 1 Mio. Rubel, Mess- und Kontrollgeräte für 1,5 Mio. Rubel, 17 Diesellokomotiven für Güter- und Kohlenzüge, 7,5 Tausend Tonnen Stapelfasern, 7 Tausend Tonnen PVC und andere Waren. Die Notwendigkeit der Lieferkürzungen begründen die deutschen Genossen damit, dass mit den Ressourcen die Produktionsprogramme der DDR sichergestellt werden müssen, die aus

---

[211] Am 30.5.1961 hatten Vertreter einer Regierungsdelegation der UdSSR und der DDR eine Vereinbarung (Protokoll) über den Ausbau der Wirtschaftsbeziehungen in den Jahren 1962–1965 unterzeichnet. Darin hatte sich die DDR u. a. dazu verpflichtet, in den Jahren 1962–1965 den Umfang der Lieferungen von Maschinen und Ausrüstungen an die Sowjetunion auf 2,8 Milliarden Rubel gegenüber 2,4 Milliarden Rubel, die im Abkommen vom 21.11.1959 vorgesehen waren, sowie den Umfang der Lieferungen von einigen Erzeugnissen der chemischen Industrie sowie von Konsumgütern zu erhöhen. Vgl. die Anlage Nr. 2 zum Protokoll der Sitzung des Politbüros am 6.6.1961, in: SAPMO-BArch, DY 30/J IV 2/2/766.

den neuen, größeren Aufgaben zum Wachstumstempo der Industrieproduktion im Jahr 1962 resultieren.

Wir werden diese Vorschläge, mit Ausnahme des Verzichts auf die Lieferung von zehn Diesellokomotiven mit einer Zugleistung von 700 Tonnen, ablehnen müssen, da die entsprechenden Produkte und Rohstoffe in der UdSSR ausgesprochen defizitär und bereits in den Berechnungen für den Entwurf des Planes zur Entwicklung der Volkswirtschaft der UdSSR im Jahr 1962 berücksichtigt sind.

Einige Verkehrsfragen
Die deutsche Seite hat sich mit der Bitte an uns gewandt, 1961 zusätzliche Transporte auf dem Schienen- und Wasserweg im Umfang von 1 Mio. Tonnen bereitzustellen. Im Jahr 1962 sollen es dann Transporte im Umfang von 5,3 Mio. Tonnen sein.

Zudem sollen 1962 zusätzlich 20 Diesselloks des Typs TG-102[212], drei Flugzeuge vom Typ Il-18, sechs An-2[213] in der Ausführung als Chemieflugzeug und zwei Hubschrauber Mi-4[214] geliefert werden.

Um den Güterumschlag von der sowjetischen Breitspur auf die europäische Normalspur zu vereinfachen, bittet die deutsche Seite darum, in der UdSSR die Massenproduktion von austauschbaren Eisenbahnachsen – nach dem in der DDR angeeigneten Muster – zu organisieren.

Für die Sicherstellung der 1962 durchzuführenden Vorbereitungsarbeiten zum Bau der Autobahnstrecke Berlin–Rostock ersucht die deutsche Seite um die Lieferung von 90 Straßenbaumaschinen verschiedener Typen.

Die deutsche Seite schlug zudem vor, eine ständige Transportkommission aus den Vertretern der Volksrepublik Polen, der DDR und der Sowjetunion zu bilden, um Fragen zu prüfen, die durch die zusätzlichen Gütertransporte aus der UdSSR in die DDR entstehen.

Was den Gütertransport aus der UdSSR in die DDR in den Jahren 1961/62 betrifft, so kann dieser nach entsprechenden Berechnungen sowjetischer Seite ohne ergänzende Maßnahmen sichergestellt werden.

Der Bitte der deutschen Seite um die Lieferung von 20 Diesselloks kann nicht entsprochen werden, da sich die Diesselloks der Baureihe TG-102 noch in der Erprobung befinden. Als Ersatz für diese können Dampflokomotiven aus der Reserve übergeben werden.

Dem Ersuchen um Lieferung der Flugzeuge der Typen Il-18 und An-2 sowie der Hubschrauber des Typs Mi-4 im Jahr 1962 könnte nachgekommen werden.

Die Produktion austauschbarer Eisenbahnachsen deutscher Konstruktion in der UdSSR zu organisieren ist nicht zweckmäßig. Entsprechend den Empfehlungen des RGW soll deren Herstellung in der DDR und in der ČSSR erfolgen.

---

[212] Sowjetische Diesellokomotive mit 4000 PS und einer Höchstgeschwindigkeit von 120 km/h, die zwischen 1959 und 1966 in 79 Exemplaren gebaut wurde.
[213] An-2: sowjetisches einmotoriges Mehrzweckflugzeug aus dem Konstruktionsbüro Antonov. Das bis 1992 in 18 000 Exemplaren gebaute Flugzeug wurde in der DDR vor allem in der Landwirtschaft sowie für den Fracht- und Personenverkehr eingesetzt. Die DDR erhielt insgesamt 74 Flugzeuge dieses Typs.
[214] Mi-4: sowjetischer mittlerer Transporthubschrauber aus dem Konstruktionsbüro Mil'. Er wurde zwischen 1952 und 1961 in mehr als 2000 Exemplaren gebaut. Die NVA der DDR erhielt von 1957 bis 1980 ca. 48 Hubschrauber dieses Typs. Weitere sieben Exemplare waren bei der Lufthansa (Ost) bzw. der späteren Interflug der DDR im Einsatz.

Was die Bereitstellung von Maschinen für den Bau der Autobahn Berlin–Rostock betrifft, so sollte diese Frage zusammen mit dem Plan für 1963 geprüft werden.

Die Bildung einer ständigen Transportkommission ist nach unserer Meinung nicht notwendig, da alle entstehenden Fragen auf den bisherigen Wegen entschieden werden können.

* * *

Entsprechend den oben aufgeführten Vorschlägen beträgt der Wert der Waren, die 1962 zusätzlich aus der UdSSR in die DDR geliefert werden sollen, 123 Mio. Rubel. Würden die Güter aus der speziellen Sonderreserve des Ministerrates der UdSSR im Wert von 83 Mio. Rubel mit eingerechnet werden, so stiege der Wert der Lieferungen auf 206 Mio. Rubel. Zum Vergleich: Der Umfang der Warenlieferungen aus der BRD in die DDR beträgt 1961 ungefähr 166 Mio. Rubel. Damit betrüge 1962 der Wert der Waren, die zur Lieferung aus der UdSSR in die DDR vorgesehen sind, 1325 Mio. Rubel gegenüber 1025 Mio. Rubel im Jahr 1961 und 918 Mio. Rubel im Jahr 1960.

Die Wirtschaftsdelegation der Regierung der DDR erklärte, dass sie gegenwärtig nicht bevollmächtigt ist, mit der sowjetischen Seite die Frage der gegenseitigen Verrechnung der zusätzlich bereitgestellten Waren zu verhandeln. Das Außenhandelsministerium muss deshalb angewiesen werden, mit der deutschen Seite entsprechende Gespräche zu dieser Frage zu führen und seine Vorschläge dem Ministerrat der UdSSR vorzulegen.

Der Entwurf eines Beschlusses des Ministerrates der UdSSR „Über zusätzliche Hilfe für die Deutsche Demokratische Republik" ist beigefügt[215].

V. Novikov
K. Rudnev
A. Goregljad[216]
S. Borisov[217]
Archipov[218]

Quelle: RGAE, 4372/79/939, Bl. 77–85.

---

[215] Hier nicht dokumentiert.
[216] Aleksej Adamovič Goregljad (1905–1986): Wirtschaftsexperte, Politiker. 1946–1950 Minister der Schiffbauindustrie der UdSSR, 1960–1962 1. Stellvertreter des Vorsitzenden des staatlichen wissenschaftlichen Wirtschaftsrates beim Ministerrat der UdSSR, 1963–1973 1. Stellvertreter des Vorsitzenden von Gosplan der UdSSR.
[217] Biografische Details nicht ermittelbar.
[218] Ivan Vasil'evič Archipov (1907–1998): Politiker. 1954–1957 stellvertretender Minister für Buntmetallurgie der UdSSR, 1958–1974 Stellvertreter und 1. Stellvertreter des Vorsitzenden des Staatskomitees für wirtschaftliche Außenbeziehungen, 1974–1980 stellvertretender Vorsitzender des Ministerrates der UdSSR, 1980–1986 1. Stellvertreter des Vorsitzenden des Ministerrates der UdSSR.

Nr. 22

Mitschrift des Gespräches zwischen dem Ersten Sekretär des ZK der KPdSU Chruščëv und dem Ersten Sekretär des ZK der SED Ulbricht über die angespannte wirtschaftliche Lage in der DDR und die Perspektiven der Wirtschaftsbeziehungen zwischen der UdSSR und der DDR, 26. Februar 1962 (Auszug)

[...][219]

<u>Ulbricht:</u> Gestatten Sie, zu den wirtschaftlichen Fragen überzugehen. Im Dokument[220] haben wir dargelegt, wie sich bei uns die wirtschaftliche Lage entwickelt hat. Wir haben einen Jahresplan erarbeitet, der ein Wachstum der Produktion von 6 Prozent vorsieht. Das Lebensniveau soll so bleiben wie es ist. Unsere Kennziffern bedeuten, dass wir die Kapitalinvestitionen bedeutend einschränken. Wir werden die Arbeitsproduktivität bei einem Anwachsen der Arbeitslöhne um 1 Prozent erhöhen. Natürlich halten wir das in Zukunft nicht aus. Unsere Losung – „für das gleiche Gehalt in der gleichen Zeit eine höhere Produktion"[221] – ist nur für die Avantgarde der Arbeiter, nicht aber für breite Kreise interessant. Nötig sind materielle Stimuli, aber wir arbeiten bislang ohne sie. Allein das Bewusstsein ist nicht ausreichend.

Wir haben ein umfangreiches Sparprogramm vorbereitet. Wir senken die Ausgaben für gesellschaftliche und kulturelle Zwecke, kürzen die Gehälter für hochbezahlte Angestellte. Das betrifft auch die Bauern. Die Mittel, die wir bisher als Dotationen für die Landwirtschaft gegeben haben, wurden um 400 Millionen Mark gekürzt. Zugleich wollen wir auch die Produktion ankurbeln. Der Erfolg dieser Maßnahmen wird von der Tätigkeit der Parteiorganisationen abhängen. Wir haben also alles, was wir kürzen konnten, gekürzt. Das ist mit einem hohen innenpolitischen Risiko verbunden und ruft, das versteht sich, unter der Bevölkerung keine Begeisterung hervor. Wir sind gezwungen, unser Programm hinsichtlich des Siebenjahrplanes sowie des bereits korrigierten Planes für 1962 zu kürzen.

<u>N. S. Chruščëv:</u> Nach dem XX. Parteitag haben wir ebenfalls unseren Fünfjahrplan überprüft, da er überhöht war[222].

---

[219] Als Reaktion auf ein Schreiben Ulbrichts vom 8.2.1962, in dem der SED-Chef um eine baldige Aussprache gebeten hatte, reiste eine DDR-Delegation am 26.2.1962 nach Moskau. Am Gespräch nahmen von ostdeutscher Seite Ulbricht, Leuschner, Winzer und Dölling teil. Eine deutsche Übersetzung zu den außenpolitischen Fragen des Gespräches ist zu finden in: Gerhard Wettig (Hrsg.), Chruschtschows Westpolitik, Bd. 3, S. 519–535. Der wirtschaftspolitische Teil wird hier erstmalig in deutscher Übersetzung vorgestellt.

[220] Hier ist der Brief Ulbrichts an Chruščëv vom 8.2.1962 gemeint. Er basiert auf der Ausarbeitung Leuschners über „Grundfragen unserer ökonomischen Entwicklung". Darin schlug Leuschner u.a. vor, die DDR für einen Zeitraum von drei bis fünf Jahren zu entlasten, indem die UdSSR einerseits auf bereits vereinbarte Maschinen- und Ausrüstungsimporte aus der DDR verzichtet und andererseits die benötigten Rohstoffe und Materialien weiterhin liefert. Das dadurch entstehende Defizit im Warenaustausch sollte durch einen Kredit von insgesamt ca. 1,6 Mrd. Valutamark gedeckt werden. Im Ergebnis der Gespräche sicherte Chruščëv der DDR umfangreiche Wirtschaftshilfen zu. Dazu gehörte u.a. ein Kredit in Höhe von 1,3 Mrd. Valutamark. Eine entsprechende Vereinbarung wurde am 5.3.1962 unterzeichnet. Vgl. André Steiner, Die DDR-Wirtschaftsreform der sechziger Jahre. Konflikt zwischen Effizienz- und Machtkalkül, Berlin 1999, S. 46.

[221] Damit ist die seit August 1961 laufende ideologische Kampagne der SED zum „Produktionsaufgebot" zur Steigerung der Produktion unter der Losung „In der gleichen Zeit für gleiches Geld mehr produzieren!" gemeint.

[222] Der XX. Parteitag der KPdSU (14.–25.2.1956) verabschiedete die Direktive für den sechsten Fünfjahrplan zur Entwicklung der Volkswirtschaft der UdSSR in den Jahren 1956–1960. Der außerordentliche XXI. Parteitag (27.1.–5.2.1959) ersetzte den abgebrochenen Fünfjahrplan durch einen Siebenjahrplan.

Ulbricht: Bei uns beträgt das Wachstum der Produktion 6 Prozent, die Kapitalinvestitionen steigen um 7 Prozent. Gleichwohl wissen wir bereits jetzt, dass ein bedeutender Teil der Kapitalinvestitionen nicht rentabel sein wird. Zum Beispiel bauen wir die Förderung von Steinkohle aus, obwohl dies unter unseren Bedingungen nicht gewinnbringend ist. Wenn wir diese Mittel für den Abbau von Kalisalzen einsetzen würden, wäre dies vorteilhaft. Wir gewinnen bei uns die Buntmetalle Kupfer, Blei und Zink, obwohl die Selbstkosten das Fünffache des Weltmarktpreises betragen. Wir sind gezwungen, dies zu tun, weil wir keine Buntmetalle aus den sozialistischen Ländern erhalten können. Wir sind arm an Rohstoffen und können deshalb in diesen Fragen nicht konkurrieren. Deshalb sind wir unzufrieden: Wir sind gezwungen, rationale Kapitalinvestitionen zugunsten von unrentablen zu kürzen.

Den Plan für das vergangene Jahr haben wir, ungeachtet aller Anstrengungen, nicht erfüllt. Die Arbeitskräfte reichen uns noch nicht. Wir haben Exportschulden gegenüber den sozialistischen Staaten. Wir haben Ihnen gegenüber und gegenüber anderen sozialistischen Staaten Rückstände bei langfristigen Lieferungen. Wenn wir im vergangenen Jahr nicht alles liefern konnten, so können wir auch dieses Jahr nicht alles liefern. Deshalb zur ersten Frage – dem großen Außenhandelsdefizit in diesem Jahr. Wir haben mit Ihnen vor anderthalb Jahren über die wissenschaftlich-technische Zusammenarbeit zwischen unseren Ländern, die Spezialisierung und die Lieferung von Rohstoffen verhandelt. Das muss weiterentwickelt werden. Im gewissen Grad ist das bereits geschehen. Jetzt muss aber die Aufgabe gelöst werden, unsere Wirtschaft von der Abhängigkeit von Westdeutschland zu befreien. Das kostet uns einen Teil unserer Produktionskapazitäten. Wie sind diese schwierigen Fragen zu lösen? Die Vertreter Ihres Außenhandels haben heute einen sehr einfachen Weg vorgeschlagen. Sie sagen, wenn der Vertrag unterschrieben wurde, müsst ihr alles liefern. Unsere Arbeiter bemühen sich, aber Ihre Planungsexperten wissen schon vorher, dass eine Reihe von Positionen im Außenhandel nicht erfüllt werden können. Also unterschreiben wir formal den Vertrag. Dann streiten sich die Händler untereinander, kommen aber zu keinem Ergebnis. Ich denke, man muss zu einem berechtigten Ausgangspunkt zurückkehren. Es bringt natürlich nichts, den Außenhandel zur Seite zu stellen. Gleichwohl sollten zwischen unseren Plankommissionen und den Komitees zur Koordinierung der wissenschaftlich-technischen Arbeit Vereinbarungen über eine engere Zusammenarbeit getroffen werden. Wenn wir dies nicht tun, werden wir jedes Jahr zu Ihnen fahren und bitten: Geben Sie! Sie werden Kredite bereitstellen, aber bei uns werden sie alle aufgezehrt.

N. S. Chruščëv: Das ist alles klar, aber was schlagen Sie vor?

Ulbricht: Unsere Vorschläge gehen dahin, dass in Verbindung mit der Erstellung des Planes gemeinsam entschieden werden sollte, welche Bereiche für Sie und für uns rentabel und wichtig sind. Genau diesen Betrieben geben wir dann die neuen Maschinen, die eine hohe Arbeitsproduktivität sicherstellen.

N. S. Chruščëv: Das ist richtig.

Ulbricht: Aber heute gehen genau die Maschinen, die für die Reorganisation unserer Produktion benötigt würden, in den Export. Eine solche Lage hält kein Land aus. Bei uns ist gegenwärtig die Arbeitsproduktivität wegen der veralteten Ausrüstung mit Mitteln um 20 Prozent niedriger als in Westdeutschland. In der Metallurgie liegt die Arbeitsproduktivität gegenüber der westdeutschen bei 56 Prozent. Man könnte auch dieses Beispiel bringen: Ihre Metallurgie bittet uns, Ihnen einen Versuchsschmelzofen zu bauen. Wir stimmen zu, dieses zu tun, aber wir wollen ihn nicht über den Außenhandel, sondern im Rahmen der allgemeinen Bilanz übergeben, um im Gegenzug von Ihnen moderne Walzausrüstungen zu bekommen. Dann können wir unsere Industrie reorganisieren und die Arbeitsproduktivität erhöhen.

Ein zweites Beispiel. Genosse Pervuchin hat mir eine Aktennotiz übergeben, dass die Lieferung von 21 Positionen bei Ausrüstungen für die chemische Industrie verzögert ist. Ich habe diese Frage überprüft und herausgefunden, dass die Mehrzahl dieser Bestellungen besonderen Charakter hat, da jeweils nur 1–2 Exemplare gefertigt werden, wobei es sich um moderne Ausrüstungen handelt. Ich habe unsere Direktoren gefragt, warum sich die Lieferungen verzögern. Sie haben mir geantwortet, dass ein Teil der benötigten Teile aus Westdeutschland kommen soll. Da kann ich nichts machen. Die Preise für diese Anlagen wurden so festgelegt, dass sie bei 20 von 21 Positionen unter den Selbstkosten liegen. Das ist wohl eine Fehlkalkulation unserer Genossen bei der Preisfestlegung gewesen, aber so kann man nicht arbeiten. Ich bin damit einverstanden, für euch diese Sonderaufträge zu erfüllen, man kann aber nicht nur ein Exemplar bauen. Es muss entschieden werden, ob das gesamte sozialistische Lager diese Ausrüstung braucht, damit wir sie in Serie produzieren können. Falls es keine Serienfertigung geben wird, so müssen diese Spezialaufträge zu einem höheren Preis ausgeführt werden. Wir sollten jetzt auf einer realen Grundlage stehen. Sie haben recht damit, dass wir hochproduktive Maschinen brauchen. Wir benötigen diese, weil wir zwei Millionen Menschen verloren haben. Ohne die Einführung von Maschinen in die Produktion und die Landwirtschaft kommen wir nicht aus der Krise heraus. Wir haben jetzt einen Plan aufgestellt, der festlegt, welche hochqualitativen Erzeugnisse für uns lohnenswert sind, in das kapitalistische Ausland ausgeführt zu werden, um von dort Waren zu erhalten, die wir im sozialistischen Lager nicht kaufen können.

Wenn unsere Gosplan-Leute in diesem Plan alle Kernfragen erörtern und falls dies umgesetzt wird, dann können wir Ihre Kredite zurückzahlen. Anderenfalls werden wir uns gegenseitig nur übers Ohr hauen. Einen anderen Ausweg sehen wir nicht.

Was die Rohstoffe betrifft, so würden wir gern wissen, wann wir damit rechnen können, dass die Regeln für den Export von Rohstoffen in die DDR geändert werden. Elektroenergie ist zum Beispiel bei euch sechsmal billiger als bei uns. Wann können wir damit rechnen, von euch Energielieferungen zu bekommen? Gegenwärtig steht uns nicht genügend Elektroenergie zur Verfügung. Manchmal müssen wir sogar Betriebe abschalten, die für den Export arbeiten. Die Lage bei Kohle ist ähnlich. Investitionen in unsere Steinkohleindustrie sind vom wirtschaftlichen Standpunkt her sinnlos. Bei der Kohle haben wir schlechte geologische Bedingungen. Das Flöz hat nur eine Dicke von 50 cm, deshalb der viele Abraum. Die Kapitalisten hätten solche Schächte schon längst aufgegeben, wir sind aber gezwungen, so zu handeln, da wir zuerst wissen müssen, wann wir von euch Kohle bekommen können. Wir haben einen Teil unserer Energiewirtschaft auf Erdöl umgestellt, aber noch nicht berechnet, was uns das bringt. Ein anderes Beispiel: Wir haben Milliarden investiert, um Koks und Braunkohle zu bekommen.

<u>A. N. Kosygin:</u> Im vergangenen Jahr haben wir Ihnen 2 Millionen Tonnen Steinkohle geliefert, in diesem Jahr werden wir 2,5 Millionen Tonnen geben.

<u>N. S. Chruščëv:</u> Wir dürfen an diese Frage nicht wie Krämer herangehen. Man muss die Frage nicht so stellen, wie viel mehr wir liefern können, sondern wie viel Sie brauchen. Oder wir werden Ihnen ständig Kredite geben, oder Sie werden wirtschaftlich zusammenbrechen bzw. hinweggefegt. Wir können uns nicht nur auf Maschinengewehre stützen. Die Frage steht so: Entweder kann Ihre Wirtschaft mit dem Westen konkurrieren, oder Sie werden gestürzt. Wenn ich an Ihrer Stelle sitzen würde, würde ich wohl das Glei-

che sagen. Warum konnten wir die Wirtschaft nach dem Tod Stalins ankurbeln? Er hatte zum Beispiel verboten, Erdöl als Brennstoff einzusetzen, wir haben aber unsere Eisenbahnen auf Erdöl und unsere Betriebe auf Gas umgestellt. Der Nutzwert dieser Brennstoffe ist höher, und wir konnten bedeutende Mittel einsparen und sie in andere Industriebereiche investieren.

B. Leuschner: Wenn die Lage so bleibt, wie sie ist, dann wird sie die DDR wie bisher sehr teuer zu stehen kommen. Das lässt sich ändern, wenn wir die Industriezweige entwickeln, die für den Export in die Sowjetunion interessant sind. Das sind vor allem der Maschinenbau und die Elektrotechnik. Gleichwohl gehen heute 70 Prozent unserer Investitionen in die Energietechnik, die Kohle- und die Chemieindustrie. Für die anderen Bereiche verbleiben lediglich 30 Prozent. Das ist ein ungesundes Verhältnis. Nur in dem Fall, dass wir Kredite zur Entwicklung unserer Exportbereiche der Industrie erhalten, können wir diese zurückzahlen. Heute bitten wir um 2 Milliarden Mark, im nächsten Jahr werden wir erneut bitten. Und das wird sich nicht ändern, solange wir nicht die Struktur unserer Wirtschaft ändern. Heute produzieren wir in verschlissenen Betrieben moderne Maschinen, die uns sehr viel kosten, da die Arbeitsproduktivität gering ist. Wir verkaufen sie zu Weltmarktpreisen, das heißt niedriger als zum Selbstkostenpreis. Unter dem Druck Westdeutschlands haben wir bei uns ein hohes Lebensniveau entwickelt. Wir essen uns schon lange selbst auf. Wir müssten mehr investieren, doch bei uns gehen lediglich 20 Prozent des Nationaleinkommens in die Akkumulation. 80 Prozent verbrauchen wir, einschließlich der Verteidigung. Eine solche Lage gibt es in keinem Land der Welt. Deshalb muss entschieden werden, wie die Bereiche entwickelt werden, die für Sie interessant sind. Wenn wir Ihren Kredit in Maschinen anlegen, die für den Export arbeiten, können wir ruhig schlafen. Heute verbrauchen wir die Kredite einfach. Das ist eine Frage des heutigen Tages und der Zukunft, aber nur Ihre Entscheidung gibt uns einen Ausweg. Wir müssen einen solchen Weg gemeinsam wählen.

A. N. Kosygin: Die Genossen haben zwei Gruppen von Fragen gestellt: Über den allgemeinen Charakter der Wirtschaft der DDR und die Teilfrage über die Erfüllung des Lieferplanes für 1962. Es ist wahrscheinlich, dass in der DDR eine Reihe von Kapitalinvestitionen nicht zweckmäßig sind, bei Ihnen gehen 18-19 Prozent des Nationaleinkommens in die Akkumulation, bei uns sind es 28 Prozent. Das Lebensniveau bei Ihnen ist im Vergleich mit Westdeutschland bei Lebensmitteln höher, ansonsten im Ganzen bei Naturalien etwas geringer. Worin liegt das begründet? Bei Ihnen geht mehr in den Fonds für den gesellschaftlichen Verbrauch. Gleichwohl sind die Deutschen gewöhnt, alles in Naturalien zu erhalten, weshalb es Ihnen im Vergleich mit Westdeutschland scheint, dass Sie weniger bekommen. Sie haben eine umfangreiche kostenlose medizinische Versorgung, Kurorte, ein umfangreiches Wohnungsbauprogramm wird durchgeführt, obwohl die gegenwärtige Norm 12-15 Quadratmeter pro Person beträgt. Sie haben einen umfangreichen Plan für architektonische Bauten aufgestellt und Ähnliches. All dieses sind unzweckmäßige Investitionen. Deshalb ist es meiner Meinung nach nicht richtig, wenn Sie in diesem Jahr die Investitionen in der Landwirtschaft verringern wollen. Ich denke, alle diese allgemeinen Fragen sollten wir einzeln mit Gen. Leuschner erörtern.

Die zweite Frage – über den Plan für 1962. Wir haben noch keinen entsprechenden Plan vorliegen, aber Sie haben eine Reihe von Vorschlägen zur Bilanzierung des Lieferplanes gemacht, wobei Sie von uns einen Kredit über 280 Millionen Rubel wollen. Ich denke, dass wir zu dieser Frage ebenfalls arbeiten werden und rasch eine annehmbare Entscheidung finden.

W. Ulbricht: Ich bin einverstanden. Ich habe aber Einwände hinsichtlich der Baufrage. Die DDR ist ein Land, in dem es kaum vollkommen rekonstruierte Städte gibt, die durch den Krieg zerstört wurden. Das ist eine politische Frage. Die Entscheidung zum Wiederaufbau braucht man für unsere Bevölkerung und als Mittel gegenüber Westdeutschland. Es ist notwendig, Mittel zur Wiederherstellung der Städte bereitzustellen, damit die Leute fühlen können, dass sie in ihrer Heimat und nicht in Ruinen leben. Das ist eine wichtige politische Frage, unabhängig davon, was gebaut wird – Verwaltungsgebäude oder die Wiederherstellung alter Paläste. Wenn Ausländer in das demokratische Berlin reisen, dann sollen sie nicht denken, dass nur in West-Berlin gebaut wird. Die Ausgaben für den Wohnungsbau senken wir jetzt dank der Erhöhung der Arbeitsproduktivität. Die Bauarbeiter haben eine solche Bewegung begonnen. Das freut mich. Große Aufwendungen sind nicht erforderlich, da es Zement bei uns gibt und keine Spezialstähle erforderlich sind. Falls wir dieses Programm kürzen, würde sich die Lage nicht ändern. Bei der Landwirtschaft haben wir bei uns ungefähr die gleiche Lage, die gleichen Fragen wie bei Ihnen, nur zehnmal schwieriger. Aber wir werden sie entscheiden. Früher haben wir aus politischen Überlegungen den Genossenschaften hohe Dotationen gezahlt. Aber die Bauern sind bei uns reich, und reiche Leute kann man nur schwer zwingen, gut zu arbeiten. Jetzt haben wir einen Weg gefunden, das zu ändern[223]. Im März findet bei uns der 7. Bauernkongress statt, und alles wird in Ordnung sein.

N. S. Chruščëv: Ich habe Ihre Landwirtschaft nicht untersucht, aber die Polen sagen, dass Ihr bei ihnen Kartoffeln kauft.

W. Ulbricht: Ja.

A. N. Kosygin: Zucker haben Sie früher exportiert, jetzt führen Sie ihn ein.

W. Ulbricht: Bei uns in Deutschland, darunter auch im Westen, war in diesem Jahr ein Rückgang der Erträge festzustellen.

N. S. Chruščëv: Es gibt also klimatische Gründe?

W. Ulbricht: Es gibt eine Reihe von Gründen. Die wichtigste Ursache bei den Kartoffeln ist das schlechte Wetter. Die zweite Frage betrifft die fortschrittliche Technik. Wir haben schlechte Kartoffelerntemaschinen. Bei Ihnen sind die Maschinen auch schlecht. Wir haben eine neue Maschine entwickelt, sie ist etwas besser, löst aber das Problem nicht. Der dritte Grund ist mit den landwirtschaftlichen Genossenschaften verbunden. Die Mehrzahl unserer Bauern ist in landwirtschaftlichen Produktionsgenossenschaften des Typs I[224] zusammengeschlossen, die den Erhalt einer ziemlich großen privaten Wirtschaft vorsehen. Deshalb wenden sie für die Arbeit in den Genossenschaften nur einen Teil ihrer Tätigkeit auf. Deshalb ist die Leitung der LPGs, die die bekannte Freiheit bei der Planung der Aus-

---

[223] Mit finanziellen Regelungen für die verschiedenen Typen Landwirtschaftlicher Produktionsgenossenschaften (LPG) versuchte die SED seit Anfang der 1960er Jahre, den Produktionsgenossenschaften des Typs III, in der sowohl der Boden, die Geräte und Maschinen gemeinschaftlich genutzt als auch die Tierhaltung genossenschaftlich betrieben wurde, höhere Einnahmen aus der tierischen Produktion zu sichern. Nicht nur finanziell, auch im Hinblick auf Landtechnik und Baumaterialien wurden die LPG vom Typ III besser gestellt. Bauern der LPG vom Typ I, in der nur der Boden gemeinsam bearbeitet wurde, erzielten aus der privaten Viehwirtschaft vergleichsweise hohe Einkünfte. Vgl. Arnd Bauerkämper, Ländliche Gesellschaft in der kommunistischen Diktatur. Zwangsmodernisierung und Tradition in Brandenburg 1945-1963, Köln 2002.

[224] Seit 1952 existierten in der DDR drei Typen von LPG: Im Typ I wurde nur der Boden gemeinsam genutzt; im Typ II wurden zusätzlich die Geräte und Maschinen gemeinsam verwendet und im Typ III wurde dazu noch die Tierhaltung gemeinschaftlich betrieben.

saat hat, bestrebt, solche Kulturen anzubauen, die weniger Arbeitseinsatz erfordern. Gleichzeitig geht die Anbaufläche von intensiv zu bewirtschaftenden Kulturen – ähnlich wie Kartoffeln – zurück. Jetzt haben wir alle diese Fragen auf die Tagesordnung gesetzt, und es läuft der Kampf um eine gute Arbeit in den LPGs. Warum sind diese Fragen so schwierig? Ein großer Teil unserer Bauern (mehr als 30 Prozent) sind als Großbauern in die LPG eingetreten. Sie haben sie als Klasse liquidiert, wir aber haben die „Kulaken"[225] in unsere Genossenschaften aufgenommen. Deshalb müssen sie innerhalb der Genossenschaft umerzogen werden. Bei Gomułka[226] ist das alles einfacher, weil er keine Genossenschaften hat[227]. Jetzt zieht er bei sich Kulaken heran, wahrscheinlich, damit sie danach aktiver gegen die Genossenschaften kämpfen.

N. S. Chruščëv: Mir ist das alles sehr verständlich, aber ich befürchte, dass die Sache bei Ihnen einen langwierigen Charakter annimmt. Mit der Frage von Rüben- und Kartoffelerntemaschinen befasse ich mich schon seit 20 Jahren. Aber gute Maschinen gibt es noch nicht. Wenn alles auf die Maschinen geschoben wird, bedeutet das, dass die Genossenschaften kein Interesse haben. Wenn sie die Aussaat von Kartoffeln einschränken, heißt das, es ist wirtschaftlich nicht gewinnbringend.

M. G. Pervuchin: Sie haben sehr günstige Kartoffeln, billiger als die Selbstkosten.

N. S. Chruščëv: Da können auch keine Reden helfen. Denn der Bauer ist ein kluger Mensch, er wird zuhören und applaudieren, aber dann das machen, was für ihn nutzbringend ist.

W. Ulbricht: Wir verstehen das. Um sie aber an der einen Stelle materiell zu interessieren, muss man etwas an anderer Stelle wegnehmen. Bis zum 13. August konnten wir dies nicht tun, jetzt fangen wir jedoch damit an, aber wir können es uns noch nicht erlauben, die Preise für Kartoffeln zu erhöhen.

N. S. Chruščëv: So wie die Dinge stehen, werden Sie 1962 keine Maschinen haben, und sie können Ihnen nicht helfen. Die Hauptfrage bei der Arbeitsproduktivität ist die Interessiertheit. Wir wissen das, weil wir uns schon viele Jahre mit den Genossenschaften beschäftigen. Zudem ist es eine Frage, wie Sie Ihre Möglichkeiten unter Berücksichtigung Ihrer eigenen Kräfte nutzen. Wenn Sie gezwungen sind, Kartoffeln und Milch einzuführen, so ist das schlecht. Was bei Ihnen getan werden muss, weiß ich nicht. Ein Rezept kann ich

---

[225] Als Kulaken wurden in der stalinistischen Ideologie hauptsächlich selbstständige Bauern mittlerer landwirtschaftlicher Betriebe bezeichnet. Genaue Kriterien der sozialen Zuordnung für die Bezeichnung Kulak existierten allerdings nicht. Ulbricht bezieht sich hier auf landwirtschaftliche Betriebe mit einer Größe zwischen 20 und 100 Hektar, die in der Propaganda der SED als Großbauern firmierten. Ab 1955 traten mehr als 23 000 Großbauern in die LPG ein, im Jahre 1960 überwiegend unter Zwang. Vgl. Jens Schöne, Frühling auf dem Lande? Die Kollektivierung der DDR-Landwirtschaft, Berlin 2005, S. 227–234.

[226] Władysław Gomułka (1905–1982): polnischer Politiker. 1926 Mitglied der Kommunistischen Partei Polens (KPP), 1942 Mitbegründer der Polnischen Arbeiterpartei (PPR), 1944–1948 Generalsekretär der Polnischen Arbeiterpartei (ab 1948 Polnische Vereinigte Arbeiterpartei, PVAP), 1951–1954 Haft und Vorbereitung eines stalinistischen Schauprozesses, 1956 Erster Sekretär der PVAP, 1970 Ablösung als Parteichef.

[227] Parteichef Gomułka förderte während seiner Amtszeit (1956–1970) die private Landwirtschaft u. a. durch Steuervergünstigungen für kleine und mittlere Betriebe und ließ einen Teil der in den 1950er Jahren gegründeten Genossenschaften auflösen. In den 1960er Jahren befanden sich ca. 80 Prozent der Agrarflächen Polens im bäuerlichen Privatbesitz. Düngemittel, Saatgut und andere Produktionsmittel konnten jedoch nur vom Staat bezogen werden. Die für die Versorgung der Bevölkerung wichtigen Produkte unterlagen einem staatlichen Aufkaufmonopol. Die Erhöhung staatlicher Aufkaufpreise in den 1960er Jahren sollte die landwirtschaftliche Produktion ankurbeln.

Ihnen nicht geben, da wir es selber nicht wissen. Die deutsche Landwirtschaft hat ihre Spezifik, sie ist hochentwickelt, da gibt es viel Großbäuerliches. In der Industrie kenne ich mich besser aus. Zudem ist sie leichter zu berechnen. Die Frage ist, wie wir unsere Anstrengungen bei der Energiewirtschaft, dem Erdöl und der Kohle vereinigen können. Solange wir keine Entscheidung finden, wird es schwierig bleiben. Wie können wir Ihnen billigere Energie geben?

A. N. Kosygin: In den Transkarpaten[228] bauen wir ein Braunkohlekraftwerk mit einer Leistung von 2,400 Tausend Kilowatt [2,4 Megawatt]. Es wird im Jahr 1964 in Betrieb gehen. Bei uns ist die Braunkohle rentabler als in der DDR, es gibt weniger Abraum.

N. S. Chruščëv: Das ist für Sie aber lange und weit.

A. N. Kosygin: Man müsste mit den Polen verhandeln, es kann sein, dass wir ihnen Energie liefern, und sie dann an die DDR.

M. G. Pervuchin: In der DDR wird schon seit vielen Jahren der Plan zur Inbetriebnahme von Kraftwerken nicht erfüllt. Im vergangenen Jahr sollten Sie 8 Tausend Kilowatt in Betrieb nehmen, Sie haben aber nur die Hälfte erfüllt.

N. S. Chruščëv: Man muss die Frage der Energiewirtschaft und den Bau von Wärmekraftwerken überdenken. Zudem sollte man den Einsatz von Diesel und Strom bei der Eisenbahn erwägen.

B. Leuschner: Der zweite Grund liegt darin, dass bei uns die Verbraucherpreise für Elektroenergie zu gering sind und diese nicht zur Einsparung anregen.

N. S. Chruščëv: Ja, die Frage der Einsparungen ist sehr bedeutend. Jetzt zu den Buntmetallen. Es sieht so aus, dass wir Ihnen Kredite dafür geben, dass Sie Kupfer zu einem Preis abbauen, der um das Dreifache über dem Weltmarktpreis liegt. Es könnte sein, dass wir weniger Kredite geben sollten und stattdessen unsere Kupferindustrie entwickeln, um Ihnen Kupfer zu liefern.

B. Leuschner: Wir könnten Ihnen die Ausrüstung dafür geben.

N. S. Chruščëv: Man kann diese Frage nicht nur vom geschäftlichen Standpunkt aus betrachten. Das ist ja nicht Westdeutschland. Wenn wir den Westdeutschen sagen, dass es vorteilhafter ist, mit uns zu handeln, dann können sie uns widersprechen, dass wir ja selbst mit der DDR nicht rentabel handeln können.

B. Leuschner: Wenn wir statt geplant 100 Millionen nicht in die Steinkohle, sondern in die Kaliindustrie stecken würden, wäre das für uns vorteilhaft, da sich die Ausrüstungen für den Kalisalzabbau in die kapitalistischen Staaten, aber auch in das sozialistische Lager verkaufen lassen.

N. S. Chruščëv: Uns lassen die Amerikaner nicht auf den weltweiten Steinkohlemarkt. Kalisalze brauchen alle. Als ich in Weißrussland war, ist Kádár[229] zu mir gefahren, dann kamen Gomułka und andere polnische Genossen. Ich wollte auch Ulbricht einladen, aber dann habe ich mich schlecht gefühlt und bin in den Süden gefahren. Ich hatte ein interessantes Gespräch mit Gomułka. Er und andere – wie auch Sie – stellten die Frage nach der Vereinigung der Anstrengungen des sozialistischen Lagers. Es war sehr angenehm zu hören, denn die Kapitalisten im Westen haben das schneller als wir verstanden. Sie haben

---

[228] Transkarpatien ist ein Verwaltungsgebiet in der Ukraine und grenzt im Westen an die Slowakei und Ungarn sowie im Süden an Rumänien.
[229] János Kádár (1912-1989): ungarischer Politiker. 1956-1988 Erster bzw. Generalsekretär der Ungarischen Sozialistischen Arbeiterpartei (USAP), 1956-1958 und 1961-1965 zugleich ungarischer Ministerpräsident.

sich schon längst vereinigt und sprechen sogar schon über eine irgendwie geartete gemeinsame Regierung. Gomułka hat mir vorgeschlagen, im Mai dieses Jahres eine Beratung des RGW auf höchster Ebene einzuberufen und diese Frage zu besprechen[230]. Kádár ist dafür, und Sie sind auch dafür. Aber es wird so kommen, wir werden miteinander sprechen und erneut auseinandergehen. Der RGW bringt nichts.

<u>B. Leuschner:</u> Er kann auch nichts bringen.

<u>N. S. Chruščëv:</u> Er könnte, aber er bringt nichts. Wir sollten aber nicht warten und schon jetzt miteinander verhandeln.

<u>W. Ulbricht:</u> Wir sprechen jetzt bereits nicht mehr über eine Zusammenarbeit im sozialistischen Lager. Zu seiner Zeit haben wir viel geredet, jetzt sage ich bereits meinen Genossen: Schweigen Sie, und organisieren Sie lieber die Zusammenarbeit mit der UdSSR. Es geht hier um ideologische Fragen. Es kann sein, dass ich mich irre, aber meiner Meinung nach ist nach 1956 das sozialistische Lager in die bekannte nationale Begrenztheit zerfallen. Gut, dass Gomułka jetzt so spricht. Aber wenn Gomułka jetzt so spricht, werden wir lieber erneut schweigen. Interessant, dass der, der am lautesten für eine nationale Begrenzung eintrat, jetzt so redet.

Die zweite Frage besteht darin, dass es notwendig ist, Kräfte zu haben, die auf der Grundlage der ideologischen Einheit eine solche Zusammenarbeit organisieren. Solche Kräfte gibt es jedoch heute nicht. Sie können das noch nicht tun. Denn wenn wir heute diese Frage allgemein stellen, dann möchten alle anderen Länder alles von Euch bekommen.

<u>N. S. Chruščëv:</u> Und werden dabei noch sagen, dass wir sie uns einverleiben möchten.

<u>W. Ulbricht:</u> Das ist eine Erscheinung des Nationalismus. Uns kann man diese Frage leichter stellen, da es bei uns keinen Nationalismus gibt. Bei uns gab es nach 1945 eine andere Entwicklung als in den restlichen sozialistischen Staaten. Wir sollten gegen den Nationalismus und für Freundschaft mit der Sowjetunion kämpfen. Bei Gomułka ist die Lage einfacher. Es reichte ihm, als Kämpfer für ein nationales Polen aufzutreten, und dies half ihm, einen Teil der Schwierigkeiten zu überwinden. Wir können so nicht auftreten, da wir sonst die Spaltung praktisch zementieren. Deshalb steht die Frage so: Entweder wir werden es bei Worten bewenden lassen, oder wir beseitigen die nationalen Beschränkungen. Es kann sein, dass es Ihnen nicht bequem ist, eine solche Forderung zu erheben. Wir aber können das ruhig sagen, da uns alles egal ist. Es ist gleichfalls erforderlich, dass wir wissenschaftlich und genau berechnen, was notwendig ist, um die Konkurrenz mit dem Kapitalismus auf jedem einzelnen Gebiet zu bestehen. Es reicht nicht, sich nur mit der Propaganda zu beschäftigen. Damit beruhigen wir nur unsere Seele.

Hinsichtlich der Landwirtschaft: Bei Ihnen gibt es Probleme, aber die Mehrheit der Länder der Volksdemokratien entwickelt sich in die gleiche Richtung. Sie machen jetzt die gleichen Fehler, sie berücksichtigen nicht Ihre Erfahrungen. Unbedingt muss die Möglichkeit eines umfangreichen Erfahrungsaustausches geschaffen werden. Ich spreche jetzt nicht über einen allgemeinen Markt, der in Europa geschaffen wurde. Aber in den Fragen der Ertragssteigerung und der Erhöhung der Bodenfruchtbarkeit sind die Prin-

---

[230] Nicht im Mai, sondern im Juni 1962 fand eine Konferenz der kommunistischen und Arbeiterparteien der RGW-Länder in Moskau statt, die „Grundprinzipien der internationalen sozialistischen Arbeitsteilung" billigte. Sie enthielten allgemeine Absichtserklärungen. So sollte die Entwicklung der nationalen Wirtschaft mit der Entwicklung des sozialistischen Weltsystems als Ganzes organisch verbunden werden. Vgl. ‚Neues Deutschland' vom 17. 6. 1962.

zipien überall gleich. Das Gleiche betrifft die Tierzucht. Unsere Aufgabe steht darin, all dieses richtig in den landwirtschaftlichen Produktionsgenossenschaften und den volkseigenen Gütern anzuwenden. Das muss man so tun, dass sich Gomułka nicht fürchtet, dass wir ihn in die Produktionsgenossenschaften drängen wollen. Sollen sie ruhig machen, was sie wollen. Aber es muss ein breiter Erfahrungsaustausch der wissenschaftlichen Probleme der Landwirtschaft erfolgen. Jetzt entsenden wir einander Vertreter, die beobachten, und dann macht jeder seine Sache. Das heißt, es muss eine solche Zusammenarbeit verwirklicht werden, die die nationalen Besonderheiten nicht zerstört. Deshalb ist diese Frage nicht von den Spezialisten zu entscheiden, sondern von den Ersten Sekretären. Gegenwärtig leben wir auf der Grundlage von Resolutionen. Die Lage muss sich auf allen Gebieten ändern, oder sie werden allein gezwungen sein, die Vereinigten Staaten zu schlagen.

N. S. Chruščëv: Nach meiner Meinung haben Sie das Beispiel mit der Landwirtschaft nicht glücklich gewählt. Hier befinden wir uns alle auf einem unterschiedlichen Niveau, und jeder von uns kann noch seine Möglichkeiten entwickeln. Ihr Deutsche seid bei der Landwirtschaft auf der Verbraucherseite, aber eure Arbeitsproduktivität ist noch höher als bei uns. Das Gleiche trifft auch für die Tschechen zu. Folglich sollte sich in der Landwirtschaft bislang jeder auf nationaler Grundlage entwickeln.

W. Ulbricht: Aber warum sollten wir dieselben Dummheiten wiederholen?

N. S. Chruščëv: Wir wiederholen Dummheiten aus eigener Unvernunft. Wir haben uns zum Beispiel mit Albanien zerstritten und die dortige Marinebasis geräumt, die ein Messer gegen die 6. US-Flotte war[231]. Es fragt sich, warum das nötig war. Albanien stellt natürlich keine Gefahr dar. Mao selbst hält sich nicht für einen Erben von Marx, sondern von Buddha. Bei mir kam der Bruch mit Mao bereits 1958. Die Chinesen baten uns, ihnen beim Bau von U-Booten zu helfen. Dem haben wir gern zugestimmt. Aber unser Botschafter hat gleichzeitig vorgeschlagen, dass im Ernstfall unseren U-Booten die Möglichkeit gegeben wird, in den Marinestützpunkten der Chinesen zu bleiben. Danach hat Mao buchstäblich der Affe gebissen, und er redete gegenüber Botschafter Judin[232] zahlreiche Dummheiten zusammen. Ich bin dann dorthin geflogen und habe ihm erklärt, dass wir bei ihnen überhaupt nicht um Territorium bitten, sondern glauben, dass im Falle eines Krieges unseren U-Booten gestattet werden sollte, in die chinesischen Marinebasen einzulaufen. Von meiner Seite aus habe ich gesagt, dass wir bereit sind, ihren U-Booten die Möglichkeit zu gewähren, jeden beliebigen Stützpunkt von uns anzulaufen. Aber er war wie tollwütig – nein, nein, nein. Demgegenüber verhandelten die Westmächte – Kennedy, De Gaulle und Macmillan – untereinander über gemeinsame Militärbasen.

Ein anderes Beispiel. 1959 reisten unsere Piloten nach China, um auf der Grundlage unseres Vertrages über gegenseitige Hilfeleistung über entsprechende Zusammenarbeit zu

---

[231] Seit der Gründung des osteuropäischen Militärbündnisses 1955, dem Albanien als Gründungsmitglied angehörte, hatte die Sowjetunion auf der Marinebasis Pashaliman U-Boote stationiert. Pashaliman war in den 1950er Jahren die einzige sowjetische Militärbasis im Mittelmeerraum. Nachdem der albanische Parteichef Enver Hoxha 1960/61 die UdSSR zur Beendigung ihrer militärischen Präsenz in Albanien aufgefordert hatte, beendete die UdSSR im April 1961 ihre Wirtschafts- und Militärhilfe und zog ihre U-Boote aus Albanien ab. Der Streit zwischen der Sowjetunion und Albanien hing eng mit dem sowjetisch-chinesischen Konflikt zusammen, bei dem sich Albanien an die Seite Chinas stellte.

[232] Pavel Fëdorovič Judin (1899–1968): Diplomat. 1953–1959 Botschafter der UdSSR in der Volksrepublik China.

verhandeln[233]. Unsere schlugen vor, unseren Flugzeugen die Möglichkeit einzuräumen, auf chinesischen Flugplätzen zu landen. Sie sagten: nein. Daraufhin haben wir unseren Genossen die Direktive vorgeschlagen, dass in diesem Fall jede Seite ihr eigenes Territorium selbst verteidigen solle. Nur danach haben sie die entsprechende Übereinkunft unterschrieben. Oder wir schlugen den Chinesen vor, eine Funkstation für die Aufrechterhaltung der Verbindung zu unseren U-Booten zu bauen, die im Stillen Ozean handeln. Gleichwohl erklärten sie: nein.

F. R. Kozlov: Und ihre Delegation, die zu uns reiste, machte uns diesen Vorschlag zum Vorwurf.

N. S. Chruščëv: Wir glauben, dass sie überhaupt keine Internationalisten sind.

W. Ulbricht: Lassen Sie uns gemeinsam diese Frage auf der Beratung erörtern.

N. S. Chruščëv: Lassen Sie uns Albanien nehmen. Glauben die etwa, wir wollten sie verschlucken? So schmackhaft sind sie nun auch nicht. Das ist erklärter Nationalismus[234].

W. Ulbricht: Nationalismus und Kinderkrankheiten.

N. S. Chruščëv: Aber der Haupttreibende in der ganzen Sache ist nicht Enver[235], sondern Mao. All das zeugt von nationaler Begrenztheit. Deshalb war es mir angenehm, als Gomułka von Zusammenarbeit redete. Wir sind alle gute Genossen, Kommunisten, aber es gibt bei uns ein starkes Machtstreben, und alle möchten alles selber machen. Vor sieben Jahren war ich in Rumänien, und mir wurde dort ein Traktorenwerk gezeigt. Die Traktoren sind bei ihnen schlecht. Ich habe dort gesagt, dass es nötig wäre, die Produktion von unterschiedlichen Traktorentypen auf einzelne Länder aufzuteilen. Die Rumänen haben mich angesehen, als ob ich ihnen ihren Traktor fortnehmen wolle.

W. Ulbricht: Wir haben eine Vereinbarung zu den Traktoren unterschrieben. Ihre Produktion wurde nach den einzelnen Typen aufgeschlüsselt, aber wir waren die Einzigen, die sich an diese Entscheidung gehalten haben. Die Rumänen und Tschechen haben uns nicht die Traktorentypen geliefert, die sie uns geben sollten. Außerdem waren die rumänischen Traktoren in technischer Hinsicht schlechter.

N. S. Chruščëv: Man sollte nicht gestatten, alle Art von Müll zu produzieren.

W. Ulbricht: Aber wer gibt eine solche Anweisung?

N. S. Chruščëv: Wir sollten sie geben, aber wir können es nicht tun, da bei vielen noch der Nationalismus vor dem Kommunismus kommt. Die Imperialisten haben sich bereits vereinigt, um gegen uns in den Kampf zu treten, wir aber noch nicht.

W. Ulbricht: Es wäre zu wünschen, dass wir die Methode, die sie bei der Entwicklung der Raketen angewendet haben, auch auf anderen Gebieten zum Einsatz bringen sollten. Wenn auf der Tagesordnung der Beratung der Ersten Sekretäre nicht konkret die Frage

---

[233] Chruščëv bezieht sich hier auf den 1950 zwischen China und der Sowjetunion unterzeichneten Freundschafts-, Bündnis- und Beistandsvertrag, der 1954 erneuert wurde. Er beinhaltete u. a. eine militärische Allianz, die sich hauptsächlich gegen eine „japanische Aggression" sowie gegen die USA richtete. Im Rahmen des Vertrages wurden gemeinsame Wirtschaftsprojekte initiiert, an der sich sowjetische Spezialisten in China beteiligten. Nach gegenseitigen verbalen Angriffen und Beschuldigungen kam es 1962 zum endgültigen Bruch zwischen der Sowjetunion und China.
[234] Unter Führung von Parteichef Enver Hoxha brach Albanien 1961 die Beziehungen zur UdSSR ab und ging stattdessen ein Bündnis mit der Volksrepublik China ein. Nach dem Bruch mit der Sowjetunion wurde der Maoismus zur offiziellen Ideologie der Partei der Arbeit Albaniens erklärt. Aus Angst vor einer sowjetischen Invasion ließ Hoxha im ganzen Land verstreut bis zu 200 000 Bunker bauen.
[235] Enver Hoxha (1908–1985): albanischer Politiker. 1943–1985 Generalsekretär der Kommunistischen Partei Albaniens (ab 1948 Partei der Arbeit Albaniens) und 1945–1954 zugleich Ministerpräsident der Sozialistischen Volksrepublik Albanien.

der Spezialisierung, Standardisierung und Kooperation gestellt wird, kann es keinen Fortschritt geben. Wenn wir im Mai nur angenehme Reden halten werden, dann sollten wir uns lieber nicht treffen, dann hat es keinen Sinn, nach Moskau zu fahren.

N. S. Chruščëv: Wenn wir noch einmal einen Rückschlag hinnehmen müssen, dann werden wir es vielleicht verstehen.

B. Leuschner: Im RGW kann es keinen Erfolg geben, da jede Delegation mit den Direktiven ihres Politbüros anreist.

N. S. Chruščëv: Wie im Komitee für Abrüstung[236].

B. Leuschner: Genau so kommt es zur „Flickschusterei". Die Kapitalisten gehen immer davon aus, was am wirtschaftlichsten ist, aber beim RGW verwendet dies niemand als Grundlage.

N. S. Chruščëv: Bei uns streben die sozialistischen Staaten nach Autarkie und entwickeln die Konsumgüterproduktion. Wenn sie ihre Traktoren exportieren würden, wären sie längst pleite.

B. Leuschner: Man kann auch folgendes Beispiel nehmen: Im RGW wurde vorgeschlagen, eine Bank der sozialistischen Länder zu schaffen. Alle waren dafür, doch als es darum ging, wer die ersten Einzahlungen tätigen sollte, fand sich niemand.

W. Ulbricht: Kennedy propagiert jetzt den Nutzen des allgemeinen Marktes, und das wirkt auf die Bevölkerung. Obwohl wir entsprechende Gegenpropaganda führen, bleibt diese nutzlos. Wir haben kein gleichwertiges Gegenkonzept. Unsere Leute, vor allem Vertreter der Technik und Intelligenz, reagieren darauf mit folgenden Worten: „Schauen Sie, was sie praktisch machen, aber was macht ihr? Wenn ich von Berlin nach Bulgarien fliege, mache ich eine Zwischenlandung in Prag. Dort kann ich nicht einmal eine Tasse Kaffee trinken. Im Westen sind die Grenzen faktisch aufgehoben. Ihr – die sozialistischen Länder – liegt um 30 Jahre zurück." Und tatsächlich, modern sind bei uns nur die Resolutionen, aber bei praktischen Fragen hängen wir zurück. Hier geht es nicht um kleine Fragen. Unsere Wissenschaftler interessiert, ob die sozialistischen Staaten eine Zusammenarbeit auf einer höheren Ebene sicherstellen können als die kapitalistischen. Und dann ziehen sie folgenden Schluss: Wenn die sozialistischen Staaten dies nicht gewährleisten, dann ist das Kräfteverhältnis offensichtlich nicht so, wie es die Propaganda glauben machen möchte.

N. S. Chruščëv: Sie haben nicht ganz Recht. Hier gibt es zwei Fragen: die nationale und die internationale. Die Intelligenz unserer Länder übt einen negativen Einfluss aus, da sie nicht das Wesen der Frage versteht. Die Vereinigung im Westen trägt keinen internationalen, sondern einen nationalen Charakter. Sie existiert zwischen den Konzernen auf Grundlage des Gewinninteresses. Aber bei uns im sozialistischen Lager haben wir schon heute ein höheres Verständnis dieser Frage erreicht. Wenn wir Fragen besprechen, haben wir ein größeres gegenseitiges Einvernehmen, als es zwischen Adenauer und Kennedy gibt. Jetzt ist der Punkt, dass wir diesen Weg noch vertiefen müssen.

Was Ihre wirtschaftlichen Probleme betrifft, so ist es nötig, dass in der Kommission zusammen mit Gen. Kosygin die Perspektiven Ihrer Entwicklung erörtert werden. Die Kapi-

---

[236] Hier ist die Genfer UN-Konferenz für Abrüstung (Genfer Abrüstungskonferenz) gemeint, die im März 1962 aus einer Vereinbarung zwischen den USA und der Sowjetunion hervorging und anfangs 18 Mitglieder hatte. Ab 1975 wurden auch die Bundesrepublik Deutschland und die DDR Mitglieder. Die Abrüstungskonferenz wurde auch als Komitee für Abrüstung bezeichnet, das bis 1968 tätig war. Danach wurde es in Konferenz des Komitees für Abrüstung umbenannt. Verhandlungsgegenstände waren die Verhütung eines Atomkrieges, das weltweite Verbot von chemischen Waffen, das Verbot von Atombombentests, das Verbot von radiologischen Waffen, die Aufrüstung im Weltraum sowie umfassende Abrüstungsprogramme.

talinvestitionen in der DDR müssen vom selben Standpunkt aus wie unsere Investitionen betrachtet werden, es ist zu schauen, wo die Investitionen gewinnbringender sind – bei Ihnen oder bei uns. Gen. Pervuchin muss für diese Kommission gewonnen werden, er kennt die Fragen der Planung. Bei der Energetik geht es darum, was günstiger ist. Im Maschinenbau ist die Hauptfrage – Spezialisierung und Automatisierung. Für uns ist es vorteilhaft, mit den Deutschen zusammenzuarbeiten. Das ist nicht Albanien – sondern ein großes Land mit hoher Kultur. Es geht jetzt nur um die richtige Organisation.

B. Leuschner: In unseren Köpfen gibt es keine Überlegungen, die den albanischen ähnlich sind[237].

N. S. Chruščëv: Das habe ich so nicht gemeint. Denn Albanien muss von wirtschaftlicher Sicht aus erst anfangen, aber bei Ihnen gibt es alles. Deshalb ist es leichter, da man nicht alles neu aufbauen, sondern nur reorganisieren muss. Wir müssen mit Ihnen die Grenzen überwinden.

W. Ulbricht: Wir haben die Frage der Zusammenarbeit mit den anderen Ländern bis auf Weiteres vertagt, da wir nicht pulverisiert werden wollen. Wir orientieren uns auf eine Zusammenarbeit mit der Sowjetunion.

N. S. Chruščëv: Wir sollten mit Ihnen direkt zusammenarbeiten. Natürlich, wenn möglich, werden wir auch mit anderen kooperieren, wir sind auf euch nicht eifersüchtig, aber wenn die Deutschen es anders nicht aushalten, dann müssen wir ihnen mit Gewalt helfen. Der Westen hat in gewisser Weise hinsichtlich der Mauer Recht. Das Volk flieht vor Ihnen und läuft nicht über. Jetzt haben wir die Grenze geschlossen. Wenn Sie Ihre Wirtschaft auf Vordermann gebracht haben, dann kann man die Mauer wieder aufmachen. Dann soll ruhig das ganze Gesindel von Ihnen abhauen. Gegenwärtig kann man dies aber noch nicht machen. Bei uns waren ebenfalls Tausende Leute im Ausland, aber nur Einzelne sind geflohen. Soll sie der Teufel holen.

Was die Chinesen betrifft, so gibt es bei der Taktik ihnen gegenüber nichts Neues. Vor einigen Tagen haben wir ihnen einen Brief geschickt. Jetzt verstärkt sich der Eindruck, dass sie irgendwie ihre antisowjetische Arbeit zurückgefahren haben, aber das sind bei ihnen offensichtlich nur taktische Schwankungen.

Am Gespräch nahmen teil:
Von sowjetischer Seite: die Gen. L. I. Brežnev[238], F. R. Kozlov, A. N. Kosygin, V. S. Semënov, M. G. Pervuchin;
von deutscher Seite: B. Leuschner, O. Winzer[239], R. Dölling[240].

---

[237] Leuschner spielt hier auf den Abbruch der politischen, militärischen und wirtschaftlichen Beziehungen zwischen Albanien und der Sowjetunion durch den albanischen Parteichef Enver Hoxha an. 1968 trat Albanien formell aus dem RGW und dem Warschauer Pakt aus.
[238] Leonid Il'jič Brežnev (1906-1982): Politiker. 1931 Mitglied der KPdSU, 1952-1953 und 1956-1960 sowie 1963/64 Sekretär des ZK der KPdSU, 1956 Kandidat und ab 1957-1982 Mitglied des Politbüros, 1960-1964 und 1977-1982 Vorsitzender des Präsidiums des Obersten Sowjets und damit Staatsoberhaupt, 1964-1982 Erster Sekretär bzw. Generalsekretär der KPdSU.
[239] Otto Winzer (1902-1975): Politiker. 1919 Mitglied der KPD, 1934-1945 Emigration nach Frankreich, in die Niederlande und in die UdSSR (Moskau), 1947-1949 Abteilungsleiter im Zentralsekretariat der SED, 1949-1956 Staatssekretär und Chef der Privatkanzlei des Präsidenten der DDR, 1956-1959 stellvertretender Außenminister, 1959-1965 Staatssekretär und 1. Stellvertreter des Außenministers, 1965-1975 Minister für Auswärtige Angelegenheiten der DDR.
[240] Rudolf Dölling (1902-1975): Offizier/Diplomat. 1923 Mitglied der KPČ, 1946 der KPD und SED, 1939-1945 Emigration in die UdSSR, 1949 Chefinspekteur, dann General-Inspekteur der DVP, 1952-

Es hat aufgezeichnet:
V. Koptel'cev

Getippt in 1 Exemplar el/nm
Nr. mb 01447/gs
10.3.1962

Quelle: RGANI, Bestand 52, Findbuch 1, Akte 558, Bl. 23-41.

Nr. 23
Notiz zum Gespräch zwischen dem Botschafter der UdSSR in der DDR Pervuchin und dem Stellvertreter des Vorsitzenden des Ministerrates der DDR Leuschner zur Vorbereitung einer Reise von Wirtschaftsexperten der SPK und des Volkswirtschaftsrates nach Moskau, 6. April 1962

Geheim

Exemplar Nr. 1

Aus dem Tagebuch von M. G. Pervuchin[241]
11. April 1963

<u>Mitschrift des Gespräches mit dem Stellvertretenden Vorsitzenden des Ministerrates der DDR B. Leuschner</u>

Ich habe mich mit Gen. B. Leuschner am 6. April 1962 im Gebäude der sowjetischen Botschaft getroffen.

Im Zusammenhang mit der für den April dieses Jahres vorgesehenen Reise der Spezialistengruppe der Staatlichen Plankommission und des Volkswirtschaftsrates der DDR nach Moskau interessierte ich mich dafür, wie deren Vorbereitungen verlaufen.

Gen. Leuschner teilte mit, dass die Gruppe der Spezialisten aus der DDR, die in die UdSSR fahren soll, von den Genossen Leuschner, Neumann und Mewis geleitet werden wird. Der Stand der Vorbereitungen des Materials zu den Gesprächen in Moskau ist überaus schlecht. Die Materialien wurden in den letzten zwei Wochen auf verschiedenen Beratungen zweimal erörtert, aber nach Meinung von Gen. Leuschner taugen sie nichts. Die vorgesehenen Entwicklungspläne sind innerhalb der Industriezweige nicht abgestimmt. Es

---

1955 Stellvertreter des Chefs der KVP, 1957 Generalmajor, 1957-1959 Stellvertreter des Ministers für Nationale Verteidigung und Chef der Politischen Hauptverwaltung der NVA, 1958-1963 Mitglied des Außenpolitischen Ausschusses der Volkskammer, 1959-1965 Botschafter der DDR in der UdSSR.

[241] Michail Georgievič Pervuchin (1904-1978): Diplomat und Wirtschaftsexperte. 1940-1944, 1950-1953, 1953-1955 stellvertretender Vorsitzender des Rates der Volkskommissare, ab 1946 des Ministerrates der UdSSR, 1955-1957 1. Stellvertreter des Vorsitzenden des Ministerrates der UdSSR, 1957 Minister des für die Kernwaffenentwicklung und Atomfragen zuständigen Ministeriums für mittleren Maschinenbau, 1958-1962 Botschafter der UdSSR in der DDR, 1963-1965 Leiter der Verwaltung Energetik beim Volkswirtschaftsrat der UdSSR, 1965-1978 Leiter der Abteilung territoriale Planung von Gosplan der UdSSR.

gibt auch keine Abstimmung zwischen den Industriebereichen. Die Entwicklungspläne jedes einzelnen Bereiches sind unreal, da sie nur die Vorschläge der Industrieabteilungen der Staatlichen Plankommission zur schnellstmöglichen Entwicklung ihrer Industriezweige widerspiegeln. Entsprechend den Empfehlungen, die von den Vertretern der Sowjetunion während des Gespräches des Gen. N. S. Chruščev mit Gen. Ulbricht im Februar dieses Jahres[242] in Moskau geäußert worden sind, ist eine maximale Entwicklung aller Wirtschaftsbereiche vorgesehen. Infolge dieses abstrakten Herangehens an die Pläne zur Entwicklung ihrer Wirtschaft beabsichtigt die DDR im Entwurf, Kredite wachsenden Ausmaßes von der UdSSR bis einschließlich 1965 in Anspruch zu nehmen.

Gen. Leuschner sagte, dass er bei der Erörterung des Materials der Staatlichen Plankommission gegen deren Vorschläge aufgetreten ist, da er sie für absolut irreal und unannehmbar hält. Die DDR könnte bei richtiger Planung der wirtschaftlichen Entwicklung in zwei bis drei Jahren ohne Kredite auskommen und anfangen, ihre Schulden abzuzahlen. Dafür müsse man sich allerdings von den alten falschen Vorstellungen lösen und anfangen, überlegt zu kalkulieren. Gegenwärtig setzt die Staatliche Plankommission ihre Arbeit an den Materialien zur Perspektiventwicklung der Volkswirtschaft fort. Nach Meinung von Gen. Leuschner müsse sich in die Sache endlich das Politbüro einmischen und strenge Anweisungen geben, denen die Staatliche Plankommission bei der Vorbereitung der Materialien über die zukünftige Entwicklung der Volkswirtschaft zu folgen habe. Ansonsten würde es in dieser Frage keine klare Linie geben.

Wie bekannt, wurde in Moskau Übereinkunft darüber erzielt, dass die DDR bestimme, welche Industriezweige Priorität erhalten sollten und bei welchen man sich bei der Entwicklung zurückhalten solle, um die Produktion von Exportwaren anzukurbeln und die für die DDR nötigen Importe zu decken. Ulbricht informierte darüber das Politbüro des ZK der SED und sagte, dass die DDR mit ihrer Ökonomie Chaos in die Wirtschaft des gesamten sozialistischen Lagers trage[243]. Auf dem XV. Plenum habe er in seinem Beitrag gleichfalls über dieses Problem gesprochen[244]. Damit schien es, dass die Sache klar sei, aber real ist in dieser Angelegenheit nichts geschehen.

Als sich auf der letzten Sitzung herausstellte, dass die Industrieabteilungen der Staatlichen Plankommission der DDR versuchten, im Entwurf des Planes ihre maximalen Forderungen festzuschreiben, sagte der SPK-Vorsitzende Gen. Mewis, die Abteilungen handelten angeblich entgegen seinen Weisungen. Das ist allerdings zweifelhaft. Auf jeden Fall äußerten die Abteilungsleiter der Staatlichen Plankommission in letzter Zeit nicht mehr offen ihre Meinung, obwohl sie sehr gut wüssten, dass ihre Vorschläge nicht real und nicht richtig sind. In der Staatlichen Plankommission ist eine seltsame Atmosphäre entstanden. Die Gespräche verlaufen dort wie folgt: „Was, du bist gegen das Chemieprogramm?"[245]

---

[242] Vgl. Dokument Nr. 22.
[243] Auf der außerordentlichen Sitzung des Politbüros am 28. 2. 1962 berichtete Ulbricht über die Verhandlungen in Moskau. Vgl. das Protokoll der Sitzung des Politbüros am 28. 2. 1962, in: SAPMO-BArch, DY 30/J IV 2/2/818.
[244] Das 15. Plenum des ZK der SED fand vom 21. bis 23. 3. 1962 statt. Ulbricht referierte über „die Grundfragen der Entwicklung DDR" und Mewis über den Volkswirtschaftsplan 1962. Vgl. SAPMO-BArch, DY 30/IV 2/1/267.
[245] Im Ergebnis einer zentralen Chemiekonferenz im November 1958 wurde das „Chemieprogramm" verabschiedet. Es stand unter dem Motto „Brot, Wohlstand und Schönheit" und sah bis 1965 eine Verdopplung der chemischen Produktion vor. Mit dem „Chemieprogramm" nahm die politische Führung anspruchsvolle Industrieprojekte in Angriff. Die chemische Industrie sollte nach dem Maschinenbau zweitgrößter Industriezweig werden.

oder „Dazu gibt es eine Entscheidung des ZK, bist du also gegen eine Entscheidung des ZK?"

Die Lage sei so, führte Leuschner weiter aus, dass man alle alten Entscheidungen über Bord werfen müsse und einen Plan aufzustellen habe, der von den real vorhandenen Möglichkeiten ausgehe. Einige der leitenden Genossen gehen an diese Frage aus einer rein subjektiven und abstrakten Position heran und bringen statt eines Planes ihre eigenen Phantasien vor. Wenn sich herausstellt, dass diese sich nicht verwirklichen lassen, setzen sie darauf, dass ein Ausweg aus der Lage neue Hilfe aus der Sowjetunion sei.

Zum Beispiel baut die DDR weiter am Rostocker Hafen, obwohl die Kapazitäten des in Betrieb genommenen ersten Bauabschnitts noch nicht vollständig ausgeschöpft sind. Es werden Vorschläge zum Bau eines grandiosen Kanals von Rostock bis zur Oder vorgebracht, obgleich der polnische Hafen in Szczecin nur zu 70 Prozent ausgelastet ist. Es gibt den Plan zum Bau einer Autobahn zwischen Rostock und Berlin, die Milliarden kosten wird, aber gegenwärtig keine wirtschaftlichen Effekte hat. Diese Autobahn müsse natürlich gebaut werden, aber im Moment könne man in der Sache abwarten. Wunderschöne Pläne zur Wiederherstellung der Stadtzentren sind bestätigt, aber für deren gleichzeitige Umsetzung reichen die Mittel sowieso nicht, die Pläne würden bloßes Papier bleiben. Gleichwohl drängen einige Genossen auf die Umsetzung dieser Vorhaben. All das ließe sich vermeiden, wenn bei Fragen zur Entwicklung der Wirtschaft in der DDR eine klare Linie herrschte, aber diese gibt es leider nicht.

Hinsichtlich des Vorbereitungsstandes der Materialien der Staatlichen Plankommission der DDR zur Reise nach Moskau hatte Gen. Leuschner ein Gespräch mit dem Sekretär des ZK der SED Gen. Honecker. Er bat darum, diese Fragen entweder ernsthaft im Politbüro zu erörtern oder zu Gen. Ulbricht nach Karlovy Vary[246] zu fahren und zu entscheiden, was zu geschehen habe. Ansonsten sei es besser, nicht nach Moskau zu fahren, um das ZK der SED vor den sowjetischen Genossen nicht in eine schmähliche Lage zu bringen. Nach den Worten von Gen. Leuschner stimmte Gen. Honecker mit ihm vollkommen überein und sagte, er glaube auch, dass es notwendig ist, in dieser Angelegenheit endlich Ordnung zu schaffen.

Innerhalb der nächsten Tage werde es sich also endgültig entscheiden, ob die Delegation der DDR am 15. April nach Moskau fahren kann oder ob die Reise für einige Zeit verschoben werden muss.

Nachfolgend berichtete Gen. Leuschner, dass der Vertreter des Ministeriums für Außenhandel der DDR Behrendt[247] im Auftrag der Leitung Gespräche mit dem Leiter der Treuhandstelle der BRD für den Interzonenhandel Leopold[248] geführt habe. Darin habe er

---

[246] Ulbricht hielt sich wiederholt in Karlovy Vary (Karlsbad) zur Kur auf.

[247] Heinz Karl Behrendt (1913–2003): Politiker. 1939–1945 Wehrmacht, 1946 Mitglied der SED, 1951 Leiter der Hauptabteilung Industrie im Ministerium für Wirtschaft und Arbeit der DDR, 1953–1958 Vizepräsident der Industrie- und Handelskammer der DDR, 1958–1965 Leiter der Hauptabteilung für Innerdeutschen Handel im Ministerium für Außenhandel und Innerdeutschen Handel der DDR, 1965–1978 stellvertretender Minister für Außenhandel und zuständig für den Handel mit der Bundesrepublik.

[248] Kurt Leopold (1900–1973): Wirtschaftsexperte. 1923–1937 Mitarbeiter der Industrie- und Handelskammer Berlin, 1937–1945 Mitglied der Geschäftsführung der Reichswirtschaftskammer, 1947–1949 stellvertretender Leiter der Berliner Vertretung der Verwaltung für Wirtschaft des Vereinigten Wirtschaftsgebietes (Bi-Zone), 1949 stellvertretender Leiter des Berliner Büros der Treuhandstelle für den Interzonenhandel, 1953–1964 Leiter der Treuhandstelle für Interzonenhandel in West-Berlin.

Fragen der möglichen Lieferung von bis zu drei Millionen Tonnen Steinkohle jährlich aus der BRD in die DDR innerhalb der nächsten 8–10 Jahre sowie zum Ankauf von chemischen und metallurgischen Anlagen in der BRD sondiert. Der Vertreter der BRD teilte acht Tage nach den Sondierungen in unverbindlicher Form die vermeintliche Erklärung Adenauers mit, dieser wolle auf den Vorschlag der DDR nicht mit Nein antworten. Die DDR solle sich aber in einigen Fragen bewegen: zum Beispiel den Westberlinern ab und zu gestatten, in das demokratische Berlin zu fahren, sowie die Bürokratie beim Verkehr zwischen Westberlin und der BRD verringern usw.

Leuschner bestätigte, dass die Lieferungen von Steinkohle aus der BRD für die DDR billiger sind als der Import sowjetischer Kohle. Hinsichtlich der Fragen des Handelsaustausches zwischen der DDR und der BRD sei es wohl sinnvoll, die Meinungen in Moskau auszutauschen.

Das Gespräch dauerte zwei Stunden. Am Gespräch nahmen der Leiter der Gruppe von Gosplan der UdSSR in der DDR Gen. P. F. Ostapčuk[249] und dessen Stellvertreter A. G. Položenkov[250] teil.

Das Gespräch wurde von Botschaftsattaché Ju. A. Kvicinskij[251] aufgezeichnet.

Bemerkung:

Aus diesem sowie anderen Gesprächen mit Gen. Leuschner verstärkt sich der Eindruck, dass im Politbüro des ZK der SED keine klare Linie dahingehend herrscht, wie die Wirtschaft der DDR gesunden kann und welche konkreten Industriezweige in erster Linie zu entwickeln sind. Der neue Vorsitzende der SPK der DDR Gen. Mewis[252] kennt sich in wirtschaftlichen Fragen schlecht aus und legt dem Politbüro des ZK der SED unrealistische, von der wirtschaftlichen Lage abgehobene Pläne vor, um vor der Leitung mit „schönen" Plänen glänzen zu können. Innerhalb kürzester Zeit sollen alle wichtigen Probleme gelöst werden, wobei darauf gebaut wird, dass alle Unstimmigkeiten in den Bilanzen von der Sowjetunion durch unbegrenzte Kredite für die DDR gedeckt werden.

Bei der Erörterung der Wirtschaftspläne der DDR unterstützen viele Politbüromitglieder die Pläne von Mewis und haben nicht auf den überlegten Rat von Gen. Leuschner gehört, welcher sich in Wirtschaftsfragen besser auskennt. Aus dem Gespräch mit Gen. Leuschner geht weiterhin hervor, dass er damit unzufrieden ist, gegenwärtig die Staatliche Plankommission nicht unmittelbar zu leiten und als Stellvertretender Vorsitzender des

---

[249] Biografische Details nicht ermittelbar.
[250] Biografische Details nicht ermittelbar.
[251] Julij Aleksandrovič Kvicinskij (1936–2010): Diplomat. 1959–1965 Mitarbeiter an der Botschaft der UdSSR in Ost-Berlin, 1965–1978 Mitarbeiter der für Deutschland zuständigen 3. Europäischen Abteilung des Außenministeriums der UdSSR, 1978–1981 Gesandter an der Botschaft der UdSSR in Bonn, 1981–1986 Leiter der sowjetischen Delegation bei den Abrüstungsverhandlungen in Genf, 1986–1990 Botschafter der UdSSR in Bonn, 1990–1991 stellvertretender Außenminister der UdSSR, 1997–2003 Botschafter Russlands in Norwegen.
[252] Mewis war im Juli 1961 ohne fachliche Befähigung an die Spitze der Plankommission gekommen. Er hatte lediglich als Erster Sekretär der SED-Bezirksleitung Rostock während der Kampagne für die Kollektivierung in der Landwirtschaft für Schlagzeilen gesorgt. Da Mewis bislang ausnahmslos als hauptamtlicher Parteifunktionär tätig gewesen war, fiel es ihm von Anbeginn schwer, den komplizierten Apparat der Plankommission effektiv zu leiten und die Mechanismen der Wirtschaftsleitung zu durchschauen. Für Ulbricht galt er jedoch als energischer Verfechter einmal gefasster Parteibeschlüsse und somit als durchsetzungsfähig.

Ministerrates der DDR nur formal deren Arbeit und die des Volkswirtschaftsrates der DDR zu koordinieren[253].

M. Pervuchin

Quelle: RGAE, 4372/80/453, Bl. 54-58.

Nr. 24
Notiz über das Gespräch zwischen dem Vorsitzenden der Ständigen Vertretung von Gosplan der UdSSR in der DDR Ostapčuk und dem Vorsitzenden der SPK Mewis über das Defizit in der Außenhandelsbilanz der DDR und den Planentwurf zur Entwicklung der Volkswirtschaft für die Jahre 1963 bis 1965, 10. April 1962

Geheim

Exemplar Nr. 2

<u>Gesprächsnotiz</u>

Dieses Gespräch wurde auf Initiative von Gen. Mewis hin geführt. Daran nahm außer Gen. Mewis auch Gen. Henke teil. Von sowjetischer Seite waren die Genossen Ostapčuk, Položenkov und Mel'nikov zugegen[254]. Das Gespräch fand am 10. April 1962 auf der Datsche von Gen. Mewis statt (da Gen. Mewis krank war, bat er den Gen. Henke und die sowjetischen Genossen, zu ihm auf die Datsche zu fahren) und dauerte von 15.00 bis 17.30 Uhr. Es wurde in russischer Sprache ohne Dolmetscher geführt, da die Genossen Henke und Mewis russisch sprechen.

Zu Beginn des Gespräches erklärte Gen. Mewis, dass auf der Sitzung des Sekretariats des ZK der SED am 9. April dieses Jahres der Planentwurf zur Entwicklung der Volkswirtschaft zwischen 1963 und 1965 verworfen wurde[255]. Als Hauptproblem bei diesem erweist sich das Defizit in der Außenhandelszahlungsbilanz. Die Staatliche Plankommission schlug in ihrer Variante dem ZK vor, das folgende Defizit in der Außenhandelszahlungsbilanz solle durch langfristige Kredite der Sowjetunion und der Länder der Volksdemokratie gedeckt werden.

---

[253] Leuschner hatte sein Amt als Vorsitzender der SPK im Juli 1961 an Mewis abgegeben und war als Stellvertreter des Vorsitzenden des Ministerrates für die Koordinierung der wirtschaftlichen Grundsatzaufgaben im Präsidium des Ministerrates verantwortlich. In seiner neuen Funktion sollte Leuschner Entscheidungen zu „volkswirtschaftlichen Grundaufgaben" vorbereiten und die Umsetzung der auf diesem Gebiet gefassten Beschlüsse kontrollieren. In dieser Hinsicht war er gegenüber den wirtschaftsleitenden Institutionen weisungsberechtigt und dafür zuständig, auftretende Meinungsverschiedenheiten und Kompetenzstreitigkeiten zwischen ihnen zu entscheiden.
[254] Biografische Details nicht ermittelbar.
[255] Hier ist nicht die Sitzung des Sekretariats des ZK, sondern die des Politbüros am 10. 4. 1962 gemeint, auf der Planentwurf zur Entwicklung der Volkswirtschaft 1963–1965 beraten wurde. Vgl. das Protokoll der Sitzung des Politbüros am 10. 4. 1962, in: SAPMO-BArch, DY 30/J IV 2/2 823.

(in Mrd. DDR-Mark)

Jahr	Defizit	UdSSR	Andere soz. Staaten
1963	1,9	1,5	0,4
1964	1,6	1,4	0,2
1965	1,3	1,3	–

Auf die Frage, wann die Staatliche Plankommission der DDR davon ausgeht, einen Plan ohne Defizit in der Außenhandelszahlungsbilanz vorzulegen, erklärte Gen Mewis, er nimmt an, dass die DDR bis 1968 schwerlich ohne Kredite auskommen wird. Nach seiner Meinung wird das Defizit bis 1968 folgende Summen betragen:
 1965: 1,3 Mrd. Mark
 1966: 300–400 Mio. Mark
 1967: 500 Mio. Mark.
Alle diese Summen sollen durch sowjetische Kredite gedeckt werden. Erst ab 1968 kann die DDR einen Plan mit einem ausbilanzierten Außenhandel haben und ohne langfristige Kredite auskommen. Weiterhin erklärte Gen. Mewis, es sei illusionär, jetzt einen Plan ohne Kredite aus der UdSSR auszuarbeiten. Dann werde die DDR in zwei Jahren mit schlechten Kennziffern kommen.

In Verbindung mit einer Anordnung des ZK soll die SPK den Planentwurf überarbeiten und bereits mit neuen Zahlen nach Moskau reisen. Gleichwohl meint Gen. Mewis, dass es entsprechend der Übereinkunft zwischen Gen. Ulbricht und Gen. Chruščëv richtiger sei, alles vorhandene Material der SPK nach Moskau mitzunehmen und zusammen mit den sowjetischen Spezialisten den nötigen Planentwurf auszuarbeiten.

Gen. Leuschner, so erklärt Mewis, will dies nicht tun. Er hat der SPK vorgeschlagen, einen neuen Planentwurf mit einem auf das Minimum verringerten Handelsdefizit auszuarbeiten, bei dem die DDR beginnend ab 1965 ohne Kredite der UdSSR auskommen soll. Gen. Leuschner schlug vor, das Defizit auf folgende Summen zu bringen:
 1963: 900 Mio. Mark
 1964: 500 Mio. Mark
 1965: 0.
Wie dies erreicht werden soll, erklärte Gen. Mewis, weiß er allerdings nicht. Offensichtlich, sagte er, müssen die Kapitalinvestitionen anstatt erhöht zu werden vielleicht sogar sinken. Zudem ist es nötig, den Import, auch von Rohstoffen, zu senken. Die Kapitalinvestitionen müssen auf einer Liste verzeichnet sein, die nicht nach Bezirken aufgeteilt ist. Dieses würde die Erörterung des Problems nur erschweren, weil die Genossen aus den Bezirken nach engen Ressortgrenzen vorgehen.

Weiterhin verwies Gen. Mewis auf die schwierige Arbeitskräftesituation in der DDR. Während die Zahl der Produktionsarbeiter zurückgeht, steigt die Zahl der Studenten und Angestellten, die sich nicht in der Produktion befinden, sondern hauptsächlich in Kindergärten und Krankenhäusern usw. arbeiten, um 60 000.

Gen. Mewis erklärte, falls man versuche, den Weg von Preiserhöhungen zu gehen, stehe die DDR vor einem Aufstand. Natürlich, so führte Gen. Mewis aus, könne die DDR auch ohne Kredite existieren, würde dann aber zu einer Bremse für das gesamte sozialistische Lager werden. Dieser Gedanke wurde allerdings von Gen. Mewis nicht weiterentwickelt.

Es ist zu beachten, dass die Kennziffern für den Volkswirtschaftsplan des Jahres 1963 bis spätestens zum 15. Mai dieses Jahres vorliegen müssen.

Nach Meinung von Gen. Mewis verfügt die Staatliche Plankommission der DDR über genügend Material, um mit der Arbeit zu beginnen. Was die Ausarbeitung einer neuen Variante betrifft, so werden sie diese natürlich erstellen, aber dafür ist Zeit erforderlich.

Was die verworfene Version betrifft, so sind die Genossen der Meinung, dass sie bei der Vorbereitung der neuen Variante als Grundlage dienen muss, da sie entsprechend detailliert ausgearbeitet ist. Sie möchten die Ausgangsversion erhalten und mit nach Moskau nehmen, da sie glauben, dass der alte Plan im Ganzen den gestellten Aufgaben entspricht.

In der neuen Variante, die nach der Anweisung des ZK vorbereitet wird, wird folgendes Defizit in der Außenhandelszahlungsbilanz vorgesehen:

1963: 1,3 Mrd. Mark,
1964: 1,1 Mrd. Mark,
1965: 900 Mio. Mark.

Alle diese Beträge sollen durch langfristige Kredite aus der UdSSR gedeckt werden.

Bezüglich des Warenfonds für die Bevölkerung, so erklärte Gen. Mewis, war in der ersten Variante für 1963 eine Steigerung gegenüber 1962 um 3,5 Prozent vorgesehen, während das Wachstum 1962 gegenüber 1961 bei 3 Prozent lag. Allerdings beträgt das Defizit 300 Mio. Mark; wie dieses gedeckt werden soll, weiß er nicht. Mit welchen Zahlen sie bei den Warenfonds in der Endvariante aufwarten werden, kann er noch nicht sagen, aber sie werden wohl im Wesentlichen auf dem Niveau von 1962, vielleicht auch etwas darüber liegen.

Gegenwärtig, so äußerte Gen. Mewis, werden in der Regierung die Erzeugerpreise für Kartoffeln geprüft. Man muss die Bauern an dieser landwirtschaftlichen Kultur interessieren. In der Praxis hat sich die durchgeführte Erhöhung der Erzeugerpreise bei Zuckerrüben bestätigt. Augenscheinlich müssen auch die Kartoffelpreise im Einzelhandel angehoben werden.

Weiterhin erklärt Mewis, dass in der DDR das Wichtigste der Maschinenbau sei. Wenn hier einige Tausend zusätzliche Arbeitskräfte vorhanden wären, könnte sich die Lage bedeutend verbessern. Setzte man allerdings Studenten und medizinisches Personal ein, so wäre der Effekt gleich null.

Gen. Ostapčuk erklärte, man müsse neue Kapazitäten schaffen und wichtige Bauprojekte wie das Kombinat in Schwerin[256], das die Rohstoffbasis für die Textilindustrie bedeutend verbessert, schneller fertigstellen. Bis zur Inbetriebnahme des Werks in Schwerin könne man Rohöl verwenden. In der UdSSR gibt es entsprechende Erfahrungen, und unsere Chemiespezialisten haben ihre Überlegungen zum Einsatz von Erdöl ohne dessen Destillation in den chemischen Werken dargelegt. Gen. Mewis erklärte, dass er Gen. Meiser[257] und den Chemikern die Weisung gibt, sich mit dieser Frage zu beschäftigen.

Weiterhin äußerte sich Gen. Ostapčuk zur Zweckmäßigkeit eines rationelleren Einsatzes der Kapitalinvestitionen. Er erklärte, dass die Hauptrichtung beim Maschinenbau liegen sollte, hier vor allem bei Walzanlagen, Chemiemaschinenbau, Kompressoren-Pumpen usw. Was andere Objekte wie Hafenerweiterungen, hier beispielsweise den Hafen in Rostock,

---

[256] Hier ist das VEB Kombinat Lederwaren Schwerin gemeint, das vor allem Kunstleder produzierte.
[257] Hugo Meiser (1921–1993): Wirtschaftsfunktionär. 1947 Mitglied der SED, 1941–1945 Wehrmacht, 1947–1948 Abteilungsleiter im Amt für Wirtschaftsplanung der Landesregierung Mecklenburg, 1948–1951 Hauptabteilungsleiter der Landesregierung Mecklenburg, 1952–1955 stellvertretender Leiter der Staatlichen Verwaltung für Materialversorgung, 1956–1961 Stellvertreter des Vorsitzenden der SPK, 1962–1971 Stellvertreter des Vorsitzenden der SPK für internationale ökonomische Zusammenarbeit und Außenwirtschaft, Vertreter der SPK beim RGW in Moskau, 1971–1987 Stellvertreter des Ministers für Erzbergbau, Metallurgie und Kali.

betrifft, so könnte es vielleicht sinnvoller sein, zeitweise bei den Polen Häfen in Stettin, Gdynia oder Danzig zu mieten.

Gen. Mewis äußerte, dass die DDR die Frage geprüft habe und diese Sache für sie nicht rentabel sei. Zum Beispiel würde die Wiederherstellung des Hafens in Stettin Kapitalinvestitionen in Höhe von 1,5 Mrd. Mark erfordern, während für die Erweiterung des Rostocker Hafens nur 700 Mio. Mark notwendig sind.

Den großen Arbeitsumfang und die Wichtigkeit der Durcharbeitung des Materials berücksichtigend, äußerte Gen. Mewis den Vorschlag, dass es vielleicht sinnvoller sei, die Planfragen zunächst auf Spezialistenebene zu klären. So könne nächste Woche zum Beispiel unter der Leitung von Gen. Grosse[258] die Gruppe für Maschinenbau kommen, dann die für Metallurgie, Chemie usw. Die Arbeiten zur Spezialisierung interessieren Gen. Ulbricht, und er würde nach Vorbereitung des Materials durch die Spezialisten die Unterlagen auch gern selber prüfen.
Damit endete das Gespräch.

Das Gespräch wurde von Gen. Mel'nikov aufgezeichnet.

Quelle: RGAE, 4372/80/453, Bl. 37–42.

Nr. 25
Notiz zum Gespräch zwischen dem Stellvertreter des Vorsitzenden des Ministerrates der DDR Leuschner und dem Leiter der Vertretung von Gosplan der UdSSR in der DDR Ostapčuk über den Entwurf des DDR-Volkswirtschaftsplanes für die Jahre 1963 bis 1965, 18. April 1962

Geheim

Exemplar Nr. 1

<u>Gesprächsnotiz</u>

Am 18. April fand ein Gespräch mit Gen. Leuschner statt. An der Besprechung nahmen die Genossen P. F. Ostapčuk, A. G. Položenkov und N. I. Mel'nikov sowie die Genossin Malova als Dolmetscherin teil. Das Gespräch dauerte von 10.30–11.45 Uhr.

Zu Beginn des Gespräches fragte Gen. Leuschner, ob sich die sowjetischen Genossen mit den Materialien der Staatlichen Plankommission zum Entwurf des Volkswirtschaftsplanes der DDR für die Jahre 1963 bis 1965 vertraut gemacht hätten.

---

[258] Hermann Grosse (1906–1986): Wirtschaftsfunktionär. 1926 Mitglied der KPD, 1946 der SED, 1933–1945 illegale Arbeit für die KPD, 1933–1936 Haft, 1937–1945 Emigration nach Prag und London, 1948–1949 Leiter der Hauptverwaltung Maschinenbau und Elektronik der DWK, 1949–1950 Leiter der Hauptabteilung Maschinenbau im Ministerium für Industrie, 1951–1953 Direktor der Deutschen Handelszentrale (DHZ) Maschinen- und Fahrzeugbau, 1954 Hauptabteilungsleiter im Ministerium für Maschinenbau, 1959–1960 Leiter der Abteilung Investitionen, Forschung und Technik der SPK, 1960–1966 Stellvertreter des Vorsitzenden der SPK, 1967–1970 stellvertretender Minister für Fahrzeugbau und Verarbeitungsmaschinen.

Gen. Ostapčuk antwortete, dass die von der Staatlichen Plankommission übergebenen Materialien von uns durchgearbeitet worden sind.

Gen. Leuschner erklärte, dass die deutschen Genossen diese Unterlagen im Sekretariat der SED geprüft und heftig kritisiert haben[259]. Der Staatlichen Plankommission wurde empfohlen, den Planentwurf zu überarbeiten. Der Hauptmangel des vorbereiteten Entwurfes des Volkswirtschaftsplanes der DDR für die Jahre 1963 bis 1965 liegt, so erklärte Gen. Leuschner, im nicht ausbilanzierten Außenhandel und den daraus folgenden ständigen Bitten um Kredite erheblichen Umfangs durch die Sowjetunion. Mit diesen Materialien nach Moskau zu fahren wäre nicht richtig, und deshalb widmeten sie sich im Moment verstärkt der Überarbeitung der Unterlagen. Gleichwohl – so erklärte Gen. Leuschner – wird die DDR nicht ohne Kredite aus der Sowjetunion auskommen. Die Genossen gehen davon aus, dass die Sowjetunion 1963 um Kredite gebeten werden muss, die aber nicht über den Umfang von 1962 hinausgehen, und dass in den folgenden Jahren 1964 und 1965 die DDR ihre Bitten allmählich einschränken wird.

Der neue Entwurf des Volkswirtschaftsplanes der DDR für die Jahre 1963 bis 1965 wird am Abend des 18. April dieses Jahres von den Genossen Leuschner, Mewis und Neumann geprüft. Wenn nachfolgend alle Bemerkungen in den Entwurf eingetragen sind, werden die Unterlagen an Gen. Ostapčuk übergeben. Gen. Leuschner geht davon aus, dass die Arbeiten bis zum Montag, dem 23. April 1962, abgeschlossen sein werden. Am 26. April dieses Jahres werden dann etwa 14 Personen nach Moskau reisen, darunter die Genossen Leuschner, Mewis, Neumann, Grosse, Wunderlich, Müller[260], Henke, Meiser, Kerber[261] sowie einige Experten und Übersetzer. Sie erwarten, drei Tage in Moskau zu bleiben und dann nach Berlin zurückzukehren. Was die Experten und Stellvertretenden Vorsitzenden der Staatlichen Plankommission betrifft, so verbleiben diese für die Arbeit in Moskau. Je nach Arbeitsbedarf können zusätzliche Experten nach Moskau gerufen werden.

Gen. Leuschner erklärte, dass er zur Regierungsdelegation gehört, die in die Tschechoslowakei reisen wird[262]. Deshalb muss er am 12. Mai dieses Jahres in Berlin sein. Er nimmt

---

[259] Der Entwurf zum Volkswirtschaftsplan wurde nicht im Sekretariat des ZK, sondern am 20. 2. 1962 im Politbüro behandelt. Bemängelt wurden insbesondere fehlende Aussagen über die Modernisierung der Volkswirtschaft und die Arbeitsweise des Außenhandels. Das Politbüro setzte eine Arbeitsgruppe (Leuschner, Apel, Neumann, Mewis, Rumpf) ein, um entsprechende Richtlinien zu erarbeiten, die bei der Überarbeitung des Planentwurfes durchgesetzt werden sollten. Vgl. die Sitzung des Politbüros am 20. 2. 1962, in: SAPMO-BArch, DY 30/J IV 2/2/814, Bd. 1.

[260] Fritz Müller (1925–1962): Wirtschaftsfunktionär. 1946 Mitglied der SED, 1943–1945 Wehrmacht, 1949–1951 Betriebsassistent bzw. kaufmännischer Leiter in einer Altenburger Buchdruckerei, 1951–1953 Referent bzw. Abteilungsleiter in der Hauptverwaltung Polygrafische Industrie im Ministerium für Leichtindustrie, 1953 Gruppenleiter in der Kontrollabteilung beim Präsidium des Ministerrates, bis 1958 Staatssekretär im Ministerium für Leichtindustrie, 1958–1961 Abteilungsleiter in der SPK, 1961/62 Stellvertreter des Vorsitzenden der SPK für Leicht- und Lebensmittelindustrie, Landwirtschaft und Versorgung, 29. 10. 1962 Freitod.

[261] Erwin Kerber (1908–1983): Wirtschaftsfunktionär. 1929 Mitglied der KPD, 1946 der SED, 1948 Leiter der Hauptverwaltung Materialversorgung der DWK, 1949 Leiter der Hauptverwaltung Materialversorgung im Ministerium für Planung, 1951 Staatssekretär für Materialversorgung der SPK, 1952–1955 stellvertretender Vorsitzender der SPK, 1955 Staatssekretär im Ministerium für Schwermaschinenbau, 1955–1965 stellvertretender Minister für Handelspolitik sozialistischer Länder im Ministerium für Außenhandel und Innerdeutschen Handel, 1965–1974 Leiter der Handelsvertretung der DDR in der UdSSR.

[262] Vom 14. bis 18. 5. 1962 reiste eine Partei- und Regierungsdelegation in die ČSR. Teilnehmer der Delegation waren u. a. Ulbricht, Leuschner sowie Vertreter von Blockparteien: Bolz (NDPD), Götting (CDU), Gerlach (LDPD) und Rietz (DBD).

an, dass er zum zweiten Mal am 7. Mai nach Moskau kommen kann, um am 12. Mai nach Berlin zurückzukehren und für drei Tage in die Tschechoslowakei zu fahren. Danach kann er so lange in Moskau arbeiten, wie es nötig ist. Das sei ihr Plan, erklärte Gen. Leuschner, wenn es allerdings erforderlich sei, könnten die Genossen auch nach jedem beliebig anderen Zeitplan in Moskau arbeiten.

Weiterhin erklärte er hinsichtlich der vorbereiteten Materialien zum Volkswirtschaftsplan der DDR für die Jahre 1963 bis 1965, dass die Frage der Ausbilanzierung des Außenhandels auch dadurch erschwert wird, dass sie keine Kredite von den sozialistischen Staaten bekommen können, dass niemand etwas gibt. Deshalb verbleibt als einziger Weg, Kredite von der Sowjetunion für die Deckung des gesamten Defizits zu erhalten. Die nötige Summe beträgt für 1963: 1,3 Mrd. Mark, für 1964: 1,1 Mrd. Mark und für 1965: 900 Mio. Mark. Zuvor gingen sie davon aus, dass es gelingen werde, das Defizit beim Außenhandel mit den sozialistischen Staaten durch Kredite von diesen zu decken oder einen Zahlungsaufschub für eine Summe von ungefähr 300 Mio. Mark zu erreichen. Das ist aber gegenwärtig völlig unrealistisch.

Die genannten Ziffern, mit denen sich die DDR an die Sowjetunion mit der Bitte um Bereitstellung eines langfristigen Kredites wendet, wurden bei ihr abgestimmt und werden sich nicht ändern. Diese Summen wurden auf Grundlage der Berechnungen der Staatlichen Plankommission ermittelt. Bei Erhalt eines Kredits im genannten Umfang kann der Außenhandel der DDR ausbilanziert werden.

Im neuen Planentwurf, so erklärte Gen. Leuschner, werden die Kapitalinvestitionen etwas gesenkt, und bei den Investitionen wird die Industrie bevorzugt. Hauptsächlich sollen die Kapitalinvestitionen in die Energieerzeugung, die Metallurgie und den Maschinenbau fließen. Die Aufwendungen zur Wiederherstellung der Städte und für den Wohnungsbau werden gekürzt. Das Wachstum des Warenfonds soll voraussichtlich auf dem Niveau des Jahres 1962 verbleiben.

Danach machte Gen. Ostapčuk einige Bemerkungen. Er erklärte, obwohl wir nicht berechtigt sind, über Kredite aus der Sowjetunion zu sprechen – das ist eine Frage der Regierung – ist es nach ihrer Meinung nicht möglich, den durch die Staatliche Plankommission ausgearbeiteten Entwurf des Volkswirtschaftsplanes der DDR für die Jahre 1963 bis 1965 auch in seiner letzten Fassung als befriedigend zu bezeichnen, da der Außenhandel über den gesamten Zeitraum bis 1965 nicht ausbilanziert ist. In diesem Plan ist nicht absehbar, wann die DDR ohne Kredite aus der Sowjetunion auskommen wird.

Nach unserer Ansicht war es richtig, die Aufwendungen für den Wiederaufbau der Städte zu kürzen und auch für den Wohnungsbau etwas zu verringern und die so freiwerdenden Mittel in die Entwicklung der Energetik, der Metallurgie und des Maschinenbaus zu investieren. Das hat auf die Volkswirtschaft der DDR große Wirkung.

Von unserem Standpunkt gesehen ist es auch richtig, die Warenfonds im Gegensatz zur ersten Variante etwas zu kürzen und deren jährlichen Zuwachs auf die Summe von 1,5 Mrd. Mark zu begrenzen. Wenn man die erfolgreiche Planerfüllung im I. Quartal 1962 im Umfang von 24,1 Prozent des Jahresplanes berücksichtigt, so ist die Gewissheit geschaffen, so erklärte Gen. Ostapčuk weiter, dass der Jahresplan der Industrieproduktion der DDR nicht nur erfüllt, sondern sogar etwas übererfüllt wird.

Gen. Ostapčuk lenkte die Aufmerksamkeit von Gen. Leuschner darauf, dass in der letzten Variante der mittlere jährliche Zuwachs der Bruttoindustrieproduktion etwas geringer ist als in der ersten Variante, das heißt 6,5 Prozent gegenüber 7,8 Prozent in der ersten Ausfertigung. In Verbindung damit betrage der allgemeine Umfang der Bruttoindustrieproduktion im Jahr 1965 lediglich 96,8 Mrd. Mark, während in der ersten Variante noch 100,5 Mrd. Mark vorgesehen waren.

Damit werden aber nicht die notwendigen Voraussetzungen dafür geschaffen, um in den nächsten Jahren die Erneuerung des eigenen Maschinenparks in der DDR durchzuführen, gleichzeitig werden die Exportressourcen begrenzt. Somit wiederum werden auch keine Grundlagen für einen ausbilanzierten Außenhandel geschaffen, und folglich wird es keine Entwicklung der Wirtschaft der DDR ohne sowjetische Kredite geben. Das sind die wichtigsten Unzulänglichkeiten im Planentwurf. Die sowjetischen Spezialisten haben zu dieser und anderen Fragen, so erklärte Gen. Ostapčuk, mehrmals ihre Überlegungen gegenüber der Führung der Staatlichen Plankommission geäußert. Ein Teil der von den sowjetischen Spezialisten geäußerten Ansichten spiegelt sich in dem vorbereiteten Material wider. Dass allerdings alle berücksichtigt wurden, kann bislang nicht gesagt werden, obwohl während des Meinungsaustausches zwischen den sowjetischen und den deutschen Spezialisten bei allen prinzipiellen Fragen identische Ansichten festzustellen waren.

Als Beispiel führte Gen. Ostapčuk an, dass die sowjetischen Spezialisten ihre Überlegungen zur Entwicklung des Abbaus und der Verarbeitung von Kalisalzen geäußert haben. Diese Produktion ist sowohl für den inneren Verbrauch als auch für den Export notwendig. Neben der Sowjetunion sind am Export von Kalisalzen aus der DDR auch andere Länder interessiert. Da es für diese Industrie eigene Rohstoffe gibt, ist die Entwicklung des Abbaus und der Verarbeitung von Kalisalzen eine überaus rentable Angelegenheit. Gleichwohl ist nach Ansicht der sowjetischen Spezialisten der beabsichtigte Zuwachs von 1,62 Millionen Tonnen im Jahr 1962 auf 1,8 Millionen Tonnen im Jahr 1965 unzureichend.

Hinsichtlich der Frage der Arbeitskräfte erklärte Gen. Ostapčuk, dass den sowjetischen Spezialisten bei ihren Besuchen in den Industriebetrieben die sehr große Anzahl von Hilfsarbeitern und Angestellten auffiel. In vielen Betrieben erreicht deren Anteil 50 Prozent der Beschäftigten. Wenn den Fragen der leichten und mittleren Mechanisierung in den Betrieben mehr Aufmerksamkeit geschenkt wird, kann eine bedeutende Menge an Arbeitskräften freigestellt und für die Produktionsprozesse eingesetzt werden.

Gen. Leuschner stimmte mit den Bemerkungen von Gen. Ostapčuk überein, bemerkte aber, dass wichtige Industriezweige, darunter die Energieerzeugung, die Druck- und Textilindustrie sowie einzelne Bereiche der Schwarzmetallurgie u. a. den Plan nicht erfüllen konnten, obwohl die Industrie der DDR ihn im I. Quartal 1962 insgesamt erfolgreich erfüllt hat. Vor uns liegen also noch viele Schwierigkeiten.

Zum Abschluss des Gespräches erklärte Gen. Leuschner, er gehe davon aus, dass in dem abschließenden Entwurf des Planes wohl kaum noch viele Änderungen erfolgen werden und dass dessen Erstellung bald abgeschlossen sein wird. Die Unterlagen in deutscher Sprache können den sowjetischen Spezialisten am 20. April 1962 und in russischer Sprache am 23. April dieses Jahres zur Durcharbeitung übergeben werden.
Damit endete das Gespräch.

Das Gespräch hat N. Mel'nikov aufgezeichnet.

Quelle: RGAE, 4372/80/453, Bl. 218–223.

Nr. 26

Mitschrift des Gespräches zwischen dem stellvertretenden Vorsitzenden des Ministerrates der UdSSR Zasjad'ko, dem Vorsitzenden von Gosplan der UdSSR Novikov und dem Stellvertreter des Vorsitzenden des Ministerrates der DDR Leuschner über die Schwerpunkte der weiteren wirtschaftlichen Zusammenarbeit, 27. April 1962

Geheim

Mitschrift des Gespräches

des Stellvertretenden Vorsitzenden des Ministerrates der UdSSR und Vorsitzenden des Staatlichen Wirtschaftsrates beim Ministerrat der UdSSR für laufende Planung der Volkswirtschaft Gen. A. F. Zasjad'ko und des Vorsitzenden von Gosplan der UdSSR V. N. Novikov mit dem Stellv[ertretenden] Vorsitzenden des Ministerrates der DDR und Mitglied des Politbüros des ZK der SED Gen. B. Leuschner

Am 27. April 1962 empfingen der Stellvertretende Vorsitzende des Ministerrates der UdSSR und Vorsitzende des Staatlichen Wirtschaftsrates beim Ministerrat der UdSSR für laufende Planung der Volkswirtschaft Gen. A. F. Zasjad'ko und der Vorsitzende von Gosplan der UdSSR V. N. Novikov im Kreml den Stellv[ertretenden] Vorsitzenden des Ministerrates der DDR Gen. B. Leuschner. Sie führten mit ihm ein Gespräch zu Fragen der weiteren Entwicklung der wirtschaftlichen Zusammenarbeit zwischen der Sowjetunion und der Deutschen Demokratischen Republik.

Von sowjetischer Seite nahmen an dem Gespräch die Genossen S. M. Tichomirov, A. M. Alekseev, N. I. Borisenko, Ja. A. Oblomskij, D. I. Derkačev, I. N. Mirotvorcev, D. I. Notkin, A. Ja. Rjabenko, D. A. Ryžkov, T. R. Bobyrev, V. D. Lebedev, M. G. Lošakov, N. F. Belobrov, N. N. Inozemcev, V. I. Alfeev, T. A. Koval', Ju. S. Medvedkov, P. F. Ostapčuk, V. N. Grojušin und S. V. Plaksin teil[263].

Von deutscher Seite nahmen die Genossen K. Mewis, A. Neumann, S. Wenzel[264], H. Grosse, F. Müller, G. Henke, H. Wunderlich, H. Meiser, H. Tirolf[265], H. Abraham[266], H. Ziergiebel[267],

---

[263] Auf biografische Details wird an dieser Stelle verzichtet.
[264] Siegfried Wenzel (1929-2015): Wirtschaftsfunktionär. 1946 Mitglied der KPD und SED, 1955–1960 Leiter der Abteilung Land-, Forst- u. Wasserwirtschaft der SPK, 1961 Leiter der Hauptabteilung Perspektivplanung der SPK, 1961-1965 stellvertretender Vorsitzender der SPK für volkswirtschaftliche Gesamtrechnung, 1966/67 Leiter der Abteilung Bilanzierung in der Hauptabteilung Perspektivplanung der SPK, 1968/69 Leiter der Hauptabteilung Prognose und Strukturpolitik der SPK, 1969–1989 stellvertretender Vorsitzender der SPK für volkswirtschaftliche Gesamtrechnung und Plankoordinierung.
[265] Biografische Details nicht ermittelbar.
[266] Biografische Details nicht ermittelbar.
[267] Heinz Ziergiebel (1926): Wirtschaftsfunktionär. 1946 Mitglied der SED, 1954 stellvertretender Leiter einer Hauptverwaltung im Ministerium für Kohle und Energie, ab 1958 Sektorenleiter in der Abteilung Energie der SPK, 1960 Mitglied der Wirtschaftskommission beim Politbüro, 1960 Sektorenleiter in der Hauptabteilung Elektroenergie der SPK, 1961 Leiter der Abteilung Energie der SPK, ab 1966 stellvertretender Minister für Grundstoffindustrie, 1979 Staatssekretär und Sekretär der Zentralen Energiekommission sowie Leiter der Arbeitsgruppe rationelle Energieanwendung beim Ministerrat der DDR.

L. Routschik[268], W. Hüttenreich[269], P. Christofzik[270], H.-W. Hübner[271], M. Frenzel[272] und Flick[273] teil.

Nach einem kurzen Gespräch entsprechend der Protokollordnung legte Gen. Leuschner die grundlegenden Fragen dar, mit denen die deutsche Delegation nach Moskau gereist war. Gen. Leuschner erklärte, dass bei dem Gespräch zwischen N. S. Chruščëv und Walter Ulbricht im Februar 1962 eine Übereinkunft darüber erzielt wurde[274], dass die deutsche Seite mit Hilfe sowjetischer Spezialisten die wichtigsten Kennziffern für den Volkswirtschaftsplan der DDR von 1963 bis 1965 vorbereitet. Dabei sagte er, dass der Plan der Deutschen Demokratischen Republik grundlegender Teil des Planes der Sowjetunion sein wird.

Weiterhin, so bemerkte Gen. Leuschner, ist es nötig, die Struktur der Produktion so zu ändern, dass ihr Anstieg schneller erfolgt, als der Bedarf an Rohstoffen und Material wächst.

Die wichtigste Aufgabe bei der Entwicklung der DDR-Wirtschaft ist laut Gen. Leuschner diejenige, das Verhältnis zwischen dem Niveau des Verbrauches und dem Niveau der Produktion zu ändern. Aus einer Reihe von Gründen war es nötig, den persönlichen und gesellschaftlichen Verbrauch bedeutend zu erhöhen. Jetzt muss diese Situation unbedingt verändert werden, da sich sonst im entgegengesetzten Fall die Wirtschaft der DDR nur auf der Grundlage des Erhalts von Krediten weiterentwickeln kann.

Die deutsche Seite, so erklärte Gen. Leuschner, stellt sich die Aufgabe, bis 1965 den Umfang der Kredite aus der UdSSR merklich zu verringern und in den folgenden Jahren vollkommen auf diese zu verzichten. Deshalb wurde bei der Aufstellung des Planes das Verhältnis zwischen Verbrauch und Akkumulation verändert. Es wurden Maßnahmen unternommen, die Kapitalinvestitionen in Bereiche der Wirtschaft umzuleiten, von denen in den nächsten Jahren Zuwächse zu erwarten sind. Nach Meinung von Gen. Leuschner wird bis 1965 der Anteil der Ausrüstungen am Gesamtanteil der Investitionen bedeutend schneller wachsen als der Anteil für Bau- und Montagearbeiten.

Weiterhin berichtete Gen. Leuschner über die Arbeitskräftesituation in der DDR. Er erklärte, dass die Deutsche Demokratische Republik bis zur Schließung der Grenzen mehr als zwei Millionen Menschen aus der arbeitsfähigen Bevölkerung verloren habe[275]. Die Situation bei den Arbeitskräften wird sich bis 1965 nicht verbessern, sondern sogar weiter verschlechtern. Die Zahl der arbeitsfähigen Menschen wird sich um weitere 250 000 Menschen verringern. Gen. Leuschner teilte mit, dass beabsichtigt ist, die unzureichende Zahl

---

[268] Biografische Details nicht ermittelbar.
[269] Biografische Details nicht ermittelbar.
[270] Paul Christofzik (1921): Wirtschaftsfunktionär. Bis 1966 Leiter der Abteilung Chemie bei der SPK, dann stellvertretender Leiter der DDR-Delegation in der Ständigen Kommission für Chemische Industrie beim RGW.
[271] Heinz-Werner Hübner (1922): Wirtschaftsfunktionär. Ab 1961 persönlicher Mitarbeiter des Leiters der Energieabteilung der SPK.
[272] Biografische Details nicht ermittelbar.
[273] Biografische Details nicht ermittelbar.
[274] Hier ist das Treffen Chruščëvs mit Ulbricht am 26. 2. 1962 in Moskau gemeint. Vgl. Dokument Nr. 22.
[275] Entsprechend den Angaben der Staatlichen Zentralverwaltung für Statistik verließen in den Jahren von 1950 bis 1961 circa 1,3 Millionen „Personen der produktivsten Altersgruppen", d. h. Personen in einem Alter zwischen 20 und 50 Jahren, die DDR in Richtung Bundesrepublik. Vgl. die Statistik über die „Entwicklung der gesellschaftlichen Arbeitsvermögens" vom 6. 10. 1967, in: BArch, DQ 109/119. Tatsächlich dürften es weitaus mehr gewesen sein, denn seit 1949 wanderten jährlich mehr als 100 000, zwischen 1953 und 1961 jährlich 200 000 Menschen aus der DDR in die Bundesrepublik. Vgl. Damian van Melis/Henrik Bispinck (Hrsg.), „Republikflucht". Flucht und Abwanderung aus der SBZ/DDR 1945 bis 1961, München 2006.

der Arbeitskräfte durch eine jährliche Steigerung der Arbeitsproduktivität um 6,7 Prozent auszugleichen. Zugleich besteht die Absicht, 50 000–70 000 Menschen aus nichtproduktiven Bereichen in die Produktion zu versetzen. Allerdings wird diese schwierige Aufgabe und Frage im Moment noch untersucht.

Gen. Leuschner unterstrich zudem die Schwierigkeiten, auf die die deutschen Genossen nach 1945 trafen, als es aus politischen Überlegungen und bei offenen Grenzen erforderlich war, den Lebensstandard der Bevölkerung der DDR anzuheben. Allerdings wurde dieses Vorhaben ohne Berücksichtigung der tatsächlichen Möglichkeiten und unter Zurückstellung der Interessen der Volkswirtschaft der Deutschen Demokratischen Republik durchgeführt. Gen. Leuschner sagte, es herrsche bei einigen die Meinung vor, dass die Deutsche Demokratische Republik danach strebe, auf Kosten der UdSSR zu leben. Aber „ich erkläre offen", äußerte Gen. Leuschner, „dass es bei der Führung der DDR keine solche Ideologie gibt".

Weiterhin verwies Gen. Leuschner auf den fortwährenden politischen Druck des Westens, der nicht außer Acht gelassen werden dürfe. Die Bevölkerung der DDR lebe gut, verspüre jedoch verglichen mit Westdeutschland einige Beeinträchtigungen. Gegenwärtig verschlechtere sich die Versorgung der Bevölkerung etwas. Die Kaufkraft der Bevölkerung ist hoch, die Warendeckung aber nur unzureichend. Es wird angestrebt, dass in Zukunft die Einkommen aller Bevölkerungsschichten langsamer wachsen. Das Verhältnis zwischen dem Wachstum der Arbeitsproduktivität und dem mittleren Lohnanstieg soll in den Jahren 1963 bis 1965 ungefähr bei 3,25 zu 1 liegen.

Gen. Leuschner teilte mit, dass auf Anweisung des Politbüros des ZK der SED die Staatliche Plankommission der DDR umfangreiche Änderungen im Planentwurf für die Entwicklung der DDR zwischen 1963 und 1965 vornehmen soll. Deshalb wurde das von der Staatlichen Plankommission der DDR an die sowjetische Seite überreichte Material zur Aufstellung des Planes bis 1965 von der Regierung der DDR nicht angenommen. Der Staatlichen Plankommission der DDR wurde u. a. die Anweisung gegeben, im Plan den individuellen Verbrauch auf dem Niveau von 1962 zu halten. Doch selbst in dem Fall sind wir nicht sicher, ob es gelingt, dieses Niveau mit entsprechenden Warenfonds abzusichern.

Gen. Leuschner schlug vor, dass die Experten aus der UdSSR und der DDR gemeinsam sorgfältig nach Möglichkeiten suchen sollten, den gesellschaftlichen Verbrauch in der DDR zu verringern. Gleiches treffe für die Verteidigungsausgaben zu. Dabei äußerte er allerdings den Vorbehalt, dass die Verteidigungsfähigkeit der DDR dadurch nicht vermindert werden dürfe.

Gen. Leuschner teilte mit, dass in der DDR Arbeiten zur Änderung der Struktur der Industrieproduktion durchgeführt werden. Die Staatliche Plankommission der DDR entwickelte Vorschläge zur Überprüfung der Struktur der Kapitalinvestitionen. Diese sollen in solche Industriezweige umgelenkt werden, die sich als überaus effektiv erweisen. In Verbindung damit schlug Gen. Leuschner vor, gemeinsam die Frage der Beendigung der Steinkohle-, Zink- und Manganerzförderung in der DDR zu erörtern. Auch die Frage der Verringerung der Produktion im Schiff- und Waggonbau wäre zu besprechen, da nach seiner Meinung diese Bereiche für die DDR nicht rentabel sind.

Auf das Gespräch zwischen Gen. W. Ulbricht und Gen. N. S. Chruščëv verweisend[276], in dem gleichfalls Fragen der Entwicklung der Landwirtschaft der DDR berührt worden sind,

---

[276] Gemeint ist das Gespräch zwischen Ulbricht und Chruščëv am 26. 2. 1962. Vgl. Dokument Nr. 22.

sagte Gen. Leuschner, dass die Genossen den Umfang der Kapitalinvestitionen für die Landwirtschaft erhöhen sollten, dies aber bislang noch nicht geschehen sei. Er bat darum, diese Frage gleichfalls bei den Gesprächen zu erörtern. Gen. Leuschner teilte mit, dass es im Land Schwierigkeiten bei der Fleischversorgung der Bevölkerung gibt. Deshalb ist beabsichtigt, im nächsten Jahr fast zweimal so viel Fleisch von der UdSSR zu bekommen wie im Jahr 1962.

Nach dem Beitrag von Gen. Leuschner erteilte Gen. Zasjad'ko <u>Gen. P. F. Ostapčuk</u> von der Vertretung von Gosplan der UdSSR in der DDR das Wort. Dieser verwies auf Unzulänglichkeiten bei der Entwicklung der DDR-Wirtschaft und äußerte seine Überlegungen zu den vorhandenen Möglichkeiten, die allerdings von Planungsorganen der DDR unzureichend genutzt werden. Gen. Ostapčuk sagte im Einzelnen, dass es in einigen DDR-Betrieben bis zu 50 Prozent Hilfspersonal und Angestellte gibt. Zudem bauen die deutschen Freunde die Kapazitäten bei der Gewinnung von Kalisalzen nicht im notwendigen Umfang aus, obwohl diese Produktion für die Deutschen ein wichtiger Einkommensposten ist. Er hält die Absicht der deutschen Seite für richtig, die Zahl der Studenten an höheren und mittleren Bildungseinrichtungen zu erhöhen, die studieren, ohne aus der Produktion auszuscheiden.

<u>Gen. D. A. Ryškov</u> (Abteilungsleiter Wirtschaft und Entwicklung Maschinenbau beim Staatlichen Wirtschaftsrat beim Ministerrat der UdSSR für laufende Planung) sagte, dass es in den Betrieben der DDR ernste Schwierigkeiten bei der Arbeitsorganisation gibt. Die Arbeitsproduktivität befindet sich auf niedrigem Niveau. Arbeitsnormen werden im Verlaufe von 5-6 Jahren nicht geändert, im Ergebnis erhöhen sich die entsprechenden Normübererfüllungen und folglich die mittleren Arbeitslöhne. Gen. Ryškov verweilte bei den Fragen der Spezialisierung der einzelnen Industriezweige in der DDR und der UdSSR und bemerkte, dass diese Arbeit bislang nicht zufriedenstellend verläuft.

<u>Gen. V. N. Novikov</u> bemerkte, dass die Sowjetunion Verständnis für alle Schwierigkeiten der deutschen Genossen hat, und äußerte die Hoffnung, dass während der Gespräche der richtige Ausweg aus der bestehenden Lage gefunden werden kann. Unbedingt müssen Möglichkeiten zur Deckung des unzureichenden Bestandes an Arbeitskräften gefunden werden. Die vorhandenen, auch materiellen Anreize müssen so eingesetzt werden, dass die Arbeitskräfte in den Dörfern bleiben und in der Landwirtschaft arbeiten.

Zur Frage der Spezialisierung der Industrie sagte Gen. Novikov, dass es richtig wäre, wenn sich die Deutsche Demokratische Republik auf die Herstellung hochproduktiver Werkzeugmaschinen und Ausrüstungen spezialisierte. Es müssen Maschinen zur Produktion von Kunststoffen für die Textilfertigung gebaut werden. Gen. Novikov schlug weiterhin vor, bei der Überprüfung des vorhandenen Materials nicht von Verbrauchsüberlegungen auszugehen, sondern davon, was zur Stärkung der Wirtschaft der DDR getan werden müsse.

<u>Gen. A. F. Zasjad'ko</u> stimmte im Wesentlichen mit der Meinung der aufgetretenen Genossen überein und schlug vor, dass während der Gespräche die Grundlinie der Wirtschaftsentwicklung der DDR festlegt wird. Gen. Zasjad'ko empfahl zudem, die gegenwärtige Lage der DDR-Wirtschaft und die Perspektiven ihrer Entwicklung genau und qualifiziert zu prüfen. Dabei muss davon ausgegangen werden, dass sich die Wirtschaft der DDR in enger Verbindung mit der Wirtschaft der UdSSR entwickeln werde, wobei die zweckmäßige Spezialisierung der einzelnen Industriezweige zu berücksichtigen ist.

Gen. Zasjad'ko schlug vor, ernsthaft an der Entwicklung von Maßnahmen zu arbeiten, um in den DDR-Betrieben ein ausgeglichenes Verhältnis zwischen Produktionsarbeitern und Hilfspersonal zu erreichen. Er unterstrich, dass es aus politischen Überlegungen heraus nicht möglich sein wird, die Zahl der Arbeiter, die mit Hilfsaufgaben beschäftigt sind, zu senken. Es muss aber alles dafür getan werden, diese Personalstellen nicht auszubauen, sondern einzufrieren. Gen. Zasjad'ko verdeutlichte nochmals die Wichtigkeit des richtigen, zielgerichteten Einsatzes der Kapitalinvestitionen. Bei der Prüfung der Frage der Spezialisierung schlug er vor, die Beziehungen der DDR mit den kapitalistischen Staaten und den Entwicklungsländern zu berücksichtigen. In der Deutschen Demokratischen Republik muss eine solche Industrie entwickelt werden, die ihre Produkte in den sozialistischen wie auch in den kapitalistischen Staaten absetzen kann.

Am Ende des Gespräches stellte Gen. Zasjad'ko der deutschen Seite die Leiter der sowjetischen Expertengruppen vor und machte den Vorschlag, die gesamte Arbeit innerhalb eines Monats zu beenden.

Gen. Leuschner stimmte dem Vorschlag von Gen. Zasjad'ko zu und versprach der sowjetischen Seite eine Liste der deutschen Experten und der Leiter der Arbeitsgruppen zu übergeben.

Das Gespräch dauerte von 10.00 bis 12.30 Uhr und verlief in einer geschäftsmäßigen, freundschaftlichen Atmosphäre.

Das Gespräch hat aufgezeichnet:
Gen. V. Grojušin

Quelle: RGAE, 4372/80/453, Bl. 64–69.

Nr. 27
Mitschrift des Gespräches zwischen dem Ersten Sekretär des ZK der KPdSU Chruščëv und dem Ersten Sekretär des ZK der SED Ulbricht über Kennziffern des Volkswirtschaftsplanes der DDR für 1963, 4. Juni 1962 (Auszug)

[…][277]

Ulbricht: Jetzt möchte ich über den Entwurf des Volkswirtschaftsplanes der DDR für 1963 sprechen[278]. Die Vertreter der Staatlichen Plankommissionen unserer Länder haben diese

---

[277] Eine deutsche Übersetzung zu den außenpolitischen Fragen des Gespräches ist zu finden in: Gerhard Wettig (Hrsg.), Chruschtschows Westpolitik, Bd. 3, S. 550–560. Der wirtschaftspolitische Teil wird hier erstmalig in deutscher Übersetzung vorgestellt.

[278] Am 4. 6. 1962 reiste eine Partei- und Regierungsdelegation der DDR mit Ulbricht an der Spitze in die Sowjetunion. Mit dabei waren u. a. Leuschner, Mewis und Apel. Für den 8. 6. 1962 war ein erneutes Zusammentreffen mit der sowjetischen Führung vorgesehen. Für Ulbricht ging es bei den Gesprächen mit der sowjetischen Führung hauptsächlich um die Intensivierung der ostdeutsch-sowjetischen Wirtschaftskooperation. Die Verhandlungen, die Ulbricht in Moskau über die Abstimmung der Wirtschaftspläne beider Staaten bis 1965 führte, offenbarten tiefgreifende Divergenzen. Die Gespräche verdeutlichten eine Kehrtwende in den beiderseitigen Wirtschaftsbeziehungen. Statt, wie von Ost-Berlin gewünscht, kam es nicht zu Importüberschüssen aus der Sowjetunion, sondern zu Exportüberschüssen in die Sowjetunion. Vgl. Michael Lemke, Nur ein Ausweg aus der Krise? Der Plan einer ostdeutsch-sowjetischen Wirtschaftsgemeinschaft als Systemkonkurrenz und innerdeutscher Konflikt 1960–1964, in: Heiner Timmermann (Hrsg.), Die DDR zwischen Mauerbau und Mauerfall, Münster 2003, S. 248–265, hier S. 258–265.

Frage erörtert, aber einen nicht bilanzierten Plan vorgelegt[279]. Was haben sie Positives erreicht? Sie haben „das wirtschaftliche Gesicht der DDR" für 1963–1965 für bestimmte Industriezweige vorgelegt. Es ist sehr angenehm, dass dabei die Ansichten von Ihren und unseren Spezialisten im Wesentlichen zusammentrafen. Aber diese Überlegungen fanden keinen Eingang in den Plan. Wir haben sie als eine gute Ausarbeitung der Spezialisten, aber im Plan finden sich diese nicht. Zudem ist der Plan nicht bilanziert.

Es war vereinbart worden, dass diese Fragen auf einer höheren Ebene erörtert werden sollten. Das ist sehr schwierig. Wir haben sie mehrmals im Politbüro geprüft, verschiedene Kommissionen gebildet. So entstand der vorliegende Planentwurf. Bei uns fehlen 300 000 Tonnen Stahl. Was das wirtschaftliche Profil der DDR betrifft, so soll nach den Vorschlägen der sowjetischen Genossen bei uns die Produktion schwerer Ausrüstungen verbleiben, das heißt, der überflüssige Transport von Materialien wird weiter stattfinden. Wir werden Stahl hin und her transportieren. Es gibt keine Profilierung der DDR bei arbeitsintensiven Arten des Maschinenbaus. Wir müssen Schwimmdocks, schwere Kräne usw. bauen. All das rührt noch von den alten Zeiten bis 1953 her. Damals haben wir beispielsweise Zementfabriken gebaut. Jetzt machen wir das nicht mehr, aber die sowjetischen Genossen fordern, dass wir Ausrüstungen für Walzwerke produzieren. Das führt zu einem hohen Verbrauch von Metall und erfordert von unserer Seite staatliche Subventionen. Ähnliche Produktionsprofile führen nicht nur zu überflüssigen Transportkosten, sondern sind auch für die DDR unrentabel. Zum Beispiel sind wir beim Bau von Kränen gezwungen, bis zu 30 Prozent der Selbstkosten aus dem Staatshaushalt zuzuzahlen.

<u>N. S. Chruščëv:</u> Warum? Bei euch herrscht wahrscheinlich eine niedrige Arbeitsproduktivität?

<u>W. Ulbricht:</u> Diese Produktionsformen erfordern wenig Arbeitskosten, aber einen hohen Aufwand an Material.

<u>N. S. Chruščëv:</u> Aber es sollte doch irgendwelche Normen geben, so kann man nicht arbeiten.

<u>W. Ulbricht:</u> Es gibt keine Normative. Ihr Außenhandelsminister schlug vor, einige Arten von Ausrüstungen, die wir an Sie liefern, nicht nach dem Arbeitsaufwand, sondern nach dem Metallgewicht zu zahlen. Das heißt, wir sollen mehr Metall verbrauchen, Metall, das bei uns schon jetzt nicht ausreichend vorhanden ist.

<u>N. S. Chruščëv:</u> Auch bei uns in der UdSSR werden manchmal solche dummen Normen angewendet.

<u>W. Ulbricht:</u> Wir wurden zum Beispiel gebeten, Schiffe für die Sowjetunion zu bauen, aber diese Produktion war für uns mit Verlusten verbunden. Wir bauen sie auch noch heute, aber je mehr wir davon produzieren, umso mehr Subventionen müssen wir zahlen.

<u>N. S. Chruščëv:</u> Ich verstehe das nicht. Die Italiener, Finnen und Bulgaren bauen auch für uns Schiffe. Wir bezahlen sie, und sie sind zufrieden. Man kann unmöglich mit Verlust handeln.

<u>W. Ulbricht:</u> Zum Beispiel bauen wir für euch einen Fischfangtrawler der Serie Tropik[280], den unsere Spezialisten auf einen Wert von 15,5 Millionen Mark schätzen, aber Ihr Außen-

---

[279] Hier ist das Gespräch zwischen dem Vorsitzenden der Ständigen Vertretung von Gosplan der UdSSR in der DDR Ostapčuk und dem Vorsitzenden der SPK Mewis am 10. 4. 1962 gemeint. Vgl. Dokument Nr. 24.
[280] Von dem 80 Meter langen Hecktrawler, der zum Fischfang in tropischen Gewässern ausgelegt war, wurden auf der Volkswerft in Stralsund 86 Stück für die Sowjetunion produziert.

handel bezahlt uns nur 8,5 Millionen. Wir mussten deshalb den Bau der Schiffe subventionieren.

N. S. Chruščëv: Das ist absurd. Für solche Dinge muss man vor Gericht zur Verantwortung gezogen werden. Wie konnte unser Gosplan das durchgehen lassen?

W. Ulbricht: All das wurde sehr geschickt gemacht. Ihr Gosplan sagte: „Ich brauche Schiffe, aber über den Preis werdet ihr mit dem Vneštorg[281] verhandeln."

N. S. Chruščëv: Das kann aber nicht sein. So sieht es dann aus, als ob wir euch ausrauben wollen. Wir handeln doch auch mit den Polen und Bulgaren, und da gibt es so etwas nicht. Ich werde Kosygin bitten, dass er in dieser Frage Ombudsmann sein soll. Er wird mit Ihren Genossen die Sache untersuchen und Ihnen berichten.

W. Ulbricht: Unsere Genossen schlagen jetzt vor, überhaupt den Schiffbau einzustellen, da dieser für uns nicht rentabel ist.

N. S. Chruščëv: Das wäre nicht real. Es ist nicht sinnvoll, die Werften zu schließen. Ich kenne den Schiffbau. Unlängst war ich in Leningrad. Dort haben wir seinerzeit gleichfalls alle möglichen Nebenproduktionen aufgezogen, als die Rüstungsaufträge[282] zurückgingen, und die Schiffsbauer klagten über geringe Gewinne. Jetzt werden wir von dort allmählich die Nebenproduktionen verlagern. Warum wollt Ihr eure Qualifikation wechseln? Das würde euch nur Verluste bringen.

W. Ulbricht: Aber wir haben keinen anderen Ausweg.

N. S. Chruščëv: Ich möchte Ihnen offen mitteilen, was mir unsere Genossen sagen, die manchmal schlecht über Sie reden. Sie sagen, dass die Arbeiter, die früher in West-Berlin tätig waren und jetzt in der DDR arbeiten, die bestehenden Normen um das Drei- bis Vierfache übererfüllen. Dafür hauen ihnen die „sozialistischen Arbeiter" in die Fresse, weil sie ihnen die Karriere versauen.

W. Ulbricht: Es gab nur zwei solcher Fälle, und die werden ständig übertrieben, wahrscheinlich auch, dass ihr Lohn um das Vielfache höher gewesen wäre.

N. S. Chruščëv: Aber es gibt solche Fälle. Und wenn ihr Lohn nur um das Anderthalbfache höher gewesen wäre? Hier haben sie ihre Reserven bei der Erhöhung der Arbeitsproduktivität. Warum sollten wir für eine Tonnage-Tonne beim Schiffbau den Finnen einen Rubel zahlen und Ihnen zwei?

W. Ulbricht: Aber wir wollen sie überhaupt nicht produzieren.

N. S. Chruščëv: Es gibt doch aber weltweite Normen. Mit den Kapitalisten schließen wir ja auch Verträge.

W. Ulbricht: Ich habe die Kennziffern beim Schiffbau verglichen, und unsere Preise haben sich als die niedrigsten erwiesen.

N. S. Chruščëv: Fischfangschiffe baut auch die BRD für uns. Warum sollten wir ihnen weniger zahlen?

W. Ulbricht: Hier gibt es zwei Fragen. Erstens – die Preisfrage. Zweitens – metallintensive Produktionsformen sind überhaupt nicht rentabel für uns, da wir zu viel für die entsprechenden Transporte ausgeben.

---

[281] Abkürzung für: Vnešnjaja torgovlja (SSSR). Vneštorg ist eine staatliche sowjetische Behörde für die Abwicklung speziell der Außenhandelsbeziehungen mit den osteuropäischen Ländern. Das „Staatskomitee für wirtschaftliche Beziehungen mit dem Ausland" beim Ministerrat der UdSSR wurde 1957 gegründet.
[282] Um die sowjetischen Raketen- und Atomwaffenprogramme zu finanzieren, schränkte Chruščëv Ende der 1950er Jahre den Bau von größeren Überwasserkampfschiffen ein.

N. S. Chruščëv: Das ist eine Frage der Rentabilität und der Zweckmäßigkeit. Die Frage der Zweckmäßigkeit kann man erörtern, aber die Frage der Rentabilität muss man entscheiden. Warum sind die Bulgaren froh, wenn wir bei ihnen Schiffe bestellen, obwohl sie diese auch aus unserem Metall herstellen. Es sieht so aus, als ob wir Betrüger wären, die die Deutschen ruinieren.

W. Ulbricht: Trotzdem, ohne Subventionen geht es nicht. Das geschah so: Der Kontrakt über den Bau der Schiffe wurde vom örtlichen Handelskontor in Rostock geschlossen, und Ende des Jahres wurde alles im Rahmen der allgemeinen Handelsbilanz ohne Aufschlüsselung der einzelnen Positionen vorgetragen. Die Regierung war gar nicht über dieses Verlustgeschäft informiert. Das ist natürlich unsere Schuld.

N. S. Chruščëv: So völlig orientierungslos kann man nicht wirtschaften. Bei uns gibt es ein Kaufmannssprichwort: „Eine Rechnung lässt keine Freundschaft platzen". Wir wollen nicht durch euch profitieren, aber wir wollen auch selber nichts verlieren.

W. Ulbricht: Wir haben jetzt begonnen zu rechnen.

N. S. Chruščëv: Die Frage ist, wie man rechnet. Wir verkaufen auf dem Weltmarkt landwirtschaftliche Produkte. Aber bei uns in der Landwirtschaft ist die Arbeitsproduktivität sechsmal geringer als in den USA. In der Industrie ist sie um das Zwei- bis Dreieinhalbfache niedriger. Trotzdem verkaufen wir auf dem Markt zu Weltmarktpreisen. Wenn wir über Selbstkosten sprechen würden, würde uns niemand zuhören.

Wir haben vereinbart, Weltmarktpreise zur Grundlage der Verrechnung zwischen den sozialistischen Staaten zu machen. Wenn Sie meinen, dass es sich aufgrund der Selbstkosten für euch nicht lohnt, dann macht es nicht. Aber wir können es euch nicht unter Weltmarktpreisen verkaufen. Das würde bedeuten, dass wir euch subventionieren. Wir waren selber gezwungen gewesen, die Preise für Fleisch anzuheben, obwohl das Lebensniveau bei uns niedriger ist als bei euch, den Polen und den Tschechen[283]. Deshalb rechnen sie. Wenn sie nicht können – nehmen sie die Bestellung nicht an.

W. Ulbricht: Wir wollen so auch verfahren: Wenn wir den Auftrag nicht erfüllen können, lehnen wir ihn ab.

N. S. Chruščëv: Lassen Sie uns zu Weltmarktpreisen handeln.

W. Ulbricht: Jetzt zur Versorgung mit Rohstoffen. Uns fehlen 300 000 Tonnen Stahl. Das bedeutet, dass die metallintensive Produktion beendet werden muss. Ich verstehe, dass Ihre Organisationen an solchen Lieferungen von uns interessiert sind. Aber diese sind für uns unrentabel. Wir müssen darüber verhandeln, welche Bereiche wir ausschließen werden, weil sie für uns nicht gewinnbringend sind.

N. S. Chruščëv: Dem stimme ich zu, das muss getan werden. Aber außer dem Schiffbau. Werften und Schiffbau – das ist rentabel. Wir haben bei uns in Leningrad auch kein Metall, aber trotzdem bauen wir dort Schiffe. Für den Schiffbau kann man den Stahl sogar in Amerika kaufen. Ich weiß nicht, woher die Finnen ihren Stahl nehmen – entweder von uns oder aus Amerika. Aber sie erbitten von uns Bestellungen, da es sich für sie lohnt. Aber warum ist es bei Ihnen nicht rentabel?

W. Ulbricht: Sollen sich doch die Genossen aus der Staatlichen Plankommission und von Gosplan damit beschäftigen.

---

[283] Angesichts gravierender Wirtschaftsprobleme wurden in der UdSSR seit 31. 5. 1962 die Preise für Fleisch, Wurst und Butter verdoppelt. Da zugleich die Arbeitsnormen erhöht wurden, kam es zu massiven Lohneinbußen für Millionen sowjetischer Arbeiter.

N. S. Chruščëv: Wir werden mit ihnen unparteiischer sein. Kosygin ist ein objektiver Mann, er wird sich der Sache annehmen[284]. Sollen doch Gosplan und die Staatliche Plankommission uns berichten, dann werden das Kosygin und wir begutachten.

Aber ich bin mit Ihnen einverstanden, dass die DDR nicht metallintensive, sondern arbeitsintensive Produktionsbereiche entwickeln muss.

W. Ulbricht: Die nächste Frage betrifft unseren Lebensstandard. In diesem Jahr wird das Lebensniveau etwas niedriger als 1961 sein, und 1963 wird es noch etwas niedriger sein als gegenwärtig. Wir könnten unter bestimmten Bedingungen die Ernteerträge unserer landwirtschaftlichen Kulturen erhöhen. Die sowjetischen Experten fordern von uns eine Ertragssteigerung. Das könnte man erreichen, falls es mehr Mineraldünger gäbe. Deshalb müssen wir den Plan ändern, mehr Superphosphate produzieren und deren Export in die kapitalistischen Staaten reduzieren. Damit würden wir aber weniger Stahl bekommen. Gleichwohl ist es nötig, die Menge der auszubringenden Düngemittel zu erhöhen. Jetzt erfolgt der Übergang zum Anbau ertragreicher Kulturen. Zum Beispiel haben wir begonnen, mehr Zuckerrüben für die Viehfütterung zu produzieren. Allerdings ist die Futtermittelbilanz bei uns immer noch nicht ausgeglichen, und dieses Ziel werden wir auch in den nächsten zwei Jahren nicht erreichen. Früher haben wir die Futtermittelbilanz durch die Einfuhr von 200 000 Tonnen Sojakuchen aus China ausgeglichen. Jetzt haben wir diesen nicht, und Mais und Zuckerrüben können ihn nicht ersetzen. Jetzt produzieren wir weniger Milch als im Plan vorgesehen, da sich die Vegetationsperiode um drei Wochen verzögert hat.

N. S. Chruščëv: Wie hoch ist Ihre jährliche Milchleistung pro Kuh?

W. Ulbricht: 2580 kg im Jahr. Jetzt sind die Kühe aber abgemagert, Tierschlachtungen haben wir nicht durchgeführt. Ich weiß, dass Sie auch Schwierigkeiten haben, Futter fehlt. Die Aufgabe besteht darin, dass wir in den nächsten zwei Jahren die Futterbasis durch erhöhten Düngemitteleinsatz und die Durchführung von Meliorationsmaßnahmen verbessern. Einen anderen Weg, um Futter zu bekommen, gibt es nicht. Der Anstieg der Tierzucht hängt vom Futter ab, aber dafür braucht es Zeit. Ich spreche so, weil ich so gegen die sowjetischen Genossen polemisiere, die sagen, wir können schon im nächsten Jahr die Erträge steigern. Aber so schnell können wir dies nicht schaffen, das ist nicht real.

N. S. Chruščëv: Lassen Sie uns direkt sprechen. Sie haben die Kollektivierung durchgeführt[285]. Das ist Ihr sichtbarer Erfolg. Allerdings haben Sie die Intensivität der Landwirtschaft geschädigt. Sie haben schon zwei Jahre hintereinander kein Gemüse und keine Kartoffeln. Kartoffeln kaufen Sie in Polen. Ich habe schon erzählt, wie ich im letzten Kriegsjahr an der Oder gewaltige Kartoffelmieten gesehen habe, die sich bis an die Straße erstreckten. Das bedeutet, die Deutschen haben fünf Jahre Krieg geführt und hatten trotzdem Kartoffeln. Was ist jetzt passiert, warum gibt es keine Kartoffeln? Suchen Sie nach organisatorischen Unzulänglichkeiten! Es liegt nicht am Dünger. Natürlich sind unzurei-

---

[284] Kosygin war zu dieser Zeit 1. Stellvertreter des Vorsitzenden des Ministerrates der UdSSR.
[285] Massive Werbung, militante Agitation, Repression und Verhaftungen hatten dazu geführt, dass bis zum April 1960 die Mehrzahl der bisherigen Einzelbauern den LPG beigetreten waren. Die Genossenschaften bewirtschafteten knapp 85 Prozent der landwirtschaftlichen Nutzfläche. Hinzu kamen weitere 6 Prozent, die von Volkseigenen Gütern (VEG) betrieben wurden. Die gewaltsame Kollektivierung trug mit dazu bei, dass die Erträge Anfang der 1960er drastisch zurückgingen. Erst durch neue Anbaumethoden sowie durch erhöhten Einsatz von Chemie und moderner Agrartechnik stiegen die Hektarerträge bei Getreide, Kartoffeln und Zuckerrüben in der zweiten Hälfte der 1960er Jahre stetig an. Vgl. Jens Schöne, Die Landwirtschaft der DDR 1945–1990, Erfurt 2005.

chende Düngemittel auch ein Grund, aber es gibt offensichtlich kein materielles Interesse und außerdem Sabotage.

W. Ulbricht: Wir haben bereits die Ankaufpreise für Kartoffeln erhöht.

N. S. Chruščëv: Ich möchte Ihnen Folgendes sagen. Ich verehre Genossen Mielke[286], er ist ein guter Kommunist. Aber zu mir ist das Gerücht vorgedrungen, dass er ziemlich offen die Meinung äußert: Genosse Chruščëv spricht vom Mais, aber für die Deutschen passt er nicht. Ich streite mich mit ihm gar nicht, da er von diesen Fragen überhaupt nichts versteht. Soll er doch zu Genossen Strube fahren. Strube[287] – ein Deutscher, er produziert 200-300 Zentner Fleisch auf 100 Hektar. Ich wünschte, das wäre bei uns so! Und welches Futter hat er? Mais und Erbsen. Strube – das ist meine Norm[288]. In der Tschechoslowakei ist Rauter meine Norm. Er steht mit Strube im Wettstreit, aber sie haben noch nicht entschieden, wer gewonnen hat. Eigentlich haben beide gewonnen[289]. Sie haben ein solches Niveau, wenn wir nur die Hälfte davon hätten, wir wüssten nicht wohin mit dem Fleisch.

Warum wächst bei Paizoni[290] der Mais, und bei Mielke wächst er nicht? Er versteht von dieser Frage nichts.

Von China nehmt Ihr jetzt nichts. Er [Mao – d. Ü.] hat die Tschechen ruiniert und uns Schaden zugefügt. Das ist nicht ausgedacht, sondern ein Ergebnis der Katastrophen der Politik, die Mao Tse-tung durchführt. Die Chinesen werden so schnell nicht auf die Beine kommen.

Wir müssen bei der Arbeitsproduktivität und der Intensität der Arbeit tätig werden. Welche landwirtschaftlichen Kulturen sind dafür notwendig? Mais, Zuckerüben, Bohnen. Jetzt haben wir Bohnensamen gekauft, bei euch und bei Adenauer. Wir waren dumm, weil wir keine Bohnen angebaut haben, ich habe dafür unsere Wissenschaftler gerügt. Die Deutschen verwenden auch unzureichend Bohnen – ersetzen sie doch Soja. Das ist Eiweiß. Bohnen wachsen bei euch und bei uns. Das bedeutet, man muss Bohnen und Erbsen anbauen, aber keine deutschen Erbsen. Ich hatte Erbsen von Strube. Unsere Erbsen sind besser, aber es kann sein, dass unter euren Bedingungen eure Sorten ertragreicher sind. Bei Strube wird diese Bohne bestimmt eine gute Ernte bringen.

Also zum Aufschwung Ihrer Landwirtschaft würde ich Strube als Norm nehmen. Ein besseres Beispiel gibt es wahrscheinlich in der ganzen Welt nicht. Sie propagieren seine Errungenschaften schlecht. Die mittleren Ernteerträge bei Mais sind bei Ihnen schlecht, bei Strube aber gut.

---

[286] Erich Mielke (1907-2000): Offizier und Politiker. 1925 Mitglied der KPD, 1946 der SED, 1950-1957 Staatssekretär im Ministerium für Staatssicherheit (MfS), 1957-1989 Minister für Staatssicherheit, 1971 Kandidat und 1976 Mitglied des Politbüros.

[287] Otto Strube (1907-1964): Landwirt. 1939-1944 Wehrmacht, bis 1948 sowjetische Kriegsgefangenschaft, 1952-1964 Direktor des Volkseigenen Gutes (VEG) Saatzucht Schwaneberg (Kreis Wanzleben/Sachsen-Anhalt).

[288] Unter der Leitung Strubes und in Kooperation mit dem Institut für Pflanzenzüchtung Bernburg der Akademie der Landwirtschaftswissenschaften der DDR (AdL) galt das VEG Schwaneberg als ein Musterbetrieb der Saatgutproduktion mit besonders guten Ergebnissen im Anbau von Mais. Die dortige Saatguterzeugung wurde auch international stark beachtet.

[289] Seit 1959 gab es einen „sozialistischen Wettbewerb" zwischen Landwirtschaftlichen Produktionsgenossenschaften der UdSSR, Ungarns, der ČSR sowie 60 landwirtschaftlichen Betrieben der DDR.

[290] Wilhelm Paizoni (1904): Landwirt. Vorsitzender der Landwirtschaftlichen Produktionsgenossenschaft (LPG) „Friedrich Engels" in Schafstädt (Kreis Merseburg/Sachsen-Anhalt). Der in Südtirol geborene Paizoni wurde Anfang der 1960er Jahre durch die überdurchschnittlichen Erträge im Maisanbau seiner LPG propagandistisch aufgewertet. Die LPG „Friedrich Engels" baute die sowjetischen Maissorten „Partisanka", „Odessa" und „Mir" an.

Gen. Mielke ist ein guter Kommunist. Er ist auch gut zu uns, besser geht es nicht. Verstehen Sie mich richtig. Aber von der Landwirtschaft versteht er nichts, sagt, dass Futterrüben besser sind. Ich habe mit dem verstorbenen Nuschke[291] seinerzeit über diese Frage gestritten. Es stellte sich heraus, dass er den Mais nicht richtig ausgesät hatte. In Österreich haben sie ihn ebenfalls nicht richtig angebaut. Ich habe Ševčenko[292] dorthin geschickt, und er hat gezeigt, wie man es machen muss.

W. Ulbricht: Jetzt hat sich die Lage bei uns geändert. Wir gehen bereits zu Mais und Zuckerrüben über.

N. S. Chruščev: Strube sagt, dass ein Ferkel schlachten – das Gleiche ist, wie ein Kind umzubringen. Das ist nicht rentabel. Mais ohne Kolben zu ernten ist gleichfalls ein Verbrechen. So sieht es aus, Genossen Marxisten. Jetzt geht der Marxismus aus den Seiten des „Kapitals"[293] auf unsere Felder und Fabriken über. Es genügt nicht, auswendig zu wissen, was der Mehrwert ist. Experten, die außer diesem nichts wissen, muss man davonjagen. Heute muss man konkret studieren, wie man Gewinn erwirtschaften kann, aber das wissen wir noch schlecht.

W. Ulbricht: Ich möchte sagen, dass wir so einfach an der Sache mit den Kartoffeln nicht vorbeikommen.

N. S. Chruščev: Wie viel habt Ihr in diesem Jahr in Polen gekauft?

W. Ulbricht: Insgesamt 70 000 Tonnen.

N. S. Chruščev: Das ist eine Schande!

W. Ulbricht: Diese Kartoffeln wurden nicht für den Verbrauch, sondern für die Aussaat gekauft. Wir sind ein altes Kartoffelland, deshalb sollen wir alle drei Jahre die Sorte wechseln. Die wichtigsten Saatkartoffelfelder gingen nach dem Krieg an die Polen. Jetzt habe ich unseren Wissenschaftlern die Aufgabe gegeben, solche Sorten zu züchten, die nicht für den Kartoffelkrebs[294] anfällig sind. Bei uns ist dieser Virus im Boden. Um ihn loszuwerden, müssten wir in den nächsten fünf Jahren auf diesen Feldern andere Kartoffeln anpflanzen. So wird, selbst bei guter Arbeit, die Kartoffelernte zurückgehen.

N. S. Chruščev: Aber in den Gärten der Bauern gibt es diesen Virus wahrscheinlich nicht? Bei uns ist der Virus auf den Feldern der Kolchosen aktiv, aber in den Gärten gibt es ihn nicht. In seinem Garten düngt der Bauer mit Mist und bekommt viele Kartoffeln. Wie Sie sehen, trete ich jetzt von einer Position gegen die Kolchosen auf.

W. Ulbricht: Es ist nicht so einfach.

N. S. Chruščev: Ich rede hier mit Ihnen über Kartoffeln. Gomułka liebt es auch nicht, wenn ich ihn daran erinnere, dass Polen früher Getreide exportiert hat und jetzt einführen muss. Er sagt, dass bei ihnen die Bevölkerung gewachsen sei.

W. Ulbricht: Gut, Sie können mich für einen Anhänger der polnischen Einzelwirtschaft halten[295].

---

[291] Otto Nuschke (1883–1957): Politiker. 1945 Mitbegründer und 1948–1957 Vorsitzender der CDU, 1949–1957 stellvertretender Ministerpräsident bzw. Stellvertreter des Vorsitzenden des Ministerrates der DDR.
[292] Danil Fedorovič Ševčenko (1899–1975): Landwirt. Direktor eines gleichnamigen Staatsguts im Bezirk Poltava (Ukraine).
[293] Hier ist eines der Hauptwerke von Karl Marx gemeint: „Das Kapital. Kritik der politischen Ökonomie." Die drei Bände enthalten eine Analyse und Kritik der kapitalistischen Gesellschaft.
[294] Kartoffelkrebs ist eine Pilzinfektion an der Knolle und am Stängelgrund der Kartoffel.
[295] In den 1960er Jahren befand sich der überwiegende Teil der Agrarflächen Polens in bäuerlichem Privatbesitz.

N. S. Chruščëv: Einzelwirtschaft – das ist die Schwäche Gomułkas, Kolchosen – das ist Ihre Stärke. Aber Ihr seid offenbar eingebildet. Offensichtlich sind wir Sozialdemokraten schwach in der Bauernfrage[296].

W. Ulbricht: Sie haben in einem Recht: Wenn der Übergang zur Kollektivwirtschaft erfolgt, gibt es Probleme bei der Identifikation mit der Produktion. Ich habe meine Genossen gefragt, warum sich bei uns die Ernteerträge nicht erhöhen. Sie haben es damit erklärt, dass der Einzelbauer seinen Boden mit großer Sorgfalt bearbeitet. Jetzt sind die Felder vereint, Traktoren werden eingesetzt, und die Qualität der Bodenbearbeitung sinkt. Ein erfahrener LPG-Vorsitzender hat mir erklärt, dass für die richtige Fruchtfolge bei den zusammengelegten Feldern zehn Jahre erforderlich sind, da früher auf jedem Einzelfeld eine eigene Fruchtfolge existierte. Das sind sehr schwierige Fragen, und die neue Leitung muss lernen, die Landwirtschaft richtig zu führen.

Alles, was Sie auf der Beratung gesagt haben, ist richtig, aber die Leute können in nur einem halben Jahr nicht umgezogen werden. Sie haben dafür auch viel Zeit gebraucht.

N. S. Chruščëv: Wir erziehen auch schlecht. Ich, wie auch Sie, bin Arbeiter, mit der Landwirtschaft habe ich mich niemals beschäftigt[297]. Was bin ich für ein Landwirtschaftler? Erst später, als ich bereits in der Leitungsarbeit tätig war, musste ich die Landwirtschaft studieren. In dieser Hinsicht hat mir die Arbeit in der Ukraine viel gegeben. Ich erinnere mich, wie ich nach dem Krieg nach Kalinovka[298], mein Heimatdorf, gefahren bin. Die Lage dort war sehr schwer, aber ich konnte keine Empfehlungen geben, denn unter Stalin gab es eine solche Gesetzgebung, die aufgehoben werden musste. Nachdem die bisherigen Gesetze aufgehoben worden waren[299], half ich den Einwohnern von Kalinovka, ihre Landwirtschaft zu ändern. Jetzt gehören sie zu den Spitzenreitern, sie konnten dank des Maises ihre Produktivität steigern. Im vergangenen Jahr haben sie zum ersten Mal Erbsen angebaut und erzielten einen Ertrag von 28 Zentnern pro Hektar. Im vergangenen Jahr waren nach dem Winter bei ihnen noch 6–8 Heuschober übrig, und das zu einer Zeit, wo anderenorts das Vieh hungerte. In Kalinovka gibt es jetzt 23 Kühe auf 100 Hektar, im Mittel sind bei uns im Land aber nur 7 Kühe vorhanden. Bei ihnen war das Fleisch bereits früher gewinnbringend, Verluste brachten nur Schweine und Geflügel. Jetzt sind die Preise um 35 Prozent gestiegen, und die Kalinovkaer werden uns die Haut abziehen, während die anderen kaum noch auf den Beinen stehen können.

W. Ulbricht: Unsere größte Schwierigkeit ist jetzt der Plan.

N. S. Chruščëv: Wir haben gegenteilige Ansichten beim Verständnis dieser Frage, aber unser Wunsch ist der Gleiche. Informieren wir unsere Staatlichen Plankommissionen, und

---

[296] Chruščëv trat 1918 in die Kommunistische Partei ein. Warum er hier die Bezeichnung Sozialdemokrat benutzt hat, kann nicht erklärt werden.

[297] Chruščëv absolvierte eine Lehre zum Maschinenschlosser und arbeitete danach in einem Bergwerk in Jusowka (Donezk).

[298] Der Geburtsort Chruščëvs Kalinovka liegt im Gebiet Kursk im südwestlichen Russland unweit der Grenze zur Ukraine.

[299] Hier ist ein ganzer Komplex von staatlichen Bestimmungen zur Landwirtschaft gemeint, die nach Stalins Tod durch Chruščëv initiiert worden waren. So sind die landwirtschaftlichen Kollektivwirtschaften der UdSSR durch den Beschluss des Obersten Sowjets der UdSSR vom 9.3.1955 von den detaillierten Planungsvorschriften der Behörden befreit worden und erhielten das Recht, die Planung selbstständig vorzunehmen, sofern sie ihre Ablieferungspflichten erfüllten. Durch die Überführung der landwirtschaftlichen Maschinen in den Besitz der Kollektivwirtschaften seit 1958, die zuvor im Besitz der Maschinen-Traktoren-Stationen (MTS) gewesen waren, hatte sich zudem die wirtschaftliche Selbstständigkeit der Kolchosen bedeutend vergrößert.

sie sollen uns ruhig vortragen. Natürlich, wenn Sie für eine niedrige Arbeitsproduktivität eintreten, werde ich unsere Vertreter unterstützen. Es dürften keine Prämien für eine niedrige Arbeitsproduktivität gezahlt werden. Ich sage das morgen Kosygin und Novikov. Wer wird von Ihnen dabei sein?

W. Ulbricht: Leuschner, Mewis und Apel.

N. S. Chruščëv: Ich sage, dass sie sich morgen treffen und die Unstimmigkeiten erörtern. Dann sieht sich das Kosygin an und trägt uns vor.

W. Ulbricht: Ich würde mit Ihnen noch gern über unseren Parteitag sprechen, der Ende November stattfinden soll. Ich würde gern das Programm unserer Partei beraten, das Ende Juli vorliegen wird.

N. S. Chruščëv: Wie es aussieht, müssen wir das nach der Beratung zum RGW besprechen.

Das Gespräch dauerte 2 Stunden.

Es hat aufgezeichnet:
V. Koptel'cev

Quelle: RGANI, Bestand 52, Findbuch 1, Akte 558, Bl. 72–80.

Nr. 28
Mitschrift des Gespräches zwischen dem Ersten Sekretär des ZK der KPdSU Chruščëv und dem Ersten Sekretär des ZK der SED Ulbricht über den Abbruch des Siebenjahrplanes 1959–1965 und die Ausrichtung einer mittelfristigen wirtschaftspolitischen Strategie, 8. Juni 1962 (Auszug)

[…]300

W. Ulbricht: Mit der Außenpolitik ist alles klar.

N. S. Chruščëv: Mit der Innenpolitik auch.

W. Ulbricht: Aber bei uns stimmen die Zahlen nicht.

N. S. Chruščëv: Das ist doch nur Arithmetik.

W. Ulbricht: Aber auch Arithmetik kann schwer sein.

N. S. Chruščëv: Ich habe Kosygin empfohlen, euch einen Plan nicht für fünf Jahre, sondern für 7–8 Jahre bis 1970 auszuarbeiten, damit Ihr das Gleiche tut, was wir nach dem XX. Parteitag gemacht haben. Als wir gesehen haben, dass der Fünfjahrplan nicht erfüllt werden kann, arbeiteten wir einen Siebenjahrplan aus, um in Zukunft nicht aus dem Rhythmus der Fünfjahrpläne zu kommen301. Wenn Ihr jetzt einen Fünfjahrplan aufstellt,

---

300 Ein deutsche Übersetzung zu den außenpolitischen Fragen des Gespräches ist zu finden in: Wettig (Hrsg.), Chruschtschows Westpolitik, Bd. 3, S. 550–560. Der wirtschaftspolitische Teil wird hier erstmalig in deutscher Übersetzung vorgestellt.
301 Ein außerordentlicher Parteitag der KPdSU (27. 1.–5. 2. 1959) ersetzte den abgebrochenen Fünfjahrplan durch einen Siebenjahrplan. Im März 1963 beschlossen das KPdSU-Politbüro und der sowjetische Ministerrat, den laufenden Siebenjahrplan zu stoppen und durch einen neuen Zweijahresplan für 1964/65 als Übergangslösung zu ersetzen. Für die Jahre 1966–1970 gab es dann wieder einen Fünfjahrplan.

wird der Plan bis 1967 gehen. Wenn Ihr den Plan bis 1970 verlängert, kommt Ihr nicht aus dem Rhythmus[302].
W. Ulbricht: Natürlich ist es wichtig, mit den anderen im Rhythmus zu schreiten, aber ...
N. S. Chruščёv: Ich möchte noch eins sagen. Als ich in Leningrad war, haben mir die Leningrader Genossen vorgeschlagen, in den Maschinenbaubetrieben in zwei Schichten zu arbeiten. Gegenwärtig beträgt der Schichtkoeffizient 1,4. Wenn sie zum Zweischichtsystem übergehen, können sie mit der gleichen Ausrüstung in den verbliebenen Jahren des Siebenjahrplanes die Produktion um 28 Prozent steigern.

Heute habe ich mit den Genossen Novotný[303] und Široký[304] geredet. Sie sprechen auch vom Wechsel zu zwei Schichten. Heute liegt der Schichtkoeffizient bei ihnen bei 1,6[305].

Ich habe Gen. Novotný gesagt, dass wir unseren Gosplan beauftragt haben, sich mit der Frage der Einführung des Dreischichtsystems zu beschäftigen. Denn es ist unsere Dummheit, dass wir bis jetzt in nur einer Schicht mit unserer teuersten Ausrüstung arbeiten – Werkzeugmaschinen und Drehbänken. Das wird uns erlauben, die Investitionen in der Maschinenbauindustrie zu senken. Natürlich wird es auch dabei Engpässe geben. In einer Reihe von Fällen wird es erforderlich sein, zusätzliche Werkhallen zu bauen. In den Städten muss man zusätzliche Mittel für den Wohnungsbau bereitstellen. Aber das sind alles nicht so große Aufwendungen, denn bei der Errichtung von neuen Betrieben müssten wir auch entsprechende Wohnungen bauen.

Was bringt das? Auch ohne Zahlen ist klar: Wenn beispielsweise Leningrad von 1,4 Schichten zu 3 Schichten übergeht, dann gewinnen wir 1,6 Schichten. Das ist ein großer Vorteil. Wir können unser Energiesystem und unsere Kraftwerke besser auslasten, und die Ausrüstung wird sich schneller amortisieren. Der moralische Verschleiß der Anlagen nähert sich dem physischen an.

Es ist klar, dass wir anstelle der Maschinenbaufabriken unsere Werkzeugmaschinenindustrie entwickeln müssen, um den Werkzeugmaschinenpark zu erneuern. Das ist progressiver, da die Einführung neuer Technik den Anstieg der Arbeitsproduktivität begünstigt.

---

[302] Die mit dem Siebenjahrplan 1959–1965 proklamierte ökonomische Hauptaufgabe, durch Erhöhung der Arbeitsproduktivität Westdeutschland im Pro-Kopf-Verbrauch bei den meisten industriellen Konsumgütern und Lebensmitteln nicht nur einzuholen, sondern sogar zu überholen, wurde bereits 1961 im SED-Politbüro als nicht realisierbar aufgegeben. 1962 musste das Scheitern des Siebenjahrplanes in der DDR eingeräumt werden. Die gesamtwirtschaftlichen Wachstumsraten waren von elf (1959) auf vier Prozent (1961) zurückgegangen. Der hier für 1964–1970 erwähnte zweite Siebenjahrplan wurde letztlich gar nicht erst in Angriff genommen. So wurde dann für 1966–1970 ein neuer Fünfjahrplan ausgearbeitet, der allerdings erst Mitte 1967 in Kraft trat. Bis dahin wurde praktisch ausschließlich nach Jahresplänen gearbeitet. Vgl. Steiner, Von Plan zu Plan, S. 156f.
[303] Antonín Novotný (1904–1975): Politiker. 1953–1968 Erster Sekretär des ZK der Kommunistischen Partei der Tschechoslowakei (KPČ), 1957–1968 zugleich Präsident der ČSR, während des „Prager Frühlings" am 5.1.1968 Rücktritt als Parteichef und am 22.3.1968 Rücktritt als Präsident.
[304] Viliam Široký (1902–1971): Politiker. 1953–1963 tschechoslowakischer Ministerpräsident.
[305] Der Schichtkoeffizient ist ein Begriff aus der Mehrschichtarbeit in der Industrie und war der Maßstab für den Auslastungsgrad der Produktionsanlagen. Er wurde berechnet, indem die Gesamtzahl der im Schichtsystem Arbeitenden durch die Anzahl der in der am stärksten besetzten Schicht tätigen Arbeitskräfte dividiert wurde. KPdSU und SED waren stets darum bemüht, diese Kennziffer zu erhöhen, da sie sich dadurch eine Steigerung der Arbeitsproduktivität versprachen. Vgl. Wolfgang Zimmermann, Die industrielle Arbeitswelt der DDR unter dem Primat der sozialistischen Ideologie, Teilband 1, Münster 2002, S. 148.

Die Tschechen haben mir gegenüber das Beispiel von Bat'a[306] erwähnt, der neue Werkzeugmaschinen kaufte, mit ihnen drei Jahre arbeitete und sie dann verschrottete. So erreichte er eine hohe Arbeitsproduktivität und hohen Gewinn. Bei uns wie auch bei euch gibt es hier große Reserven. Das hilft ihnen, Sieben- oder Achtjahrespläne mit wesentlich besseren Kennziffern aufzustellen.

W. Ulbricht: Diese Frage stand bei uns bei modernen Unternehmen mit neuer Ausrüstung. Als ich unlängst in der Tschechoslowakei war, habe ich ein Chemiewerk in Brünn besucht. Einige Maschinen arbeiten dort in einer Schicht, andere in zwei Schichten und die modernsten in drei Schichten. Bei uns gibt es auch Maschinen, die eine so wichtige Rolle in der Fertigung spielen, dass es nötig wäre, sie unverzüglich zur Arbeit in drei Schichten zu überführen. Zur Überführung der anderen Maschinen in das Schichtsystem ist eine entsprechende Vorbereitungsarbeit nötig.

N. S. Chruščëv: Ja, zum Dreischichtsystem kann man nicht sofort übergehen. Dafür sind zwei bis drei Jahre notwendig.

W. Ulbricht: Zudem stellt sich natürlich erneut die Frage der Rohstoffversorgung, denn es ist mehr Material erforderlich.

N. S. Chruščëv: Bei uns gibt es einen Plan zur Entwicklung der Maschinenbauindustrie. Dieser Plan ist mit den notwendigen Materialien unterfüttert. Jetzt werden wir keine neuen Maschinenbaubetriebe mehr einrichten, da alle Materialien in den Werkzeugmaschinenbau gehen.

W. Ulbricht: Wir haben so etwas nicht. Wir bauen keine neuen Maschinenbaubetriebe. Neubauten gibt es nur in der Elektrotechnik und der erdölverarbeitenden Industrie. Die Maschinenbaubetriebe sollen nur modernisiert werden. Falls die wichtigsten Produktionen auf das Dreischichtsystem umgestellt werden sollen, ist es notwendig, die Rohstoffindustrie entsprechend auszubauen. Sie arbeitet bei uns allerdings schon in drei Schichten. Deshalb werden dort auch entsprechende Kapitalinvestitionen erforderlich sein. Das ist unser Engpass.

Wir werden diese Frage überdenken.

Gestern habe ich mit Gen. Kosygin darüber gesprochen, wie wir den Plan bis 1967 aufstellen werden. Heute haben unsere Genossen die Materialien des Gespräches mit Kosygin präzisiert, und ich übergebe Ihnen dieses Material in russischer und in deutscher Sprache, damit es die Genossen Ihres Gosplan lesen können.

N. S. Chruščëv: Hier ist bei Ihnen unter Punkt 6 zur Landwirtschaft alles richtig beschrieben. Ich möchte Ihnen aber mitteilen, dass die bei Ihrem Vortrag aufgeführten Kennzahlen zur Landwirtschaft nicht richtig sind[307]. Natürlich sind dies eure Ziffern, aber ich zweifele sie an.

W. Ulbricht: Ich sende Ihnen alle Berechnungen.

N. S. Chruščëv: Ich beweise Ihnen, dass sie nicht richtig sind. Aus Ihrem Vortrag geht hervor, dass Ihre gesamte Landwirtschaft auf dem Niveau von Strube arbeitet. Allein bei

---

[306] Tomáš Baťa (1876–1932): tschechischer Unternehmer. Gemeinsam mit seinen Geschwistern gründete er 1894 die Schuhfabrik Baťa. Nach dem Tod von Tomáš Baťa wurde 1932 Jan Antonín Baťa Konzernchef. Nach 1945 wurde der tschechoslowakische Teil des Unternehmens verstaatlicht. In der kommunistischen Propaganda wurden die Baťas als gierige Kapitalisten dargestellt, die für höhere Profite ihre Arbeiter rücksichtslos ausgebeutet hätten.
[307] Zuvor hatte Ulbricht offenbar über die Kennziffern der industriellen und landwirtschaftlichen Produktion in der DDR referiert.

ihm liegt der durchschnittliche Ernteertrag bei Getreide zwischen 35 und 40 Zentner pro Hektar, während er in der Republik 23–25 Zentner pro Hektar beträgt.

W. Ulbricht: Strube baut Weizen an, und bei uns liegt der durchschnittliche Ernteertrag bei Weizen zwischen 33 und 35 Zentner.

N. S. Chruščev: Strube hat den Anbau von Mais bewältigt und produziert pro 100 Hektar 105 Zentner Fleisch. Das ist eine sehr große Errungenschaft.

W. Ulbricht: Er verfügt über außerordentlich gute Böden, die besten in der Republik. Zugleich liegt sein Viehbestand unter dem Durchschnitt. Deshalb gibt es bei ihm überzähliges Futter.

N. S. Chruščev: Die Zahl des Viehs hängt davon ab, wie viel Getreide er anbaut. Wenn er nicht so viel Getreide anbauen würde, könnte er mehr Tiere halten.

W. Ulbricht: Es stimmt, dass er beim Mais gute Ernteerträge erzielt.

N. S. Chruščev: Wenn alle so arbeiten würden wie Strube, hätten wir Amerika schon lange eingeholt[308].

W. Ulbricht: Die Erträge bei Mais in der Grünmasse liegen bei uns in der Republik durchschnittlich bei 300 Zentnern pro Hektar. In einigen Gebieten fordern die Bauern jetzt, dass verstärkt Zuckerrüben als Futtermittel angebaut werden. Damit wird sich bei uns die Produktion von Mais und Zuckerrüben entwickeln. Aber damit können wir unser Futtermittelproblem nicht vollständig lösen. Zum Beispiel beträgt im Bezirk Dresden der mittlere Bestand an Kühen 49 Stück pro 100 Hektar landwirtschaftlicher Nutzfläche. Gleichwohl können sie nicht die Futtermittelfrage lösen, da bei ihnen keine ausreichenden Anbauflächen vorhanden sind. Ich gebe Ihnen alle diese Zahlen.

N. S. Chruščev: Ich brauche Ihre Zahlen nicht. Ich zweifle sie einfach nur an. Untersuchen Sie diese selber. Ich möchte mir nicht auch noch darüber den Kopf zerbrechen, wir haben auch so Fragen genug. Bei euch gibt es die Regierung, die Partei, sollen sie sich damit beschäftigen.

W. Ulbricht: Wir haben diese Frage umfassend untersucht, sogar die Akademie der Wissenschaften hat sich damit beschäftigt.

N. S. Chruščev: Nun, was, auch die Akademie! (Liest das von Gen. Ulbricht übergebene Material)[309]. Im Ganzen halte ich euer Material für richtig.

W. Ulbricht: Ich weiß nicht, was Ihnen Kosygin in dieser Frage vorgetragen hat, aber einige Rohstofffragen sind immer noch nicht entschieden. Falls wir mehr Stahl aus der BRD einführen, dann müssen wir dafür mit mehr Dieselkraftstoff bezahlen. Diese Frage ist

---

[308] Strube begann 1953 mit dem Anbau von Futtermais und entwickelte das Volkseigene Gut (VEG) Saatzucht Schwaneberg/Altenweddingen (Kreis Wanzleben/Sachsen-Anhalt) zum Konsultationspunkt und Vorzeigebetrieb für den Maisanbau in der DDR. Chruščev und Ulbricht besuchten bereits 1957 das Volkseigene Gut und waren von den Maiskulturen beeindruckt. Seitdem erklärte der sowjetische Parteichef die dortigen Erträge zum Maßstab für den Maisanbau in der DDR. Seit 1960 gab es einen direkten Leistungsvergleich mit dem Kolchos Kalinovka, dem Geburtsort Chruščevs. 1957 erhielt Strube den Nationalpreis der DDR für seine persönliche Initiative bei der Einführung des Maisanbaus in der DDR. 1962 wurde er zum ordentlichen Mitglied der Akademie der Landwirtschaftswissenschaften der DDR berufen. Die Propaganda um den „Maiskönig im Bezirk Magdeburg" trug maßgeblich zur Mais-Euphorie in der DDR bei.
[309] In Vorbereitung der Reise nach Moskau hatte Ulbricht von der SPK eine statistische Übersicht über die wirtschaftliche Entwicklung in der DDR erarbeiten lassen und der sowjetischen Führung übergeben. Darüber hinaus lag eine Ausarbeitung über „Probleme der Außenhandelsbeziehungen zwischen der DDR und der UdSSR" vor. Vgl. SAPMO-BArch, DY 30/3712, Bd. 18.

noch nicht entschieden. Wir bereiten sie vor und wenden uns nochmals an den Genossen des sowjetischen Gosplan, da nach dem Material der Plan nicht bilanziert ist.

Worin liegt die Schwierigkeit? Wir können uns nicht so rasch von der Produktion schwerer Ausrüstungen, wie zum Beispiel Kränen, freimachen. Dafür benötigen wir ein Jahr.

N. S. Chruščëv: Das schaffen Sie auch in einem Jahr nicht.

W. Ulbricht: Bei anderen Ausrüstungsarten schaffen wir es nicht, aber bei den Kränen ist es möglich. Gleichwohl schafft dieser Übergang Schwierigkeiten.

Die Futtermittelfrage und die Frage der Versorgung der Bevölkerung sind nicht entschieden. In diesem Jahr wird die Versorgung der Bevölkerung mit Lebensmitteln und Industriewaren etwas schlechter sein als im vergangenen. Nach dem vorliegenden Plan ist eine weitere Senkung des Versorgungsniveaus im kommenden Jahr vorgesehen. Gleichwohl ist dieses nicht hinnehmbar. Allerdings ist die Hauptfrage – das Futter.

N. S Chruščëv: Welches Futter?

W. Ulbricht: Hauptsächlich Ölkuchen.

N. S. Chruščëv: Und Getreide?

W. Ulbricht: Ja, natürlich. Aber diese Frage ist nicht entschieden. Wenn wir die Frage der Ertragssteigerung entscheiden wollen, muss die Produktion von Düngemitteln gesteigert werden. Teilweise kann dieses Problem durch das Wachstum der Chemieindustrie gelöst werden, ein weiterer Teil des Düngers kann aus dem Export gestrichen werden. Aber wenn wir den Export von Kalidünger senken, dann können wir keinen Stahl aus den kapitalistischen Staaten erhalten. Wir erörtern diese Frage, aber auf jeden Fall sind umfangreiche Investitionen in den Boden erforderlich. Wir sammeln jedes Jahr anderthalb Ernten ein, das ist nicht ganz einfach.

Gegenwärtig gibt es bei den Bauern, die in Produktionsgemeinschaften des Typs I zusammengefasst sind, Brigaden, die den Boden gemeinsam bearbeiten[310]. Diese Bauern arbeiten gut, sie haben aber einen hohen Kopfbestand an eigenem Vieh, der entsprechende Zeit für seine Versorgung braucht. Wir überführen jetzt erst allmählich die landwirtschaftlichen Produktionsgenossenschaften in den Typ II, der einen geringeren Viehbestand zur eigenen Nutzung vorsieht. Wenn wir sofort einen höheren Wirtschaftstyp einführen und Druck auf die Bauern ausüben, dann fangen diese an, ihr Vieh zu schlachten.

N. S. Chruščëv: Das darf man natürlich nicht tun.

W. Ulbricht: Folglich muss ein Teil der Bauern in den Produktionsgemeinschaften mehr arbeiten. Allerdings sagen die Bauern: „Wir sind nicht in die LPG eingetreten, um mehr zu arbeiten." Sie sagen, als es die Einzelwirtschaften gab, war mehr Futter vorhanden.

N. S. Chruščëv: Woher kam das Futter?

W. Ulbricht: Wir haben es eingeführt. Also der Mais hat uns geholfen, aber nicht alle Probleme gelöst.

---

[310] In der LPG vom Typ I wurde nur der Boden gemeinschaftlich bearbeitet. Vieh, Maschinen und Geräte verblieben in Privatbesitz. Der Typ I bot größere Freiheiten im Hinblick auf eine private Wirtschaftsführung neben dem Genossenschaftsbetrieb. In der LPG vom Typ II brachten die Bauern das gesamte Ackerland sowie zusätzlich den größten Teil ihrer Viehbestände in die LPG ein. Mit dem Typ II begann der Aufbau einer genossenschaftlichen Viehwirtschaft. In der LPG des Typs III wurde sowohl der Boden, die Geräte und Maschinen gemeinschaftlich genutzt als auch die Tierhaltung genossenschaftlich betrieben. Ende 1960 gab es 961 539 LPG-Mitglieder, darunter 380 096 im Typ I und II, sowie 581 443 Mitglieder im Typ III. Es kam vor, dass in einigen Dörfern LPG unterschiedlichen Typs existierten. Vgl. Theresia Bauer, Blockpartei und Agrarrevolution von oben. Die Demokratische Bauernpartei Deutschlands 1948–1963, München 2003, S. 490.

N. S. Chruščëv: Bei euch bestimmt Mielke die Landwirtschaftspolitik[311].

W. Ulbricht: Nein, wir handeln nicht so wie in Prag, wo der Innenminister die Landwirtschaft unter seine Fittiche genommen hat. Mielke versteht nichts von der Landwirtschaft, selbst in seinem Garten pflanzt er nur Blumen. Mit uns hat er niemals über landwirtschaftliche Themen gesprochen.

N. S. Chruščëv: Aber er spielt die Futterrübe gegen den Mais aus.

W. Ulbricht: Wir schränken jetzt die Anbaufläche für Futterrüben ein. Ich weiß noch aus den Tagen meiner Jugend, dass bei uns in Sachsen Mais angebaut wurde. Als ich dann gesehen habe, dass es heute keinen Mais mehr gibt, habe ich gefragt, woher früher der Samen kam. Mir wurde gesagt, dass früher der Samen aus Südwestdeutschland kam, aber jetzt bekommen wir von dort keinen Samen mehr.

N. S. Chruščëv: Als ich bei euch war, habe ich gesehen, dass die Deutschen tatsächlich Mais anbauen, aber sie säen ihn nicht richtig aus. In Österreich haben sie ihn ebenfalls falsch angebaut. Sie pflanzen den Mais zu dicht an, und er wächst wie Hafer und gibt nur einen geringen Ertrag. Der verstorbene Nuschke hat mir ebenfalls gesagt: „Ich baue Mais an."[312] Aber er hat es falsch gemacht. Die ganze Frage besteht in der Änderung der Aussaat. Die Deutschen säen auf einem Hektar wahrscheinlich bis zu 2,5 Zentner aus, aber man darf nicht mehr als 25 Kilogramm anpflanzen, damit der Mais seine Eigenschaften entfaltet.

Ich sage das deshalb, weil wenn Sie sich nicht den Maisanbau aneignen, dann werden Sie immer Futtermittel einführen. Zusätzlich zum Mais müssen Sie Bohnen anbauen, damit ausreichend Eiweiß vorhanden ist.

W. Ulbricht: Ich habe mich mit dieser Frage befasst. Bei uns geht der Bohnenanbau zurück, da wir nur niedrige Erträge – 15 Zentner pro Hektar – erzielen. Warum das so ist, weiß ich nicht.

N. S. Chruščëv: Für mich waren die Bohnen eine Offenbarung. Wir kannten sie vorher nicht. Im vergangenen Jahr, als ich nach Sibirien gefahren bin, hat mir ein wissenschaftliches Forschungsinstitut im Altai gezeigt, dass sie 25–30 Zentner pro Hektar ernten. Und das in Sibirien! Wie können Sie da auf nur 15 Zentner pro Hektar kommen? In meinem Heimatdorf Kalinovka haben sie letztes Jahr zum ersten Mal Bohnen angepflanzt und einen Ernteertrag von 25 Zentnern erzielt. Wie kann es sein, dass die Deutschen weniger ernten als in Kalinovka? Ich glaube, Sie können bei Bohnen Erträge von 27–30 Zentnern pro Hektar erzielen. Zudem bleibt nach den Bohnen der Stickstoff im Boden.

Unser Institut im Altai hat folgenden Versuch durchgeführt[313]. Im Mais ist wenig Eiweiß. Deshalb muss man beim Futtermais unbedingt Eiweiß ergänzen. Eine Methode haben sich unsere Wissenschaftler ausgedacht, welche vorgeschlagen haben, zur Anreiche-

---

[311] Da sich viele selbstständige Bauern seit 1960 der Kollektivierungskampagne der SED durch Flucht in den Westen entzogen, befahl Staatssicherheitsminister Mielke, das gesamte MfS auf die Bekämpfung „der Republikflucht" auszurichten. Auch nach dem Mauerbau im August 1961 beschäftigte sich Mielke mit der Lage in der Landwirtschaft sowie den Stimmungen unter den Bauern und ließ sich entsprechende Monatsberichte vorlegen. Vor diesem Hintergrund erklären sich Meinungsäußerungen Mielkes zur Landwirtschaft.
[312] Der 1957 verstorbene CDU-Vorsitzende und stellvertretende Ministerpräsident Otto Nuschke war in seiner Freizeit landwirtschaftlich bzw. gärtnerisch tätig. Auf seinem Gut „Gertrudenhof" in Nieder Neuendorf bei Hennigsdorf (Brandenburg) züchtete der Hobby-Landwirt u. a. Äpfel.
[313] In der russischen Region Altai im Süden Westsibiriens befanden sich staatliche Institute u. a. für Biologie, Bodenkunde, Geobotanik und Agrochemie.

rung der Silage diese mit Ammoniakwasser zu bewässern. Dann wird das nicht ausreichende Eiweiß durch entsprechende biologische Prozesse kompensiert. Es gibt auch noch eine andere Methode. Wenn man den Mais bei der Silage so aussät, dass auf zwei Reihen Mais eine Reihe Bohnen folgt, dann erfolgt die Anreicherung der Silage-Masse mit Eiweiß so vollständig, dass keine weiteren Ergänzungen notwendig sind.

W. Ulbricht: Gut, wir werden diese Frage untersuchen.

N. S. Chruščëv: Vielleicht sollten wir hier einen Erfahrungsaustausch machen? Denn auch für uns ist das eine entscheidende Frage. Glauben Sie, es war für uns leicht, die Preise für Fleisch zu erhöhen? Vom Standpunkt der Innen- und Außenpolitik her war es schwierig. Aber wir mussten es tun, weil es kein Fleisch gab. Dagegen hätten wir Fleisch aus dem Ausland einführen müssen, aber dafür reichen unsere Goldreserven nicht.

Ich möchte Ihnen offen sagen, dass es uns ein wenig beleidigt, wenn wir wie die Teufel arbeiten, und dann kommt man zu uns und fordert Getreide, obwohl zur gleichen Zeit bei sich selber nicht alles zur Lösung dieser Frage getan wird. Deshalb habe ich das auf der Versammlung gesagt, und ich dachte nicht, dass ich dafür Applaus erhalten werde.

W. Ulbricht: Wir sind aber nicht dafür hierher gefahren, um uns gegenseitig angenehme Worte zu sagen.

N. S. Chruščëv: Natürlich werden wir Ihnen helfen, aber Ihr müsst auch selber arbeiten.

W. Ulbricht: Wir werden arbeiten. Jetzt haben wir die Leitungsmethoden in der Landwirtschaft geändert.

N. S. Chruščëv: Ich verneige mich vor eurem Strube. Er bestimmt für mich das Niveau, er ist ein kluger Deutscher. Wie könnten wir ihn von euch abwerben?

W. Ulbricht: Er ist unser bester Wissenschaftler, ein Akademiker.

N. S. Chruščëv: Ich habe gehört, dass es in der Akademie Widerstand gegen ihn gibt. Natürlich taugt er noch nicht zum Akademiemitglied, vielleicht nur als Ehrenangehöriger der Akademie[314].

W. Ulbricht: Wir haben vorgeschlagen, ihn in die Akademie der Wissenschaften wählen zu lassen, aber die Akademiemitglieder haben von ihm einen Bericht über seine Errungenschaften gefordert. Sie haben sich mit dem Bericht vertraut gemacht und zugestimmt, ihn in die Akademie aufzunehmen, aber sie haben gleichzeitig gesagt, dass bei seinem Boden die Ernteerträge noch höher ausfallen müssten. Schlussendlich haben sie sich gegenseitig geeinigt.

N. S. Chruščëv: Man müsste diese Akademiker selber auf die Felder schicken. Mir wurde gesagt, dass viele Deutsche aus dem Westen zu Strube gefahren sind, als die Grenze noch offen war, um sich an ihm ein Beispiel zu nehmen. Er war sogar dagegen, da er befürchtete, dass seine gesamte Wirtschaft ausgeführt wird.

W. Ulbricht: Also wir werden die Frage prüfen, einen Plan bis 1967 oder bis 1970 auszuarbeiten.

N. S. Chruščëv: Wenn Sie den Plan nur bis 1967 bestehen lassen, dann wird es politisch schwierig werden, zu erklären, warum Sie genau diesen Zeitraum gewählt haben. Wenn Sie den Plan bis 1970 weiterführen, dann präzisieren Sie Ihren Siebenjahrplan und passen

---

[314] Der Präsident der Akademie und Direktor des Instituts für Kulturpflanzenforschung Gatersleben, Hans Stubbe, sperrte sich zunächst gegen die Aufnahme Strubes, da er von dessen Züchtungsmethoden nicht überzeugt war und die wissenschaftliche Reputation Strubes nicht für ausreichend hielt. 1962 wurde Otto Strube dann doch zum ordentlichen Mitglied der Akademie der Landwirtschaftswissenschaften der DDR berufen.

sich dem allgemeinen Rhythmus der sozialistischen Länder an. Aber ich werde nichts dagegen einwenden, wenn Sie nur bis 1967 planen[315].

W. Ulbricht: Was die politische Begründung betrifft, so haben Sie recht. Wir haben jedoch beim Plan für 1963 eine ganze Reihe von Schwierigkeiten. Die Versorgung tritt auf der Stelle. Die Arbeitsproduktivität wird natürlich gesteigert, aber die Löhne wachsen kaum. Doch selbst wenn die Löhne erhöht würden, so bringt dies nichts, da die entsprechende Warenunterfütterung fehlt. Wir wollen jetzt Rundfunkgebühren einführen, die Mietnebenkosten erhöhen und eine Reihe anderer unpopulärer Maßnahmen durchführen.

N. S. Chruščëv: Sie haben eine geringe Arbeitsproduktivität.

W. Ulbricht: Das stimmt. Aber ich kann sie nur durch die Einführung neuer Technik erhöhen. Man müsste selbst die kleinste Mechanisierung durchführen. Sofort mit einer Änderung der Normen zu beginnen, ist gefährlich. Wie bekannt, begann 1953 alles mit einer Normänderung. Der Gegner führt seinen Kampf jetzt so, dass wir keine Möglichkeit haben, die Normen zu ändern.

N. S. Chruščëv: Aber die Normen nicht zu ändern ist unmöglich.

W. Ulbricht: Ja, aber zunächst muss man mit der Einführung neuer Technik beginnen. Wir haben so bereits die Normen in der chemischen Industrie geändert, und jetzt ist der Maschinenbau an der Reihe.

N. S. Chruščëv: Ich verstehe Sie – aber so kann man die Leute falsch einstellen, sie verärgern.

W. Ulbricht: Besonders wenn die Direktoren anfangen, zu administrieren. Für uns ist es wichtig, dass wir unverzüglich Angaben darüber erhalten, welche Rohstoffe uns die Sowjetunion liefern wird, wenn der Plan bis 1970 gehen soll.

N. S. Chruščëv: Wir werden Gosplan entsprechend anweisen, und sie geben euch die notwendigen Zahlen. Was von uns bei den Rohstoffen abhängt, dafür verspreche ich euch meine Unterstützung. Ohne Kennziffern könnt Ihr natürlich keinen Plan aufstellen.

W. Ulbricht: Ich möchte jetzt die Frage zur Arbeit unserer Regierung stellen. Die großen Aufgaben, vor denen wir stehen, können nicht ohne eine Verstärkung der Regierung der DDR gelöst werden. Im Moment herrscht bei uns die schweigende Übereinkunft, dass Stoph[316] die Pflichten des Ministerpräsidenten erfüllt[317]. Aber wir können das nicht weiter so fortsetzen. Die Regierung wendet sich mit all ihren Fragen an das Politbüro, und alles hängt mir am Hals[318].

---

[315] Für 1966–1970 ließ Ulbricht wieder einen Fünfjahrplan ausarbeiten, der allerdings erst Mitte 1967 in Kraft trat. Nach dem Abbruch des Siebenjahrplanes für 1959–1965 wurde von 1964–1966 praktisch ausschließlich nach Jahresplänen gearbeitet. Erst für 1971–1975 trat schließlich ein neuer Fünfjahrplan in Kraft, dessen Laufzeit mit den anderen RGW-Staaten (mit Ausnahme Rumäniens) abgestimmt wurde.
[316] Willi Stoph (1914–1999): Politiker. 1931 Mitglied der KPD, 1946 der SED, 1952–1955 Minister des Innern der DDR, 1956–1960 Minister für Nationale Verteidigung, 1960–1962 Stellvertreter des Vorsitzenden und 1962–1964 1. Stellvertreter des Vorsitzenden des Ministerrates, 1964–1973 Vorsitzender des Ministerrates, 1973–1976 Vorsitzender des Staatsrates, 1976–1989 Vorsitzender des Ministerrates der DDR, 1953–1989 Mitglied des Politbüros.
[317] Otto Grotewohl konnte infolge seiner schweren Erkrankung seine Amtsgeschäfte als Vorsitzender des Ministerrates seit Jahresende 1960 nicht mehr führen. Faktisch amtierte Stoph bis zum Tod Grotewohls am 21. 9. 1964 als Regierungschef. Nach dem Tod Grotewohls übernahm Stoph offiziell das Amt des Vorsitzenden des Ministerrates.
[318] Diese Äußerung Ulbrichts verdeutlicht die Bemühungen des SED-Chefs, Politbüromitglieder in den Ministerrat zu senden, um die Stellung der Regierung im wirtschaftspolitischen Institutionengefüge zu erhöhen. Insgesamt wurden vier Politbüromitglieder im Juli 1962 in das Präsidium des Ministerrates beordert: Erich Apel, ZK-Sekretär für Wirtschaft, Gerhard Grüneberg, ZK-Sekretär für

N. S. Chruščëv: Aber ich arbeite faktisch auch ohne den Vorsitzenden des Ministerrates, da ich nicht für zwei arbeiten kann[319]. In der Regierung sind bei uns Kosygin, Mikojan und Novikov tätig.

W. Ulbricht: Unser Vorschlag ist auf eine Stärkung der Regierung ausgerichtet. Durch die Volkskammer muss die Entscheidung darüber durchgeführt werden, dass Stoph zum provisorischen Ministerpräsidenten ernannt wird. Dadurch wird die Regierung gestärkt, und für Grotewohl ändert sich nichts.

N. S. Chruščëv: Vielleicht wäre es besser, Stoph zum 1. Stellvertretenden Ministerpräsidenten zu ernennen[320]? Denn wenn ein provisorischer Ministerpräsident ernannt wird, bedeutet das für gewöhnlich, dass kein Ministerpräsident vorhanden ist. Damit gebt Ihr Grotewohl den Gnadenstoß.

W. Ulbricht: Gut.

N. S. Chruščëv: Bei uns ist es doch genauso. Ich leite selber nur selten das Präsidium des Ministerrates. Das macht alles Kosygin. Ich leite nur die Sitzungen der gesamten Regierung. Ich bin nur ständig auf den Sitzungen des Präsidiums des ZK anwesend. Anderenfalls müsste ich meine ganze Zeit mit Besprechungen verbringen. So wird es auch bei euch einen 1. Stellvertreter geben, der alles leiten wird.

W. Ulbricht: Wir schlagen vor, Leuschner als stellvertretenden Leiter des Exekutivkomitees des RGW zu ernennen[321].

N. S. Chruščëv: Das ist gut. Wir glauben, dass sich Leuschner mit Wirtschaftsfragen gut auskennt.

W. Ulbricht: Dann müssen wir zu seiner Stärkung allerdings noch ein Mitglied des Politbüros in den Ministerrat entsenden. Offensichtlich werden wir Gen. Apel dorthin schicken[322]. Das Politbüro ist bei uns ausreichend stark. Bei uns arbeitet jetzt ein Teil der Leute im Parteiapparat. Das führt dazu, dass die Minister zu ihnen gehen und Fragen stellen, obwohl sie selbstverantwortlich handeln sollen. Es kann sein, dass wir Grüneberg[323] auch in die Regierung entsenden, da er die Landwirtschaft durch den Parteiapparat leitet[324].

Landwirtschaft, Karl Mewis, Vorsitzender der SPK, und Alfred Neumann, Vorsitzender des Volkswirtschaftsrates. Bislang galt ein Wechsel aus dem Parteiapparat auf die staatliche Ebene als wenig prestigeträchtig und eher als Karriereabstieg. Das wurde in den 1960er Jahren anders. Ulbricht wollte die Regierung mit kompetenten Wirtschaftsexperten aus dem Parteiapparat befähigen.

[319] 1958 wurde Parteichef Chruščëv auch Vorsitzender des Ministerrates und vereinte damit das höchste Parteiamt und das Amt des Regierungschefs in einer Person. Kosygin war seit 1960 1. Stellvertreter des Vorsitzenden, Mikojan seit 1955 stellvertretender Vorsitzender des Ministerrates der UdSSR und Novikov seit 1960 Vorsitzender von Gosplan der UdSSR im Range eines Ministers.

[320] Stoph wurde dann im Juli 1962 zum 1. Stellvertreter des Vorsitzenden des Ministerrates berufen.

[321] Leuschner war seit Juli 1961 Stellvertreter des Vorsitzenden des Ministerrates für die Koordinierung der volkswirtschaftlichen Grundfragen. Im Juni 1962 wurde er zum „Ständigen Bevollmächtigten" (Vertreter) der DDR im neu geschaffenen Exekutivkomitee des RGW berufen.

[322] Erich Apel, seit Juli 1961 ZK-Sekretär für Wirtschaft, wechselte tatsächlich vom Parteiapparat in die Regierung: Er wurde im Juli 1962 Mitglied des Präsidiums des Ministerrates und im Januar 1963 Vorsitzender der SPK sowie Stellvertreter des Vorsitzenden des Ministerrates.

[323] Gerhard Grüneberg (1921–1981): Politiker. 1946 Mitglied der KPD und der SED, 1949–1952 Sekretär der SED-Landesleitung Brandenburg, 1952–1958 Erster Sekretär der SED-Bezirksleitung Frankfurt (Oder), 1958–1981 Sekretär des ZK der SED für Landwirtschaft, 1959 Kandidat und 1966–1981 Mitglied des Politbüros.

[324] Grüneberg wurde im Juli 1962 zwar Mitglied des Präsidiums des Ministerrates, blieb aber ZK-Sekretär für Landwirtschaft.

N. S. Chruščëv: Das ist nicht zulässig. Er leitet, ist aber selber für nichts verantwortlich, da die Verantwortung der Ministerrat trägt. Das Politbüro sollte so arbeiten, dass es nur die Leitlinien vorgibt.

W. Ulbricht: Hinsichtlich der Durchführung unseres Parteitages ist alles klar. Der Entwurf unseres Programmes wird Ende Juli fertig sein und an Sie gehen.

N. S. Chruščëv: Ist das nicht ein zu kurzer Zeitraum für die Vorbereitung eines Programms?

W. Ulbricht: Nein, denn Ihr habt bereits eine große Arbeit geleistet und uns ein gutes Beispiel für ein Programm gegeben. Hinsichtlich der Geschichte der Arbeiterbewegung werde ich heute Abend mit Pospelov[325] sprechen.

Das Gespräch dauerte 1 Stunde und 10 Minuten.

Es hat aufgezeichnet:

V. Koptel'cev

Quelle: RGANI, Bestand 52, Findbuch 1, Akte 558, Bl. 84-95.

Nr. 29
Mitschrift des Gespräches zwischen dem Stellvertreter der Ständigen Vertretung von Gosplan der UdSSR in der DDR Mel'nikov und dem Abteilungsleiter für Innerdeutschen Handel beim Ministerium für Außenhandel und Innerdeutschen Handel der DDR Behrendt über die deutsch-deutschen Wirtschaftskontakte, 27. Juni 1962

Geheim

Mitschrift des Gespräches zwischen dem Stellvertreter der Ständigen Vertretung von Gosplan der UdSSR in der DDR Gen. N. I. Mel'nikov und dem Abteilungsleiter für Innerdeutschen Handel beim Außenhandelsministerium der DDR Gen. Behrendt

An dem Gespräch nahmen teil:
von sowjetischer Seite: der Experte Gen. G. A. Maljavin[326],
von deutscher Seite: Gen. Vogel[327] und Übersetzer Gregor[328].
Das Gespräch fand am 27. Juni 1962 statt und dauerte von 10.00 bis 12.15 Uhr.

---

[325] Pëtr Nikolaevič Pospelov (1898-1979): Parteifunktionär und Historiker. 1961-1967 Leiter des Instituts für Marxismus-Leninismus beim ZK der KPdSU.
[326] G. A. Maljavin: Wirtschaftsexperte. 1939 stellvertretender Volkskommissar für Textilindustrie der UdSSR, 1940 Mitglied des Wirtschaftsrates für Konsumgüter beim Rat der Volkskommissare der UdSSR, Anfang der 1940er Jahre stellvertretender Volkskommissar für Leichtindustrie.
[327] Biografische Details nicht ermittelbar.
[328] Kurt Gregor (1907-1990): Wirtschaftsfunktionär. 1931 Mitglied der KPD, 1946 der SED. 1932 technischer Leiter einer Maschinenfabrik in Leningrad, 1934 sowjetische Staatsbürgerschaft, 1938 Rückkehr nach Deutschland, 1950 Leiter der Hauptabteilung Planung im Ministerium für Industrie, 1952-1954 Minister für Außenhandel und Innerdeutschen Handel, 1956-1961 stellvertretender Vor-

Nach der gegenseitigen Begrüßung informierte Gen. Behrendt über seine Gespräche mit dem Vertreter Westdeutschlands, Herrn Leopold.

Aus den Gesprächen mit Leopold gewann Gen. Behrendt für sich selbst die feste Überzeugung, dass die westdeutschen Geschäfts- und Industriekreise, ungeachtet der feindlichen Ausfälle von Adenauer[329], Brentano[330], Brandt[331] und anderen, an der Erweiterung des Handels mit der DDR interessiert sind. Der Außenhandel mit der BRD kann deshalb erweitert werden. Alle bestehenden Verpflichtungen werden erfüllt.

Zur Bestätigung seiner Schlussfolgerungen erklärte er, dass ungeachtet der Provokationen, die von den reaktionären Elementen in West-Berlin verübt werden, die Lieferungen von Waren, Metall und Ausrüstungen aus Westdeutschland erfolgreich abgewickelt werden. Gegenwärtig, so erklärte Gen. Behrendt, treffen täglich 1500–1800 Tonnen Metall aus Westdeutschland ein. Alle vertraglichen Verpflichtungen werden erfüllt.

Auf die Frage, wie das Überangebot von Waren aus Westdeutschland nach der Warenliste 2 und der geringe Prozentsatz der Erfüllung der Lieferung nach der Warenliste 1 und insbesondere bei Metall zu erklären sind[332], erläuterte Gen. Behrendt, dies sei nicht dadurch bedingt, dass die westdeutschen Firmen schlecht lieferten, sondern ist auf erst spät aufgegebene Bestellungen zurückzuführen.

Gen. Behrendt äußerte, eine Datenerfassung zu den ungefähren Kennzahlen der Bestellungen nach Quartalen und über die Erfüllung der entsprechenden Lieferverpflichtungen, besonders bei Metall, werde nicht durchgeführt. Er wird aber versuchen, entsprechende Informationen von dem DIA[333] zu erhalten, und diese dann an uns übermitteln.

Hinsichtlich der Gewährleistung der Lieferungen aus der BRD bis Ende 1962 erklärte Gen. Behrendt, dass er keine Zweifel an der Erfüllung des Planes bei allen Positionen hat, obwohl er mögliche Provokationen und einige Lieferverzögerungen um den 13. August herum erwarte. Ihm sei bekannt, dass der Westen eine Reihe von provokativen Maßnahmen um den Zeitraum des 13. August vorbereitet, um den Jahrestag der Errichtung der „Schutzmauer" in Berlin zu begehen.

Auf die Frage, wie die Vorbereitung des Planes für den Handel mit der BRD im Jahr 1963 verlaufe, antwortete Gen. Behrendt, dass alle Kennziffern bis zum 30. Juni dieses

---

sitzender der SPK, 1961–1964 stellvertretender Vorsitzender für internationale Zusammenarbeit des Volkswirtschaftsrats, 1964–1968 Stellvertreter des Sekretärs des RGW-Sekretariats in Moskau.

[329] Konrad Adenauer (1876–1967): Politiker. 1949–1963 Bundeskanzler der Bundesrepublik Deutschland, 1950–1966 Bundesvorsitzender der CDU.

[330] Heinrich von Brentano (1904–1964): Politiker. 1949–1955 und 1961–1964 Vorsitzender der CDU/CSU-Fraktion im Deutschen Bundestag, 1955–1961 Außenminister der Bundesrepublik Deutschland.

[331] Willy Brandt (1913–1992): Politiker. 1957–1966 Regierender Bürgermeister von Berlin, 1964–1987 Vorsitzender der SPD, 1966–1969 Vizekanzler und Außenminister der Bundesrepublik, 1969–1974 Bundeskanzler der Bundesrepublik Deutschland.

[332] Für den Ost-West-Handel entsprechend dem Berliner Abkommen wurden für jedes Jahr Warenlisten bzw. Warenkonten festgelegt. Die Warenliste 1 beinhaltete hauptsächlich Eisen- und Stahllieferungen sowie den Bezug von Steinkohle und Koks. Die Warenliste 2 umfasste in der Regel Maschinen, industrielle Ausrüstungen sowie Textilien, Leder, chemische und landwirtschaftliche Erzeugnisse. Die Warenlisten variierten allerdings ständig und waren zudem in Unterkonten unterteilt. Abwicklungsorgane waren für die Bundesrepublik die „Treuhandstelle für den Interzonenhandel" in West-Berlin und für die DDR das Ministerium für Außenhandel in Ost-Berlin.

[333] Abkürzung für: Deutscher Innen- und Außenhandel. Der DIA war eine staatliche Handelsunternehmung.

Jahres vorliegen sollen. Dann werden diese an den Minister Gen. Balkow[334], die Staatliche Plankommission der DDR und Gen. Leuschner übergeben.

In ihren Vorschlägen benennt Gen. Behrendt den Umfang des allgemeinen Warenumsatzes mit der BRD mit 2 Milliarden Mark gegenüber 1,5 Milliarden Mark in diesem Jahr. Für den Ankauf von Metall ist geplant, 330 Millionen Mark auszugeben gegenüber 230 Millionen Mark, die dafür im Jahr 1962 aufgewendet werden sollen.

In ihren Vorschlägen, erklärte Gen. Behrendt, gehen sie davon aus, die Kontingente des Interzonenhandelsabkommens voll ausschöpfen zu können. Gen. Behrendt ergänzte, das sei ihr Vorschlag – wie sich die Staatliche Plankommission der DDR dazu verhalten wird, weiß er nicht. Er hielte es aber für einen schweren Fehler, wenn bei einem für die DDR so vorteilhaften Handel nicht das gesamte Kontingent ausgeschöpft würde. Gen. Behrendt unterstrich, dass Leopold in den Gesprächen ein großes Interesse an Bestellungen aus der DDR geäußert hat, was Ausrüstungen anbelangt. Das trifft auch für die Ausnutzung des gesamten Kontingents beim Warenkonto „Ausrüstung" der Vereinbarung zu. Faktisch werden 1962 bei einem Kontingent von 170 Millionen Mark bei diesem Warenkonto nur 70 Millionen Mark genutzt. Behrendt erklärte, dass es zweckmäßig sei, in der BRD technisch moderne und hochproduktive Ausrüstungen zu kaufen und das Limit bei diesem Warenkonto vollständig auszunutzen. Gleichwohl bestehe die Hauptschwierigkeit im Ausfindigmachen von Exportressourcen.

Auf die Frage, warum der Swing (Gewährung von Schulden nach den Warengruppen der Handelsvereinbarung von jeweils bis zu 100 Millionen Mark und insgesamt von bis zu 200 Millionen Mark) so schlecht genutzt werde, antwortete Gen. Behrendt, dass sie gegenwärtig an diesem Punkt arbeiten. Er führt mit Leopold Gespräche über die Erhöhung des Swing und zu dessen besserer Nutzung für die DDR und ist sich sicher, dass diese Verhandlungen zum Erfolg führen werden[335].

Zum Thema Warenkonten der Übereinkunft zum Interzonenhandel für 1963, die entsprechend der Vereinbarung bei den Verrechnungen bis zum 1.7.1963 auf eine Null-Bilanz geführt werden sollen, erklärte Gen. Behrendt, dass dieser Punkt 1962 durch einen entsprechenden Briefwechsel mit Leopold aufgehoben wurde. Er wird in dieser Angelegenheit mit Leopold sprechen und sich darum bemühen, den Punkt für 1963 oder vielleicht sogar für die Dauer von drei Jahren aus der Vereinbarung herauszunehmen, und einen entsprechenden Brief aufzusetzen. So sei dies bereits 1962 geschehen.

Auf die Aussicht hin angesprochen, für das Jahr 1963 Überlegungen zum Plan für den Außenhandel mit der BRD zu erhalten, antwortete Gen. Behrendt, dass er hinsichtlich

---

[334] Julius Balkow (1909–1973): Politiker. 1931 Mitglied der SPD, 1945 der KPD, 1946 der SED, 1951 Mitarbeiter und ab 1954 Leiter der Hauptabteilung Handelspolitik mit den sozialistischen Ländern im Ministerium für Außenhandel und Innerdeutschen Handel, 1956–1961 stellvertretender Minister und 1961–1965 Minister für Außenhandel und Innerdeutschen Handel, 1965–1967 Stellvertreter des Vorsitzenden des Ministerrates, 1963–1973 Vertreter der DDR im Exekutivkomitee des RGW.

[335] Der Swing war Bestandteil der bilateralen Handelsabkommen, die im Rahmen des Interzonenhandels 1951 und 1960 zwischen der DDR und der Bundesrepublik getroffen wurden (Berliner Abkommen). Dabei wurden die aus Importen und Exporten resultierenden Zahlungen nicht direkt durch Devisen bezahlt, sondern innerhalb einer beitragsmäßigen Obergrenze verrechnet (zinsloser Verrechnungsspielraum). Durch Importüberhänge entstand für die DDR ein dauerhaftes negatives Saldo, das faktisch als zinsloser Devisenkredit fungierte. Entsprechend der Neufassung des Berliner Abkommens vom August 1960 galt ein Swing von 200 Millionen DM. Der Swing wurde dann durch eine Zusatzvereinbarung bis 1975 auf jeweils 25 Prozent der DDR-Lieferungen erhöht; für 1974 waren das 660 Millionen DM.

dieser Frage mit Gen. Balkow reden wird. Er wird sich darum bemühen, dass uns dieses Material zukommt, warnte allerdings vor dessen vorläufigem Charakter, da es bislang von der Regierung noch nicht bestätigt worden ist.

Dazu, ob Vorbereitungen von Bestellungen für Metall, Ausrüstungen und andere defizitäre Materialien in der BRD zur Sicherstellung der Lieferungen im I. und II. Quartal 1963 laufen, äußerte Gen. Behrendt, dass sie sich bislang mit diesem Problem noch nicht beschäftigt haben, obwohl es sehr aktuell ist. Er beabsichtigt, sich in der nächsten Zeit an die Leitung des Ministeriums für Außenhandel und Innerdeutschen Handel sowie an die Staatliche Plankommission der DDR mit der Bitte um Mitteilung der Spezifikationen und um Erlaubnis für Bestellungen in der BRD für das Jahr 1963 zu wenden.

Abschließend erklärte Gen. Behrendt, dass die Gespräche mit der BRD über die Lieferung von Steinkohle über einen Zeitraum von 10 Jahren sowie von Ausrüstungen im Wert von 500 Millionen Mark und anderen Waren im Gesamtwert von 2,25 Milliarden Verrechnungsmark[336] mit Zahlungsaufschub bis 1967 erfolgreich verlaufen. Selbst wenn die Gespräche nicht alle gewünschten Ergebnisse liefern, gewinne die DDR auf jeden Fall politisch, da sie der Welt und den Geschäftskreisen der Bundesrepublik zeigen, dass die DDR für eine Erweiterung der wirtschaftlichen Kontakte mit der Bundesrepublik über einen langen Zeitraum steht. Gen. Behrendt erklärte, dass er vom Erfolg der Unterredungen überzeugt ist.

Als Bestätigung verwies er auf einen Artikel, der am 25. 6. 1962 in der Zeitung ‚Frankfurter Rundschau' unter der Überschrift „Aktive Politik hinsichtlich des Ostens" veröffentlicht worden ist und in dem die Politik Adenauers und seiner Mitstreiter kritisiert wird. Zudem wird darauf verwiesen, dass selbst der amerikanische Außenminister Rusk[337] der Regierung der Bundesrepublik empfiehlt, die Beziehungen zu den Staaten des „Ostblocks" zu verbessern.

In der Frage der Bereitstellung eines Krediges für die DDR sieht Washington die Chance, die Spannungen in Berlin zu verringern. Im Artikel wird darauf hingewiesen, dass der Außenminister der BRD, Schröder[338], bereits nach Möglichkeiten für die Gründung von Handelsmissionen in den osteuropäischen Hauptstädten sucht.

Das Gespräch hat aufgezeichnet:
G. Maljavin

Quelle: RGAE, 4372/80/453, Bl. 256–259.

---

[336] Die Verrechnungsmark galt im deutsch-deutschen Handel offiziell als Währung. Eine Verrechnungsmark entsprach einer DM (West). Finanzielle Transaktionen zwischen der DDR und der Bundesrepublik fanden entsprechend dem Berliner Abkommen von 1951 in „Verrechnungseinheiten" statt.
[337] Dean Rusk (1909–1994): US-Politiker. 1951–1961 Präsident der Rockefeller-Stiftung, 1961–1969 Außenminister der USA, 1970–1984 Lehrtätigkeit an der University of Georgia.
[338] Gerhard Schröder (1910–1989): Jurist/Politiker. 1933–1941 Mitglied der NSDAP, 1945 der CDU, 1953–1961 Bundesminister des Innern, 1961–1966 Bundesminister des Auswärtigen, 1966–1969 Bundesminister der Verteidigung.

Nr. 30
Mitschrift des Gespräches zwischen dem Vorsitzenden der Ständigen Vertretung von Gosplan der UdSSR in der DDR Položenkov und dem Vorsitzenden der SPK Mewis über die Buntmetallurgie in der DDR, 1. August 1962

Geheim-
Exemplar Nr. 1

Eine Kopie ist an Gen. V. N. Novikov zu senden

Aus dem Tagebuch des Stellv. des Ständigen Vertreters von Gosplan der UdSSR in der DDR
Gen. A. G. Položenkov

Mitschrift des Gespräches des Vorsitzenden der Staatlichen Plankommission der DDR, Gen. Mewis, mit der Gruppe sowjetischer Buntmetallspezialisten, das am 1. August 1962 stattfand.

Das Gespräch fand auf Initiative der sowjetischen Seite statt.
Am Anfang des Gespräches stellte <u>Gen. Položenkov</u> Genossen Mewis die Gruppe der Buntmetallspezialisten vor, die sich mit Objekten der Buntmetallurgie in der DDR vertraut gemacht hatten und bald wieder in die Sowjetunion zurückkehren sollen, und bat, deren Leiter Gen. M. F. Baženov[339] anzuhören.

<u>Gen. Baženov</u> bedankte sich zunächst bei der Leitung der Staatlichen Plankommission der DDR für die geleistete Hilfe und die erfolgreiche Zusammenarbeit mit den deutschen Spezialisten. Dann charakterisierte Genosse Baženov kurz die von den sowjetischen Experten besichtigten Schächte zur Gewinnung von Buntmetallerzen und die Betriebe zu deren Weiterverarbeitung, wobei er folgende Punkte unterstrich:
1. die niedrigen Verkaufspreise der DDR für Buntmetalle wie Kupfer, Zinn, Blei und Zink, die ein Mehrfaches unter den Herstellungskosten liegen, was eine ökonomische Verwendung hemmt,
2. die sehr geringen Produktionsnormen, die eine hohe Normübererfüllung begünstigen, was die Steigerung der Arbeitsproduktivität in den Schächten und Werken nicht stimuliert.
Diese Frage ist schwierig und unter den Bedingungen der DDR nur vorsichtig zu lösen, sie muss aber entschieden werden.
1. Die Kosten für den Bau neuer Anlagen liegen um das 2–3fache höher als in der UdSSR. Dies erklärt sich durch die Tatsache, dass der Bau in zu kurzen Phasen erfolgt, was zu überflüssigen Projektierungen und Produktionsflächen, zu großen Gebäudehöhen usw. führt. Zum Beispiel sieht ein Projekt den Bau eines Walzwerks in Rackwitz mit einer Kapazität von 4000 Tonnen Aluminiumfolie pro Jahr für 26 Millionen Mark der DDR vor, während zur gleichen Zeit in der UdSSR ein solches Werk mit einer Leistung von 10 000 Ton-

---

[339] Michail Fedorovič Baženov: sowjetischer Metallexperte, Ingenieur des Ministeriums für Buntmetallurgie, 1952 Stalinpreis für hervorragende Erfindungen, in den 1960er Jahren stellvertretender Leiter der Abteilung Buntmetallurgie bei Gosplan der UdSSR.

nen pro Jahr nur 12 Millionen Rubel kostet[340]. Zudem wird die Fertigstellung von Bauten verzögert. Beispielsweise wird das Zink-Werk seit 1952 gebaut, und andere Betriebe brauchen bis zur Inbetriebnahme 10–12 Jahre.

Danach ging Gen. Baženov zu Einzelfragen über und bemerkte, dass die DDR über Reserven an Indium[341], in der Form von Staub, verfügt (dieser wird gegenwärtig in die UdSSR zur Weiterverarbeitung transportiert). Aus diesem Staub kann die DDR bis zu 1,5 Tonnen Indium gewinnen, das ein strategisches Material ist, über das die Länder des sozialistischen Lagers nicht ausreichend verfügen. Deshalb sollte die DDR unserer Ansicht nach das Indium vor Ort gewinnen, umso mehr, als man den Transport des Flugstaubes in die Sowjetunion nicht als wirtschaftlich ansehen kann. Die Investitionen zur Gewinnung von Indium liegen bei 5–6 Millionen Mark der DDR.

Germanium[342] ist gleichfalls ein strategischer Rohstoff, der in den sozialistischen Ländern nur unzureichend vorhanden ist. Deshalb muss dieser auch auf jede nur mögliche Art gewonnen werden. Beispielsweise sollte unverzüglich die Frage der Gewinnung des Stoffes aus Gaswasser sowie aus der Asche von Kohlekraftwerken, die einen erhöhten Germaniumwert enthält, bearbeitet werden.

Die nächste wichtige Frage für die DDR ist der Abbau von Zinn. Die DDR kann als „Zinnperle" angesehen werden, da sie über kompakte Zinnerzlagerstätten verfügt[343], die im Mittelwert einen Zinngehalt von 0,3 Prozent aufweisen und günstig für einen Abbau liegen. Wenn man in dieser Frage etwas arbeitet, können die in der DDR vorhandenen Schächte im Jahr 1,5–2 Millionen Tonnen Erz liefern. Die vorhandenen Erzreserven reichen für 30 Jahre bei einer Anfangsproduktion von 1500 Tonnen pro Jahr, die später auf jährlich 4000–4500 Tonnen Zinn gesteigert werden kann. Allerdings gibt es einige Schwierigkeiten, wie die ungenügend entwickelte Produktionstechnologie zur Zinngewinnung und -verarbeitung. Für den Anfang kann aber mit der existierenden Technologie gearbeitet werden.

Im Moment liegen die Selbstkosten für die Produktion von einer Tonne metallischen Zinns um das 3–4fache über dem Weltmarktpreis. Die Mitarbeiter der Staatlichen Plankommission und des Volkswirtschaftsrates der DDR planen, die Produktion von Zinn bis zum Jahr 1968/69 auf 1300 Tonnen zu steigern. Dies ist unserer Meinung nach unzureichend. Wenn man bedenkt, dass die DDR über einen solchen Nationalreichtum verfügt und ihren jährlichen Zinnbedarf zum großen Teil durch Importe deckt, so gehen wir davon aus, dass die Erhöhung der Produktion mit allen Mitteln forciert werden muss, um bereits 1966 einen Ausstoß von 1300–1500 Tonnen im Jahr zu erreichen.

Das nächste Problem ist Nickel. Gegenwärtig produziert die DDR lediglich Ferronickel in St. Egidien[344]. Den technologischen Prozess beherrscht man nur langsam, und bei der

---

[340] Der damalige Umtauschkurs betrug 1 Mark zu 0,50 Rubel.
[341] Indium ist ein Schwermetall, das als Nebenprodukt bei der Produktion von Zink oder Blei gewonnen wird. Anwendung findet es vor allem als Material für Legierungen.
[342] Germanium ist in sehr geringer Konzentration in Kupfer- und Zinkerzen enthalten. Es wurde im Mansfelder Kupferschiefer in Sachsen-Anhalt gefunden. In der Elektronik wurde Germanium als Halbleiter hauptsächlich zur Herstellung von Dioden und Transistoren verwendet.
[343] Die bedeutendsten Zinnerzlagerstätten der DDR befanden sich im Erzgebirge, so in den Revieren Altenberg, Pöhla, Geyer und Mühlleiten. Das Metall wurde im Erzgebirge bereits seit dem 3. Jahrhundert gewonnen. 1990 wurde der Abbau vorerst eingestellt.
[344] St. Egidien ist eine Gemeinde im Landkreis Zwickau (Sachsen). In den 1950er Jahren wurde dort eine Nickelhütte errichtet und Nickelerz-Lagerstätten im Nachbarort Callenberg abgebaut.

vorhandenen Produktivität der Öfen gehen jährlich 110 Tonnen Kobalt ungenutzt verloren, während die DDR gleichzeitig jährlich in großen Mengen Kobalt aus der Sowjetunion importiert. Generell wird Kobalt in den sozialistischen Staaten nur unzureichend produziert.

Wenn in dem Werk in St. Egidien statt der Produktion von Luppe[345] die Herstellung von metallischem Nickel aufgenommen wird, können bei der vollen projektierten Leistungsfähigkeit jährlich bis zu 250 Tonnen metallischer Kobalt gewonnen werden. Der Bedarf dafür ist in den sozialistischen Ländern sehr groß und kann nicht durch die vorhandenen Kapazitäten gedeckt werden. Natürlich ist dies nicht in den nächsten ein bis zwei Jahren zu bewerkstelligen. Je zügiger aber mit der Lösung dieser Aufgabe begonnen wird, umso schneller kann erwartet werden, dass die DDR ab 1966 über eine jährliche Kobaltproduktion von 420 Tonnen verfügt. Dort einbezogen sind die 170 Tonnen, die nach den Berechnungen der Staatlichen Plankommission der DDR aus der bei der Verarbeitung des Mansfelder Kupfererzes entstehenden Schlacke gewonnen werden sollen.

Es versteht sich von selbst, dass hierfür kurzfristig entsprechende wissenschaftliche Forschungsarbeiten für die Entwicklung einer Technologie zur rentablen Kobaltgewinnung sowie von anderen wertvollen und seltenen Metallen aus Gekrätz[346] durchzuführen sind. Nach unserer Meinung ist es notwendig, die für 1963–1965 geplanten Kapitalinvestitionen für die Buntmetallurgie der DDR zu erhöhen.

Was die Metalle Aluminium, Blei und Zinn betrifft, so haben wir dazu keine besonderen Empfehlungen und Vorschläge außer denen, die in den Entscheidungen der Sitzungen der Arbeitskommissionen beim Staatlichen Wirtschaftsrat für die Planung der Volkswirtschaft getroffen worden sind.

Einige Worte zum Aluminium. Gegenwärtig erstellt die DDR den ersten Bauabschnitt eines Werkes für metallisches Aluminium mit einer Jahreskapazität von 22 000 Tonnen. Die Kapazität sollte mit den bekannten technologischen Ergänzungen und den damit verbundenen geringfügigen Investitionen auf bis zu 30 000 Tonnen gesteigert werden, andernfalls wird das Werk nicht rentabel arbeiten. Außerdem sind die Bauarbeiten zu beschleunigen, und es ist sicherzustellen, dass der 1. Bauabschnitt 1963 in Betrieb genommen wird und der 2. Bauabschnitt 1965, im Gegensatz zu den vorgesehenen Planungszeiträumen 1964 bzw. 1966.

Zudem ist bei der Aluminiumproduktion im Bitterfelder Elektrochemischen Kombinat der Verbrauch von Elektroenergie bei der Herstellung von einer Tonne Aluminium von 21 000 Kilowattstunden auf 16 000–10 000 Kilowattstunden zu senken, um eine große Menge an Elektroenergie für die Herstellung von metallischem Magnesium zu gewinnen.

Hinsichtlich des Magnesiums ist festzustellen, dass seine großen Vorkommen ebenfalls zum Nationalreichtum der DDR gehören. Es ist notwendig, diese beschleunigt zu metallischem Magnesium zu verarbeiten, dessen Bedarf im Moment vollständig durch Importe gedeckt wird[347]. Hier ist die Erzeugung von Magnesium durch die Elektrolyse von flüssigem Magnesiumchlorid, das in erster Linie aus den Rückständen der Kalilauge bei der Anreicherung von Kalisalz gewonnen wird, als die zweckmäßigste und gewinnbringendste

---

[345] Als Luppe werden Zwischenprodukte bei der Eisenverhüttung, in diesem Fall bei der Gewinnung des Rohnickels bezeichnet.
[346] Als Gekrätz werden bei der Erz- und Metallschmelze anfallende metallhaltige Abfälle bezeichnet.
[347] Die Magnesiumproduktion in den elektrochemischen Werken Bitterfeld wurde bereits 1945 eingestellt. Das zur Weiterverarbeitung benötigte Magnesium kam hauptsächlich aus der UdSSR.

Methode anzusehen. Das heißt, die Produktion von Magnesium ist zusammen mit dem Abbau und der Verarbeitung von Kalisalzen zu entwickeln.

Gen. Mewis stellte Gen. Baženov folgende Fragen:
1. Wurden die sowjetischen Spezialisten von den deutschen Genossen mit allen Schächten und Betrieben der Buntmetallurgie der DDR bekannt gemacht?

Baženov antwortete, dass die sowjetischen Experten nach dem gemeinsam zusammengestellten Programm zahlreiche Anlagen besichtigten, sich allerdings wegen der begrenzten Zeit nur unzureichend mit den Fabriken zur Anreicherung vertraut machen konnten.
2. Sind die sowjetischen Fachleute auch mit der Produktion von Indium in den kapitalistischen Staaten vertraut?

Gen. Baženov erwiderte, dass die Gewinnung von Indium aus Erzen und seine Weiterverarbeitung zu Metall geheim sind[348].

Danach fragte Mewis die Mitarbeiter der Staatlichen Plankommission und des Volkswirtschaftsrates, in welcher Form das aus dem Staub gewonnene Indium[349] vorliegen könne, wenn die von Gen. Baženov genannten Investitionen bei 5-6 Millionen Mark liegen.

Gen. Zauleck[350] antwortete, dass das Indium in chemisch reiner Form oder als technisches Indium produziert werden kann.

Weiter fragte Gen. Mewis den Gen. Zauleck, in welcher Form das Indium dann in der Technik eingesetzt wird.

Gen. Zauleck sagte, dass dies so nicht ganz richtig sei, da das Indium eine zusätzliche Weiterverarbeitung benötigt, die mit zusätzlichen Kapitalinvestitionen in Höhe von 4-5 Millionen Mark verbunden ist.

Gen. Baženov erklärte, dass die Sowjetunion nicht genügend Indium produziert und das gesamte Indium aufkaufen kann, das künftig in der DDR hergestellt wird.

Gen. Mewis äußerte daraufhin Bedenken, dass es mit dem Indium so geschehen werde wie mit der Herstellung von metallischem Zirkonium: Im Bitterfelder Elektrochemischen Kombinat wurden unverzüglich Kapazitäten zur Produktion von Zirkonium aufgebaut und in Betrieb genommen, jetzt findet man allerdings hierfür keinen Absatz. Er ergänzte, dass die DDR für die Erhöhung der Produktion im Maschinenbau und bei der Herstellung von Textilien, Lacken und Farben dringend Titandioxyd benötigt.

Gen. Baženov sagte daraufhin, dass die Produktion von Titanoxyd in der Sowjetunion, wie auch in der DDR, vollkommen unzureichend ist, um den entsprechenden Bedarf zu decken.

---

[348] Das Schwermetall Indium entsteht als Nebenprodukt bei der Produktion von Zink oder Blei. Die eigentliche Indiumgewinnung erfolgt durch ein elektrolytisches Verfahren. Seit der Anwendung von Kernenergie fand Indium in Kontrollstäben von Kernreaktoren Verwendung. Daher erklärt sich die hier erwähnte Geheimhaltung.
[349] Hier sind die Flugstäube gemeint, die während des Röstens von Zinksulfid entstehen. Auf diese Weise reichert sich auch Indium an.
[350] Dietrich Zauleck (1914): Wirtschaftsfunktionär. 1945 Mitglied der KPD, 1946 der SED. 1948-1949 Leiter der Hauptabteilung Metallurgie und Metallverarbeitung der DWK, 1950 stellvertretender Leiter der Hauptabteilung Metallurgie im Ministerium für Schwerindustrie, 1951 Hauptabteilungsleiter im Ministerium für Hütten- u. Erzbergbau, 1953 Leiter der Hauptverwaltung NE-Metalle im Ministerium für Schwerindustrie, 1957-1958 Leiter der Fachgruppe Berg- und Hüttenwesen der Hauptabteilung Perspektivplankoordinierung der SPK, 1959-1961 Leiter des Sektors Berg- und Hüttenwesen der Hauptabteilung Perspektivplankoordinierung der SPK, 1961-1962 Leiter der Abteilung Berg- und Hüttenwesen der SPK.

Gen. Mewis sagte, dass nach Meinung der deutschen Experten die Methode der Gewinnung von Germanium aus Gaswasser kostenintensiv sei, und fragte Gen. Baženov, ob er dem zustimme.

Gen. Baženov entgegnete, dass dem nicht so sei.

Weiterhin fragte Gen. Mewis Genossen Zauleck nach dessen Meinung zur Erhöhung der Produktion von Zinn auf 4500 Tonnen im Jahr. Gen. Zauleck antwortete, dass er vollauf mit den Vorschlägen der sowjetischen Spezialisten einverstanden sei; dafür sind allerdings beträchtliche Kapitalinvestitionen in den Jahren 1963 bis 1965 erforderlich. Bei der genannten Produktionskapazität von Zinn kann dessen Selbstkostenpreis erheblich gesenkt werden, und man ist in der Lage, sich dem Weltmarktpreis anzunähern, womit ein großer wirtschaftlicher Effekt erzielt werde.

Fortfahrend äußerte Gen. Mewis sein Bedauern darüber, dass er die Gruppe der sowjetischen Buntmetallexperten nicht vorher treffen konnte, um darzulegen, worauf man in erster Linie bei der Besichtigung der Schächte und Werke der Buntmetallurgie und deren Arbeitsweise in der DDR achten solle. Bei der Gruppe der sowjetischen Spezialisten für Schwarzmetallurgie, die sich gegenwärtig in der DDR befinde, ist ihm das gelungen.

Weiter führte Gen. Mewis aus, dass es in der Arbeit der Buntmetallurgie zahlreiche Unzulänglichkeiten gebe, die ihm zum großen Teil bekannt seien. Allerdings verfüge die DDR gegenwärtig nicht über die entsprechenden Mittel, um innerhalb eines kurzen Zeitraums alle großen Aufgaben bei der Entwicklung ihrer Wirtschaft gleichzeitig zu lösen. Deshalb sollten wir uns im Moment hauptsächlich darauf beschränken, durch eine immer komplexere Weiterverarbeitung der einheimischen Rohstoffe eine maximal mögliche Erhöhung der Arbeitsproduktivität sowie ein hohes Fertigungsniveau in zahlreichen Zweigen der Volkswirtschaft zu erreichen und die materielle Lage der Bevölkerung der DDR zu verbessern. Diese Aufgabe kann die chemische Industrie sicherstellen, in die gegenwärtig umfangreiche Mittel investiert werden. Das ist die grundlegende Direktive unserer Partei, und wir werden sie streng erfüllen.

In der Buntmetallurgie konzentriert sich unsere Aufmerksamkeit auf die Fragen der Produktion von reinen und hochreinen Metallen. Die von den sowjetischen Experten gemachten Bemerkungen und Empfehlungen zur Entwicklung der Buntmetallurgie in der DDR sind für uns besonders wertvoll und werden nach ihrer detaillierten Prüfung und Bewertung bei den wirtschaftlichen Berechnungen zur Erstellung des Perspektivplanes 1963 bis 1970 – an dem wir gegenwärtig bereits arbeiten – berücksichtigt werden. Einzelne Vorschläge versuchen wir schneller zu realisieren, indem wir die dafür nötigen Mittel erwirtschaften.

Dann äußerte Gen. Mewis seine große Dankbarkeit gegenüber den sowjetischen Spezialisten für ihre geleistete Arbeit bei der weiteren Entwicklung und Vervollkommnung der Buntmetallurgie in der DDR.

Bezugnehmend auf die Frage nach der Überprüfung der Normen sagte Gen. Mewis, dass man in diesem Punkt vorsichtig handeln müsse, wobei die konkreten Bedingungen in der Republik zu berücksichtigen sind. Unlängst hat das Politbüro des ZK der SED in dieser Frage eine spezielle Entscheidung getroffen[351], über die Gen. Položenkov in Kürze informiert wird.

---

[351] Auf der Sitzung am 31. 7. 1962 hatte das Politbüro über die von Mewis vorgelegte „Richtlinie über die Entwicklung von Arbeitsproduktivität und Durchschnittslohn" beraten, jedoch eine Überarbeitung gefordert. Bestandteil dieser Richtlinie waren Festlegungen über die Arbeitsnormen. Vgl. das Protokoll der Politbürositzung am 31. 7. 1962, in: SAPMO-BArch, DY 30/J IV 2/2/841.

Weiterhin bestätigte Gen. Mewis, dass die Baukosten in der DDR tatsächlich zu hoch sind, und sagte, dass in dieser Angelegenheit ebenfalls eine Entscheidung für eine strengere Kontrolle der vorgelegten Projekte und Kostenvoranschläge getroffen wurde, um Verschwendungen bei der Projektierung und beim Bau zu beseitigen.

Gen. Wyschofsky[352] unterstrich nochmals die Bedeutung der Worte von Gen. Mewis hinsichtlich der vorrangigen Entwicklung der Chemieindustrie als grundlegendem Wirtschaftszweig, der eine große Menge an Rohstoffen und Hilfsmaterialien für die anderen Zweige der Volkswirtschaft produziert und bereitstellt. Er bemerkte zudem, dass die DDR nach dem Beschluss der Partei und Regierung ihre Industrie so entwickeln soll, dass die Produktion in erster Linie innerhalb des Landes ausbilanziert ist. Weiterhin äußerte Gen. Wyschofsky gegenüber den sowjetischen Experten seine tiefe Dankbarkeit für ihre wertvollen Empfehlungen. Sie werden Grundlage für die Ausarbeitung des Perspektivplanes für die Entwicklung der Volkswirtschaft der DDR sein.

Abschließend sagte Gen. Wyschofsky, dass es bei der Vorgabe der komplexen Nutzung der einheimischen Rohstoffe in der DDR nicht akzeptabel sei, wenn beim Abbau von Uranerzen bei der SDAG Wismut[353] der Abraum eine hohe Konzentration an Wolfram, Molybdän und anderen wertvollen sowie seltenen Metallen enthält, die jedoch nicht genutzt werden und auf „Halde" gehen. Diese Frage erfordert eine sofortige Prüfung mit dem Ziel der Weiterverarbeitung dieses wertvollen Abraums.

Am Ende des Gespräches äußerte Gen. Baženov die Meinung, dass es sinnvoll sei, die Frage der beschleunigten Entwicklung der DDR bei der Produktion von Zinn, Nickel, Kobalt, Magnesium und anderen Metallen mit der Entscheidung der Länder des RGW nach grundlegender Kooperation zu verbinden, womit Gen. Mewis und Gen. Wyschofsky übereinstimmten.

An dem Gespräch nahmen teil:
Von deutscher Seite:
Gen. Wyschofsky – 1. Stellvertretender Vorsitzender der Staatlichen Plankommission der DDR,
Gen. Zauleck – Leiter der Abteilung Buntmetallurgie und Kaliindustrie der Staatlichen Plankommission der DDR,
Gen. Fichtner[354] – Leiter der Hauptverwaltung Buntmetallurgie und Kaliindustrie beim Volkswirtschaftsrat der DDR,

---

[352] Günther Wyschofsky (1929): Wirtschaftsfunktionär. 1945 Mitglied der KPD, 1946 der SED, 1951–1953 Leiter des Forschungslabors VEB Plaste Espenhain, 1953–1959 Instrukteur, Sektorenleiter und 1959–1962 Leiter Abteilung Grundstoffindustrie des ZK der SED, 1962–1965 stellvertretender Vorsitzender der SPK, 1966–1989 Minister für chemische Industrie der DDR.
[353] Die Wismut AG wurde im Mai 1947 zunächst als Sowjetische Aktiengesellschaft (SAG) gegründet und unterstand bis 1956 direkt dem sowjetischen Verteidigungsministerium. Nachdem bis 1953 alle SAG in Volkseigene Betriebe (VEB) überführt wurden, wurde die Wismut AG in eine Sowjetisch-Deutsche Aktiengesellschaft (SDAG) überführt, die bis 1991 existierte. Die SDAG Wismut gehörte zu den größten Uranproduzenten der Welt. Vgl. Karlsch, Uran für Moskau; Rudolf Boch/Rainer Karlsch (Hrsg.), Uranbergbau im Kalten Krieg. Die Wismut im sowjetischen Atomkomplex, Bd. 1: Studien, Berlin 2011.
[354] Kurt Fichtner (1916–2003): Wirtschaftsfunktionär. 1945 Mitglied der KPD, 1946 der SED, 1951–1954 Werkleiter im VEB Leichtmetallwerk Rackwitz, 1954–1955 Leiter der Hauptverwaltung NE-Metallindustrie im Ministerium für Schwerindustrie der DDR, 1956–1958 Leiter der Hauptverwaltung NE-Metallindustrie im Ministerium für Berg- und Hüttenwesen, 1958–1960 Sektorenleiter in der Abteilung Berg- und Hüttenwesen in der SPK, 1961 Leiter des Sektors NE-Metallindustrie in der SPK, 1961–1963 Leiter der Hauptverwaltung Buntmetallurgie und Kaliindustrie im Volkswirtschaftsrat,

Gen. Poiser – Sektorenleiter der Staatlichen Plankommission der DDR,
Gen. Nagel – Sektorenleiter der Staatlichen Plankommission der DDR,
Gen. Papst – Leiter des Sektors Außenhandel mit der UdSSR der Staatlichen Plankommission der DDR,
Gen. Nowak – Leiter des Sektors Buntmetallurgie beim ZK der SED,
Gen. Pitsche – Mitarbeiter des ZK der SED,
Gen. Hess – Übersetzer der Staatlichen Plankommission der DDR.
Von sowjetischer Seite:
Gen. M. F. Baženov – Leiter der Gruppe von Experten der Buntmetallurgie, Stellv. Abteilungsleiter bei Gosplan der UdSSR,
Gen. A. F. Fëdorov – Mitglied der Expertengruppe, Stellv. Unterabteilungsleiter bei Gosplan der UdSSR,
Gen. A. G. Položenkov – Stellv. Vorsitzender des Ständigen Vertreters von Gosplan der UdSSR in der DDR,
Gen. P. I. Rassadnikov – Experte des Ständigen Vertreters von Gosplan der UdSSR in der DDR.

Das Gespräch wurde von Gen. P. I. Rassadnikov aufgezeichnet.

Stellv. Vorsitzender des Ständigen Vertreters
von Gosplan der UdSSR in der DDR

Položenkov

Quelle: RGAE, 4372/81/448, Bl. 1-8.

Nr. 31
Protokoll des Gespräches zwischen dem Vorsitzenden der SPK Apel und dem Vorsitzenden der Ständigen Vertretung von Gosplan der UdSSR in der DDR Ostapčuk über die wirtschaftliche Situation in der DDR und über Schwerpunkte der Spezialisierung der Produktion, 28. Januar 1963

Mitschrift des Gespräches mit dem Vorsitzenden der Staatlichen Plankommission der DDR Gen. Apel

An dem Gespräch nahmen teil:
Von deutscher Seite: die Stellvertretenden Vorsitzenden der Staatlichen Plankommission Gen. Schürer[355], Meiser, Grosse und der Abteilungsleiter Gen. Wenzel.

1963-1965 Stellvertreter des Vorsitzenden des Volkswirtschaftsrates, 1966-1974 Minister für Erzbergbau, Metallurgie und Kali, 1974-1979 Stellvertreter des Vorsitzenden der SPK und Mitglied des Ministerrates der DDR.
[355] Gerhard Schürer (1921-2010): Wirtschaftsfunktionär. 1948 Mitglied der SED, 1939-1945 Wehrmacht, 1947-1951 Sachbearbeiter, Referent und Abteilungsleiter in der Hauptabteilung Wirtschaftsplanung der Landesregierung Sachsen, 1951/52 Leiter der Abteilung Regionale Planung der SPK,

Von sowjetischer Seite: Gen. [P. F.] Ostapčuk, Gen. A. G. Položenkov, Gen. K. I. Mel'nikov. Das Gespräch wurde von Gen. Wenzel übersetzt.

Die Besprechung fand am 28. Januar dieses Jahres [1963] auf Initiative von Gen. Apel statt und dauerte von 9.00 bis 12.00 Uhr.

Zu Beginn des Gespräches erklärte Gen. Apel, Gen. Wyschofsky habe ihn darüber unterrichtet, dass Gen. Ostapčuk auf Dienstreise nach Moskau fahre. Deshalb wolle er gern mit den sowjetischen Genossen vor der Abreise des Gen. Ostapčuk nach Moskau reden.

Zunächst, so äußerte Apel, würde er von Gen. Ostapčuk gern wissen, wie denn die Entwicklungen verlaufen.

Gen. Ostapčuk antwortete, dass sich im vergangenen Jahr ein guter Arbeitskontakt der sowjetischen Experten zu den Mitarbeitern der Staatlichen Plankommission, besonders zu den Genossen Schürer, Wyschofsky, Grosse, Meiser, Wenzel u. a., entwickelt habe[356]. Die Arbeit verlief freundschaftlich und nach unserer Meinung auch recht erfolgreich. Wir sind sehr erfreut, erklärte Gen. Ostapčuk, dass 1962 der Volkswirtschaftsplan erfüllt worden ist. Die DDR hat gute Ergebnisse bei der Arbeitsproduktivität und anderen Kennziffern erreicht, was auf dem VI. Parteitag der SED von Gen. Chruščëv und in der Rede von Gen. Ulbricht gewürdigt wurde[357].

Erfolgreich und bedeutend früher als in den vorangegangenen Jahren wurde der Volkswirtschaftsplan der DDR für 1963 vorbereitet. All dies erfreut uns, da wir verstehen, dass sich die Stärkung der DDR in wirtschaftlicher Hinsicht als erfolgreich für unser gesamtes sozialistisches Lager erweist.

Gegenwärtig gibt es in der DDR, soweit mir bekannt ist, wegen der starken Fröste eine erschwerte Lage bei der Versorgung mit Brennstoffen. Dies beunruhigt uns sehr, da sich Unregelmäßigkeiten bei der Versorgung der Industrieunternehmen und Kraftwerke mit Brennstoff nicht nur auf die Erfüllung des Planes im Januar, sondern im ganzen ersten Quartal auswirken können. Wir würden gern wissen, was gegenwärtig in dieser Frage getan wird und ob es die Notwendigkeit gibt, gemeinsame Anstrengungen zu unternehmen, um einer Unterbrechung der Arbeit der Industrieunternehmen, des Transports und der Kraftwerke entgegenzuwirken. Weiterhin würden wir gern in engem Kontakt mit allen Mitarbeitern der Staatlichen Plankommission arbeiten, da vor uns große Aufgaben stehen.

Gen. Apel erklärte, dass er den Standpunkt des Gen. Ostapčuk teilt, und hofft, dass sich in Zukunft alle Mitarbeiter der Staatlichen Plankommission bei allen wichtigen Fragen mit den sowjetischen Genossen beraten werden. Er geht davon aus, dass die gesamten Arbei-

---

1953–1955 Instrukteur und Sektorenleiter in der Abteilung Planung und Finanzen des ZK der SED, 1958–1960 stellvertretender Leiter und 1960–1962 Leiter der Abteilung Planung und Finanzen des ZK der SED, 1962–1965 stellvertretender Vorsitzender der SPK, 1965–1989 Vorsitzender der SPK, 1973–1989 Kandidat und 1989 Mitglied des Politbüros.

[356] Der Vertreter von Gosplan der UdSSR in der DDR Ostapčuk stand in engem Kontakt zu den hier genannten stellvertretenden Vorsitzenden der SPK. Zudem hielten sich in Ost-Berlin sowjetische Berater zu verschiedenen wirtschaftlichen Schwerpunktbereichen auf.

[357] Der VI. Parteitag der SED fand vom 15. bis 21. 1. 1963 in Ost-Berlin statt. Vor dem Hintergrund der Erprobung neuer planwirtschaftlicher Steuerungselemente erklärte die SED-Führung auf diesem Parteitag das Konzept der Einheit von Wissenschaft und Produktion zum Kernpunkt jener Wirtschaftsreform in der DDR, die in den folgenden Jahren als „Neues ökonomisches System der Planung und Leitung der Volkswirtschaft" (NÖSPL) bekannt wurde. Vgl. Protokoll der Verhandlungen des VI. Parteitages der Sozialistischen Einheitspartei Deutschlands. 15. bis 21. Januar 1963 in der Werner-Seelenbinder-Halle zu Berlin, Berlin (Ost) 1963.

ten zur Erstellung des Perspektivplanes von 1970 bis 1980[358] zusammen mit den Spezialisten der Vertretung von Gosplan der UdSSR in der DDR durchgeführt werden, um die Erfahrungen der Sowjetunion besser nutzen zu können.

Weiter erläuterte Gen. Apel ziemlich ausführlich die wirtschaftliche Lage der DDR. Er erklärte, dass die Erfüllung des Planes 1962 zuversichtlich stimme und die Staatliche Plankommission mit den Kennziffern zur Arbeitsproduktivität sehr zufrieden sei. Jetzt beunruhige sie jedoch der Plan für das erste Quartal dieses Jahres. Wegen der Kältewelle in der DDR gebe es eine schwierige Lage bei Brennstoffen, vor allem bei Koks. Die polnischen Genossen könnten wegen Transportschwierigkeiten der DDR nicht die nötige Menge an Kohle liefern. Auf eine entsprechende Anfrage an die Tschechoslowakei habe es noch keine positive Antwort gegeben.

Die tschechischen Freunde können selbst die Lieferung von 5000 Tonnen Kohle nicht sicherstellen. In Verbindung mit diesen Schwierigkeiten wurde die Produktion in einer größeren Anzahl von metallurgischen Betrieben gestoppt. Auch eine Reihe weiterer energieintensiver Fertigungen wurde unterbrochen. Auf dem Gebiet der Energiegewinnung wird sich die Lage schneller stabilisieren, da die Kraftwerke über Reserven an Brennstoff verfügten, was ihnen half. Die Arbeiter unternehmen heroische Anstrengungen, damit die Kraftwerke ohne Störungen arbeiten können. Beim wichtigen Kraftwerk in Lübbenau bestand wegen des Wassers die Gefahr, dass die Stromerzeugung gestoppt wird. Wegen des dicken Eises wurde mit dem Wasser viel Sand angesaugt, was das Kraftwerk beschädigen könnte. Bei der Arbeit halfen den deutschen Freunden sowjetische Militäreinheiten, die in diesem Gebiet stationiert sind. Wir sind alle den sowjetischen Streitkräften für ihre brüderliche Hilfe sehr dankbar.

Jetzt erhielt das Ministerium für Außenhandel und Innerdeutschen Handel der DDR die Weisung, wo nur irgend möglich Koks zu kaufen – in Belgien, Frankreich und in anderen Ländern. Zu dieser Frage arbeitet speziell eine Regierungskommission, der auch Gen. Gregor angehört.

Gen. Apel erklärte, dass er Gen. Gregor die Weisung gebe, Gen. Ostapčuk in allen Fragen hinsichtlich der Brennstofflage in der DDR zu informieren.

1963 wird es wegen des größeren Verbrauchs an Briketts während der kalten Zeit eine schwierige Lage geben. Das hat sich bereits auf den Export von Briketts niedergeschlagen. Die Situation ist jetzt bereits ziemlich kompliziert. Die Stimmung bei der Bevölkerung, so erklärte Gen. Apel, ist jedoch gut, vor allem nach dem VI. Parteitag ist der Aufschwung spürbar. Er ist sicher, dass sich die Lage bald wieder stabilisiert.

Dem Ministerium für Außenhandel ist im Wissen darum, was angekauft werden muss, Weisung gegeben worden, um die unzureichend vorhandenen Materialien und Rohstoffe zu kompensieren.

---

[358] Seit 1960 setzte in der DDR eine übersteigerte Planungseuphorie ein, die mit ambitionierten Wirtschaftsprogrammen der politischen Führung verbunden war. Im April 1960 forderte das Politbüro die SPK auf, eine „Generalperspektive" der wirtschaftlichen Entwicklung 1970–1980 zu erarbeiten. Im Juni 1960 bestätigte dann eine zentrale Kommission des Politbüros der SED einen Entwurf über „die Ausarbeitung der Generalperspektive der Entwicklung der Volkswirtschaft der DDR im Zeitraum bis 1980". Darin waren jene Industriezweige aufgeführt, die langfristig durch Investitionen und wissenschaftlich-technische Ausstattung zu den „strukturbestimmenden Branchen" in der DDR entwickelt werden sollten. Vgl. Heinz-Gerhard Haupt/Jörg Requate (Hrsg.), Aufbruch in die Zukunft. Die 1960er Jahre zwischen Planungseuphorie und kulturellem Wandel. DDR, CSSR und Bundesrepublik Deutschland im Vergleich, Weilerswist 2004.

In Verbindung mit den bestehenden Schwierigkeiten wendet sich Gen. Ulbricht an die sowjetische Regierung mit der Bitte, die vorfristigen Kohlelieferungen aus der UdSSR zu beschleunigen. Zugleich bittet er um Hilfe bei der Lösung der Frage des Transports, besonders aus Polen. Die Lage beim Transport der Kohle aus Polen ist sehr schlecht.

Auf der Parteiebene hat sich Gen. Ulbricht an die Kreissekretäre gewandt, damit diese alle Beschäftigten mobilisieren, um sicherzustellen, dass die Unternehmen, die Schächte, die Kraftwerke und das Transportwesen ohne Unterbrechungen arbeiten. Jetzt sind in der DDR alle Kräfte für den Kampf gegen die Schwierigkeiten mobilisiert, die durch das kalte Wetter hervorgerufen wurden.

Im Plan für 1963 müssen unbedingt einige Änderungen vorgenommen werden. Zum Beispiel werden, bedingt durch das kalte Wetter, ungeachtet aller unternommenen Maßnahmen Bauarbeiten im Umfang von ca. 250 Millionen Mark nicht ausgeführt werden können. Diese Mittel sind für andere Ziele zu verwenden.

In der Landwirtschaft gibt es ebenfalls große Probleme. So muss hier der Plan für Milch und Milchprodukte für 1963 geändert werden. Bei seiner Erstellung kam es zu einem Fehler. Es wurde von 120 000 Kühen mehr ausgegangen, als tatsächlich vorhanden sind.

Hinsichtlich der Arbeitsergebnisse für 1962 erklärte Gen. Apel, dass es ihm sehr angenehm sei, dass Gen. Chruščëv die Erfolge so hoch bewertet. Sie [die sowj. Genossen] wissen aber auch, dass der Plan lediglich bei der Bruttoproduktion erfüllt worden ist. Es gibt daher eine Reihe von Positionen, bei denen der Plan für 1962 nicht erfüllt wurde, und es gibt noch zahlreiche Bereiche in der Volkswirtschaft, bei denen viel gearbeitet werden muss.

In der DDR muss noch Beträchtliches zur Verbesserung der Qualität der Produkte getan werden. Wegen der schlechten Qualität und dem der Nachfrage nicht entsprechenden Warensortiment befinden sich in den Lagern fertige Produkte im Wert von 1,6 Milliarden Mark. Zur Herstellung dieser Erzeugnisse wurden gute, teilweise sehr knappe Rohstoffe eingesetzt. Jetzt liegen die Waren in den Lagern und finden weder auf dem Inlandsmarkt noch auf den Auslandsmärkten Absatz.

Die Konkurrenz auf dem kapitalistischen Markt nimmt ständig zu. Der Absatz unserer Produkte auf dem kapitalistischen Markt trifft auf immer größere Schwierigkeiten.

Wir müssen unsere Volkswirtschaften bedeutend besser organisieren. Zweifellos muss die Qualität der hergestellten Produkte erhöht werden, zugleich ist das Warenangebot zu vergrößern und zu verbessern.

Genosse Chruščëv hat richtig und gut vom Wettstreit der DDR mit der BRD gesprochen. Wir haben die Entscheidungen des Novemberplenums des ZK der KPdSU sehr aufmerksam studiert, besonders die kritischen Bemerkungen zu den Fragen der Planung. Alle auf dem Plenum angesprochenen Kritikpunkte betreffen auch uns, die Entscheidungen des Novemberplenums helfen uns bei unserer Arbeit sehr[359].

---

[359] Im November 1962 hatte ein ZK-Plenum der KPdSU beschlossen, die Partei nach dem „Produktionsprinzip" umzugestalten. Zu diesem Zweck sollten auf allen Parteiebenen Büros für Landwirtschaft und Industrie gebildet werden, die – gemeinsam mit den regionalen Volkswirtschaftsräten – die Verantwortung für die plangerechte, zentral festgelegte Produktion dieser Wirtschaftsbereiche übernehmen sollten. Mit dem „Produktionsprinzip" war der Anspruch verbunden, die Steuerungs- und Kontrollfunktion der Führungsgremien und des gesamten Apparates stärker auf sachlich-inhaltliche Problemstellungen und weniger auf ideologische Überwachungsfunktionen zu konzentrieren. 1962/63 begann auch in der DDR eine Umbildung der Organisations- und Führungsstrukturen der SED, die dem sowjetischen Vorbild folgte.

Bei der Erfüllung der Produktion der Maschinenbauindustrie muss die Spezialisierung eine große Rolle spielen. Gen. Apel erklärte, dass er mit Gen. Podgornyj[360] über die Spezialisierung der Industrie in der Sowjetunion gesprochen habe.

Gen. Podgornyj sagte, dass in der Sowjetunion die Spezialisierung und Kooperation koordiniert erfolge. Eine große Rolle spielt dabei die Standardisierung. In der DDR ist der Maschinenbau der wichtigste Industriezweig. Sie planen in der Zukunft den Maschinenbau so zu entwickeln, dass er den Binnenbedarf sowie den Export befriedigen kann. Es ist vorgesehen, dass bis zum Jahr 1970 aus der allgemeinen Produktion der Maschinenbauindustrie 65 Prozent in den Export gehen.

Gegenwärtig ist in der DDR die Organisation der Produktion schlecht. Sehr oft schauen die Genossen zu begrenzt auf die Dinge. Sie sehen nur eine Drehbank oder Maschine. Man muss aber die Entwicklung des gesamten Industriezweiges im Auge behalten. Wir haben keine Richtlinie für die Entwicklung des Maschinenbaus, dabei soll uns die Spezialisierung helfen. Es gibt Fälle, wo die Arbeit mit den anderen sozialistischen Staaten nicht abgestimmt ist. Gen. Apel erklärte, dass er mit Gen. Živkov[361] gesprochen hat, der ihm sagte, dass Bulgarien den Maschinenbau entwickeln wolle. Welche Gebiete des Maschinenbaus dies genau betrifft, sei allerdings unbekannt. Die bulgarischen Genossen wollen von der DDR technische Dokumentationen erhalten, um in ihrem Land die Produktion von Elektrogeräten in Gang zu bringen. Die DDR liegt allerdings in der Produktionstechnik von Elektrogeräten hinter dem Weltniveau zurück, und natürlich wäre es nicht sinnvoll, wenn Bulgarien veraltete Geräte herstellen würde.

Als Beispiele für die Unzulänglichkeiten in der Zusammenarbeit zwischen den sozialistischen Ländern verwies Apel auf die Lage beim Bau von Turbinen und Diesellokomotiven. So baut die DDR Turbinen mit einer Leistung von 100 000 kW. Die sowjetischen Spezialisten halten diese Turbinen für technisch ausgereift und empfehlen, die Konstruktion abzuschließen. Die Tschechen haben ebenfalls schon drei Exemplare einer solchen Turbine hergestellt. Auch die Ungarn befassen sich mit der Konstruktion von Turbinen, und die Polen unternehmen gleichfalls irgendetwas in dieser Richtung. In der UdSSR werden Turbinen mit einer Leistung von 300 000 kW gebaut. Gen. Chruščëv hat gesagt, dass es in der Sowjetunion zukünftig bestraft werden soll, wenn in verschiedenen Betrieben ein und dieselben Ausrüstungen hergestellt werden. Das ist vollkommen richtig. Das Gleiche müsste auch für Beziehungen zwischen unseren sozialistischen Ländern gelten. Die Sowjetunion entwickelt eine Lok mit einem dieselelektrischen Antrieb. Aber die Tschechen bauen auch Diesellok, und wir unternehmen gleichfalls etwas in dieser Richtung. Folgerichtig wäre es, die sowjetische Konstruktion als die gegenwärtig Beste zu nehmen und lediglich das Chassis zu ändern, um nicht in allen Ländern Mittel für die Entwicklung einer neuen Konstruktion zu verschwenden. Auch unsere Abstimmungsschwierigkeiten in der Arbeit komplizieren die Dinge und gefährden den Absatz fertiger Produkte.

---

[360] Es könnte sich hier um Nikolaj Viktorovič Podgornyj handeln, der von 1957 bis 1963 Erster Sekretär der KP der Ukraine und seit 1960 Mitglied des Präsidiums (Politbüros) des ZK der KPdSU war. 1965 wurde er zum Vorsitzenden des Präsidiums des Obersten Sowjets gewählt.

[361] Todor Christov Živkov (1911–1998): bulgarischer Politiker. 1950–1954 Sekretär des ZK der Bulgarischen Kommunistischen Partei (BKP), 1951 Mitglied des Politbüros und 1954–1989 Generalsekretär bzw. Erster Sekretär des ZK der BKP, 1962–1989 Präsident des Ministerrates der Volksrepublik Bulgarien.

Die Kapitalisten haben sich auf einen gemeinsamen Markt verständigt[362]. Die BRD und Frankreich werden über die Europäische Wirtschaftsgemeinschaft alles nur Mögliche unternehmen, um das Eindringen der sozialistischen Länder in die schwach entwickelten kapitalistischen Staaten zu verhindern. Werden wir dem nur Reden entgegensetzen? Wir sollten in Moskau ein einheitliches Zukunftsprogramm ausarbeiten[363]. Alles, was in dieser Richtung bisher getan wurde, ist unzureichend, und es bleibt noch viel zu tun. Dabei muss eine enge Kooperation zwischen den sozialistischen Staaten organisiert werden.

Nehmen wir das Beispiel der Chemie. Bei uns hat kein Betrieb eine gut funktionierende Technologie zur Erdölverarbeitung. Das sozialistische Lager liegt zum Beispiel bei der Produktion von Polyethylen weit zurück. Die USA produzieren 800 000 Tonnen, aber das gesamte sozialistische Lager stellt nur rund 88 000 Tonnen her.

Die Sowjetunion kauft Chemieanlagen in der BRD, England und anderen Staaten, das Gleiche tun auch die Rumänen und die Polen. Aber keiner verfügt über Lizenzen zur Produktion dieser Ausrüstungen.

Gen. Apel erklärte, dass er während seines Aufenthalts in Moskau zusammen mit Gen. Leuschner über diese Frage mit Gen. Kosygin gesprochen hat[364]. Beim Gespräch mit Gen. Chruščëv wurde dieses Problem gleichfalls angeschnitten. Im Ergebnis sei man gemeinsam zu der Meinung gelangt, dass die Erfahrungen ausgetauscht werden müssen. Dann ist klar festzulegen, wer wofür zuständig sein soll. Diese Frage betrifft die Fertigung von Reifen, von elektrotechnischen Erzeugnissen und anderen Produkten.

Die DDR würde gern deutsche Spezialisten in die Sowjetunion entsenden, damit diese dort die neuesten Maschinen in der Elektronik studieren können. Die DDR führt jetzt Arbeiten zu Halbleitern durch. Die Sache geht aber nur langsam voran. Die UdSSR verfügt über viele neue Dinge, die bereits in die Produktion überführt worden sind. Aber die deutschen Spezialisten sagen, dass sie sich die neuen sowjetischen Produktionslinien nicht ansehen dürfen. Gen. Apel erklärte, dass dieses Verhalten nicht richtig ist. Zu geheimen Produktionen kann man natürlich keinen Zugang erhalten, aber darum geht es ja auch nicht. Vielmehr möchten die DDR-Spezialisten Ausrüstungen in Augenschein nehmen, die keine Geheimnisse darstellen, sondern von allgemeinem kommerziellen Charakter sind – hier können sie viel lernen. Gen. Meiser wird in den nächsten Tagen nach Moskau fahren und diese Frage mit Gen. Novikov besprechen.

Gegenwärtig beginnt die Staatliche Plankommission der DDR damit, den Plan für das Jahr 1964 auszuarbeiten. Fragen der neuen Technik werden dabei eine wichtige Rolle spielen. Bei den Exportplänen, erklärte Gen. Apel, ist die Lieferung von kompletten Fertigungslinien vorgesehen, auf andere Art und Weise kann die DDR ihren Außenhandel nicht ausbilanzieren.

Die DDR muss sich mit ihren Kapitalinvestitionen auseinandersetzen. Umfangreiche Arbeiten stehen in der Wasserwirtschaft bevor. Gegenwärtig ist das Wasser in den Flüssen sehr verschmutzt. Vor allem die chemischen Betriebe verunreinigen die Gewässer. Die Ver-

---

[362] 1957 wurde die Europäische Wirtschaftsgemeinschaft (EWG) mit der Unterzeichnung der Römischen Verträge durch Belgien, Frankreich, Italien, Luxemburg, die Niederlande und die Bundesrepublik Deutschland gegründet. Kern der EWG war ein gemeinsamer Binnenmarkt, der auch als „gemeinsamer Markt" bezeichnet wurde.
[363] Hier ist offenbar die 5. Tagung des Exekutivkomitees des RGW am 17. 4. 1963 in Moskau gemeint.
[364] Am 3./4. 11. 1962 war eine DDR-Delegation mit Ulbricht, Honecker, Leuschner, Apel und Hager nach Moskau gereist. Gegenstand der dortigen Verhandlungen waren u. a. offene Fragen der gegenseitigen Lieferungen für 1963 und die Ausarbeitung des Perspektivplanes bis 1970.

schmutzung des Wassers hat alle Normen überschritten. Die Regierung der DDR hat ein Gesetz erlassen, das, wie in der Sowjetunion, den Betrieben die Verantwortung für den Zustand der bei ihnen angrenzenden Gewässer und Talsperren überträgt[365].

Weiter erklärte Gen. Apel, dass die Betriebe der DDR überhaupt keine Perspektive haben werden, wenn der Außenhandel so weiterarbeite wie bisher. Die Außenhandelsverträge müssen überprüft werden, und die Anforderungen an diese sind zu erhöhen. Zur Illustrierung der Unzulänglichkeiten im Außenhandel gab Gen. Apel folgende Beispiele:

Die DDR hat mit dem Bau des Baggers UB-162 begonnen[366]. Es wurde ein Protokoll darüber unterzeichnet, dass diese Bagger in die Sowjetunion geliefert werden sollen. Jetzt erhielt man über das Außenhandelsministerium die Mitteilung, dass die sowjetischen Genossen für den Bagger nicht eine Einsatzfähigkeit bis –20 °C verlangen, wie vorher festgelegt worden war, sondern eine Einsatzfähigkeit bis –40 °C fordern. Der Bagger muss also umkonstruiert werden.

Ein zweites Beispiel: Mit den sowjetischen Genossen und insbesondere mit Prof. Zamarin[367] wurde vereinbart, dass die DDR 15 Mehrkammer-Elektrolichtbogenöfen in die Sowjetunion liefert. Die DDR wird Elektrolichtbogenöfen mit einer Leistung von 200, 600 und 1000 kW für das gesamte sozialistische Lager produzieren. In diesem Jahr erwartete die DDR die Unterzeichnung eines Vertrages für die nächsten Jahre. Die Produktion ist vorbereitet, es gibt aber noch immer keine entsprechenden Verträge. Dies übt eine sehr schlechte Wirkung auf die Betriebe aus. Solche Schwierigkeiten müssen aus der Welt geschafft werden.

Zum Abschluss seiner Rede sagte Gen. Apel, dass zwischen Gen. Abrasimov[368] und Gen. Ulbricht ein Gespräch zu wirtschaftlichen Fragen stattfand. Gen. Apel erhielt von Gen. Ulbricht die Weisung, dass er eine Beratung zu wirtschaftlichen Fragen vorzubereiten habe, die Gen. Ulbricht mit den Gen. Abrasimov und Ostapčuk durchführen möchte. Dabei sollen Gen. Apel und Gen. Leuschner anwesend sein. Gen. Apel schlägt vor, diese Beratung nach der Rückkehr des Gen. Ostapčuk aus Moskau durchzuführen.

Gen. Ostapčuk dankte Gen. Apel für die detaillierten Darlegungen zu den wirtschaftlichen Fragen der DDR. Er erklärte, dass Gen. Ulbricht den Fragen der Arbeit des RGW

---

[365] Am 11.1.1963 hatte das Präsidium des Ministerrates das „Gesetz über den Schutz, die Nutzung und die Instandhaltung der Gewässer und den Schutz vor Hochwassergefahren" (Wassergesetz) bestätigt. Vgl. BArch, DC 20-I/4/688. Das Gesetz wurde von der Volkskammer der DDR am 17.4.1963 verabschiedet. Darin wurde die Industrie u. a. dazu verpflichtet, Verfahren anzuwenden, die eine möglichst geringe Verschmutzung und die sparsame Verwendung des Wassers gewährleisten. Während für bereits bestehende Industriebetriebe die Bestimmungen unverbindlich formuliert wurden, galten für neu zu errichtende Werke strengere Regelungen: „Verboten ist die Inbetriebnahme von Werken, neuen Produktionskapazitäten und Einrichtungen, bei denen Abwässer anfallen, sofern keine Maßnahmen getroffen wurden, die gleichzeitig die Reinigung der Abwässer gewährleisten." Gesetzblatt der DDR, 1963, Teil 1, Nr. 5 vom 25.4.1963, S. 80.
[366] Der UB-162 war ein Universalbagger der 2,5-Kubikmeter-Klasse, der in den 1960er Jahren im VEB Zemag (Zeitzer Eisengießerei und Maschinenbau) in Zeitz (Sachsen-Anhalt) gebaut wurde. Er konnte wahlweise mit einer Hochlöffel-, Tieflöffel-, Zugschaufel-, Greifer- oder Kranausrüstung eingesetzt werden.
[367] Evgenij Alekseevič Zamarin (1884–1962): Hydrotechniker, 1948 Mitglied der Akademie für Landwirtschaftswissenschaften der UdSSR, 1937–1941 sowie 1944–1962 Professor und Inhaber des Lehrstuhls für Wasserbauten am Moskauer Institut für Hydromelioration.
[368] Pëtr Andreevič Abrasimov (1912–2009): Diplomat. 1956/57 Botschaftsrat in der Volksrepublik China, 1957–1961 Botschafter der UdSSR in der Volksrepublik Polen, 1962–1971 und 1975–1983 Botschafter der UdSSR in der DDR.

und insbesondere der Problematik von Spezialisierung und Zusammenarbeit der Industrie der DDR mit den sozialistischen Ländern und in erster Linie mit der Sowjetunion große Bedeutung beimisst. Gen. Ulbricht hat, wie bekannt, persönlich die Frage zur Spezialisierung und Kooperation der Industrie der DDR mit jener der Sowjetunion auf beiderseitiger Grundlage angeschoben. Diese Sichtweise wurde von der Sowjetunion unterstützt. Es wurden entsprechende Beschlüsse der Regierungen der UdSSR und der DDR getroffen.

Gegenwärtig herrsche bei einigen deutschen Genossen im Zusammenhang mit der Stärkung des RGW die Tendenz vor, die Arbeiten zur Spezialisierung im allgemeinen Rahmen mit allen Ländern gleichzeitig durchzuführen. Er glaubt, erklärte Gen. Ostapčuk, dass es auf jeden Fall notwendig ist, die von den Regierungen der DDR und der UdSSR getroffenen Entscheidungen über die Durchführung von Spezialisierung und Zusammenarbeit auf beiderseitiger Grundlage umzusetzen[369]. Allerdings ist bereits ein ganzes Jahr vergangen, und es wurde bislang sehr wenig getan. Damals hat sich Gen. Mewis mit der Bitte an uns gewandt, die Zeiträume für die Durchführung der Spezialisierung zu verschieben. Die Regierungen der DDR und der UdSSR sind diesem Anliegen nachgekommen und haben den Umsetzungszeitraum auf Juni 1963 verschoben. Wenn die Arbeit bis zu diesem Zeitpunkt nicht beendet sein wird, werden wir nicht besonders gut dastehen. Allerdings ist bis heute noch nichts vorbereitet, und der sowjetischen Seite wurde zu sechs Industriezweigen noch überhaupt kein Material übergeben. Selbst die bereits gelieferten Dokumente sind nicht immer vollständig. Die Durchführung der Spezialisierung der Industrie der DDR und ihrer Zusammenarbeit mit der Industrie der UdSSR verfolgt wichtige Ziele – die Erhöhung des Produktionsausstoßes, die Senkung der Selbstkosten, die Steigerung der Exportmöglichkeiten und letztlich der Verbesserung des Lebensstandards der Werktätigen der Deutschen Demokratischen Republik.

An der Durchführung dieser Arbeiten sollte in erster Linie die DDR interessiert sein. Die Linie zur rationelleren Verteilung der Arbeit im sozialistischen Lager ist für uns alle klar, wenn wir aber zur praktischen Umsetzung dieser Linie schreiten, treten oft Schwierigkeiten auf. Die DDR verfügt über große Möglichkeiten zur Steigerung ihrer Produktion. Zum Beispiel liegt der Schichtkoeffizient im Maschinenbau bei 1,3. In vielen Betrieben wird eine sehr große Anzahl von verschiedenen Maschinen produziert. Sehr häufig werden Ausrüstungen nicht in Serie produziert, sondern in Einzelfertigung hergestellt, was natürlich nicht nur den Produktionsausstoß und die Qualität senkt, sondern auch die Selbstkosten stark erhöht.

Wie Gen. Ulbricht sagte, muss metallsparend und auf einem hohen technischen Niveau produziert werden, um auf dem Weltmarkt bei allen Parametern konkurrenzfähig sein zu können. Natürlich müssen bei der Entwicklung der Industrie der DDR die erworbenen Erfahrungen genutzt und in der Praxis umgesetzt werden. Es ist bekannt, dass in der DDR in den nächsten Jahren ein Mangel an Arbeitskräften spürbar sein wird. Deshalb gewinnen die Fragen der Automatisierung, der Einführung von neuer Technik und Technologie besondere Bedeutung.

---

[369] In den 1960er Jahren trat die SED-Führung für einen Wandel in den sowjetisch-ostdeutschen Wirtschaftsbeziehungen ein, indem auf der Basis ausgewählter Industriezweige langfristige Spezialisierungskonzepte ausgearbeitet werden sollten. Vor diesem Hintergrund verhandelten im April und Mai 1962 eine Abordnung des Volkswirtschaftsrates und der SPK in Moskau über Spezialisierung und Standardisierung in den Handelsbeziehungen zwischen der UdSSR und der DDR. Im Ergebnis der Verhandlungen wurden „Erzeugnisspiegel" für verschiedene Branchen festgelegt.

Gen. Chruščëv hat die Erhöhung der Arbeitsproduktivität in der DDR im Jahr 1962 um neun Prozent gelobt. Wenn bei der Durchführung der Spezialisierung ein Wachstum 20-30 Prozent erreicht wird, was völlig im Bereich des Möglichen liegt, so wird dies allseits noch höher anerkannt werden.

Anschließend ging Ostapčuk auf die Frage der Störfreimachung der DDR von der BRD ein[370]. Ihm sei bewusst, dass die BRD jederzeit feindliche Aktionen gegen die DDR durchführen könne, weshalb man immer wachsam sein müsse. Deshalb kommt der Frage der Verringerung der wirtschaftlichen Abhängigkeit von der BRD größte Bedeutung zu. Wir bitten darum, uns Angaben darüber zu machen, welche Arbeiten in diesem Bereich 1962 durchgeführt wurden und wie die Situation 1963 ist. Gen. Markowitsch[371] und andere Genossen haben uns versprochen, uns zu dieser Frage Auskunft zu geben, aber leider haben wir bis zum heutigen Tag keine Informationen erhalten. Wir bitten darum, den genannten Genossen Weisung zu geben, dass sie uns die entsprechenden Angaben liefern. Gen. Ostapčuk wird all diese Informationen nach Moskau zum Volkswirtschaftsrat und zum Gosplan weiterleiten.

Gen. Apel dankte Gen. Ostapčuk für seine Äußerungen und erklärte, dass wir mit den sowjetischen Genossen in allen Positionen übereinstimmen und es keine Unstimmigkeiten gibt. Bei der Staatlichen Plankommission der DDR arbeiten die Genossen viel, aber die Qualität der Arbeit lässt noch zu wünschen übrig. Große und wichtige Fragen werden noch nicht auf dem notwendigen hohen Niveau entschieden. Bei vielen Mitarbeitern des Volkswirtschaftsrates der DDR gibt es noch lokalpatriotische Tendenzen. Der Mut reicht nicht aus, um zu Neuem überzugehen. Dabei geht das Bestreben, an Altem festzuhalten, nicht selten von den Betriebsdirektoren aus. Veraltete Produkte werden hergestellt. Die Einführung neuer Technik und Technologie wird verzögert. Das sind in der DDR noch große Probleme. Alle Genossen sind sich in der Frage der Freundschaft einig, verstehen die Richtigkeit der politischen Aufgaben. Wenn es aber um die konkrete Umsetzung nötiger Entscheidungen geht, herrschen oft Konservatismus und Ressortdenken vor.

Dann wandte sich Gen. Apel an Gen. Grosse und erklärte, dass er vollkommen mit dem Gen. Ostapčuk darin übereinstimme, dass die Spezialisierung auf beiderseitiger Grundlage und innerhalb der festgelegten Zeiträume durchzuführen ist. Alle persönlichen Meinungen sind zurückzustellen. Wir dürfen uns nur von den Direktiven der Regierung leiten lassen. Er bat Gen. Grosse hier auf der Beratung darzulegen, wie die Dinge stehen, was die Vorbereitung der Materialien zur Spezialisierung angeht.

---

[370] Die SED-Führung hatte im Dezember 1960 die Konzeption der „Störfreimachung in der Wirtschaft" beschlossen, durch die die Importe aus der Bundesrepublik drastisch verringert werden sollten. Damit sollte erreicht werden, dass die Zulieferungen, vor allem von Rohstoffen, für Betriebe der DDR in Zukunft nicht mehr durch Maßnahmen der Bundesrepublik gegen den innerdeutschen Handel gestört werden konnten. Mitte 1963 wurde die „Störfreimachung" offiziell beendet, da diese für die Volkswirtschaft der DDR zu Effektivitäts- und Rentabilitätsverlusten geführt hatte. Seitdem wurden die Handelsbeziehungen mit der Bundesrepublik wieder intensiviert.

[371] Erich Markowitsch (1913–1991): Wirtschaftsfunktionär. 1930 Mitglied der KPD, 1946 der SED, 1933–1945 Zuchthaus und Konzentrationslager Sachsenhausen und Buchenwald, 1948 Leiter der Landespolizeischule in Erfurt, 1949–1952 Personalleiter in der Maxhütte Unterwellenborn, 1952–1954 Werkleiter im VEB Eisenerzgruben West Badeleben, 1954–1959 Werkdirektor des Eisenhüttenkombinates Ost (EKO), 1959–1961 Leiter der Abteilung Berg- und Hüttenwesen der SPK, 1961 Stellvertreter des Vorsitzenden der SPK, verantwortlich für die „Störfreimachung der Wirtschaft", 1961–1965 stellvertretender Vorsitzender bzw. 1. Stellvertreter des Vorsitzenden des Volkswirtschaftsrates, 1967–1975 Werkdirektor bzw. Generaldirektor des EKO.

Gen. Grosse stimmte dem Gen. Ostapčuk zu, er erklärte aber auch, dass bei sechs Industriezweigen die Unterlagen noch nicht an die sowjetische Seite übergeben worden sind. Dieses Material ist vom Volkswirtschaftsrat noch nicht vorbereitet worden, und es ist unbekannt, wann die Unterlagen fertig sind. Gen. Mewis habe in dieser Angelegenheit mit dem Gen. Neumann gesprochen, aber bislang kein Material erhalten. Die der sowjetischen Seite bereits übergebenen Unterlagen erwiesen sich als unvollständig und von unzureichender Qualität.

Gen. Grosse sagte, dass er sich hinsichtlich der Fragen der Spezialisierung mehrmals mit Gen. Ostapčuk getroffen habe. Beim letzten Treffen bat er Gen. Ostapčuk darum, in Moskau zu erreichen, dass von dort nicht zusätzliches Material gefordert werde, sondern dass die sowjetischen Genossen in die DDR reisen sollen, um hier mit der Arbeit zu beginnen. Die für sie nötigen zusätzlichen Angaben können wir dann vor Ort machen.

In der DDR gibt es Genossen, die sich negativ verhalten, was die Umsetzung der Spezialisierung betrifft, die ihren Sinn nicht verstehen. Mit diesen Genossen muss gearbeitet werden.

Weiter erklärte Gen. Grosse, dass die deutschen Genossen sehr aufmerksam die Rede des Gen. Kostousov[372] auf dem Novemberplenum des ZK der KPdSU[373] gelesen haben, in der er die Probleme der Technikpolitik der Sowjetunion darlegte. Gen. Kostousov berührte dabei allerdings nicht die Perspektiven der Spezialisierung und des technischen Fortschritts in den anderen sozialistischen Staaten. Nach seiner Meinung (des Gen. Grosse) steht diese Rede im Widerspruch zu den getroffenen Entscheidungen bezüglich Spezialisierung und Kooperation der Industrie der DDR mit der Industrie der UdSSR und den Bestimmungen, die in dieser Richtung vom RGW erlassen worden sind. Gen. Grosse meint, dass die Verwirklichung der Spezialisierung innerhalb der DDR-Industrie und ihrer Zusammenarbeit mit der Wirtschaft der UdSSR nicht nur im Interesse der DDR, sondern auch im Interesse der UdSSR liegt.

In der Zusammenarbeit mit anderen Ländern, wie Ungarn, Polen und der Tschechoslowakei, wird die Kooperation als beiderseitige Angelegenheit betrachtet. Bei den Gesprächen mit der sowjetischen Seite dreht sich das Problem aber immer nur um die DDR, das heißt, die Frage wird seiner Meinung nach nicht allumfassend betrachtet.

Gen. Ostapčuk antwortete, er sei mit der Sichtweise von Gen. Grosse insoweit einverstanden, als mit den Arbeiten zur Spezialisierung bei drei Industriezweigen schneller begonnen werden könne. Er wird in Moskau darum bitten, dass die sowjetischen Spezialisten so rasch wie möglich in die DDR reisen. Bei den nachfolgenden sechs Wirtschaftsbereichen versucht Gen. Ostapčuk zu erreichen, dass die sowjetischen Spezialisten innerhalb eines Monats eintreffen, da das Material aus der DDR unlängst übergeben wurde. Bei den verbleibenden sechs Industriezweigen werden die Experten erst einen Monat nach dem Zeitpunkt einreisen, zu dem sie das Material aus der DDR erhalten haben. Die in der DDR durchzuführende Arbeit wird nicht den Abschluss bilden. Nach ihrer Rückkehr müssen die Experten noch in Moskau weiterarbeiten, um dort endgültig alle Fragen zu präzisieren. Danach sollen die Empfehlungen zur Spezialisierung und Zusammenarbeit in die Produktions- und Außenhandelspläne jeder Seite aufgenommen werden.

---

[372] Anatolij Ivanovič Kostousov (1906–1985): Politiker. 1959–1963 Vorsitzender des Staatskomitees für Automatisierung und Maschinenbau.
[373] Im November 1962 hatte ein ZK-Plenum der KPdSU eine Umbildung der zentralen Wirtschaftsverwaltung beschlossen.

Weiter sagte Gen. Ostapčuk, dass es sinnvoll wäre, wenn die Ökonomen die Effektivität der durchzuführenden Spezialisierung berechneten. So könnten alle in Behörden Tätigen den Nutzen dieser Arbeit für die DDR verstehen und zu ihren aktiven Verfechtern werden.

Gen. Schürer erklärte, dass es überdies Positionen von Ausrüstungen gibt, die in keinem Land des sozialistischen Lagers hergestellt werden, gleichwohl sind diese nicht für den Nachbau im Rahmen der Spezialisierung vorgesehen. Als Beispiel nennt er das Cracken von Benzin und Gas. Es gibt aber auch andere Positionen. Das ist der schwache Punkt bei den Arbeiten zur Spezialisierung. Er richtet die Frage an Gen. Grosse, ob dieser dazu irgendetwas wisse. Diesem ist allerdings nichts bekannt. Nach Ansicht des Gen. Schürer wird es schwer werden, in den Verhandlungspartnern Übereinstimmung bei den wichtigsten und großen Positionen zu erreichen. Bei den kleineren Positionen dürfte die Lage einfacher sein. Es ist unverständlich, warum die auf Initiative der DDR aufgeworfene Frage der Spezialisierung im Schiffbau nicht aufgegriffen wurde. Sie sollte jedoch aufgenommen werden. Gen. Schürer bat Gen. Ostapčuk darum, seine Meinung nach Moskau zu übermitteln.

Gen. Grosse machte deutlich, dass er nach den Erfahrungen der vergangenen Jahre von der bei den Industriezweigen durchgeführten Spezialisierung bessere Ergebnisse erwartet habe. Sie wollten eine Spezialisierung bei großen Positionen erreichen, aber die auf einer bestimmten Ebene tätigen sowjetischen Genossen erklärten, dass sie viele Erzeugnisse, die gegenwärtig aus der DDR in die UdSSR exportiert werden, selbst weiter fertigen wollen. Dies betrifft zum Beispiel polygrafische Ausrüstungen, Schiffe usw. Andererseits müsste die Sowjetunion bei vielen Positionen die Produktion erst wieder neu organisieren, was zu neuen Schwierigkeiten führen würde. Das ist eine sehr schwierige Frage.

Wir haben die Spezialisierung bei sieben Industriezweigen durchgeführt, und dies muss seinen Niederschlag in den Import- und Exportplänen finden[374]. Jetzt gibt es aber Informationen von den Mitarbeitern des Außenhandels der DDR wie auch der UdSSR, dass sie sich nicht über zuvor festgelegte Fragen der Spezialisierung einigen können und deshalb Verträge nicht abgeschlossen werden. Das kann sich insgesamt negativ auf die Frage der Spezialisierung und Kooperation der Industrie der DDR mit der Wirtschaft der UdSSR auswirken.

Gen. Meiser sagte, dass bei der gegenwärtigen Planung der Volkswirtschaft bis 1970 die Frage der Spezialisierung auf einen längeren Zeitraum erweitert werden sollte. Gegenwärtig wird sich dabei auf zwei Jahre orientiert. Das ist nicht ausreichend. Im Maschinenbau kann man die Perspektive nicht nur auf zwei Jahre festlegen. Beispielsweise beträgt der Produktionszyklus von Turbinen, Fertigungslinien, Schiffen und anderen Ausrüstungen drei bis vier oder noch mehr Jahre. Deshalb müsste die Spezialisierung und Entwicklungsperspektive des DDR-Maschinenbaus bis mindestens 1970 betrachtet werden, bei komplizierter Ausrüstung sind noch längere Zeiträume erforderlich.

Gen. Apel äußerte, dass er einige Bemerkungen machen wolle. Er kenne nicht die Einzelheiten der bei den ersten sieben Wirtschaftsbereichen durchgeführten Arbeiten zur Spezialisierung, es ist aber klar, dass dies eine umfangreiche und schwierige Aufgabe war. Die Entscheidungen, die zur Spezialisierung getroffen wurden, sind gut, und er möchte diese nicht kritisieren. Wir müssen allerdings unseren Arbeitsstil ändern. Die nötigen

---

[374] Im Rahmen des Außenhandels mit der UdSSR blieb der Export der DDR auch weiterhin auf die industriellen Entwicklungsbedürfnisse der Sowjetunion fixiert, während der Import wie schon in den Jahren zuvor durch die Rohstoffbedürfnisse der DDR geprägt wurde.

Ziele sind in Etappen zu erreichen. Unbedingt ist die Aneignung von neuen Maschinen- und Anlagentypen zu berücksichtigen, die bereits auf dem Weltmarkt anzutreffen, aber in der DDR noch nicht entwickelt und in die Produktion eingeführt sind. Diese Ausrüstungen muss man sich aneignen. Als ich in der Kommission mit Gen. Ryžkov[375] war, legte diese die Perspektive für die Spezialisierung auf zwei Jahre fest. Das ist jedoch für den Maschinenbau ein sehr kurzer Zeitraum. Als Gen. Apel in Moskau war, hat er über diese Frage mit Gen. Kosygin gesprochen, der ihm erwiderte, dass man einen Zeitraum von drei Jahren zu Grunde legen müsse, wenn dieser zu kurz bemessen sei. Gleichwohl meint Gen. Apel, dass auch diese Zeitspanne noch zu kurz ist. Zum Beispiel sind zum Umbau des VEB Pumpenwerke in Halle oder der Polysius-Werke Dessau natürlich mehr als drei Jahre notwendig.

Er glaubt, dass Gen. Grosse vollkommen richtig bemerkte, wenn er sagt, dass im Ministerium für Außenhandel der UdSSR die Genossen verschiedene Direktiven haben. Lieferungen im Außenhandel sollten in die durchzuführenden Arbeiten zur Spezialisierung und Kooperation eingebunden und klar in den Export- und Importplänen festgelegt sein. Wenn die Außenhandelsorganisationen so weiterarbeiten wie bisher, werden wir von der Spezialisierung wohl kaum einen wirtschaftlichen Nutzen haben. Er geht davon aus, dass die Spezialisierung nicht bis Juni beendet sein wird. Darüber muss auf jeden Fall der Regierung berichtet werden.

Gen. Apel glaubt, dass es im Rahmen der Spezialisierung sinnvoll sein wird, Spezialistengruppen nach entsprechenden Industriezweigen zu bilden, diese von anderen Aufgaben zu entbinden und damit zu beauftragen, ausschließlich zu diesem Problem zu arbeiten. Er möchte diese Frage mit Gen. Ulbricht, Gen. Abrasimov und Gen. Ostapčuk besprechen. Hierfür hat Gen. Grosse ein entsprechend detailliertes Referat zur Spezialisierung der Industrie der DDR und ihrer Kooperation mit der Wirtschaft der UdSSR auszuarbeiten und vorzutragen. In dem Vortrag ist darzulegen, was bereits getan wurde, welche Probleme klar sind und welche nötigen Maßnahmen zur Verwirklichung des gesamten Komplexes unternommen werden müssen. Zudem sind eindeutige Vorschläge zu allen noch nicht entschiedenen Fragen zu machen.

An Gen. Ostapčuk gewandt, sagte Gen. Apel, dass es sehr nützlich wäre, wenn dieser sich während seines Aufenthaltes in Moskau zu diesen Fragen beraten würde. Nach seiner Ankunft können wir unsere Meinungen dann hier in der DDR austauschen. Dann sollten die Vorschläge hier vom Politbüro des ZK der SED erörtert werden.

Bei ihrer Arbeit zur Spezialisierung möchten die Genossen, so Apel, aktiv wissenschaftliche Forschungsinstitute und Projektorganisationen heranziehen. Er kennt die Meinung von Gen. Ulbricht und auch die Meinung des Gen. Chruščëv zur Erhöhung der Arbeitsproduktivität und zum friedlichen Wettstreit mit der BRD und den anderen kapitalistischen Staaten. Ohne die Beteiligung von wissenschaftlichen Forschungsinstituten und Projektorganisationen sowie der Wissenschaftler der DDR wird es nicht möglich sein, die gestellten Aufgaben zu lösen.

---

[375] Nikolaj Ivanovič Ryžkov (1929): Politiker und Wirtschaftsfunktionär. 1956 Mitglied der KPdSU, 1970–1975 Direktor des Maschinenbaubetriebes bzw. der Betriebsvereinigung Uralmaš, 1975–1979 Stellvertreter des Ministers für Schwer- und Transportmaschinenbau der UdSSR, 1979–1982 stellvertretender Vorsitzender von Gosplan, 1982–1985 Sekretär des ZK der KPdSU und zugleich Leiter der Wirtschaftsabteilung des ZK der KPdSU, 1985–1991 Vorsitzender des Ministerrates der UdSSR, 1985–1990 Mitglied des Politbüros des ZK der KPdSU.

Die DDR strebt gegenwärtig nach einem maximalen Handel mit der BRD[376]. Ihnen [den sowj. Genossen] sind die Gespräche zwischen der DDR und der BRD über die Erweiterung des Handels und den Erhalt eines Kredits wahrscheinlich bekannt. Aber diese Gespräche verlaufen sehr wechselhaft. Die BRD stellt andauernd neue politische Forderungen auf und wechselt ständig ihre Position. Apel geht davon aus, dass nur wenige Aussteller aus Westdeutschland zur Frühjahrsmesse nach Leipzig fahren werden. Die DDR nutzt aber das maximale Handelsvolumen und kauft Stahl, Walzerzeugnisse und Röhren in den nötigen Mengen. Die Lage bei den Lieferungen aus der BRD hat sich nicht geändert. Die in der BRD gekauften Positionen sind heute defizitär und werden es auch in Zukunft im sozialistischen Lager sein, aber im Moment sind die Bedingungen für Lieferungen aus der BRD für die DDR noch günstig, und wir werden auch in Zukunft dort Materialien kaufen. Mit der BRD müssen neue Lieferbedingungen ausgehandelt werden, da sich Westdeutschland ständig bemüht, diese zu verändern und zu verschlechtern.

Das grundlegende Problem für die DDR im Jahr 1963 ist nach Meinung des Gen. Apel der Handel mit den kapitalistischen Staaten in frei konvertierbarer Währung – dies ist das schwierigste Problem der DDR. Für das Jahr 1963 sind beim Export in die kapitalistischen Staaten bis zum heutigen Tag erst 25 Prozent der im Jahresplan vorgesehenen Bestellungen untergebracht. Das ist die größte Schwierigkeit. Für den Erhalt von frei konvertierbarer Währung müssen wir wahrhaft akrobatische Nummern aufführen.

Die Lage wird noch komplizierter, da wegen der Kältewelle in der DDR mehr Briketts verbraucht worden sind, die nunmehr für den Export fehlen. Dies kann auch nicht durch den Export von Chemikalien, Kalisalz und andere Waren ausgeglichen werden.

Gen. Ostapčuk äußerte, dass alles, was Gen. Apel gesagt hat, zweifellos richtig ist. Uns beunruhigt im Moment sehr die Frage der Verringerung der wirtschaftlichen Abhängigkeit der DDR von der BRD zum Beispiel bei Ersatzteilen, Komplexausrüstungen usw. Uns ist bekannt, dass 1962 in der DDR umfangreiche Maßnahmen in dieser Richtung unternommen worden sind. Nach den uns vorliegenden Angaben konnte sich die DDR zum Beispiel in der metallurgischen und Kohleindustrie sowie bei der Produktion von Kalisalzen vollständig aus der Abhängigkeit von der BRD befreien. Große Anstrengungen wurden auch im Schiffbau, der Textil- und Druckindustrie unternommen. Allerdings gibt es hier immer noch Positionen, bei denen die DDR auf die BRD angewiesen ist. Zum Beispiel sind dies im Schiffbau Dieselmotoren der Firma MAN, Kurbelwellen usw. In der Textilindustrie ist dies bei Farbstoffen der Fall. Für den Fall des Abbruchs der Wirtschaftsbeziehungen durch die BRD sollte festgestellt werden, wie sich dieses auf die Industrie der DDR auswirken kann, besonders bei welchen Positionen welche Maßnahmen durchzuführen sind. Wir haben uns in dieser Frage mehrmals an die Staatliche Plankommission und den Volkswirtschaftsrat gewandt, aber bis zum heutigen Tage leider keine entsprechenden Informationen erhalten.

Gen. Apel bat den Gen. Wenzel, in dieser Angelegenheit vorzutragen.

Gen. Wenzel erklärte, dass von Gen. Apel und Gen. Mewis die Anweisung ergangen sei, zusammen mit dem Volkswirtschaftsrat eine Lageanalyse zur Abhängigkeit der DDR von der BRD zu erstellen. Wir haben verabredet, dass zunächst der Volkswirtschaftsrat die ent-

---

[376] Nachdem die „Störfreimachung" Mitte 1963 offiziell für beendet erklärt wurde, da diese für die Volkswirtschaft der DDR zu Effektivitäts- und Rentabilitätsverlusten geführt hatte, wurden die Handelsbeziehungen mit der Bundesrepublik wieder intensiviert. Bis 1967/68 war der Anteil des Handels mit der Bundesrepublik am gesamten Außenhandelsvolumen der DDR gegenüber 1960 allerdings nur geringfügig auf 22 Prozent gewachsen. Vgl. Jörg Roesler, Momente deutsch-deutscher Wirtschafts- und Sozialgeschichte 1945 bis 1990. Eine Analyse auf Augenhöhe, Leipzig 2006, S. 82ff.

sprechenden Daten von der Industrie erhält, diese dann an die Staatliche Plankommission übergibt und wir dann auf der Grundlage dieser Angaben die entsprechende Analyse durchführen. Das vom Volkswirtschaftsrat übergebene Material hatte allerdings nicht die notwendige Qualität. Es liegt nun bei der Führung des Volkswirtschaftsrates, die es weder der Staatlichen Plankommission noch den sowjetischen Genossen übergibt.

So können wir bei der Staatlichen Plankommission ohne die Daten des Volkswirtschaftsrates die entsprechende Analyse nicht erstellen. Deshalb geht an den Gen. Apel die Bitte, dabei zu helfen, das nötige Material vom Volkswirtschaftsrat zu erhalten, um daraus die entsprechende Untersuchung zu erstellen und den sowjetischen Genossen zu übergeben.

Gen. Apel erklärte, dass er sich dieser Frage widmet. Weiterhin führte er aus, dass er den sowjetischen Genossen für das Gespräch sehr dankbar ist, da es sehr hilfreich war und die Übereinstimmung der Ansichten und des Verständnisses über die vor der DDR stehenden wirtschaftlichen Probleme gezeigt hat. Hierin sehen die deutschen Genossen die Gewähr für den Erfolg der zukünftigen Arbeit.

Dem Gen. Ostapčuk wünschte Gen. Apel eine gute Reise und dienstlichen Erfolg und bat, den sowjetischen Genossen, mit denen er sich in Moskau getroffen hatte, Grüße zu übermitteln.

Damit endete das Gespräch.

Das Gespräch haben notiert:
Gen. N. I. Mel'nikov
Gen. A. G. Položenkov

Quelle: RGAE, 4372/81/406, Bl. 465–497.

Nr. 32
Mitschrift des Gespräches zwischen dem Ersten Sekretär des ZK der KPdSU Chruščëv und dem Ersten Sekretär des ZK der SED Ulbricht über Schwerpunkte der Spezialisierung der Produktion sowie der wissenschaftlich-technischen Zusammenarbeit, 23. Juli 1963 (Auszug)

[...]377

W. Ulbricht: Die nächste Frage, die ich berühren möchte, ist das Problem der Wirtschaftsbeziehungen zwischen unseren Ländern. Wir sind Ihnen sehr dankbar dafür, dass die Gespräche zwischen dem Gosplan der UdSSR und der Staatlichen Plankommission der DDR so erfolgreich verlaufen sind und sich die Genossen in allen wichtigen Fragen verständigen konnten. Es gibt in der Tat aber noch eine Reihe von Fragen, bei denen bislang keine Übereinkunft erzielt werden konnte. Das erklärt sich teilweise damit, dass in einzelnen Wirtschaftsbereichen noch entsprechend ausgearbeitete abschließende Pläne fehlen. Die Genossen aus den Planungsorganen unserer Länder sind bereits übereingekommen, untereinander auch noch nicht abgeschlossene Fragen bei ihrem nächsten Treffen – das

---

377 Zunächst erörterten Chruščëv und Ulbricht außenpolitische Fragen, vor allem zum Status West-Berlins. Vgl. RGANI, Bestand 52, Findbuch 1, Akte 558, Bl. 99–104.

Ende Oktober/Anfang November dieses Jahres stattfinden wird – zu erörtern. Dazu gehören beispielsweise Fragen, die mit dem Maschinenbau und Erdöl verbunden sind. In Verbindung damit besteht meine Bitte an Sie darin, den Gosplan der UdSSR anzuweisen, die Vorbereitungen zum nächsten Treffen so zu beschleunigen, dass es im Rahmen des vorgesehenen Zeitraums stattfinden kann. Dieses Anliegen habe ich auch in einem besonderen Brief dargelegt, den Sie erhalten werden.

Wir sind der Sowjetunion für die geleistete Hilfe sehr dankbar. Besonders danken wir für die Unterstützung beim Bau des Eisenhüttenkombinates Ost, da die Errichtung dieses Kombinates für uns eine außerordentliche politische Bedeutung besitzt[378]. Der Bau erleichtert unsere Beziehungen zur BRD, da die Entwicklung der Metallurgie in der DDR der Entwicklung unserer Politik eine feste wirtschaftliche Grundlage gibt[379].

Es bleibt also nur die Frage der Lieferung von Ausrüstungen für die erdölverarbeitende Chemieindustrie. Ich möchte sagen, dass auch in dieser Frage große Erfolge bei der Zusammenarbeit erzielt worden sind.

Insgesamt kann damit festgehalten werden, dass Ihr 1960 geäußerter Wunsch über die Zusammenarbeit und Verschmelzung der Wirtschaften unserer beiden Staaten erfolgreich realisiert worden ist.

N. S. Chruščëv: Nach meiner Reise in die DDR[380] habe ich im Präsidium des ZK und bei Gosplan die Frage der Schaffung eines Planungsorgans gestellt, das bei der Erarbeitung der Wirtschaftspläne die gesamten Interessen der DDR berücksichtigen soll. In dieser Frage habe ich zudem bereits entsprechende Weisungen an die Genossen Lomako[381]

---

[378] Im Oktober 1951 nahm der erste Hochofen im bedeutendsten Hüttenwerk der DDR, im Eisenhüttenkombinat Ost (EKO) bei Fürstenberg an der Oder, den Betrieb auf. Im Januar 1952 folgte das ZK der KPdSU einer Bitte des Politbüros der SED, Metallurgie-Spezialisten als Konsultanten in das EKO zu schicken. Mit deren Hilfe entstanden bis 1954 fünf weitere Hochöfen. Zwei weitere ursprünglich geplante Öfen fielen den Einsparungen in der Grundstoffindustrie zum Opfer. Bis zum Jahre 1960 wurde die Roheisenproduktion bis auf 1,2 Millionen Tonnen jährlich gesteigert. Damit erreichte das EKO unter den drei Eisenproduktionsstätten der DDR (Maxhütte Unterwellenborn in Thüringen und Niederschachtofenwerk in Calbe in Sachsen-Anhalt) einen Anteil von 60 Prozent an der gesamten Roheisenproduktion der DDR. Ab 1963 wurde auf dem EKO-Gelände ein Kaltwalzwerk errichtet, das 1968 die Fertigung von Blechen und Bändern aufnahm. Durch das Kaltwalzwerk wurde das EKO zu einem der drei großen metallurgischen Kombinate der DDR. Vgl. Jörg Roesler, „Eisen für den Frieden". Das Eisenhüttenkombinat Ost in der Wirtschaft der DDR, in: Rosemarie Beier (Hrsg.), Aufbau Ost. Die Planstädte Wolfsburg und Eisenhüttenstadt in der Nachkriegszeit, Ostfildern 1997, S. 149–158, hier S. 150f.

[379] Die Idee zum Bau des EKO wurde durch den Lieferstopp von Eisen und Stahl verstärkt, der von den Westmächten und westdeutschen Firmen in den Monaten Februar bis August 1950 verordnet wurde. Beabsichtigt war, sich gegenüber Lieferungen aus Westdeutschland, hauptsächlich von metallurgischen Produkten aus dem rheinisch-westfälischen Industriegebiet, autark zu machen. Tatsächlich sank der Importanteil der DDR bei Roheisen zwischen 1950 und 1955 von 42 auf 15 Prozent. Bis 1960 konnten die Bezüge von Stahl und Walzwerkserzeugnissen aus Westdeutschland von 1,5 Millionen Tonnen auf 0,15 Millionen Tonnen im Jahr verringert werden. Einen wesentlichen Anteil daran hatte der Anstieg der Eigenproduktion an Stahl- und Walzwerkserzeugnissen in der DDR von 0,9 Millionen Tonnen auf 2,1 Millionen Tonnen im Jahr 1960. Vgl. Roesler, Das Eisenhüttenkombinat Ost in der Wirtschaft der DDR, S. 151.

[380] Chruščëv weilte vom 28.6. bis zum 4.7.1963 aus Anlass des 70. Geburtstages von Walter Ulbricht in der DDR.

[381] Pëtr Fadeevič Lomako (1904–1990): Politiker. 1940–1948 sowie 1950–1953 und 1954–1957 Volkskommissar bzw. Minister für Buntmetallurgie der UdSSR, 1957–1961 Vorsitzender des Volkswirtschaftsrates des Gebiets Krasnojarsk, 1962–1965 Vorsitzender von Gosplan der UdSSR, 1965–1986 Minister für Buntmetallurgie der UdSSR.

und Lesečko gegeben, damit sie dieses Problem mit Gen. Leuschner erörtern können.

W. Ulbricht: Alle diese Fragen können durch Konsultationen gelöst werden. Genosse Lomako hat einmal sehr richtig bemerkt, dass unser Plan zur Entwicklung des Maschinenbaus in den entsprechenden Plan der Sowjetunion integriert wurde.

N. S. Chruščëv: Ihre Industrie wird ausgelastet sein. Das betrifft auch die von Ihnen erwähnten Bestellungen für Chemieanlagen. Wenn Sie möchten, kann ich Ihnen das von uns für das Präsidium des ZK vorbereitete Schreiben zur Entwicklung der chemischen Industrie in unserem Land zeigen. Wir haben uns selber die Aufgabe gestellt, die Produktion von Kunstdünger in den kommenden fünf Jahren um das Fünffache zu erhöhen und die Produktion von Mineraldünger von 19 Millionen Tonnen auf bis zu 100 Millionen Tonnen zu steigern. Wir wollen bis 1970 die USA bei der Produktion von landwirtschaftlichen Produkten überholen. Dafür müssen wir ungefähr 5,8 Milliarden Rubel in die Landwirtschaft investieren. Das Präsidium hat das entsprechende Schreiben gebilligt und Gosplan angewiesen, konkrete Maßnahmen auszuarbeiten. Für die Umsetzung dieser Pläne ist es erforderlich, dass wir teilweise die dafür nötige Ausrüstung einkaufen. Mir scheint, dass rund um die Frage des Ankaufes ein beträchtlicher Rummel entsteht, denn zahlreiche westliche Länder wollen entsprechende Ausrüstungen liefern. Daran könnten westdeutsche Firmen, aber auch Unternehmen aus Italien, Frankreich, England und Japan interessiert sein. Wir werden die entsprechenden Angebote, die bei uns eingehen werden, prüfen, und wenn man uns Kredite gewährt, geben wir die Bestellungen an die entsprechenden Firmen.

Die zweite Entwicklungsrichtung unserer Chemie ist die Produktion von synthetischen Materialien und von Plastik. Entsprechend den mir vorliegenden vorläufigen Berechnungen sind dafür bis 1970 nicht weniger als 10 Milliarden Rubel erforderlich. Wir wollen die vollständige Versorgung unseres Landes mit Schuhen, Stoffen und anderen Waren, die mit synthetischen Materialien verbunden sind, sicherstellen.

Insgesamt werden somit für die Entwicklung der Chemie in unserem Land 16 Milliarden Rubel nötig sein. Das von uns aufgestellte Programm ist nicht zu umfangreich, wir rechnen damit, dass wir es erfolgreich umsetzen können.

Wir möchten auch mit unseren landwirtschaftlichen Produkten, Stoffen und anderen Waren auf den Weltmarkt gehen und teilweise versuchen, die Amerikaner aus den Märkten in Afrika und Lateinamerika zu verdrängen.

Damit sehen Sie, dass wir viele Maschinen für die chemische Industrie benötigen und dass dieser Industriezweig in der DDR vollkommen ausgelastet sein wird. Übrigens, meine Chemiker haben mir gesagt, dass die Produktion von Polyvinylchlorid gewinnbringender und billiger ist als die Herstellung von Plastikmasse. Tatsächlich habe ich aber noch nicht die mir zu dieser Frage vorgelegte Aktennotiz gelesen.

Mir scheint, dass eine Entwicklung der Chemieindustrie in Sibirien zweckmäßig wäre, da es dort billige Elektroenergie und eine große Menge an Rohstoffen für die chemische Industrie gibt. Dabei werden wir den Bedarf von unserer wie auch von eurer Chemieindustrie berücksichtigen. Vor allem die Elektroenergie ist bei euch teuer. Deshalb könnten wir die Erstverarbeitung der Rohstoffe in Sibirien durchführen und euch dann teilweise entsprechende Halbfabrikate übergeben.

W. Ulbricht: Im Ergebnis der Gespräche unserer Delegationen hat die DDR Bestellungen für den Bau von Ausrüstungen für die chemische Industrie im Wert von einer Milliarde Mark erhalten. Dieser Bereich unserer Zusammenarbeit entwickelt sich also gut.

N. S. Chruščëv: Was die Frage von Getreide, Fleisch und anderen landwirtschaftlichen Produkten betrifft, so nehmen wir die Lösung dieser Frage auf unsere Kappe. Wir werden alle sozialistischen Staaten – mit der Ausnahme von Rumänien, das kein Getreide braucht – mit Korn versorgen. Wir werden die DDR, die Tschechoslowakei, Polen sowie teilweise Ungarn und Bulgarien und natürlich Kuba mit Getreide versorgen.

W. Ulbricht: Wir sind sehr dankbar für die Lösung aller Fragen, für die große Hilfe.

N. S. Chruščëv: Heute ist in unserem Gespräch alles ein bisschen zu positiv. Kein Streit, keine Diskussionen.

W. Ulbricht: Sie sind offensichtlich verwundert, dass wir heute um nichts bitten und nichts fordern. Sie sind wahrscheinlich daran nicht gewöhnt.

N. S. Chruščëv: Ja, unser Gespräch verläuft heute in einer erstaunlich friedfertigen Atmosphäre.

W. Ulbricht: Nein, diesmal ist bei uns einfach alles in Ordnung. Wenn sich die sowjetischen Genossen im Herbst dieses Jahres mit unseren Genossen treffen, dann werden auch alle verbliebenen nicht gelösten Fragen gelöst werden.

Ich möchte bei unserem heutigen Gespräch auch auf den RGW zu sprechen kommen. Was denken Sie, was werden wir auf dieser Sitzung[382] erreichen können?

[…][383]

Das Gespräch dauerte eine Stunde. An dem Gespräch nahm auch der Botschafter der UdSSR in der DDR Gen. P. A. Abrasimov teil.

Das Gespräch hat aufgezeichnet:

Koptel'cev

Quelle: RGANI, Bestand 52, Findbuch 1, Akte 558, Bl. 104–108, 115.

---

[382] Vom 24. bis 26. 7. 1963 trafen in Moskau die Parteichefs der kommunistischen und Arbeiterparteien sowie die Ministerpräsidenten der RGW-Staaten zusammen. Im Mittelpunkt der Beratungen standen Schwerpunkte der Spezialisierung und Kooperation der Produktion, des Warenaustauschs sowie der wissenschaftlich-technischen Zusammenarbeit. Propagiert wurde eine neue Etappe in den Wirtschaftsbeziehungen der RGW-Länder, indem die internationale Arbeitsteilung nicht mehr bloßes Hilfsinstrument zur Erfüllung nationaler Wirtschaftspläne sein, sondern auf die Bedürfnisse der anderen Volkswirtschaften im RGW ausgerichtet werden sollte. Parallel zur Beratung der Partei- und Regierungschefs der RGW-Länder fand vom 24. bis 26. 7. 1963 in Moskau die XVIII. Tagung des RGW statt.

[383] Nachfolgend besprachen Ulbricht und Chruščëv Fragen des RGW, vor allem zur Mitgliedschaft Rumäniens, und erneut außenpolitische Themen. Vgl. RGANI, Bestand 52, Findbuch 1, Akte 558, Bl. 108–115.

Nr. 33

Mitschrift des Gespräches zwischen dem Ersten Sekretär des ZK der KPdSU Chruščëv und dem Ersten Sekretär des ZK der SED Ulbricht über die Perspektiven der wirtschaftlichen Zusammenarbeit zwischen der UdSSR und der DDR, 30. Mai 1964 (Auszug)[384]

[…][385]

N. S. Chruščëv: […] Zur Frage hinsichtlich des Lebensniveaus der Deutschen in West und Ost. Dies ist eine sehr schwierige Frage. Ihr erwähnt hier 25 Prozent. Ich denke, das habt Ihr bewusst getan, ich meine dabei den zweiten, wirtschaftlichen Teil eures Berichtes. Das ist einfach eine deutsche List.

W. Ulbricht: Leider steht diese Frage ständig auf unserer Tagesordnung.

N. S. Chruščëv: Das stimmt. Diese Frage wird sicherlich auch noch in einem Jahr auf der Tagesordnung stehen. Wir haben das Problem unserer Entwicklung bis 1980 erörtert. Doch auch danach wird es noch eine Menge von Problemen geben, an denen ernsthaft gearbeitet werden muss. Denn als wir unser Entwicklungsprogramm aufgestellt haben, sagten wir, dass im Ergebnis von dessen Umsetzung lediglich die Grundlagen für eine kommunistische Gesellschaft gelegt werden[386]. So wird uns auch nach der Erfüllung dieses Programms noch viel Arbeit bevorstehen. Ich denke, wir sollten nicht der Mutlosigkeit nachgeben und Angst haben, dass wir arbeitslos werden. Vor uns liegt noch viel schwere und interessante Arbeit. Wenn Sie sich über Ihr Lebensniveau beschweren, was sollen wir da sagen, liegt doch unser Lebensniveau merklich niedriger als das im Westen und als bei Ihnen. Im Ganzen ist die Lage in der DDR hervorragend. Als ich in Ägypten war, las ich die Aussagen bürgerlicher Politiker, die in den westlichen Zeitungen schrieben, dass sich in der Deutschen Demokratischen Republik ein wirkliches Wirtschaftswunder ereigne.

W. Ulbricht: Darüber haben wir selbst in unserer Propaganda geschrieben und damit entsprechende Artikel im Westen inspiriert. So ist es geschehen, dass wir ein Opfer unserer eigenen Propaganda geworden sind.

N. S. Chruščëv: Ich glaube dieser Propaganda. Wenn Sie sagen, dass dies Ihre Propaganda ist, dann verdient sie umso mehr großes Vertrauen. Es ist klar, dass Ihnen und uns noch viel zu tun bleibt, gleichwohl denke ich, dass die von Ihnen angeführte Ziffer von 25 Prozent eindeutig überhöht ist.

---

[384] Am 29.5.1964 reiste eine Partei- und Regierungsdelegation der DDR mit Ulbricht an der Spitze nach Moskau. Mitgereist waren u.a. die Vorsitzenden bzw. Generalsekretäre der Blockparteien: Lothar Bolz (NDPD), Gerald Götting (CDU), Manfred Gerlach (LDPD) und Hans Rietz (DBD). Der Aufenthalt in der UdSSR dauerte 14 Tage und war als „Freundschaftsreise" geplant, die von Moskau bis nach Irkutsk am Baikalsee quer durch die Sowjetunion führte. Das Gespräch am 30.5.1964 wurde auszugsweise publiziert von Daniel Kosthorst, „Sie sind ein Opfer unserer Propaganda". Die letzten Gespräche Ulbrichts mit Chruschtschow 1964 in Moskau. Eine Dokumentation, in: Deutschland Archiv 29 (1996), S. 872–887, hier S. 877–881.

[385] Zunächst erörterten Chruščëv und Ulbricht außenpolitische Fragen, wobei Ulbricht u.a. darauf verwies, dass das Lebensniveau in Westdeutschland um 20 bis 25 Prozent höher liege als in der DDR, was entsprechenden politischen Einfluss ausüben würde. Zudem erklärte er gegenüber Chruščëv: „Wir überholen sie in allen ideologischen Fragen, wie in der Friedensfrage, dem Bildungssystem, der Erziehung der Jugend usw., nur nicht in der Wirtschaft." RGANI, Bestand 52, Findbuch 1, Akte 558, Bl. 154–161.

[386] 1961 hatte der XXII. Parteitag der KPdSU beschlossen, dass innerhalb der folgenden 20 Jahre die Voraussetzungen für den Übergang zum Kommunismus geschaffen werden würden.

[…]³⁸⁷

W. Ulbricht: Ich denke, wir können zum zweiten Teil übergehen. Gegenwärtig ist es uns gelungen, die Wirtschaft in der DDR zu stabilisieren. Gleichzeitig ist uns ein definitiver Fortschritt auf den Gebieten der wissenschaftlich-technischen Arbeit und bei der Lenkung der Wirtschaft gelungen. Die von uns durchgeführte Reorganisation hat sich bewährt. Die Methoden zur Lenkung der Wirtschaft haben sich verbessert. Nachdem wir die VVB³⁸⁸ auf wirtschaftliche Rechnung umgestellt haben, geht die Sache dort anders. Damit haben wir genau das leninistische Prinzip umgesetzt, dass große Wirtschaftsvereinigungen auf der Grundlage des Systems der wirtschaftlichen Rechnungsführung arbeiten sollen³⁸⁹. Ich denke, dass wir bis zum Ende des Jahres die Arbeiten zur Reorganisation der Lenkung der Wirtschaft abschließen.

Die Umsetzung unserer Reorganisationen hat zudem große Auswirkungen auf unsere Landwirtschaft. Die Leitung der Staatsgüter wird zukünftig nach dem gleichen Prinzip arbeiten, das auch in der Industrie angewendet wird (d. h. wirtschaftliche Rechnungsführung bei den Staatsgütern). All das verkürzt das bestehende System der Verantwortlichkeiten bedeutend. Diese wirtschaftlichen Prinzipien werden jetzt auch beim Innen- und Außenhandel eingeführt. Wir denken darüber nach, einen Kaufhaus-Trust³⁹⁰ zu schaffen sowie ein Zentrales Versandkaufhaus zu gründen, das mit diesem Trust verbunden sein soll. Das wird unsere Industrie nötigen, qualitativ hochwertige Produkte herzustellen. Jetzt haben wir alle nötigen Maßnahmen bis 1970 ausgearbeitet. Wir glauben, dass sich die von uns auf dem Gebiet der Wirtschaft getroffenen Entscheidungen gerechtfertigt haben. Wenn wir uns die Bilanz des vergangenen Jahres ansehen, ist festzustellen, dass sich der Gewinn der meisten Betriebe beträchtlich erhöht hat, und eine Reihe von Unternehmen, die früher Subventionen benötigten, erweisen sich jetzt als gewinnbringend.

Auf dem Gebiet der Landwirtschaft sind wir jetzt dazu übergegangen, die Aufstellung der Pläne zur Entwicklung der landwirtschaftlichen Produktionsgenossenschaften gemein-

---

³⁸⁷ Danach erörterten Chruščëv und Ulbricht Fragen der Propaganda und der deutsch-deutschen Beziehungen. Vgl. RGANI, Bestand 52, Findbuch 1, Akte 558, Bl. 162–165.
³⁸⁸ Nach der Auflösung der Industrieministerien wurde im Februar 1958 die Vereinigung Volkseigener Betriebe (VVB) als neue Industriezweigleitungen gebildet. Zu ihren Aufgaben gehörte die selbstständige operative Leitung der ihnen unterstellten staatlichen Betriebe und Einrichtungen. Sie unterstanden der für den betreffenden Wirtschaftszweig zuständigen Abteilung der SPK, die grundsätzliche Fragen der Plandurchführung zu entscheiden hatte. Bis Ende der 1950er Jahre entstanden mehr als 70 VVB, denen 1558 große und mittlere Betriebe unterstellt waren. Der Maschinenbau stand dabei quantitativ an der Spitze: dort wurden 33 VVB gebildet; in der chemischen Industrie waren es 7 VVB. Um eine geografische Annäherung der neu gebildeten Industriezweigleitungen an die Produktionsstätten zu erreichen, wurde ein Teil der Generaldirektionen der VVB in andere Städte verlagert (u. a. Leipzig, Karl-Marx-Stadt, Halle). Im Arbeitsstil ähnelten die VVB allerdings eher den früheren Hauptverwaltungen der Industrieministerien.
³⁸⁹ Mit der wirtschaftlichen Rechnungsführung war ein wirtschaftspolitisches Lenkungsinstrumentarium im Rahmen des planwirtschaftlichen Systems gemeint. Sie war Bestandteil der 1963 begonnenen Wirtschaftsreform und sollte den der VVB unterstellten Betrieben eine relative wirtschaftliche Selbstständigkeit gewähren. Auf der Grundlage eigener Fonds und einem der zentralen Planwirtschaft angepassten Buchhaltungs- und Bilanzierungssystem sollte über die Anwendung von Wertkategorien (z. B. Geld, Preis, Kosten, Kredit, Gewinn) eine Kontrolle über Aufwand und Leistung bei der Erfüllung der vorgegebenen Planauflagen ermöglicht werden. In letzter Instanz diente die wirtschaftliche Rechnungsführung dazu, das betriebliche Verhalten bei der Planaufstellung und -durchführung auf die wirtschaftspolitischen Zielvorstellungen der zentralen Lenkungsinstanzen auszurichten.
³⁹⁰ Trusts wurden in der sowjetischen Wirtschaft in den 1920er Jahren im Zusammenhang mit der Neuen Ökonomischen Politik eingeführt.

sam mit diesen Genossenschaften auszuarbeiten, das heißt, wir setzen den Weg fort, den wir bis zu diesem Zeitpunkt beschritten haben. In den am meisten entwickelten LPGs beginnt jetzt der Prozess der Spezialisierung und des Übergangs zu modernen Produktionsmethoden. Unsere Aufgabe besteht jetzt im Wesentlichen in der Arbeit mit den Bauern, um sie von der Richtigkeit der von uns gestellten Aufgaben zu überzeugen. Wir drücken dabei nicht aufs Tempo, insgesamt verläuft der Prozess zufriedenstellend.

Die grundlegenden Schwierigkeiten entstanden deshalb, weil in diesem Jahr die beispielsweise für Milch und Fleisch abgeschlossenen Lieferverträge nur teilweise erfüllt werden. Das Problem besteht darin, dass wir jetzt keine Butter mehr auf dem europäischen Markt kaufen können. Es kann sein, dass wir Butter in Neuseeland kaufen können. Wir haben früher niemals Butter auf dem kapitalistischen Markt gekauft. Auf der Grundlage der Mitteilung von Gen. Lomako haben wir die Schlussfolgerung gezogen, dass wir zwischen 1964 und 1965 1 240 000 Tonnen Getreide, 78 000 Tonnen Fleisch, 54 000 Tonnen Butter und 4300 Tonnen Öl nicht von der UdSSR bekommen werden[391]. Das entspricht ungefähr 870 Millionen Valutamark. Im Moment wissen wir noch nicht, wie wir die aus den fehlenden Lieferungen entstehenden Schwierigkeiten lösen können. Mit französischen Firmen führen wir Gespräche über den Ankauf von Getreide zu einem späteren Zeitpunkt, wie wir aber diese Frage für den Zeitraum 1964-1965 entscheiden können, wissen wir noch nicht. Mit unseren eigenen landwirtschaftlichen Ressourcen lässt sich das Problem nicht beseitigen. Wir haben jetzt die Planaufgaben erhöht. Aber Sie wissen, wie das gemacht wird – wir geben eine Aufgabe vor, aber die Leute können sie auch nicht erfüllen. Wir haben eine Partie Stückstoffdünger in der BRD gekauft, um schon in diesem Jahr unsere Erträge zu steigern. Jetzt liefern sie uns 40 000 Tonnen Stickstoff. Dafür befreien wir uns von einigen politischen Häftlingen[392]. Wir benötigen noch 60 000 Tonnen Stickstoff, und für diese Menge reicht unsere Reserve an politischen Inhaftierten. Gleichwohl ist es ungewiss, ob sich Westdeutschland darauf einlässt.

<u>A. I. Mikojan:</u> Sie haben bei Castro[393] gelernt, derartige Geschäfte zu machen.

<u>W. Ulbricht:</u> Ja, das sind die neuen Methoden der Politik der friedlichen Koexistenz.

<u>N. S. Chruščëv:</u> So gesagt Tauschprodukte.

<u>W. Ulbricht:</u> Die wichtigste Frage für uns ist das Futter. Deshalb haben wir gestern so ein Interesse an dem von Ihnen gezeigten Eiweiß gehabt. Das ist die Hauptfrage der Landwirtschaft. Wir haben einen Plan zur Steigerung der Produktion bei der Tierzucht erarbeitet.

---

[391] Aufgrund einer verheerenden Missernte musste die UdSSR im Herbst 1963 Weizen im westlichen Ausland kaufen, sodass die Lieferverpflichtungen gegenüber der DDR nicht eingehalten werden konnten. Darüber hinaus führte der Mangel an Futtermitteln zu zusätzlichen Viehschlachtungen, die einen gravierenden Rückgang der Fleischproduktion in den Jahren 1964 und 1965 verursachten.

[392] Seit dem Herbst 1963 kaufte die Bundesrepublik politische Gefangene aus der DDR frei (Häftlingsfreikauf). Die ersten Freikäufe wurden bereits im Dezember 1962 durch die Evangelische Kirche organisiert und finanziert. Weihnachten 1962 wurden die ersten 15 Häftlinge in den Westen entlassen. Der Preis waren drei Eisenbahnwaggons voll Kalidünger. Insgesamt wechselten bis 1963 etwa einhundert politische Gefangene sowie 20 Kinder, deren Eltern im Westen waren, in die Bundesrepublik. Ab 1964 wurde der Freikauf auf staatlicher Ebene organisiert und finanziert. Die DDR erhielt anfangs im Durchschnitt 40 000 DM für einen politischen Häftling, später erhöhte sich die Summe auf bis zu 100 000 DM. Für die Freilassung politischer Gefangener zahlte die Bundesrepublik der DDR zwischen 1964 und 1989 insgesamt ca. 3,4 Milliarden DM. Vgl. Jan Philipp Wölbern, Der Häftlingsfreikauf aus der DDR, 1962/63–1989. Zwischen Menschenhandel und humanitären Aktionen, Göttingen 2014, S. 12.

[393] Fidel Alejandro Castro (1926): kubanischer Politiker. 1959-2008 Regierungschef, Staatspräsident und bis 2011 Generalsekretär der Kommunistischen Partei Kubas.

Heute haben wir 75 Stück Rindvieh auf 100 Hektar, diese Ziffer muss auf 100 erhöht werden.

N. S. Chruščëv: Aber für die Fütterung von Rindvieh produziert ihr doch Eiweiß – Harnstoff.

W. Ulbricht: Aber dieses Eiweiß eignet sich nicht für Schweine.

Das zweite für uns wichtige wirtschaftliche Problem ist die Frage der Erdölgewinnung. Gegenwärtig führen eine Reihe von Staaten Erkundungen von Erdöl und Erdgas an den Küsten von Nord- und Ostsee durch. Die Holländer haben große Erdgasvorkommen im Meer gefunden, die Westdeutschen bohren an der Ostsee in der Nähe der DDR-Grenze nach Erdöl. Bei uns wurde in der Küstenzone, unweit der Insel Rügen, gleichfalls Erdgas entdeckt. Wir bohren gegenwärtig nur in den oberen Schichten, die Westdeutschen stoßen bereits in tiefere Schichten vor.

Über die Linien der entsprechenden Organisationen haben wir Gespräche mit der Sowjetunion darüber geführt, dass sowjetische Brigaden auf dem Territorium der DDR bis zu 5000 Meter reichende Tiefbohrungen durchführen. Es scheint, dass wir in dieser Frage bereits Übereinkunft erzielt haben.

Jetzt ist ein neues Problem entstanden. Stoph hat gestern einen Brief an Kosygin mit der Bitte um Hilfe bei Seebohrungen geschickt. Wir bitten darum, in die DDR Spezialisten für Seebohrungen zu entsenden, die die Lage erkunden und entsprechende Vorbereitungsarbeiten durchführen. Wir bitten um den Abschluss eines eigenständigen Regierungsvertrages hinsichtlich dieser Hilfe.

Vom Standpunkt des internationalen Rechts bereitet uns die Frage von Seebohrungen keine Schwierigkeiten. Wir sind Mitglied der Genfer Konvention über den Festlandssockel, nach der jedes Land das Recht hat, Rohstoffe in den Küstengewässern abzubauen, wenn deren Tiefe nicht 200 Meter überschreitet. Die Tiefe der Ostsee liegt im Durchschnitt bei 70 Metern. Deshalb sollte die Frage der Abgrenzung des Küstenschelfs Gegenstand von Vereinbarungen mit den benachbarten Ländern sein. Praktisch können wir in der Mitte der Ostsee bohren, was uns ausreichen würde.

Die Westdeutschen haben jetzt von den USA Ausrüstungen für Meeresbohrungen erhalten, die es erlauben, bis zu einer Tiefe von 4000–5000 Metern zu bohren. Wir bitten darum, dass eine Gruppe unserer Ingenieure die Möglichkeit erhält, zur Untersuchung des Problems von Meeresbohrungen auf die Ostsee zu fahren. Das heißt, wir möchten, dass Ihre Spezialisten zu Konsultationen zu uns reisen und unsere Spezialisten zum Studium zu Ihnen.

Die nächste Frage betrifft die Atomkraftwerke. Gegenwärtig arbeitet bei uns die Masse der Kraftwerke auf Braunkohlebasis, doch deren Reserven enden 1980. Deshalb müssen wir zur Kernkraft übergehen. Die nötigen Vorräte an Rohstoffen (Uran) gibt es bei uns[394]. Wir bitten darum, die Frage zu untersuchen, ob die Sowjetunion den Export von Standardatomkraftwerken vorbereitet. Es ist wahrscheinlich, dass solche Stationen nicht nur von uns, sondern auch von anderen Staaten gekauft werden. Für uns gibt es keinen anderen

---

[394] Uranlagerstätten gab es u. a. im Erzgebirge sowie bei Gera/Ronneburg in Ostthüringen, im Döhlener Becken bei Dresden und bei Königstein in der Sächsischen Schweiz (Sachsen). Der Uranbergbau wurde durch die SAG/SDAG Wismut unter sowjetischer Aufsicht betrieben Die SDAG Wismut gehörte zu den größten Uranproduzenten der Welt. Das in der DDR geförderte Uranerz wurde ausschließlich an die Sowjetunion geliefert und bildete die Rohstoffbasis für die sowjetische Atomindustrie. Vgl. Karlsch, Uran für Moskau.

Weg. Früher gingen wir davon aus, dass Atomkraftwerke für uns zu teuer sind. Gleichwohl zeigen letzte Berechnungen von westdeutschen Experten für Kernenergie, dass die Kosten für Elektroenergie nicht höher sind als bei gewöhnlichen Wärmekraftwerken. Bei einem Kraftwerk in Bayern betragen beispielsweise die Kosten für Elektroenergie aus Kernkraft 3,8 Pfennige pro Kilowattstunde[395]. Die Engländer bestätigen auch, dass diese Energie nicht so teuer ist.

Wir bitten Sie, diese Frage zu untersuchen. Sie ist vom Charakter her langfristig, da wir noch die entsprechenden Kader für diesen Industriezweig ausbilden müssen. Jetzt bauen wir mit Hilfe der Sowjetunion ein Atomkraftwerk mit einer Leistung von 70 000 Kilowatt, es hat allerdings den Charakter einer Experimentier- und Ausbildungsstation[396].

Ein wichtiges Problem ist die Frage des wissenschaftlich-technischen Fortschritts. Im Bereich der Arbeitsproduktivität liegen wir hinter Westdeutschland zurück. Außerdem wächst bei uns der Fehlbedarf an Arbeitskräften. Wir müssen die Automatisierung durchführen, um eine hohe Arbeitsproduktivität zu erreichen. Aber allein können wir dieses Problem nicht lösen, und deshalb bitten wir um die Möglichkeit, mit Ihnen zusammenzuarbeiten. Das betrifft besonders die Chemie und die Mikroelektronik.

Wir verfügen über das entsprechende wissenschaftliche Potential und könnten bestimmte Teilfragen erfolgreich lösen. Zum vollen Umfang reichen jedoch unsere eigenen Kräfte nicht – zum Beispiel für die vollständige Automatisierung der Chemieindustrie. Es ist notwendig, die Arbeiten zwischen unseren Staaten nach jeweiligen Gebieten aufzuteilen, sodass wir einzelne Prozesse ausarbeiten und anschließend Ihnen übergeben, während Sie andere Prozesse entwickeln und an uns übergeben.

Die erste Vereinbarung in dieser Hinsicht wurde schon mit Gen. Lomako unterschrieben. Es wurde Übereinkunft darüber erzielt, dass wir bei Ihnen bestimmte Arten von Erzeugnissen kaufen werden. Jetzt muss diese Zusammenarbeit auf die wichtigsten Gebiete der wissenschaftlich-technischen Entwicklung erweitert werden.

Die Frage des Ausbaus der Kooperation im Bereich der wissenschaftlichen Forschungsarbeiten besitzt besondere Bedeutung. Denn Sie, wie auch wir, kaufen im kapitalistischen Ausland Lizenzen und Ausrüstungen. Aber wenn die auf der Grundlage dieser Anlagen gebauten Betriebe ihre Produktion aufnehmen, sind diese Ausrüstungen schon nicht mehr die modernsten, da die Firmen, die sie uns verkauft haben, in der Zwischenzeit bereits an der Vervollkommnung der Technologien gearbeitet haben. Wir müssen erreichen, dass es in unseren wissenschaftlich-technischen Forschungen einen entsprechenden Vorlauf gibt. Sie werden das auf dem einen Gebiet tun, wir auf einem anderen. Militärische Geheimnisse und Verschlusssachen sind nicht nötig für uns. Wir wollen nicht in den Kosmos vorstoßen. Uns interessieren bislang nur Fragen, die unmittelbar unsere Wirtschaft betreffen.

---

[395] In Garching bei München wurde im Oktober 1957 der erste Forschungsreaktor in Deutschland in Betrieb genommen. Das Kernkraftwerk Kahl in der Nähe von Großwelzheim, einem Ortsteil der unterfränkischen Gemeinde Karlstein am Main in Bayern, wurde als erstes Kernkraftwerk im November 1960 in Betrieb genommen und lieferte seit Februar 1962 erstmals Strom in das öffentliche Stromnetz mit einer elektrischen Leistung von 15 Megawatt (MW).

[396] Gemeint ist das Atomkraftwerk bei Rheinsberg. Mit dem Bau des Kernkraftwerks wurde unter Leitung sowjetischer und ostdeutscher Techniker im Januar 1960 begonnen. Am 6.5.1966 wurde die Anlage erstmals an das Stromnetz angebunden. Sie war das erste Kernkraftwerk der DDR mit einer elektrischen Bruttoleistung von 70 MW. 1973 ging das Kernkraftwerk bei Greifswald ans Netz. Beide Anlagen deckten etwa 10 Prozent der Stromversorgung der DDR ab. Die Arbeiten an einem dritten Kernkraftwerk bei Stendal wurden 1991 eingestellt. Vgl. Abele, Kernkraft in der DDR, S. 41f.

Wir übergeben Ihnen das von unseren Spezialisten vorbereitete Material mit einem Anhang zur Arbeitsteilung zwischen der DDR und der UdSSR auf dem Gebiet der wissenschaftlich-technischen Arbeiten. Hierin werden folgende Bereiche vorgeschlagen: Elektronik, Quantenelektronik, Magnetspeicherung, Rechenmaschinen, Mess- und Regelungstechnik, metallorganische Verbindungen und einige andere Fragen. Diese Fragen sind grundlegend, von ihnen hängt das weltweite technische Niveau ab – und unter unseren Bedingungen die Arbeitsproduktivität.

Die Kooperation wird auch für die Sowjetunion nützlich sein, und unser wissenschaftlich-technisches Niveau wird dadurch erhöht. Denn wir sollen doch mit Ihnen die USA und Westdeutschland einholen.

Die organisatorischen Voraussetzungen für eine solche Zusammenarbeit mit der Sowjetunion sind bei uns geschaffen worden: Es wurden bestimmte Gruppen von Wissenschaftlern ausgewählt und konkrete Richtungen einer solchen Kooperation benannt.

Gestatten Sie, bei den Fragen der Perspektivplanung stehen zu bleiben. Sie haben Vorschläge zur Abstimmung der Pläne bis 1970 eingereicht. Diese waren richtig, auch vom Standpunkt der Möglichkeiten unserer wirtschaftlichen Entwicklung her. Wir benötigen entsprechende Zeit, um den nötigen wissenschaftlich-technischen Stand zu erreichen. Einen entsprechenden Entwurf unseres Planes haben wir bereits übermittelt.

Unsere Bitte an euch – bereits jetzt müssen grundlegende Fragen, die mit der Abstimmung der Pläne verbunden sind, entschieden werden, damit wir unseren eigenen Perspektivplan ausarbeiten können. Wir wissen, dass bei euch der Plan bis 1970 noch nicht abgeschlossen ist, möchten aber Klarheit bei für uns wichtigen Fragen haben.

Ich möchte bemerken, dass uns die Abstimmung der Planziffern für 1964–1965, die uns von Gen. Lomako übergeben worden ist, sehr bei der Zusammenstellung unserer Pläne geholfen hat. Wir bedanken uns zudem für die in unserem Interesse unternommene Verschiebung der Fristen bei einigen Positionen.

<u>N. S. Chruščëv:</u> Sie möchten, dass ich Ihnen eine klare Antwort auf Fragen gebe, über die bei uns selbst Unklarheit herrscht. Unsere Vorsicht ist das Ergebnis unserer Lebenserfahrungen. Unser Gosplan hat früher sehr leicht Ablass für die sozialistischen Staaten gegeben. Es wäre nicht schlecht gewesen, wenn sie diese Dummheit in ihrem eigenen Namen gemacht hätten, aber sie taten dies im Namen der sowjetischen Regierung. Im Ergebnis sieht es dann so aus, als ob die Sowjetunion ihre Verpflichtungen nicht erfüllen würde. Als wir unsere Entwürfe zusammenstellten, wurde entdeckt, dass die Angaben der von Gosplan gemachten Zusagen nicht aufgehen und wir wie Vertragsbrecher aussehen. Gleichwohl ist das, was die sozialistischen Länder als unsere Verpflichtungen ansehen, nichts weiter als eine rechtsungültige Urkunde. Die Freunde betrachten sie jedoch als eine Art Wechsel. Besonders viele Unannehmlichkeiten hat uns in dieser Hinsicht Zasjad'ko[397] bereitet. Er ist ein mutiger Mensch, aber darüber hinaus war er nur selten nüchtern.

Gleichwohl sollten wir auf die Lage unserer Freunde eingehen und ihnen grundlegende Prognosen geben, damit sie die Entwicklung unserer Industrie mit der Entwicklung ihrer Wirtschaft verbinden können. Oder sie können sich nicht entwickeln. Es müssen ungefähre Zahlen bis 1970 festgelegt werden. Wir erarbeiten diese jetzt, um die deutschen

---

[397] Aleksandr Fëdorovič Zasjad'ko (1910–1963): Wirtschaftsfunktionär. 1957–1958 Leiter der Abteilung Kohleindustrie von Gosplan der UdSSR, 1958–1962 stellvertretender Vorsitzender des Ministerrates der UdSSR, gleichzeitig seit 1960 Vorsitzender des wissenschaftlich-wirtschaftlichen Rates beim Ministerrat der UdSSR.

Genossen informieren zu können. Allerdings sind dies alles nur Prognosen, da wir den Plan bislang nicht bestätigt haben.

W. Ulbricht: Gen. Apel trägt unsere ergänzenden Überlegungen hinsichtlich des Planes vor.

E. Apel: Gen. Ulbricht hat sich bereits zu den grundlegenden Fragen der Erarbeitung unseres Planes geäußert. Gen. Chruščëv hat Recht, einzelne Positionen können noch nicht genau bestimmt und auf deren Grundlage eine allgemeine Bilanz gegeben werden. Gleichwohl müssen wir den Perspektivplan für die DDR ausarbeiten, damit unser Volk eine Perspektive sieht und an deren Verwirklichung mitwirkt. Dafür benötigen wir grundlegende Angaben zu den sich gegenseitig ergänzenden Kennziffern unserer Volkswirtschaften.

Wir haben jetzt eine Konzeption für die wichtigsten Bereiche der Wirtschaft der DDR ausgearbeitet. Jetzt muss diese mit Ihren Plänen koordiniert werden. Im Juli 1963 fanden erste Konsultationen mit dem Gosplan der UdSSR statt, während derer wir um entsprechende ungefähre Angaben baten. Vor seiner gegenwärtigen Visite in der Sowjetunion hat Genosse Ulbricht ergänzendes Material geschickt, und wir würden hierzu gern die Meinung von Gosplan der UdSSR hören.

An alle Fragen, die die Bilanzierung des Planes betreffen, sind wir sehr vorsichtig herangegangen. Wir haben kein überhöhtes Wachstum der Produktion und gehen im Jahresdurchschnitt von 5 Prozent aus. Die politische Situation ist allerdings so, dass nach dem VI. Parteitag der SED, der die Aufgabe stellte, einen Perspektivplan für die DDR auszuarbeiten[398], bereits eineinhalb Jahre vergangen sind und wir unserer Bevölkerung konkreter sagen sollten, welche Perspektiven unsere Wirtschaft hat. Dabei gehen wir auch von der im RGW abgestimmten Entscheidung aus, bis Mitte 1965 einen allgemeinen Plan bis 1970 vorzulegen.

In dem von uns übergebenen Material ist das Problem der Energiebilanz dargelegt. Die sowjetischen Genossen haben uns über die schwierige Lage in der Sowjetunion auf diesem Gebiet, besonders im europäischen Teil der UdSSR, informiert.

Wir danken Ihnen für die Hilfe in der Richtung, dass Polen uns ab 1965 3,3 Millionen Tonnen Steinkohle im Jahr als Reexport zur Verfügung stellen wird. Das ist eine große Hilfe, ohne die unsere Bilanz nicht aufgehen würde. Tatsache ist aber auch, dass uns selbst dann noch 4,5 Millionen Tonnen Steinkohle fehlen.

Bis 1970 planen wir keine ernsthaften Änderungen, nicht in der Chemie, nicht im Energiebereich. Die Braunkohle werden wir im vollen Umfang nutzen und ihren jährlichen Abbau von 200 auf 330 Millionen Tonnen steigern. Gleichwohl muss dabei berücksichtigt werden, dass die Kapitalinvestitionen für jede abgebaute Tonne Kohle steigen, da die Bedingungen für ihren Abbau schwieriger werden. Mit der Karbidchemie werden wir gleichfalls fortfahren, auch wenn das für uns teuer ist. Zum Beispiel ist das Buna-Kombinat[399] jetzt vollständig automatisiert, aber die Selbstkosten der Produktion sind immer noch vier-

---

[398] Auf dem VI. Parteitag der SED (15.–21. 1. 1963) wurde angekündigt, einen Perspektivplan für die Jahre 1964–1970 auszuarbeiten. Zugleich erklärte die SED-Führung auf dem VI. Parteitag im Januar 1963 das Konzept der Einheit von Wissenschaft und Produktion zum Kernpunkt jener Wirtschaftsreform in der DDR, die in den folgenden Jahren als „Neues ökonomisches System der Planung und Leitung der Volkswirtschaft (NÖSPL)" bekannt wurde. Die Wirtschaftsreform stellte das Herzstück der Modernisierungsversuche dar, mit denen Ulbricht die Produktionsrückstände gegenüber den westlichen Industrieländern wettmachen wollte.

[399] Der VEB Chemische Werke Buna in Schkopau produzierte polymere Kunststoffe. „Plaste und Elaste aus Schkopau" wurde in den 1960er Jahren zum prägenden Slogan für die Produktpalette. 1970 ging aus den Buna-Werken das Kombinat VEB Chemische Werke Buna hervor.

mal so hoch wie in Westdeutschland, wo Erdöl als Ausgangsbasis genutzt wird. Aber hier kann man nichts machen.

Das Erdölproblem wollen wir durch die Suche nach eigenem Erdöl und Erdgas lösen. Die Prognosen in dieser Hinsicht sind bislang allerdings nicht stabil. Auf Empfehlung der sowjetischen Genossen haben wir in den Plan geschrieben, bis 1970 700 000 Tonnen eigenes Erdöl zu fördern. Hier gibt es verschiedene Meinungen, einige sagen, dass man bis zu 1,5 Millionen Tonnen gewinnen könnte. Bislang wissen wir lediglich genau, wie viel uns diese Suche kosten wird. Aber wie viel Erdöl wir finden werden, ist nicht bekannt[400].

Die alten chemischen Prozesse haben wir angehalten. Wir werden für die Chemie 1,5 Millionen Tonnen Braunkohlenteer im Jahr produzieren. Gleichwohl muss die Chemie auf Erdölbasis umgestellt werden. Deshalb bitten wir euch, die Ziffern zu übernehmen, die Gen. Ulbricht genannt hat.

Die Polen haben wir gebeten, uns an die Erdgasleitung anzuschließen, was sie aber ablehnten.

N. S. Chruščëv: Die Polen bauen jetzt ein Werk zur Produktion von 100 000 Tonnen Stickstoffdünger aus Erdgas.

E. Apel: Wir haben auch bei den Engländern Ausrüstung für die Herstellung von Stickstoffdünger aus Erdöl auf Kredit gekauft. Sie wird in Schwedt aufgestellt. Aber 1966/67 sollen wir die Kredite zurückgezahlt haben.

Wir danken für die vor kurzem erfolgte Abstimmung der Lieferpositionen im Bereich des Maschinenbaus. Das ist ein schwieriges Problem, da unser Maschinenbau ein ausgesprochen breites Profil besitzt. Jetzt haben wir die gegenseitigen Lieferungen auf diesem Gebiet ungefähr abgestimmt. Wir hoffen, dass dies uns hilft, zur Automatisierung der Produktion überzugehen.

In dem übergebenen Material sind Überlegungen zur Begrenzung des Transportvolumens zwischen der DDR und der Sowjetunion dargelegt. Wir werden den Plan unserer Kapitalinvestitionen ändern und jetzt Fährschiffe für die Verkehrsverbindung mit der UdSSR bauen.

W. Ulbricht: Gestern haben Sie eine wichtige Bemerkung über die Möglichkeit der Nutzung des Dnjepr-Ostseekanals für Transporte gemacht.

E. Apel: Der Transit über Polen stellt bereits jetzt nicht den Bedarf unseres Güteraustausches sicher. Das liegt nicht am guten Willen der Polen, denn Polen ist in der Tat ein Flaschenhals und kann ein solches Transportaufkommen nicht durchlassen. Die Flusskanäle durch Polen sind nicht zu verwenden, da sie lediglich für Schiffe mit einer Tragkraft von bis zu vier Tonnen ausgelegt sind.

Das Hauptproblem für uns sind die landwirtschaftlichen Produkte. Wir erhielten das Schreiben des ZK der KPdSU zu dieser Frage und haben eine entsprechende Antwort über unser Politbüro gegeben[401]. Das ZK der SED und unseren Staatsapparat haben wir darüber nicht informiert.

---

[400] Nach zahlreichen Probebohrungen begann im März 1966 in Lütow auf der Insel Usedom (Mecklenburg-Vorpommern) die Erdölförderung. Die Lagerstätte bei Lütow war das größte Erdölvorkommen in der DDR. Das Jahresfördermaximum betrug 220 000 Tonnen Rohöl. 1969 wurde mit mehr als 1000 Tonnen die höchste Tagesfördermenge erreicht. Die Jahresfördermenge ging seit den 1980er Jahren rapide zurück und erreichte 1996 nur noch 9578 Tonnen.
[401] Vor dem Hintergrund der verheerenden Missernte im Sommer/Herbst 1963 hatte das ZK der KPdSU in einem Brief an das ZK der SED vom 12. 2. 1964 angekündigt, die Lieferungen landwirtschaftlicher Erzeugnisse aus der UdSSR an die DDR in den folgenden 3 bis 4 Jahren vollständig ein-

Wir steigern unsere landwirtschaftliche Produktion, aber wir können uns nicht vollständig selbst versorgen. Wir bitten, uns zur Orientierung mitzuteilen, mit welcher Menge Getreide, Fleisch und Butter wir in Zukunft rechnen können. In Abhängigkeit davon werden wir unsere Devisenpläne aufstellen. Manchmal gibt es keinen Ausweg, da wir fast keine Möglichkeit haben, die Erzeugnisse unserer Maschinenbauindustrie im kapitalistischen Ausland abzusetzen. Wir haben Pläne zur Erhöhung des Exports von Kalisalz ausgearbeitet. Andere Rohstoffe gibt es bei uns nicht. In Zukunft müssen wir so 70 Prozent unserer Lieferungen von Erzeugnissen des Maschinenbaus ersetzen.

N. S. Chruščëv: Bei einzelnen Fragen werden Sie die Antworten nicht von mir, sondern von den Genossen Lomako und Lesečko, wahrscheinlich in Gesprächen mit den angereisten deutschen Genossen, erhalten. Gleichwohl meine ich, dass wir bereits jetzt die Richtlinien für die Erörterung dieser Fragen festlegen sollten.

Als Erstes zur Frage der Kernkraftwerke. Das Problem besteht darin, dass die Atomkraftwerke, die wir gegenwärtig auf unserem modernen technischen Niveau bauen, für uns nicht rentabel sind. Bislang produzieren sie Elektroenergie, die um ein Vielfaches teurer ist als Energie aus Wärmekraftwerken. Wir haben unsere Atomfachleute angewiesen, uns darüber Auskunft zu geben, nach welchem Schema die Westdeutschen und Engländer ihre Atomkraftwerke bauen. Atomkraftwerke sind gegenwärtig kein Geheimnis mehr, die Amerikaner und Engländer lassen uns heute in ihre Kernkraftwerke, sodass diese Frage gelöst werden kann. Unsere Wissenschaftler arbeiten im Moment an einem neuen Schema zum Erhalt von Elektroenergie aus Kernkraft, und wenn diese wissenschaftlichen Arbeiten mit Erfolg abgeschlossen werden, dann wird die Elektroenergie, die wir aus den Kernkraftwerken beziehen, billiger sein als die Elektroenergie, die wir von den Wärmekraftwerken bekommen. Aber das ist für uns noch Zukunftsmusik. Die Elektroenergie, die gegenwärtig in unseren Kernkraftwerken produziert wird, kostet uns mehr als die Energie der Wärmekraftwerke. Wir wissen bislang nicht, wann die Experimente unserer Wissenschaftler abgeschlossen sein werden. Unsere Wissenschaftler arbeiten im Moment am Problem der schnellen Neutronen[402]. Die Sache ist die, dass in unseren gegenwärtigen Atomkraftwerken das Uran nicht vollständig abgebrannt wird. Wenn das neue Schema ausgearbeitet ist, werden unsere Kraftwerke rentabler arbeiten. Im Moment sind wir gezwungen, unsere verbrauchten Brennstäbe zwischenzulagern, da die Möglichkeit besteht, sie später erneut wiederzuverwenden.

---

zustellen. Nach einem Brief Ulbrichts an Chruščëv vom 9.4.1964 wurde zumindest erreicht, dass der Hauptteil der Lieferungen fortgesetzt wurde. Einschränkungen gab es insbesondere bei den ursprünglichen Liefermengen bei Fleisch und Butter. In dem Schreiben Ulbrichts heißt u. a.: „Es gab in der Vergangenheit keine Situation, die uns vor derartig schwierige Probleme stellte. Der Import von Getreide, Nahrungsmitteln und Baumwolle aus der UdSSR war und ist neben dem Stahlimport ein entscheidender materieller Grundpfeiler der ökonomischen Entwicklung unserer Republik und war stets eine der ökonomischen Hauptfragen unserer Zusammenarbeit mit der UdSSR." SAPMO-BArch, DY 30/3716.

[402] Gemeint ist die Entwicklung von „schnellen Brütern" (Brutreaktor). Sie wurden in den 1960er Jahren als Atomkraftwerke der zweiten Generation bezeichnet. Der „schnelle Brüter" sollte durch die Nutzung des bislang nicht verwendeten Uran-238 einen effizienteren Betrieb des Brennstoffkreislaufes ermöglichen. Als Spaltmaterial wird bei diesem Typ von Reaktor Plutonium-239 verwendet. Durch Neutronenbeschuss („schnelle Neutronen") wird Uran-238 umgewandelt. Dabei entsteht nicht nur Energie, sondern auch gleichzeitig weiteres spaltbares Material. Diese Umwandlung von Brennstoff in weiteren Brennstoff wird als „brüten" bezeichnet. Der erste sowjetische Brutreaktor wurde 1973 in Kasachstan in Betrieb genommen.

So ist die Kernenergie natürlich perspektivreich, aber wir sind im Moment gezwungen, den Bau unserer Kernkraftwerke nach altem Schema einzufrieren, und werden die Atomkraftwerke fertigstellen, in deren Bau bereits umfangreiche Mittel geflossen sind. Zu diesem Zeitpunkt wird dann genau bekannt sein, nach welchem Schema die Engländer und Westdeutschen ihre Kraftwerke bauen. Ich denke, sie bauen sie nach dem gleichen Prinzip wie wir. So ist diese Frage also sehr schwierig. Tatsächlich haben wir in die Beschlüsse des XX. Parteitags geschrieben, dass in unserem Land Kernkraftwerke mit einer Gesamtleistung von 1,5 Millionen Kilowattstunden gebaut werden. Gleichwohl haben wir jetzt, wie ich bereits gesagt habe, den Bau von Kernkraftwerken eingefroren. Das Problem besteht darin, dass die Entscheidungen des XX. Parteitages auf der Grundlage von falschen Informationen Malenkovs[403] getroffen worden sind, der damals Minister für Kraftwerke war. Jetzt werden wir den Bau neuer Anlagen erst fortsetzen, wenn unsere Wissenschaftler neue Schemas ausgearbeitet haben. Tatsächlich sind unsere Wissenschaftler überzeugt, dieses Problem zu lösen, aber wir denken im Moment nicht daran, ihnen dafür Geld zu geben.

Jetzt zur Frage der Planung der wissenschaftlich-technischen Arbeiten, besonders auf den Gebieten der Automatisierung und Elektronik. Ich denke, dass diese Frage richtig gestellt ist und dass wir in diesen Bereichen in ständigem Kontakt stehen sollten, allerdings nur bis zur bekannten Stufe. Warum sehe ich das Problem in dieser Sichtweise? Die Sache besteht darin, dass wir bei uns bei fast allen wichtigen Problemen Parallelentwicklungen durchführen. Das ist für uns teurer, aber dafür werden die Schwierigkeiten sehr viel schneller gelöst. Diese Methode verwenden wir besonders breit im Bereich der Rüstungstechnik. Wenn wir den Raketenbau nehmen, so arbeiten hier von Anfang an einige Entwicklungsbüros parallel. Nicht alle Büros konnten entsprechende Erfolge vorweisen, weshalb ein Teil geschlossen wurde. Dennoch gibt es im Ergebnis dieser parallelen Entwicklungen jetzt bei uns Raketen. In der Tat steht jetzt vor uns aber die mühsame Aufgabe der Zusammenlegung aller Konstruktionsbüros des Raketenbaus. Natürlich wollen sie diesen Zusammenschluss nicht. Gleichwohl wäre es Verschwendung, weiter eine so große Anzahl von Konstruktionsbüros zu belassen, und deshalb müssen wir die Arbeit ihrer Vereinigung durchführen. Einige Genossen, die auf diesem Gebiet arbeiten, bilden sich jetzt etwas auf ihre Fähigkeiten ein und wollen sich gegenseitig nicht anerkennen. Nichtsdestotrotz werden alle Konstruktionsbüros im Bereich des Raketenbaus zusammengelegt. So sehen Sie an diesem Beispiel, wie schwierig die Frage der wissenschaftlich-technischen Zusammenarbeit selbst innerhalb eines Landes ist. Das Problem wird noch um etliches schwieriger im Maßstab mehrerer Länder. Deshalb sollten in dieser Frage Geduld und Verständnis herrschen. Lassen Sie uns jetzt machen, was getan werden kann, und dort, wo es wirkliche Schwierigkeiten gibt, lassen Sie uns diese Frage parallel bearbeiten. Umso mehr, da es innerhalb jedes Landes unausweichlich ist, umfangreiche parallele Arbeiten durchzuführen. Diese Lage gibt es bei uns zwischen einzelnen Republiken, ja selbst im Rahmen einer Behörde.

---

[403] Georgij Maksimilianovič Malenkov (1902–1988): Partei- und Wirtschaftsfunktionär. 1950–1953 stellvertretender Vorsitzender und 1953–1955 Vorsitzender des Ministerrates der UdSSR, 1955–1957 Minister für Kraftwerke und Elektroindustrie, außerdem stellvertretender Vorsitzender des Ministerrates der UdSSR, 1957 Leiter eines Wasserkraftwerkes in Ust-Kamenogorsk in Kasachstan, 1941 Kandidat und 1946–1957 Mitglied des Politbüros des ZK der KPdSU. Die Ablösung Malenkovs und sein Ausschluss aus dem Politbüro folgten nach einem misslungenen Versuch im Juli 1957, Chruščëv als Parteichef zu stürzen.

Wenn wir die Frage der Koordinierung betrachten, so entstehen viele Probleme während des Prozesses der Zusammenarbeit selbst. Ich möchte Ihnen dies an einem Beispiel demonstrieren. Wir haben Polen den Bau des Flugzeuges An-2[404] übergeben. Als wir dies taten, haben wir den Polen gleichzeitig auch den entsprechenden Exportpreis überlassen. Bis jetzt fahren sie fort, uns diese Flugzeuge zum damals festgelegten Preis zu liefern, obwohl seit der Übergabe bereits viel Zeit vergangen ist. Damals entsprach der von uns festgelegte Preis ungefähr dem Weltmarktpreis, zum Beispiel liefern die Franzosen Flugzeuge dieser Klasse zu einem analogen Preis. Das Flugzeug, über das ich spreche, wird hauptsächlich in der Landwirtschaft genutzt, und als wir mit dem Massenbau von Werken für die Kunststoffdüngerproduktion begonnen haben, entstand bei uns ein gewaltiger Bedarf an diesen Maschinen. Aber unser Gosplan hatte damals diese Frage nicht bis zu Ende durchdacht. Auf dieses Problem machte uns der Leiter der Hauptverwaltung für Zivilluftfahrt aufmerksam. Er richtete ein Schreiben an das ZK, in welchem er mitteilte, dass uns die Polen dieses Flugzeug zu einem Preis von 63 000 Rubeln liefern, aber aus unseren Werken erhalten wir die gleichen Flugzeuge zweimal billiger. Ich könnte diese Situation verstehen, wenn wir nicht in der Lage wären, derartige Maschinen zu bauen. Aber es geht hier um sowjetische Flugzeuge, die nach unseren Zeichnungen hergestellt werden, aber sie werden von den Polen in ihren Betrieben gefertigt.

Als Gen. W. Gomułka in Moskau war, haben wir ihm gesagt, dass wir bis 1965 unsere Vertragsverpflichtungen zum Ankauf der Flugzeuge erfüllen werden, aber dann werden wir zur Produktion dieser Flugzeuge in unseren Werken übergehen. Wir haben die Frage des Preises nicht mit Gen. W. Gomułka erörtert, damit er nicht denkt, es geht uns nur darum. Wir haben ihnen damals selbst diesen Preis vorgeschlagen, allerdings gab es in den vergangenen zehn Jahren eine entsprechende technische Entwicklung, und jetzt ist dieser Preis nicht mehr angemessen. Ein solches Flugzeug kostete jetzt 28 000–29 000 [Rubel]. Warum sollen wir also 63 000 bezahlen? Überhaupt erweist sich eine solche Kooperation als ausgesprochen dumme Zusammenarbeit. Was ist denn herausgekommen? Wir haben den Polen den Bau eines Flugzeuges übergeben, aber außer uns kauft bei ihnen niemand dieses Flugzeug. Die Polen wollten die Produktion dieses Flugzeuges ausweiten. Aber darauf sind wir nicht eingegangen. Auf der anderen Seite können wir nicht fordern, dass sie uns die Flugzeuge für 28 000 Rubel verkaufen. Es ist durchaus möglich, dass die Polen das Flugzeug nicht zu diesem Preis produzieren können. Denn unsere Luftfahrtindustrie hat eine viel größere Leistungskraft. Aber sie stellen die Flugzeuge in Einzelfertigung her.

Genau die gleiche Situation herrscht jetzt bei der Herstellung von Hubschraubern. Wir haben den Polen die Lizenz für den Bau von Hubschraubern übergeben, aber selber Entwicklungsarbeiten zur Verbesserung der Konstruktion der Hubschrauber durchgeführt. Früher konnte der Hubschrauber Mi-4 zehn bis zwölf Personen in die Luft bringen, jetzt sind es 20 Personen. Es geht faktisch um einen neuen Hubschrauber. Nichtsdestotrotz fahren die Polen fort, ihn auf der Grundlage der alten Lizenz herzustellen, obwohl sie die Ergebnisse unserer wissenschaftlichen Forschungsarbeit zu Verbesserung der Konstruktion dieses Hubschraubers benutzen. Ich meine, dass wir eine derartige Praxis überprüfen

---

[404] Einmotoriges Mehrzweckflugzeug mit Kurzstart- und Landeeigenschaften aus dem Konstruktionsbüro Antonov. Das Flugzeug, das 1947 zum ersten Mal flog, wurde vor allem in der Land- und Forstwirtschaft eingesetzt, in der UdSSR stellte man 5450 Maschinen her. Ab 1960 wurde die Produktion der An-2 nach Polen verlagert, dort wurden knapp 12 000 dieser Flugzeuge gebaut.

müssen. Wenn irgendein Land die Maschine kauft, dann soll es die Entwicklungsarbeiten selber durchführen. Wir sind gezwungen, die wissenschaftlichen Forschungsarbeiten zu realisieren, anderenfalls würden wir veraltete Maschinen erhalten.

W. Ulbricht: Ich bin mit Ihnen vollkommen einverstanden. Wer die Herstellung der Maschinen übernimmt, soll auch die Arbeiten zu deren Modernisierung durchführen.

N. S. Chruščëv: Die Kapitalisten machen es richtig. Sie kaufen gleichzeitig Maschine und Lizenz. Damit zahlen sie für die geistige Energie, die in die Entwicklung der Maschine investiert worden ist.

Wir sollten solche Kooperationen, von denen ich gerade gesprochen habe, beenden. Oder unsere Interessen werden zu sehr geschädigt. Der Kauf von Flugzeugen bei den Polen ist für uns auch deshalb nicht rentabel, weil es bei uns umfangreiche freie Kapazitäten für deren Produktion gibt. Denn wir fahren den Bau von Militärflugzeugen zurück, da wir unser Hauptaugenmerk auf die Raketen legen.

Hier die Zusammenfassung des Gesagten: Ich meine, dass wir es uns erlauben sollten, parallele Arbeiten im Bereich der wissenschaftlichen Forschung durchzuführen, allerdings nur in einem gewissen rationalen Rahmen. Deshalb trete ich für enge Kontakte bei der wissenschaftlichen Forschungstätigkeit ein.

Die Frage der Abstimmung unserer Pläne bis 1970. Sie haben uns das entsprechende Material bei Gosplan vorgestellt. Allerdings sind die Materialien ihrer Staatlichen Plankommission keine Gedichte von Puschkin, und sie auswendig zu lernen ist sehr schwer. Deshalb empfehle ich, dass Gen. Apel diese Frage mit Gen. Lesečko erörtert.

Jetzt zum Problem hinsichtlich der Prognosen für die Landwirtschaft. Wir verstehen die Lage in der Deutschen Demokratischen Republik und in der Tschechoslowakei. Das sind zwei Republiken, die ihre Eigenversorgung mit landwirtschaftlichen Produkten nicht gewährleisten können. Deshalb sind wir bereit, unsere materiellen Möglichkeiten zu untersuchen, um zu sehen, ob wir Ihnen in irgendeiner Form Hilfe leisten können. Das ist die eine Seite der Frage. Gleichwohl sind auf der anderen Seite die DDR und die ČSSR entwickelte Industrieländer, die ihre Industrieproduktion auf den Weltmärkten absetzen können. Warum zum Beispiel gehen Sie uns an die Gurgel, fordern von uns Baumwolle, während auf den kapitalistischen Märkten ein Überangebot an Baumwolle herrscht und Sie diese Baumwolle in Ägypten oder Algerien kaufen könnten? Das Gleiche betrifft Ihre Forderungen zur Lieferung von Fleisch. Sie müssen mit diesem Ziel auf den afrikanischen, auf den lateinamerikanischen Markt gehen. Sie könnten wohl auch auf den europäischen Markt gehen, aber dort gibt es gewisse Schwierigkeiten, da Sie es dort mit entwickelten Ländern zu tun haben und es nicht immer gelingen wird, ihre Produktion abzusetzen. Eine andere Sache sind Brasilien oder Argentinien. Hier können Sie immer Käufer für Ihre Maschinen finden, und Sie erhalten im Tausch das nötige Fleisch.

Ich glaube, dass Ihre Staatliche Plankommission detailliert dieses Problem untersuchen muss und aktiver nach Märkten zum Absatz von Industrieprodukten der DDR suchen sollte, um im Austausch auf diesen Märkten landwirtschaftliche Produkte zu erhalten. Denn Sie bekommen ja auch bei uns keine landwirtschaftlichen Produkte geschenkt. Sie zahlen ja auch für diese. Also können Sie diese Produkte auch auf anderen Märkten erwerben. Das ist eine Frage der Anpassung. Sie haben sich schon an unsere Ansprüche angepasst, jetzt müssen Sie sich an die Ansprüche anderer Staaten anpassen. Die DDR und die ČSSR können nur als kommerzielle Handelsstaaten existieren, sie können nicht mit den eigenen Ressourcen auskommen. Deshalb ist eine Autarkiepolitik eine höchst unvernünftige Politik. Jetzt stehen die Rumänen vor diesem Problem. Allerdings ist dies bei ihnen nach meiner Meinung eine Kinderkrankheit. Man kann sich nicht erfolgreich entwickeln, wenn man eine Subsistenzwirtschaft durchführt.

Die nächste große Frage – das Erdölproblem. Selbstverständlich müssen Sie sich von teuren Energieträgern lösen und moderne Energieträger, wie beispielsweise Erdöl, nutzen. Unlängst habe ich mich mit Ben Bella[405] getroffen, er weiß nicht, wohin er sein Erdöl verkaufen soll. Warum treten Sie nicht mit Ben Bella in Kontakt und kaufen Erdöl von ihm? Algerien benötigt moderne Maschinen, und Sie brauchen Erdöl oder Erdgas. Außerdem könnten Sie Algier Konsumgüter vorschlagen, die sie gegenwärtig in Frankreich kaufen.

<u>W. Ulbricht:</u> Wir haben versucht, uns an Ben Bella zu wenden, aber er hat kein großes Interesse an der Ausweitung des Handels mit uns gezeigt. Er hat dies ganz klar aus politischen Motiven getan, die uns bis jetzt allerdings noch nicht vollkommen klar sind. Wir denken, dass wohl vor allem Bonn einen starken Druck auf ihn ausgeübt hat[406].

<u>N. S. Chruščëv:</u> Ich habe in dieser Frage mit Ben Bella gesprochen und ihn gefragt, ob er nicht Öl an die DDR verkaufen würde. Er antwortete, dass Algerien gern Öl in die DDR liefern möchte. Ich denke, dass wir einen entsprechenden Brief an Ben Bella schreiben könnten, in dem wir auf unser Gespräch mit den deutschen Genossen verweisen und ihm vorschlagen, Ihnen Erdöl zu liefern.

<u>A. I. Mikojan:</u> Algerien könnten Ihnen Erdöl auf dem Seeweg liefern. Das wäre zudem noch billiger.

<u>N. S. Chruščëv:</u> Die Algerier verfügen auch über Eisenerz, das sie niemandem verkaufen können. Wir kaufen bei ihnen Erz, welches wir nicht benötigen. Wir kaufen das Erz, um ihnen zu helfen. Die DDR könnte auch bei Algerien Eisenerz kaufen und es auf dem Seeweg transportieren.

<u>W. Ulbricht:</u> Wir untersuchen diese Frage.

<u>N. S. Chruščëv:</u> In Algerien herrscht im Moment beim Absatz von Eisenerz eine katastrophale Lage. Die Franzosen weigern sich aus politischen Gründen, Erz zu kaufen. Wenn Ihr wollt, können wir Ben Bella schreiben, dass ihr daran interessiert seid, nicht nur Erdöl, sondern auch Eisenerz zu kaufen.

<u>W. Ulbricht:</u> Diese Frage muss geprüft werden. Wir sollten konkret wissen, um was für Erdöl es sich handelt und ob wir es mit unseren Anlagen weiterverarbeiten können.

<u>N. S. Chruščëv:</u> In diesem Jahr wird Algerien ungefähr 27 Millionen Tonnen Erdöl fördern, im nächsten Jahr 45 Millionen Tonnen. Deshalb sollte Ben Balla [sic!] am Verkauf von Erdöl interessiert sein, umso mehr, da er jetzt große Schwierigkeiten bei dessen Absatz hat. Wir verfügen über nachrichtendienstliche Informationen, dass die Franzosen Wirtschaftsgespräche mit Algerien vorbereiten. Durch diese Angaben wurden uns die Maßnahmen bekannt, die die Franzosen planen, um Druck auf Algerien auszuüben. Wir haben Ben Bella über diese Informationen in Kenntnis gesetzt. Ich habe ihn gefragt, ob die Informationen für ihn von Interesse sind. Er antwortete, dass diese Erkenntnisse sehr inter-

---

[405] Mohammed Ahmed Ben Bella (1918–2012): algerischer Politiker. 1962-1965 erster Präsident der Demokratischen Republik Algerien, 1965 durch einen Militärputsch gestürzt und unter Hausarrest gestellt.
[406] Nach der Unabhängigkeit und der Gründung der Demokratischen Republik Algerien am 25.9. 1962 kam es zu wirtschaftlichen Problemen und internen Machtkämpfen der regierenden Nationalen Befreiungsfront (FLN) über den politischen Kurs. Unter Präsident Ahmed Ben Bella entwickelte sich die FLN in eine sozialistisch orientierte Einheitspartei, die die Wirtschaft verstaatlichte. Es wurde auch die Öl- und Gasförderung unter staatliche Kontrolle gestellt. Die Handelspolitik Ben Bellas war zu dieser Zeit aufgrund der Kolonialgeschichte nicht nur auf Frankreich, sondern ebenso auf die Sowjetunion ausgerichtet. Vgl. Bernhard Schmid, Algerien – Frontstaat im globalen Krieg? Neoliberalismus, soziale Bewegungen und islamistische Ideologie in einem nordafrikanischen Land, Münster 2005.

essant sind und vollkommen der gegenwärtigen Lage entsprechen. Der von mir erwähnte Druck läuft darauf hinaus, bei Algerien kein Erdöl und Erdgas zu kaufen. Es versteht sich von selbst, dass Ben Bella daran interessiert ist, Erdöl und Erdgas an die Franzosen zu verkaufen. Er hat vollkommen Recht. Er kann es sich nicht leisten, die Wirtschaftsbeziehungen mit Frankreich abzubrechen. Gleichwohl könnte er gleichzeitig einige Millionen Tonnen Erdöl an die DDR verkaufen. Er hat jetzt auch große Schwierigkeiten beim Absatz anderer Waren. Zum Beispiel weiß er nicht, wohin mit seinem Wein. Sie könnten ihm vorschlagen, bei ihm Wein und zugleich Erdöl und Eisenerz zu kaufen. Allgemein empfehle ich, dass Sie ihre ganze Aufmerksamkeit auf Algerien richten. Sie könnten auch Algerien helfen, wobei sich Ihre Hilfe darin ausdrücken wird, dass Sie von Algerien die Waren kaufen werden, die Sie benötigen.

W. Ulbricht: Wir haben versucht, Kontakt mit Ben Bella herzustellen, und zu diesem Zweck Gen. Otto Winzer[407] dorthin geschickt, allerdings hat Ben Bella kaum mit ihm geredet. Wir glauben, dass das Problem darin besteht, dass Bonn und Paris auf Ben Bella starken Druck ausüben.

A. I. Mikojan: Algerien dürfte es schwerfallen, jetzt mit Ihnen enge politische Beziehungen herzustellen, aber Sie könnten mit ihnen wirtschaftliche Kontakte knüpfen.

W. Ulbricht: Wir stehen mit Algerien über unsere Wirtschaftsvertretung in Verbindung. Das scheint allerdings nicht ausreichend zu sein, und wir sollten dorthin einen Sondervertreter unserer Staatlichen Plankommission entsenden.

N. S. Chruščëv: Ich bin mit Ihnen einverstanden, dass auf Ben Bella jetzt Bonn und Paris Druck ausüben. Also los, wir werden auch auf ihn Druck ausüben. Er bekommt von uns viel. Ich meine, wir können von ihm Erdöl für die DDR bekommen. Algerien verkauft England und Frankreich auch Flüssiggas. Er könnte solches Gas auch an euch verkaufen. In Algerien gibt es gewaltige Vorkommen an Erdgas. Allerdings kann es möglich sein, dass er euch bittet, ihm Hilfe beim Bau einer Erdölleitung zu erweisen.

Ich bin gleichfalls der Ansicht, dass unsere Genossen gemeinsam über folgende Frage nachdenken: Ihr habt gesagt, dass Ihr sehr an Stickstoffdünger interessiert seid. Es könnte sein, dass man dieses Problem so lösen könnte, wie wir es mit den Polen gelöst haben, obwohl es dort um die Produktion von Kalidünger ging. Vielleicht wäre es zweckmäßig, wenn wir ein Werk zur Herstellung von Stickstoffdünger in Weißrussland oder in Leningrad bauen und wir Ihnen dann den Dünger auf dem Seeweg liefern würden. Mir scheint, das wäre billiger, als wenn Ihr den Stickstoffdünger bei euch auf Basis unseres Erdöls herstellen würdet. Allerdings muss man hierbei alles bedenken und genau berechnen. Ich denke, wenn Leningrad oder Weißrussland in dieser Hinsicht überlastet sind, so könnten wir ein solches Werk auch an der Volga bauen und Ihnen den Dünger liefern, indem wir den rekonstruierten Volga-Mariinskij-Wasserweg[408] nutzen, umso mehr, als sich das Granulat des Mineraldüngers genauso leicht verladen lässt wie Getreide. Mir scheint es, diese Frage ist es wert, untersucht zu werden.

Zur Frage der Lieferungen von landwirtschaftlichen Produkten. Lassen Sie uns überlegen, welche Menge an Nahrungsmitteln wir für Sie bereitstellen können. Nehmen wir zum

---

[407] Otto Winzer war zu dieser Zeit Staatssekretär und 1. Stellvertreter des Ministers für Auswärtige Angelegenheiten.
[408] In Deutschland als Wolga-Ostsee-Kanal bekannt und ein Teil des Wasserweges vom Kaspischen Meer zur Ostsee. Er verbindet die Wolga mit der Newa (Russland, Nordosteuropa). Sein Ausbau begann bereits im 18. Jahrhundert unter Zar Peter I. In der Sowjetunion wurde der mehr als 1100 Kilometer lange Wasserweg umfassend modernisiert.

Beispiel Butter. Wir sollen Ihnen 42 000 Tonnen liefern. Sie möchten von uns wenigstens 27 000 Tonnen haben, allerdings können wir nicht mehr als 15 000 Tonnen liefern. Falls euch das zu wenig ist, solltet Ihr Möglichkeiten zum Erhalt dieser Butter auf dem kapitalistischen Markt suchen. Wir haben nicht mehr Butter.

Ich sagte bereits, dass wir in den nächsten 3–4 Jahren gewisse Schwierigkeiten mit der Lieferung von landwirtschaftlichen Produkten haben werden. Nach 1970 werden wir Absatzmärkte für unsere landwirtschaftliche Produktion suchen. Aber bis 1970 werden wir eine sehr vorsichtige Politik durchführen und keine Verpflichtungen eingehen, um nicht erneut in einer Situation zu enden, wie wir sie im vergangenen Jahr hatten. Deshalb müsst ihr bis 1970 landwirtschaftliche Produkte bei den Kapitalisten kaufen. In diesem Jahr haben wir bislang keine schlechte Ernte, aber wir denken, dass wir die gesamten Überschüsse der Reserve zuführen werden. Wir können es uns nicht erlauben, dass sich noch einmal eine solche Lage wiederholt, wie wir sie im letzten Jahr hatten[409]. Wir waren sehr gutmütig, und diese Gutmütigkeit sollte sich als unsere Dummheit erweisen. Alle sozialistischen Staaten waren auf den kapitalistischen Märkten. Es ist verständlich, wenn die Tschechen oder ihr auf dem kapitalistischen Markt aktiv werdet. Wenn aber wir auf dem kapitalistischen Markt Getreide kaufen, dann ist das eine Schande. Wir verstehen eure Interessen sowie die der Tschechen und werden versuchen, euch, was Industriewaren betrifft, auszuhelfen, aber alle landwirtschaftlichen Überschüsse werden wir in der Reserve anlegen. Natürlich ist das ein teures Vergnügen, aber wir haben keinen anderen Ausweg.

<u>W. Ulbricht:</u> Wir verstehen das.

<u>N. S. Chruščëv:</u> Stellen Sie sich vor, was gewesen wäre, wenn es diese Krise im Jahr 1962 gegeben hätte[410]. In welche Lage wären wir geraten? Die Amerikaner hätten uns verspottet. Deshalb bitten wir um Verständnis für unsere Lage, und bitte drängen Sie uns nicht. Denn wenn wir unserer Reserven beraubt werden, heißt das, sich selbst zu bestehlen.

<u>E. Apel:</u> Was allerdings die Fleischlieferungen betrifft, so muss man irgendeinen Übergang zum nächsten Jahr finden. Jetzt ist es für uns schon zu spät, um sich auf dem Markt umzusehen.

---

[409] 1963 befand sich die Sowjetunion aufgrund gravierender Missernten in einer schweren Agrarkrise. Im September 1963 wurde in Moskau und anderen sowjetischen Städten die Brotrationierung eingeführt. Die Verluste in der Getreideernte mussten mit der Einfuhr von australischem und kanadischem Weizen (7,9 Millionen Tonnen) ausgeglichen werden. Zudem führte Futtermangel zu Massenschlachtungen. Als Ursache der Lebensmittelknappheit nannte die sowjetische Führung später die von Chruščëv gegen den Widerstand von Agrarwissenschaftlern durchgesetzte Einführung des neuen Anbausystems, den Hackfruchtbau – die Fruchtfolge von Getreide, Hack- und Hülsenfrüchten – statt der traditionellen Dreifelderwirtschaft. Die gescheiterten Agrarexperimente Chruščëvs trugen dann auch wesentlich zu seiner Ablösung im Oktober 1964 bei.

[410] Hier ist offenbar die Kubakrise vom Oktober 1962 gemeint, in der es zwischen den USA und der Sowjetunion zur Konfrontation am Rande eines Atomkrieges kam. Anlass war die Stationierung sowjetischer Mittelstreckenraketen auf Kuba und die darauf folgende Drohung der amerikanischen Regierung unter Präsident John F. Kennedy, sie werde nötigenfalls Atomwaffen einsetzen. Mit der Stationierung auf Kuba hatte die UdSSR auf die Stationierung amerikanischer Mittelstreckenraketen in der Türkei reagiert. Die Krise wurde gelöst, indem die Sowjetunion am 5. 11. 1962 ihre Raketen aus Kuba abzog. Im Gegenzug wurden einige Zeit später die amerikanischen Raketen aus der Türkei abgezogen. Die sowjetische Führung wertete die Lösung der Krise als taktischen Erfolg, da der Abzug der amerikanischen Raketen aus der Türkei erreicht werden konnte. Vgl. Mathias Uhl/Dimitrij N. Filippovych (Hrsg.), Vor dem Abgrund. Die Streitkräfte der USA und UdSSR sowie ihrer deutschen Bündnispartner in der Kubakrise, München 2005.

N. S. Chruščëv: Ich habe euch schon vorher gewarnt. Ich sprach davon bereits im letzten Jahr, und dann hatte ich auch ein entsprechendes Sonderschreiben geschickt. Offensichtlich haben wir Sie einfach so erzogen, dass wir reden und reden, aber dann doch irgendetwas geben. Aber jetzt geben wir nichts. Ihr wollt doch Kaufleute sein und keine Geschenke von uns haben?

W. Ulbricht: Gegenwärtig ist es sehr schwierig, Werkzeugmaschinen abzusetzen.

N. S. Chruščëv: Dann machen Sie solche Werkzeugmaschinen, die sich verkaufen lassen. Die Koreaner haben uns offensichtlich veraltete Werkzeugmaschinen von schlechter Qualität vorgeschlagen und waren beleidigt, als wir uns weigerten, diese bei ihnen zu kaufen. Dazu verpflichtet uns das Ziel, unser technisches Niveau anzuheben. Nun wie, habe ich eine schöne Rede gehalten?

W. Ulbricht: Auf jeden Fall ist jetzt alles klar.

N. S. Chruščëv: Und ich habe von Ihnen keinen Applaus erwartet. Ich kenne meine Zuhörer.

Zum Schluss des Gespräches wurde Übereinkunft darüber erzielt, dass die Frage der Einheit der internationalen kommunistischen Bewegung auf dem nächsten Treffen erörtert werden soll. Das Gespräch dauerte drei Stunden.

Das Gespräch haben aufgezeichnet:
Koptel'cev (V. Koptel'cev)
Popov (V. Popov)

Quelle: RGANI, Bestand 52, Findbuch 1, Akte 558, Bl. 161-162, 165-188.

Nr. 34
Mitschrift des Gespräches zwischen dem Ersten Sekretär des ZK der KPdSU Chruščëv und dem Ersten Sekretär des ZK der SED Ulbricht über sowjetische Hilfslieferungen in die DDR, 11. Juni 1964 (Auszug)[411]

[...][412]

N. S. Chruščëv: Los, gehen wir jetzt zu den wirtschaftlichen Fragen über. Jetzt sollten uns die Gen. Lomako und Apel über die Ergebnisse ihrer Gespräche berichten.

---

[411] Die Partei- und Regierungsdelegation der DDR weilte vom 29. 5. bis 13. 6. 1964 in der UdSSR. Das Gespräch am 11. 6. 1964 wurde auszugsweise publiziert von Kosthorst, Die letzten Gespräche Ulbrichts mit Chruschtschow, S. 881-887. Am 12. 6. 1964 unterzeichneten Ulbricht und Chruščëv in Moskau einen Vertrag über „Freundschaft, gegenseitigen Beistand und Zusammenarbeit zwischen der DDR und der UdSSR". Der deutsche und der russische Text des Vertrages wurden abgedruckt in: Dokumente zur Deutschlandpolitik, IV. Reihe, Bd. 10, Zweiter Halbband (1. 6.–31. 12. 1964), Frankfurt a. M. 1980, S. 717-723.

[412] Zunächst erörterten Chruščëv und Ulbricht außenpolitische Fragen, insbesondere die Unterzeichnung eines Freundschaftsvertrages zwischen der UdSSR und der DDR sowie dessen politische Wirkungen. Dann wurden Fragen der deutsch-deutschen Beziehungen erörtert, um schließlich zu den wirtschaftlichen Problemen überzugehen. Vgl. RGANI, Bestand 52, Findbuch 1, Akte 558, Bl. 190-206.

(Bericht der Gen. Lomako und Apel)[413]

N. S. Chruščëv: Wie ich aus dem Vortrag verstanden habe, bitten Sie um 10 Millionen Tonnen Erdöl, wir aber können den deutschen Genossen bis 1970 7,5 Millionen Tonnen Erdöl liefern. Wir haben hier unsere Meinungen ausgetauscht und entschieden, dass wir unsere Kennziffern um 1 Million Tonnen erhöhen können. Das heißt, wir können der DDR bis 1970 8,5 Millionen Tonnen Erdöl liefern. Gegenwärtig ist es nicht möglich, größere Verpflichtungen einzugehen. Allerdings ist bis 1970 noch viel Zeit, und ich denke, man kann zu dieser Frage noch zurückkehren. Denn wir können ja nicht wissen, was noch in der Zeit bis 1970 geschehen wird. Es wäre möglich, dass wir neue Erdöllagerstätten erschließen und selbst darum bitten werden, Ihnen 20 Millionen Tonnen zu verkaufen. Aber im Moment wollen wir beim Wort genommen werden.

Was das Erdöl betrifft, so meine ich, dass Sie gute Chancen haben, dieses in Algerien zu kaufen. Wir haben bereits ein entsprechendes Chiffretelegramm an Ben Bella geschickt, auf welches hin er zugesichert hatte, bis spätestens zum 10. Juni zu antworten. Allerdings hat er bis jetzt noch keine Antwort gegeben, aber seine erste Reaktion war, nach der Mitteilung unseres Botschafters, positiv. Wir haben Ben Bella in unserem Namen geschrieben, um keine Verbindung zu Ihnen aufkommen zu lassen. Im Einzelnen haben wir ihm geschrieben, dass die deutschen Genossen bei ihm Erdöl, Erz und Wein kaufen könnten. Erz und Erdöl brauchen Sie, was den Wein betrifft, so ist das Ihre Sache.

In Verbindung damit möchte ich euch vertraulich Folgendes mitteilen. Gegenwärtig führen wir mit den Franzosen Gespräche über den Kauf von Ausrüstungen für unsere chemische Industrie. Es geht dabei um sehr umfangreiche Bestellungen, und die Franzosen zeigen großes Interesse an diesen Gesprächen. Tatsächlich glauben sie aber, dass die sowjetische Delegation die Verhandlungen nicht ernsthaft führt, sondern sie nutzt, um auf Italien, Japan und England Druck auszuüben. Deshalb denken wir darüber nach, unsere Delegation in Frankreich zu stärken, indem wir Gen. A. N. Kosygin dorthin schicken. Im Rahmen dieser Gespräche haben die Franzosen zu erkennen gegeben, dass sie ihre Erdölkäufe in der Sowjetunion erhöhen könnten. Allerdings müssten sie in diesem Fall ihre Käufe von Erdöl in Algerien zurückfahren. Das bringt Algerien in eine außerordentlich schwierige Lage und wird dabei helfen, dass Algerien Ihnen gern Erdöl verkauft. Deshalb meine ich, dass der Kauf von Erdöl in Algerien aus wirtschaftlichen und politischen Gesichtspunkten sehr nützlich wäre[414]. Die DDR ist ein Industrieland, und die Erdölkäufe nutzend, könnten Sie auf die Märkte Algeriens vordringen. Wir glauben also, dass ihr tat-

---

[413] Offensichtlich wurden die Beiträge von Apel und Lomako von der sowjetischen Seite nicht protokolliert, da ein entsprechender Text nicht vorliegt. In deutscher Fassung wurden entsprechende Auszüge 2001 von Agnes Tandler und Rainer Karlsch veröffentlicht. Vgl. Rainer Karlsch/Agnes Tandler, Ein verzweifelter Wirtschaftsfunktionär? Neue Erkenntnisse über den Tod Erich Apels 1965, in: Deutschland Archiv 34 (2001), S. 50–64.

[414] Trotz Unterstützung aus Moskau zeitigten die Bemühungen um die Aufnahme von offiziellen Handelsbeziehungen zwischen der DDR und Algerien zunächst keinen Erfolg, da Algerien noch keine diplomatischen Beziehungen zur DDR unterhielt und mehr an Wirtschaftskontakten mit der Bundesrepublik interessiert war. Die algerische Zurückhaltung war offenbar auch darauf zurückzuführen, dass Bonn mit der Hallstein-Doktrin diplomatischen Druck auf das nordafrikanische Land ausübte, um eine Intensivierung der Handelskontakte zur DDR zu unterbinden. Die DDR nahm erst am 20.5.1970 im Ergebnis eines Besuchs von Außenminister Winzer in Algier offizielle diplomatische Beziehungen zu Algerien auf. Vgl. Wentker, Außenpolitik in engen Grenzen, S. 283.

sächlich eine größere Menge an Erdöl benötigt, als wir euch liefern können, allerdings wollen wir euch zum gegenwärtigen Zeitpunkt nichts versprechen.

Ich möchte auch, dass Sie unsere Position hinsichtlich der Lieferungen von Getreide und Fleisch kennen. Zu Getreide können wir jetzt nichts sagen, außer dem, was wir in unserem Brief vom Februar dieses Jahres mitgeteilt haben. Im vergangenen Jahr haben wir uns in Verbindung mit der Missernte so die Finger verbrannt, dass wir jetzt vorsichtig geworden sind. Nicht nur, dass wir gezwungen waren, eine große Menge Getreide bei den kapitalistischen Staaten zu kaufen, jetzt müssen wir von dort auch noch Fleisch importieren. Das ist verständlich: In Verbindung mit dem unzureichenden Futter haben wir unser Vieh geschlachtet und müssen jetzt Fleisch auf dem kapitalistischen Markt einkaufen. Falls es in diesem Jahr eine gute Ernte geben wird, so wird sich diese frühestens Ende 1965, Anfang 1966 auswirken. Was also das Getreide betrifft, so werden wir uns mit allen Mitteln verteidigen. Alle Überschüsse werden wir in den Getreidedepots einlagern. Falls die bestehenden Depots nicht ausreichen, bauen wir neue.

W. Ulbricht: Hinsichtlich des Vorschlages über das algerische Erdöl: Wir haben unsere Delegation nach Algier geschickt, um zu untersuchen, welches Erdöl es dort gibt, wie die Transportbedingungen sind usw. Wir sind, so wie ihr, politisch an der Entwicklung der Beziehungen zu den arabischen Staaten interessiert[415]. Hier fallen unsere Interessen zusammen.

Hinsichtlich der Erdölmenge: Seit 1960 taucht in unseren Perspektivplänen immer wieder eine Kennziffer zum Umfang der Erdölmenge auf, die wir bis 1970 benötigen – 14 Millionen Tonnen. In diese Menge sind die eigene Produktion und die Importe eingeschlossen, die Restmenge muss durch sowjetische Lieferungen gedeckt werden. Vom Standpunkt unserer Planung aus können wir die Menge von 14 Millionen Tonnen nicht verringern, da dies dem Bedarf zur normalen Entwicklung unserer Wirtschaft entspricht.

Es gibt zwei Wege zur Erleichterung der Lage beim Erdöl: erstens die Beschleunigung der Suche nach eigenen Erdölquellen durch Tiefenbohrungen, zweitens das Führen von Gesprächen mit den arabischen Staaten, um zu erfahren, was wir von dort gegen Dollar importieren können. All das ist nicht einfach. Das sowjetische Erdöl verfügt über eine einzigartige chemische Zusammensetzung. Wenn wir Erdöl aus vielen Ländern importieren, können wir die Anlagen unserer chemischen Werke beschädigen. Gegenwärtig bekommen wir Erdöl aus der Sowjetunion, Österreich, der Vereinigten Arabischen Republik und Albanien. Jetzt geht es um algerisches Erdöl. Das Problem besteht darin, was das für ein Erdöl ist. Auf jeden Fall müssen wir 14 Millionen Tonnen bekommen. Selbst wenn wir mit den arabischen Staaten entsprechende Verträge abschließen, bekommen wir damit doch keine 14 Millionen Tonnen zusammen. Deshalb hoffen wir auf günstigere Ergebnisse der nachfolgenden Gespräche mit der Sowjetunion.

Ich möchte einige prinzipielle Bemerkungen zu den Lieferungen aus der UdSSR in die DDR machen. Nach der gegenwärtigen Reise durch Ihr Land sehen wir das reale Entwicklungsniveau. Vor einiger Zeit haben Sie das Problem der Lieferung von Halbfabrikaten aus der UdSSR in die DDR auf die Tagesordnung gesetzt. Das ist richtig. Aber bei uns beträgt der Unterschied zu Ihnen sechs Jahre. Das, was wir jetzt benötigen, können Sie uns erst in

---

[415] Die Gespräche mit anderen erdölfördernden Staaten im arabischen Raum verliefen zumeist erfolglos. Lediglich aus Ägypten erhielt die DDR ab 1963 über den Seeweg vergleichsweise geringe Mengen an Rohöl. Ägypten nahm erst im Juli 1969 offizielle diplomatische Beziehungen mit der DDR auf. Vgl. Wentker, Außenpolitik in engen Grenzen, S. 287.

sechs Jahren liefern. Es kann sein, dass ich mit dieser Einschätzung falsch liege. Deshalb sind wir jetzt gezwungen, einige Unternehmen selbst zu errichten, auch wenn das unter unseren Bedingungen nicht rentabel ist. Zum Beispiel haben wir unlängst eine Papierfabrik gebaut[416]. Natürlich wäre es besser, wenn wir von euch sofort Zellulose bekommen würden und nicht wie im Moment Baumstämme.

Ich gehe davon aus, dass Gosplan und die Staatliche Plankommission diese Frage erörtert haben. Denn ihr baut ja auch Papierfabriken, da es bei euch wenig Papier gibt. Wir aber benötigen viel Papier, vor allem für unsere Propaganda in der BRD, deshalb hatten wir keinen anderen Ausweg, als unsere eigene Fabrik zu bauen. Natürlich ist das aber unrentabel. Wenn aber Gosplan und die Staatliche Plankommission zusammen eine Übereinkunft finden, dann könnten wir uns von bekannten Kapitalinvestitionen verabschieden, wenn bei uns die Gewissheit herrscht, dass wir bis 1970 von Ihnen die entsprechenden Halbfabrikate bekommen. So schätzen wir die Perspektive ein.

Ich bitte Sie sehr darum, noch einmal zu prüfen, ob die Erhöhung der Erdöllieferungen auf bis zu 8,5 Millionen Tonnen schon bis 1968 erfolgen kann[417]. Wir danken den sowjetischen Genossen für das Verständnis unseren Bitten gegenüber, die im Rahmen der Gespräche vorgebracht worden sind. Das ist vollkommen normal. Wir beide haben Schwierigkeiten, oder genauer normale Entwicklungsprobleme, und diese wird es immer geben, selbst bei einem hohen Entwicklungsstatus. Gestern habe ich direkt auf der Beratung mit den Mitgliedern unserer Delegation gesagt, dass all dies nicht Schwierigkeiten sind, sondern Kennzeichen dafür, dass mit der Entwicklung der Volkswirtschaften unserer Länder neue Probleme entstehen, die die Gefahr neuer Disproportionen in sich bergen. Die Hauptfrage ist deshalb die Perspektivplanung.

<u>N. S. Chruščëv:</u> Ich bin mit Ihren Vorschlägen einverstanden. Sollen Gosplan und die Staatliche Plankommission das bearbeiten. Aber wie ich bereits gesagt habe, können wir im Moment keine großen Verpflichtungen eingehen. Versucht, Erdöl aus Algerien oder sonst noch woher zu bekommen. Wenn sich bei uns irgendwelche Möglichkeiten entwickeln, werden wir selbstverständlich auf diese Frage nochmals zurückkommen.

<u>W. Ulbricht:</u> Ich würde jetzt gern mit Ihnen auch die chinesische Frage erörtern[418]. [...]

Das Gespräch dauerte 2 Stunden und 30 Minuten.

---

[416] 1959 wurde in Schwedt/Oder der Grundstein für die bis dahin modernste und leistungsfähigste Papierfabrik in der DDR gelegt. 1961 begann in der VEB Papierfabrik Schwedt die Produktion.

[417] Die sowjetischen Erdöllieferungen wurden im Laufe der 1960er Jahre sukzessiv ausgeweitet. Wurden 1960 lediglich 1,9 Millionen Tonnen aus der UdSSR über den Seehafen Rostock geliefert, so waren es 1970 bereits 10,3 Millionen Tonnen, die größtenteils über die Erdölleitung „Freundschaft" importiert wurden. Vgl. Karlsch, Energie- und Rohstoffpolitik.

[418] Hier ging es um den offen ausgebrochenen Konflikt zwischen der UdSSR und China. Die KPdSU und die KP Chinas warfen sich gegenseitig ideologische Abweichungen vor. Chruščëv und Ulbricht sprachen insbesondere über den sowjetischen Wunsch nach einer kommunistischen Weltkonferenz unter Einbeziehung Chinas. Auf den im März 1964 von der KPdSU vorgeschlagenen Terminplan, der eine Konferenz im Herbst 1964 vorsah, reagierte die KP Chinas im Mai 1964 ausweichend. Während des Gespräches am 11.6.1964 erhob Chruščëv deshalb den Vorwurf, Peking torpediere die geplante Konferenz bewusst, weil die KP Chinas dort nicht auf eine Unterstützung ihrer Position im sowjetisch-chinesischen Streit hoffen könne. Ulbricht unterstützte diesen Vorwurf. Eine offizielle sowjetische Stellungnahme erfolgte am 15.6.1964. Vgl. Kosthorst, Die letzten Gespräche Ulbrichts mit Chruschtschow, S. 885.

Das Gespräch haben aufgezeichnet:
Koptel'cev (V. Koptel'cev)
Popov (V. Popov)

Quelle: RGANI, Bestand 52, Findbuch 1, Akte 558, Bl. 206–211, 220.

Nr. 35
Notiz zum Gespräch zwischen dem stellvertretenden Leiter der Abteilung Energie der SPK Hinkelmann und dem Vertreter von Gosplan der UdSSR in der DDR Prokof'ev zur Nutzung der Kernenergie, 4. Februar 1965

Geheim
Exemplar Nr.

Mitschrift des Gespräches
zwischen dem Vertreter von Gosplan der UdSSR in der DDR Gen. A. M. Prokof'ev[419] und dem Stellvertretenden Leiter der Abteilung Energetik bei der Staatlichen Plankommission der DDR Gen. Hinkelmann[420], das auf seine Bitte hin bei der Staatlichen Plankommission am 4. Februar 1965 von 10.00 bis 11.00 Uhr stattfand.

An dem Gespräch nahmen teil:
Von sowjetischer Seite: der Experte der Vertretung von Gosplan der UdSSR in der DDR Gen. D. D. Demidov.
Von deutscher Seite: der Übersetzer Gen. Panza.

Gen. Hinkelmann teilte mit:
Entsprechend der prinzipiellen Vereinbarung von 1964 zwischen den leitenden Vertretern der Regierungen der UdSSR und der DDR fand im Januar 1965 in Moskau beim Staatskomitee für die Nutzung der Atomenergie der UdSSR ein vorläufiger Meinungsaustausch zwischen sowjetischen und deutschen Spezialisten zur Frage des Baus von Kernkraftwerken in der DDR statt[421].

---

[419] Biografische Details nicht ermittelbar.
[420] Herbert Hinkelmann (1915): Wirtschaftsfunktionär. 1945 Mitglied der SPD, 1946 der SED, 1945–1949 Oberingenieur im Elektrizitätswerk Chemnitz, 1951–1953 Betriebsleiter im Gaswerk u. Energieverteilung Chemnitz, 1954–1958 Werkdirektor der Energieversorgung Gera, 1958–1961 Leiter der Abteilung Energie der Hauptabteilung Grundstoffindustrie der SPK, 1962–1963 Leiter der Abteilung Energie des Volkswirtschaftsrates, ab 1964 stellvertretender Leiter der Abteilung Energie der SPK, bis 1974 Leiter der Wirtschaftspolitischen Abteilung bei der Botschaft der DDR in der Republik Kuba.
[421] Nach dem Machtwechsel von Chruščëv zu Brežnev im Oktober 1964 kam es zu einer Korrektur der sowjetischen Atompolitik gegenüber der DDR und den osteuropäischen Ländern. Eine eigenständige Entwicklung von Atomkraftwerken sollte es in den Satellitenstaaten nicht mehr geben. Von der ursprünglichen Idee, selbst einen Brennstoffkreislauf aufzubauen, mussten sich ostdeutsche Kernphysiker nun endgültig verabschieden. Von der SPK und dem Staatssekretariat für Forschung und Technik wurden Anfang 1963 neue Leitlinien für die Kernenergiepolitik und für die Sicherstellung der Elektroenergieerzeugung bis 1980 formuliert. Jetzt sollten komplette Atomkraftwerke aus der Sowjetunion importiert werden. Vgl. Abele, Kernkraft in der DDR, S. 24ff.

Die deutschen Spezialisten stellten dabei ihre Überlegungen zur Zweckmäßigkeit des Baus von zwei Kernkraftwerken jeweils mit einer Leistung von einer Million Kilowatt (insgesamt 2 Mio. kW) in der DDR bis 1980 unter Nutzung der eigenen energetischen Ressourcen vor[422].

Dabei geht die deutsche Seite davon aus, 1972 das erste Kernkraftwerk in Betrieb zu nehmen[423]. Dessen Bau soll auf der Grundlage des in der sowjetischen Praxis bewährten Typenprojekts erfolgen. Das zweite Kraftwerk ist unter Berücksichtigung der neuesten Errungenschaften in Wissenschaft und Technik, die es bis zu diesem Zeitpunkt geben wird, zu projektieren und zu bauen.

Der Bau der beiden Kernkraftwerke – so die Annahme der Vertreter der DDR – muss mit der technischen Unterstützung von Organisationen in der UdSSR bei der Durchführung von Vermessungs-, Projektierungs- und Konstruktionsarbeiten erfolgen. Zudem sind entsprechende technische Ausrüstungen zu liefern und sowjetische Spezialisten in die DDR zu entsenden. Die deutschen Freunde gehen davon aus, dass ein Teil der Ausrüstung für diese Kraftwerke in Betrieben der DDR hergestellt werden kann.

Der Leiter der sowjetischen Expertengruppe, Gen. Sinev[424], (Staatskomitee für die Nutzung der Atomenergie) stimmte den Vorschlägen der deutschen Spezialisten prinzipiell zu und gab seine Zustimmung, im März 1965 in Moskau Expertenkonsultationen zu allen Fragen, die mit dem Bau von Kernkraftwerken in der DDR verbunden sind, durchzuführen. Dabei soll ein Meinungsaustausch über die Lieferungen von komplexen Ausrüstungen aus der UdSSR sowie über die Leistung der Reaktoren und Turbogeneratoren erfolgen.

Bei dem vorläufigen Meinungsaustausch wurden einige Kennziffern für den Bau und die Nutzung von Kernkraftwerken genannt: Die spezifische Kapitalinvestition für ein kW installierter Leistung liegt bei rund 800 Mark; der Selbstkostenpreis für eine kWh Elektroenergie wird ca. 1,4 Kopeken betragen.

Gen. Hinkelmann versprach, innerhalb von zehn Tagen ein Auskunftsschreiben zu allen im Gespräch berührten Fragen sowie zu den Fragen vorzulegen, die die deutsche Seite bei den Expertenkonsultationen im März dieses Jahres erörtern möchte.

Am Ende des Gespräches dankte Gen. A. M. Prokof'ev Gen. Hinkelmann für seine Darlegungen.

---

[422] Am 14. 7. 1965 wurde zwischen den Regierungen der DDR und der UdSSR ein Vertrag unterzeichnet, der die Lieferung mehrerer Reaktorblöcke von insgesamt 2000 MW bis zum Jahr 1980 sowie eine Zusammenarbeit bei der Errichtung von Atomkraftwerken und die Ausbildung von DDR-Wissenschaftlern und Technikern am Kernkraftwerk Nowoworonesh (Zentralrussland) vorsah. Vgl. Werner Gruhn/Günter Lauterbach, Energiepolitik und Energieforschung in der DDR. Herausforderungen, Pläne und Maßnahmen, Erlangen 1986, S. 226.

[423] Seit 1960 wurde ein Kernkraftwerk (Versuchsreaktor) in der Nähe Rheinsbergs mit sowjetischer Hilfe errichtet. In dem Regierungsabkommen zwischen der DDR und der UdSSR vom 14. 7. 1965 war der Bau eines zweiten Kernkraftwerks mit ca. 2000 MW elektrischer Leistung auf dem Gebiet der DDR sowie die Lieferung der Kernkomponenten dafür aus der UdSSR vereinbart. Nachdem im Mai 1966 das Kernkraftwerk bei Rheinsberg mit vergleichsweise geringer Leistung (70 MW) an das Stromnetz angeschlossen wurde, ging im Dezember 1973 der erste Reaktorblock des Kernkraftwerks bei Lubmin in der Nähe von Greifswald (auch Kernkraftwerk Nord genannt) mit einer elektrischen Bruttoleistung von 440 MW ans Netz. Es folgten bis 1979 drei weitere Blöcke mit einer jeweiligen Leistung von 440 MW.

[424] Nikolaj Michajlovič Sinev (1906–1991): Ingenieur/Wirtschaftsfunktionär. 1961–1966 stellvertretender Vorsitzender des Staatskomitees für die Nutzung der Atomenergie der UdSSR, 1966–1986 stellvertretender Leiter der wissenschaftlich-technischen Verwaltung des Ministeriums für mittleren Maschinenbau der UdSSR, gleichzeitig Professor am Moskauer Energetischen Institut.

Das Gespräch notierte:

D. Demidov

Quelle: RGAE, 4372/81/1372, Bl. 44–45.

Nr. 36

Auskunftsschreiben der Vertretung von Gosplan der UdSSR in der DDR über die Organisationsstruktur der Organe des RGW in der DDR und zu kritischen Bemerkungen des stellvertretenden Vorsitzenden der SPK Meiser über die Arbeit der sowjetischen Vertreter in den Organen des RGW, 22. Juni 1965

Auskunftsschreiben über die Organisationsstruktur der Organe des RGW in der Deutschen Demokratischen Republik
(aus dem Gespräch mit dem Stellvertretenden Vorsitzenden der Staatlichen Plankommission der DDR Gen. Meiser, das am 26. Mai 1965 stattfand)

Der Umbau der Organisationsstruktur des RGW[425] erfolgt mit dem Ziel, die Aufgaben zu erfüllen, die mit den Beschlüssen der Moskauer Beratung der Vorsitzenden der kommunistischen und Arbeiterparteien der Mitgliedsstaaten des RGW (Juni 1962) zur weiteren Entwicklung des wirtschaftlichen und wissenschaftlich-technischen Aufbaus[426] sowie für die DDR mit den Entscheidungen des ZK der SED und des Ministerrates im Jahr 1963 festgelegt worden sind.

Früher unterstand dem Stellvertretenden Vorsitzenden des Ministerrates der DDR (Gen. Leuschner und jetzt Gen. Balkow[427]), der mit den Fragen der internationalen Zusammenarbeit befasst war, ein Apparat von 60 bis 70 Mitarbeitern. Dieser erfüllte die Aufgaben zur Organisation, Leitung und Koordination der Arbeit der DDR auf der Linie des RGW sowie der zweiseitigen Zusammenarbeit. Die Arbeitspraxis bewährte sich allerdings nach Einschätzung der deutschen Freunde nicht. Bei dieser Organisationsform war eine enge Zusammenarbeit mit dem Apparat der Staatlichen Plankommission und den einzelnen Leitungsorganen der Industrie nicht gewährleistet. Die Ergebnisse der Arbeiten zur

---

[425] Die XVI. Tagung des RGW beschloss am 7.6.1962 Änderungen des 1959 verabschiedeten Statuts des RGW. So wurde anstelle der bis dahin eingesetzten Ländervertreter im Rat jetzt ein Exekutivkomitee des RGW gebildet, das als Vollzugsorgan die Beschlüsse der Ratstagung des RGW durchsetzen und die laufenden Geschäfte leiten sollte. Es setzte sich aus jeweils einem Stellvertreter des Ministerpräsidenten der Mitgliedsländer zusammen und trat mehrmals im Jahr zusammen. Es hatte ein Sekretariat in Moskau. Bis 1962 verfügte der Rat über keinerlei Exekutivbefugnisse. Erst seit der Bildung des Exekutivkomitees konnten die Beschlüsse der Ratstagung für die Mitgliedsstaaten verbindlich gemacht werden. Vgl. Margot Hegemann, Kurze Geschichte des RGW, Berlin 1980, S. 179 f.

[426] Am 6./7.6.1962 fand in Moskau eine Beratung der Vertreter der kommunistischen und Arbeiterparteien der Mitgliedsstaaten des RGW statt. Dort wurden „Grundprinzipien der internationalen sozialistischen Arbeitsteilung" gebilligt. Sie enthielten keine operativen Regelungen; in ihnen waren vielmehr allgemeine Grundsätze formuliert worden. So hieß es u. a., dass die Koordinierung der Volkswirtschaftspläne „das Hauptmittel für die planmäßige Vertiefung der internationalen sozialistischen Arbeitsteilung" sei. Kommuniqué der Moskauer Beratung in: ‚Neues Deutschland' vom 9.6.1962.

[427] Nach dem Tod von Bruno Leuschner am 10.2.1965 übernahm Julius Balkow das Amt des Stellvertreters des Vorsitzenden des Ministerrates und Vertreter der DDR im Exekutivkomitee des RGW.

internationalen Kooperation konnten in zahlreichen Fällen nicht in die laufende Planung und Perspektivplanung der Republik eingebunden werden. Nach der Reorganisation verblieb beim Stellvertretenden Vorsitzenden des Ministerrates der DDR – dem Ständigen Vertreter der DDR im Exekutivkomitee des RGW – in Berlin eine kleine Arbeitsgruppe aus sechs bis sieben Mitarbeitern. Darüber hinaus hat er in Moskau einen Ständigen Vertreter, der über drei bis vier technische Mitarbeiter verfügt. Beim Internationalen Sekretariat des RGW arbeiten 60 bis 70 Vertreter der DDR[428].

Zu den wichtigsten Funktionen des genannten Stellvertretenden Vorsitzenden des Ministerrates gehören:
- die Leitung der Arbeit der Organe der DDR für die Zusammenarbeit mit den sozialistischen Staaten im Rahmen des RGW und die Koordinierung des Außenhandels der DDR.

Die Aufgaben zur Koordinierung der Arbeit der DDR zur internationalen wirtschaftlichen und wissenschaftlich-technischen Zusammenarbeit wurden der Staatlichen Plankommission der DDR übergeben. Bei der Staatlichen Plankommission gibt es einen speziellen Stellvertreter des Vorsitzenden der Staatlichen Plankommission (Gen. Meiser) für Fragen der internationalen Zusammenarbeit. Er verfügt über zwei kleinere Abteilungen:
- die Abteilung zur Koordinierung mit den sozialistischen Staaten und Mitgliedern des RGW, die aus acht bis zehn Mitarbeitern besteht;
- die Abteilung für zweiseitige Zusammenarbeit, die über 20 Mitarbeiter (einschließlich eines Sekretärs für jedes Land) verfügt.

Gen. Meiser arbeitet bei den praktischen Fragen eng mit dem Gen. Balkow zusammen, er ist auch der Verantwortliche der Staatlichen Plankommission für die Vorbereitung und Ausarbeitung von Entwürfen für Direktiven zu den Sitzungen des Exekutivkomitees und der Kommissionen im Rahmen des RGW, aber auch für die bilaterale Zusammenarbeit. Dabei stimmt er die Entwürfe der Direktiven mit dem Gen. Balkow ab. Die Direktiven werden zunächst von der Staatlichen Plankommission geprüft und bestätigt und dann zur abschließenden Bewilligung dem Ministerrat der DDR vorgelegt.

In den ständigen Industriezweigkommissionen des RGW[429] arbeiten von Seiten der DDR entsprechende Delegationen, deren Zusammensetzung auf Vorschlag der Staatlichen Plankommission vom Ministerrat der DDR bestätigt wird. Die Delegationen setzen sich zusammen aus:
- dem Ständigen Vertreter, dies ist in der Regel einer der Stellvertreter des Vorsitzenden der Staatlichen Plankommission, des Volkswirtschaftsrates oder der Minister bzw. Stellvertretende Minister des entsprechenden Ministeriums;
- dem Ständigen Stellvertreter des Vertreters, wobei dieser im Allgemeinen der stellvertretende Leiter der entsprechenden Industrieabteilung der Staatlichen Plankommission ist,
- dem Sekretär der Delegation – ein Mitarbeiter aus der Abteilung von Gen. Meiser bei der Staatlichen Plankommission,

---

[428] Das Sekretariat des RGW war das eigentliche Verwaltungszentrum dieser internationalen Wirtschaftsorganisation und verfügte in Moskau über ca. 650 Mitarbeiter.
[429] Seit 1954/55 waren Ständige Kommissionen des RGW zu bestimmten Industriezweigen und Branchen (u. a. Maschinenbau, Buntmetallurgie) tätig. Seit der zweiten Hälfte der 1950er Jahre kamen ständig neue Kommissionen hinzu, so 1958 die Kommission für Außenhandel und für Leicht- und Lebensmittelindustrie und 1962 die Ständige Kommission für Koordinierung der wissenschaftlichen und technischen Forschungen. Vgl. Hegemann, Kurze Geschichte des RGW, S. 181.

– den Mitgliedern der Delegation – entsprechende Vertreter des Volkswirtschaftsrates, der VVB und der Ministerien.

Da der stellvertretende Leiter der Delegation und der Sekretär Mitarbeiter der Staatlichen Plankommission sind, ist Koordinierung der Arbeit der Kommission von Seiten der SPK sichergestellt. In der Praxis organisieren diese Mitarbeiter die Tätigkeit der Delegation in der DDR und stellen die Vorbereitung der notwendigen Materialien sicher.

Es ist anzumerken, dass die oben genannten stellvertretenden Abteilungsleiter eine zweifache Unterstellung haben. Auf der einen Seite unterstehen sie dem Stellvertretenden Vorsitzenden der Staatlichen Plankommission, der den entsprechenden Industriezweig leitet, auf der anderen Seite unterstehen sie auch dem Gen. Meiser.

Bei den Kommissionen für die zweiseitige wirtschaftliche und wissenschaftlich-technische Zusammenarbeit mit den sozialistischen Staaten ist auf DDR-Seite der Leiter der Delegation einer der Stellvertreter des Vorsitzenden des Ministerrates der DDR. Der stellvertretende Leiter der Delegation ist folglich ein Stellvertreter des Vorsitzenden der Staatlichen Plankommission, und der Sekretär der entsprechenden Delegation ist ein Mitarbeiter der SPK, der im Apparat bei Gen. Meiser arbeitet. Die Angehörigen der Delegation sind entsprechende verantwortliche Vertreter des Volkswirtschaftsrates, der Ministerien und der VVB.

In den Botschaften der DDR in den sozialistischen Staaten gibt es (kleinere) Abteilungen für technische und wirtschaftliche Fragen, die von einem entsprechenden Wirtschaftsberater geleitet werden. In operativer Hinsicht sind diese Abteilungen der Staatlichen Plankommission der DDR unterstellt. Sie halten den Kontakt mit verschiedenen Organisationen in diesen Ländern zu Fragen der wissenschaftlich-technischen und wirtschaftlichen Zusammenarbeit. Außer in der oben genannten Weise wird die Zusammenarbeit auch in Form von zweiseitigen Konsultationen zwischen den Planungsorganen der DDR und denen der entsprechenden sozialistischen Staaten durchgeführt.

Der Verantwortliche der Staatlichen Plankommission für die Arbeit mit jedem entsprechenden Land ist der Stellvertreter des Vorsitzenden der Staatlichen Plankommission, der zugleich Ständiger stellvertretender Leiter der Delegation von deutscher Seite ist. Damit ist die Staatliche Plankommission der DDR laufend über alle Fragen der wirtschaftlichen und wissenschaftlich-technischen Zusammenarbeit informiert, was sich auch bei den gegenwärtigen und zukünftigen Planungen der Volkswirtschaft der Republik niederschlägt.

Außerdem erfordert eine solche Struktur der Organe der DDR für internationale Zusammenarbeit nicht die Schaffung eines umfangreichen Sonderapparates für diese Fragen und schaltet, insbesondere bei der Tätigkeit im RGW, Parallelarbeiten aus.

Am Ende des Gespräches äußerte Gen. Meiser eine Reihe von persönlichen Überlegungen zur Frage der Organisationsstruktur des sowjetischen Teils des RGW.

Die beim Stellvertretenden Vorsitzenden des Ministerrates der UdSSR geschaffene Ständige Vertretung der UdSSR im RGW-Apparat ist nach Meinung des Gen. Meiser nur schwach mit dem Gosplan der UdSSR verbunden und hegt große Hoffnungen auf die selbstständige Lösung von Fragen ohne die Beteiligung von Gosplan. Das heißt, sie wiederholt die Fehler, die bereits in der DDR gemacht wurden, als dort eine ähnliche Organisationsstruktur existierte[430]. Nach seiner Ansicht ist die Struktur des Apparates der Vertre-

---

[430] Seit 1950 gab es einen Ständigen Vertreter der DDR im Büro des RGW in Moskau. In der SPK wurde immer wieder kritisiert, dass die Plankommission nur unzureichend über die Absprachen in Moskau informiert und eingebunden worden wäre. Seit 1956 wurde in der SPK eine Verbindungs-

tung der DDR beim RGW lebensfähiger, da die Arbeit auf diesem Gebiet faktisch bei der Staatlichen Plankommission der DDR konzentriert ist.

Gen. Meiser findet es nicht richtig, wenn die Leiter der Ständigen Kommissionen von sowjetischer Seite oft bei den Sitzungen der Kommission fehlen, besonders, da die Leiter keine Ständigen Vertreter haben. Deshalb treten auf den Sitzungen nicht selten verschiedene Personen auf, die überdies in einer Reihe von Fällen sich widersprechende Vorschläge machen.

Bei Gosplan der UdSSR leitet offensichtlich die Abteilung für Koordinierung der volkswirtschaftlichen Planung der UdSSR und der sozialistischen Staaten nicht die Arbeit aller Gosplan-Abteilungen auf der Linie des RGW und koordiniert diese auch in keiner Weise, befindet Gen. Meiser.

Es gibt Fälle, in denen die im RGW getroffenen Entscheidungen verzögert werden, wobei die sowjetischen Vertreter bei der zeitgerechten Sicherstellung der Erfüllung der Arbeiten zu den gemachten Beschlüssen kein Beispiel geben.

Nach Ansicht des Gen. Meiser steht der RGW vor der Lösung einer Reihe großer Aufgaben – vor allem auf dem Gebiet der wissenschaftlich-technischen Zusammenarbeit, bei der Koordinierung der Produktion neuer Erzeugnisse, der Standardisierung und Typisierung, beim Außenhandel mit Drittstaaten und bei der Koordinierung der Volkswirtschaftspläne mit der Ausarbeitung der Bilanzen zur Entwicklung einzelner Industriezweige.

Alle Länder warten auf Initiativen von Seiten der Sowjetunion, gleichwohl sind bislang weder ein Standpunkt in diesen Fragen noch ein entsprechender Lösungsweg sichtbar. Gen. Meiser bemerkte, dass der zwischen den Mitgliedsländern des RGW bestehende kostenfreie Austausch von technischen Dokumentationen und Material über neue technologische Prozesse und technische Neuerungen nicht die beschleunigte Entwicklung des technischen Fortschritts gewährleistet[431]. Nach Meinung der deutschen Genossen wäre folgende Vorgehensweise sinnvoll: Lizenzen für neue technologische Prozesse und neue Maschinenkonstruktionen werden Gegenstand von Kaufverträgen, wie dies auch bei den Beziehungen zwischen den kapitalistischen Staaten des „Allgemeinen Marktes"[432] der Fall ist. Allein 1963 betrug hier der Umsatz bei Lizenzverträgen rund 2 Milliarden Dollar. Dies erhöht das Interesse der Staaten an der Entwicklung neuer technologischer Prozesse und Konstruktionen, gleichzeitig wird so die Verantwortlichkeit für Qualität, Lieferzeiten usw. gesteigert. Das macht es auch möglich, entsprechende Valutaguthaben zu schaffen.

Beim Meinungsaustausch zu dieser Frage im RGW hat eine Reihe von Ländern (DDR, Polen, Rumänien und Ungarn) diesen Vorschlag unterstützt, gleichwohl hat sich der Vertreter der bulgarischen Seite enthalten, während der Vertreter der UdSSR den Antrag ablehnte. Deshalb konnte die Frage im Endeffekt nicht entschieden werden.

---

stelle zum RGW eingerichtet, die dem stellvertretenden Vorsitzenden Erwin Kerber zugeordnet war, jedoch nur über lose Kontakte zum Ständigen Vertreter der DDR in Moskau verfügte. Mit der Gründung des Exekutivkomitees des RGW wurde dann seit 1962 eine Delegation von 45 Mitarbeitern nach Moskau entsandt, die formell der Plankommission angehörten und dem SPK-Vorsitzenden zugeordnet waren.

[431] Die II. Ratstagung hatte im August 1949 den kostenlosen Austausch von wissenschaftlich-technischen Informationen und Dokumentationen beschlossen, der allerdings juristisch nicht fixiert worden war und erst in zweiseitigen Abkommen zwischen den Regierungen der RGW-Länder juristisch geregelt werden sollte.

[432] Hier ist wahrscheinlich der Binnenmarkt der 1957 gegründeten Europäischen Wirtschaftsgemeinschaft (EWG) gemeint, der auch als „Gemeinsamer Markt" bezeichnet wurde.

Als Ergebnis des Gespräches mit Gen. Meiser hat sich bei uns der Eindruck eingestellt, dass die deutschen Freunde nicht nur mit der Arbeit des RGW unzufrieden sind, sondern auch nicht die führende Rolle der Vertreter der UdSSR und ihrer Organe sehen.

Der Vertreter von Gosplan der UdSSR in der DDR
A. Prokof'ev

Experte
N. Rachutin

22. Juni 1965
Nr. 22s

Quelle: RGAE, 4372/81/1372, Bl. 80–84.

Nr. 37
Notiz zum Gespräch zwischen dem stellvertretenden Vorsitzenden der SPK Meiser und dem Vorsitzenden der Vertretung von Gosplan der UdSSR in der DDR Prokof'ev über den Abschluss eines Regierungsvertrages über wissenschaftlich-technische Zusammenarbeit zwischen der UdSSR und der DDR sowie zur Vorbereitung der Besprechung von Ulbricht mit Brežnev über die DDR-Wirtschaft, 5. August 1965

Geheim
Exemplar Nr. 1
Mitschrift des Gespräches
des Stellvertretenden Vorsitzenden der Staatlichen Plankommission der DDR Gen. Meiser mit dem Vertreter von Gosplan der UdSSR in der DDR Gen. Prokof'ev

5. August 1965

Gen. Meiser informierte darüber, dass Gen. Ulbricht am 3. August den Genossen Brežnev[433], Kosygin und Mikojan seine Überlegungen zu den Fragen geschickt hat[434], die mit der Führung der KPdSU und der Regierung der UdSSR während des Besuches der Partei- und Regierungsdelegation der DDR in der Sowjetunion erörtert werden sollten[435].

Im Bereich der wirtschaftlichen Fragen werden folgende Vorschläge gemacht:

---

[433] Nach der Absetzung von Chruščëv wurde Brežnev am 14. 10. 1964 als neuer Erster Sekretär des ZK der KPdSU bestätigt.
[434] Zur Vorbereitung der für September 1965 geplanten Reise in die UdSSR hatte der SPK-Vorsitzende Apel am 26. 7. 1965 Ulbricht umfangreiche Ausarbeitungen über die weitere Gestaltung der ökonomischen Beziehungen der DDR mit der Sowjetunion übersandt, die Ulbricht offenbar für sein Schreiben an Brežnev vom 3. 8. 1965 nutzte. Vgl. SAPMO-BArch, 30/3717.
[435] Vom 17. bis 28. 9. 1965 reiste eine Partei- und Regierungsdelegation der DDR in die UdSSR. Mit dabei waren auch der Vorsitzende der SPK Apel sowie drei seiner Stellvertreter: Meiser, Wyschofsky und Grosse.

1. der Abschluss eines Regierungsvertrages über wissenschaftlich-technische Zusammenarbeit auf der Grundlage der bestehenden Vorschläge, die gemeinsam vom Staatskomitee zur Koordinierung der wissenschaftlich-technischen Arbeit der UdSSR und dem Ministerrat der DDR erarbeitet wurden[436]. Dabei wurde der Wunsch geäußert, dem Vertrag ein Protokoll zu Fragen der Fertigungsprogramme auf dem Gebiet der Elektronik sowie zur Hilfeleistung für die DDR bei der Lieferung von Geräten, bei Rechentechnik, dem Austausch von Standards und Katalogen usw. beizufügen.

2. Es soll Anweisung gegeben werden, dass auf Expertenebene die Möglichkeiten zur Beteiligung der DDR an Investitionen zur Erschließung von Rohstofflagerstätten in der UdSSR besprochen werden können.

Im Schreiben wird darauf verwiesen, dass gegenüber der DDR die prinzipiell neue Überlegung – nämlich ab 1970 die Steigerung des Umfangs der Rohstofflieferungen von der Investitionsbeteiligung der DDR bei deren Abbau abhängig zu machen – nicht angewendet werden soll. Dafür würden zwischen 1966 und 1970 Warenkredite im Umfang von bis zu 1,5 Milliarden Rubel benötigt, über welche die DDR aber nicht verfügt.

Gleichwohl schließt dieser Vorbehalt nicht die teilweise Beteiligung der DDR an Investitionen aus, um Rohstoffe wie Kupfer, Phosphor, Nickel, Zellulose und Aluminium zu erhalten. Gen. Meiser äußerte, diesen Teil des Schreibens kommentierend, die Ansicht, dass man die wirtschaftliche Seite des Vorschlages der UdSSR unter Berücksichtigung dessen, dass es Angebote Polens und Jugoslawiens für die gemeinsame Erschließung von Kupferlagerstätten gibt, genau berechnen müsse, um zu prüfen, was für die DDR gewinnbringender sei – sich an Kapitalinvestitionen zu beteiligen oder die Rohstoffe zu kaufen. Dabei unterstrich Gen. Meiser besonders die Schwierigkeit der Warenkredite für die DDR – bis 1970 dürften diese 35 Prozent der Konsumwaren ausmachen, was zu einer Verringerung des Verkaufs von Massenbedarfswaren in der DDR führen würde.

3. Überprüfung der Lieferungen aus der UdSSR in die DDR für den Zeitraum von 1966–1970, vor allem:

a) 1966: Bereitstellung von 1200 Tausend Tonnen Getreide und 1967–1968 jeweils 1600 Tausend Tonnen, berücksichtigend, dass die Lieferungen der UdSSR 50 Prozent des Bedarfs der DDR bei Getreide decken und die Republik ohne diese Hilfe nicht auskommt. Die Getreidelieferungen aus der UdSSR schließen nicht aus, dass die DDR auf den kapitalistischen Märkten noch 600–700 Tausend Tonnen Getreide kauft.

b) Bei Walzstahl: 1966 sollten die Änderungen im Liefersortiment vorgenommen werden, die im Schreiben von Gen. Apel an Gen. Lomako vom Juni 1965 dargelegt worden sind. Für den Zeitraum von 1967–1970 sind die Lieferungen aus der UdSSR bei Walzstahl auf jährlich 200–300 Tausend Tonnen zu steigern. Im Brief wird diese Bitte mit den begrenzten Möglichkeiten des Einkaufs auf den kapitalistischen Märkten (Devisenschwierigkeiten, Lieferbegrenzungen der BRD usw.) begründet.

Gen. Meiser erklärte diesen Teil der Bitte damit, dass der Umfang des Maschinenbaus und folglich auch des Exportes der Produkte des Maschinenbaus von der Erfüllung dieser Bitte abhängt, da die DDR keine Möglichkeiten hat, den Einkauf von Metall auf den kapitalistischen Märkten zu steigern.

---

[436] Die hier genannten Punkte der wissenschaftlichen Zusammenarbeit wurden auf der Sitzung des SED-Politbüros am 3. 8. 1965 als „Vorschläge über ein Abkommen zwischen der Regierung der DDR und der Regierung der UdSSR über die Erweiterung und Vertiefung der wissenschaftlich-technischen Zusammenarbeit auf einigen wichtigen Gebieten von Wissenschaft und Technik" bestätigt. Vgl. SAPMO-BArch, DY 30/J IV 2/2/996.

c) Nochmals sollte die Möglichkeit der Steigerung von Lieferungen für 1966 bei einer Reihe von Materialien geprüft werden, die nicht im Protokoll vom 26. 10. 1964 vorgesehen sind (Ferrostahl, Chemikalien, seltene Erden usw.).

d) Die Kredite für den Ankauf von Rüstungsmaterial für den Zeitraum von 1966–1970 sollten verlängert werden[437].

Gen. Meiser erklärte, dass die Staatliche Plankommission der DDR der Vertretung von Gosplan der UdSSR in der DDR zu allen im Schreiben von Gen. Ulbricht berührten Fragen ab dem 12. August entsprechende Kalkulationen und Begründungen übergeben wird.

Der Vertreter von Gosplan der UdSSR in der DDR
A. Prokof'ev
6. August 1965
Nr. 27s

Quelle: RGAE, 4372/81/1372, Bl. 145–146.

Nr. 38
Notiz zum Gespräch zwischen dem stellvertretenden Vorsitzenden der SPK Meiser und dem Vorsitzenden der Vertretung von Gosplan der UdSSR in der DDR Prokof'ev über die Vorbereitung der Gespräche zwischen der Partei- und Regierungsdelegation der DDR und der Führung der KPdSU und Regierung der UdSSR in Moskau, 17. August 1965

Geheim
Exemplar Nr. 1

Gosplan der UdSSR
An Gen. P. F. Lomako

Am 17. August dieses Jahres übergab der Stellv[ertretende] Vorsitzende der Staatlichen Plankommission der DDR Gen. Meiser der Vertretung Material zu wirtschaftlichen Fragen (beigefügt)[438], die bei den bevorstehenden Gesprächen in Moskau zwischen der Partei- und Regierungsdelegation der DDR und der Führung der Partei und Regierung der UdSSR besprochen werden sollen. Dabei machte Gen. Meiser folgende Erklärungen:

1. Das der Vertretung übergebene Material ist als vorläufig anzusehen, da es im Moment zur Prüfung Gen. Ulbricht und Gen. Apel vorliegt, über alle vorgenommenen Veränderungen werden ergänzende Mitteilungen gemacht.

2. Die Delegation der DDR wird bei den Gesprächen über die Beteiligung an den Kapitalinvestitionen für die Erschließung von Rohstofflagerstätten in der DDR keine konkreten Vorschläge machen, sondern sich darauf beschränken, diese Frage als Gegenstand von Expertengesprächen zu erörtern.

---

[437] Während eines Treffens mit Brežnev am 18. 9. 1965 in Moskau bat Ulbricht um einen Kredit für die Finanzierung des Kaufs sowjetischer Panzer sowie von Panzerabwehrwaffen für die NVA. Vgl. Armin Wagner, Walter Ulbricht und die geheime Sicherheitspolitik der SED. Der Nationale Verteidigungsrat der DDR und seine Vorgeschichte (1953–1971), Berlin 2002, S. 338.
[438] Hier nicht dokumentiert.

3. Das Material zur Verbesserung der Arbeit des RGW ist noch nicht vorbereitet worden und wird nachgereicht.

4. Die Unterlagen zur Bereitstellung von Krediten für den Zeitraum 1966 bis 1970 zum Zweck des Ankaufs von Rüstungsmaterial befinden sich ebenfalls noch im Stadium der Bearbeitung und werden später übergeben.

Neben dem der Vertretung übergebenen Material händigte Gen. Meiser uns gleichfalls eine Aktennotiz über Lieferungen und Schulden der DDR gegenüber Kanada und Frankreich bei Getreide aus (beigefügt)[439]. Dazu wurden folgende Erläuterungen gegeben:

a) Die Getreideeinbringung wird in diesem Jahr, ungeachtet der schlechten Erntebedingungen (später Zeitraum, Regen), nicht niedriger als geplant ausfallen. Schlechter steht es mit der Kartoffelernte, da wegen des Regens die Pflanzen nicht ausreifen konnten. Dies wird sich auf die Futtermittelbilanz auswirken. Der Ankauf von Getreide aus der eigenen Produktion wird in dem Umfang durchgeführt, wie er im Planentwurf für 1965 vorgesehen ist (d. h. 2100 Tausend Tonnen).

b) Die DDR strebt an, auf dem kapitalistischen Markt 600–700 Tausend Tonnen Getreide einzukaufen. Davon sind durch Verträge 250 Tausend Tonnen in Kanada und 255 Tausend Tonnen in Frankreich abgesichert.

c) Die Delegation wird eindringlich um die Lieferung von 1200 Tausend Tonnen Getreide aus der UdSSR in die DDR im Jahr 1966 bitten, da für einen Ankauf einer derartigen Menge auf kapitalistischen Märkten keine entsprechenden Devisen vorhanden sind.

Zusätzlich übergab Gen. Meiser der Vertretung einen Antrag für die Lieferung wichtiger Materialien, die 1966–1967 für die Produktion von Chemieanlagen zur Lieferung in die UdSSR nötig sind (beigefügt)[440].

Abschließend informiere ich darüber, dass mir Gen. Mittag[441] (Sekretär des ZK für Industrie) [sic!] im persönlichen Gespräch mitteilte, dass die Delegation der DDR bemüht sein wird, vor allem prinzipielle Fragen zu erörtern (Vertrag über wissenschaftlich-technische Zusammenarbeit, Beziehungen auf dem Gebiet der Elektronik, Meinungsaustausch über die Beteiligung an Investitionen, Getreidelieferungen, Umfang der Lieferungen von Walzerzeugnissen).

Die Vertretung wird auf Grundlage des übergebenen Materials entsprechende Auskunftsschreiben vorbereiten.

Anhang: 30 Blatt

Der Vertreter von Gosplan der UdSSR in der DDR

A. Prokof'ev

18. August 1965
Nr. 28s

Quelle: RGAE, 4372/81/1372, Bl. 153–154.

---

[439] Hier nicht dokumentiert.
[440] Hier nicht dokumentiert.
[441] Günter Mittag (1926–1994): Wirtschaftsfunktionär. 1946 Mitglied der SED, 1946/47 Mitarbeiter in der Güterabfertigung Pasewalk, 1948/49 Sekretär des FDGB-Bezirksvorstandes Greifswald, 1952–1961 Instrukteur, Sektorenleiter, Abteilungsleiter des ZK der SED, 1961/62 Sekretär des Volkswirtschaftsrates, 1962–1973 ZK-Sekretär für Wirtschaft, 1973–1976 1. Stellvertreter des Vorsitzenden des Ministerrates, 1976–1989 ZK-Sekretär für Wirtschaft, 1963 Kandidat, 1966–1989 Mitglied des Politbüros.

Nr. 39
Notiz der Vertretung von Gosplan der UdSSR in der DDR über ein Gespräch mit dem stellvertretenden Vorsitzenden der SPK Meiser über zusätzliche Rohstofflieferungen aus der UdSSR in die DDR bis 1975, 28. August 1965

Geheim
Exemplar Nr. 1

An den Leiter der Abteilung Koordinierung der Volkswirtschaftspläne der UdSSR und der sozialistischen Länder bei Gosplan der UdSSR,
Gen. N. N. Inozemcev

Während der Übergabe des inoffiziellen Materials für die Gespräche mit der Partei- und Regierungsdelegation der DDR im September dieses Jahres in Moskau[442] hat der Stellvertretende Vorsitzende der Staatlichen Plankommission der DDR Gen. Meiser die vorläufigen Zahlen für die geplanten Lieferungen aus der UdSSR für das Jahr 1975, die zusätzlich zum Umfang der Lieferungen für 1970 (entsprechend dem Protokoll vom 26.10.1964) bei folgenden Rohstoffkategorien erfolgen sollen, mitgeteilt: Erdöl: 8–10 Millionen Tonnen, Kupfer: 40–45 Tausend Tonnen, Nickel: 3–3,5 Tausend Tonnen, Aluminium: 90–100 Tausend Tonnen, Eisenerz (in Eisen umgerechnet): 850–900 Tausend Tonnen, Zellulose: 90–100 Tausend Tonnen, Papier: 120–130 Tausend Tonnen.

Gen. Meiser ist der Meinung, dass die Eigenproduktion von Kupfer, Eisenerz und Nickel in Verbindung mit den überaus begrenzten Reserven und der schlechten Qualität dieser Erze 1975 gegenüber 1970 erheblich sinken wird. Gleichzeitig äußerte Gen. Meiser seine Zweifel darüber, dass sich die DDR anteilig an der Erschließung der genannten Rohstoffressourcen in allen aufgeführten Kategorien im vollen Umfang beteiligen kann, da die Summe des Kredits, den die DDR der UdSSR zur Verfügung stellen soll, bei ungefähr 2 Milliarden Rubel liegen würde. Nach Meinung von Gen. Meiser kann eine derartige Summe von der Wirtschaft der DDR nicht aufgebracht werden. Gen. Meiser bat darum, die besondere Lage der DDR bei dieser Frage zu beachten. Die DDR verfügt außer Braunkohle, Kalisalz und Uranerz über keine nennenswerten anderen Rohstoffreserven und ist deshalb gezwungen, ihren Rohstoffbedarf durch Importe, hauptsächlich aus den sozialistischen Staaten, zu decken.

Nach unseren Berechnungen (siehe die beigefügte Tabelle[443]) wird der Umfang des Kredites, den die DDR der UdSSR zur anteiligen Beteiligung an der Erschließung aller sieben genannten Rohstoffarten im vollen Umfang in Abhängigkeit des zusätzlichen Bedarfes bereitstellen soll, bei rund 2 Milliarden Rubel liegen. Die Kosten für den Kauf des zusätzlichen Bedarfes an diesen Rohstoffen würden – nach den gegenwärtigen Preisen – ca. 300 Millionen Rubel betragen.

Die deutschen Genossen haben sich selbst eine schwierige Aufgabe gestellt – bis 1970 soll der Export von Maschinen und Ausrüstungen in die kapitalistischen Staaten um das

---

[442] Vom 17. bis 28.9.1965 reiste eine Partei- und Regierungsdelegation der DDR mit Ulbricht an der Spitze in die UdSSR. Mit dabei waren auch der Vorsitzende der SPK Apel sowie drei seiner Stellvertreter: Meiser, Wyschofsky und Grosse. Neben Gesprächen mit der sowjetischen Führung standen Besuche staatlicher und landwirtschaftlicher Betriebe, wissenschaftlicher Forschungsinstitute und Kultureinrichtungen in der Sowjetunion auf dem Programm.
[443] Hier nicht dokumentiert.

Fünffache gesteigert werden. Wenn diese Aufgabe erfüllt wird, so wird der positive Saldo beim Handel mit den kapitalistischen Staaten auf 1240 Millionen Mark gesteigert werden, was ca. 300 Millionen Rubel entspricht. Im Fall dessen, dass die sozialistischen Staaten den Bedarf der DDR an den genannten Rohstoffen nicht decken können, wird die DDR gezwungen sein, diese Waren im vollen Umfang auf dem kapitalistischen Markt einzukaufen. Hierbei müsste fast der gesamte Gewinn im Handel mit den kapitalistischen Staaten nur für die Bezahlung der zusätzlichen Rohstoffankäufe aufgewendet werden.

Wenn davon auszugehen ist, dass der von Gen. Meiser genannte zusätzliche Bedarf an den genannten sieben Rohstoffen nicht überhöht ist, dann können auch eine stärkere anteilige Beteiligung der DDR an der Rohstofferschließung in der UdSSR sowie einige zusätzliche Ankäufe dieser Waren auf dem kapitalistischen Markt zwischen 1970 und 1975 keinen merklichen Einfluss auf die Befriedigung des Rohstoffbedarfs der DDR ausüben.

Die Vertretung von Gosplan der UdSSR in der DDR hat in ihrem Brief vom 29. Juli 1965[444] dem Vorsitzenden von Gosplan der UdSSR Gen. Lomako über die Meinung der deutschen Seite berichtet – repräsentiert durch den Stellvertretenden Leiter der Abteilung Chemie der Staatlichen Plankommission der DDR Gen. Adler[445]. Dabei ging es um die im Juni dieses Jahres in Moskau bei den Gesprächen zwischen den deutschen und sowjetischen Experten diskutierte Frage nach der Beteiligung der DDR am Bau eines Stickstoffdüngerwerkes in der UdSSR. Gen. Adler wendete ein, dass der sowjetische Vorschlag zum Bau eines solchen Werkes in Mittelasien auf der Grundlage des afghanischen Erdgases unter Beteiligung der DDR nicht annehmbar ist. Die Transportkosten bei einer Entfernung von mehr als 6000 Kilometern sind zu hoch. Bei den Gesprächen mit den sowjetischen Experten wurde die Frage des Baus eines Stickstoffdüngerwerkes einschließlich der Kosten für den Bau der nötigen energetischen Basis, der Wasserversorgung und der Kesselwagen für den Transport des Stickstoffs erörtert, was in gewisser Hinsicht die zuvor gemachten Vorschläge noch übertraf. Nach unserer Meinung wäre es sinnvoll, ein zusätzliches Treffen zu dieser Frage zwischen den sowjetischen und den deutschen Experten durchzuführen.

Wir halten es gleichfalls für sinnvoll, die Frage der anteiligen Beteiligung der DDR am Bau von Anlagen für Eisenerzkonzentrat zu prüfen, da so entsprechendes „Konzentrat" anstelle von normalem Eisenerz geliefert werden könnte. Dies würde nicht nur zu einer beträchtlichen Senkung der Transportkosten führen, sondern auch die Arbeit der metallurgischen Betriebe in der DDR verbessern und deren Produktionsausstoß erhöhen.

Anhang: 2 Seiten[446]

Der Vertreter von Gosplan der UdSSR in der DDR

A. Prokof'ev

28. August 1965

Quelle: RGAE, 4372/81/1372, Bl. 185–187.

---

[444] Der Inhalt dieses Schreibens konnte nicht ermittelt werden.
[445] Hans Adler (1920): Wirtschaftsfunktionär. 1956–1958 Staatssekretär und stellvertretender Minister für chemische Industrie, 1959/1960 Sektorleiter in der Hauptabteilung Chemische Industrie der SPK, 1961 Leiter der Hauptabteilung Chemie im Volkswirtschaftsrat, 1962–1965 stellvertretender Leiter der Abteilung Chemie der SPK, ab 1966 stellvertretender Minister für chemische Industrie.
[446] Hier nicht dokumentiert.

Nr. 40

Gesprächsnotiz zum Treffen der Vertretung von Gosplan der UdSSR in der DDR mit den stellvertretenden Vorsitzenden der SPK Schürer und Meiser über die Probleme bei der Ausarbeitung eines Jahresplanes für die DDR-Volkswirtschaft für 1966, 11. Oktober 1965

Geheim
Exemplar Nr. 1

Mitschrift des Gespräches
mit den Stellvertretenden Vorsitzenden der Staatlichen Plankommission der DDR Gen. Schürer und Gen. Meiser

Am 6. und 9. Oktober dieses Jahres hatte ich Besprechungen mit den Genossen Schürer und Meiser.

Beim Treffen mit Gen. Schürer informierte dieser mich darüber, dass am 5. Oktober als Ergebnis der Gespräche der Partei- und Regierungsdelegationen der UdSSR und der DDR auf der Sitzung des Politbüros des ZK der SED wirtschaftliche Fragen erörtert worden sind[447]. Dabei teilte Gen. Schürer mit, dass die auf der Sitzung an die Staatliche Plankommission und den Volkswirtschaftsrat der DDR ergangenen Weisungen, praktische Vorschläge zu erarbeiten, zu folgenden Überlegungen führten:
– Die DDR soll ihren Import, vor allem aus den kapitalistischen Ländern, drastisch verringern, um Devisen einzusparen, damit die Schulden für die Getreideankäufe beglichen und 1966 zusätzliche Getreideankäufe sowie Ergänzungen im Sortiment von Walzstählen vorgenommen werden können;
– zusätzlich ist die Produktion von Devisenerzeugnissen (Konsumgüter, Maschinen und Ausrüstungen) zu steigern, die Absatz auf den kapitalistischen Märkten finden;
– der Umfang der Kapitalinvestitionen für 1966 ist zu verringern;
– die Ausgaben von Devisen für Auslandsdienstreisen, Auslandsvertretungen und Touristenreisen ins Ausland sind gleichfalls spürbar zu kürzen.

Was unsere Vorschläge betrifft[448], so bemerkte Gen. Schürer, sind keine Veränderungen in den wirtschaftlichen Beziehungen zur UdSSR vorgesehen, außer den entsprechenden Ergänzungen zum Protokoll, das von den Vertretern von Gosplan und der Staatlichen Plankommission über die Lieferungen von Waren im Zeitraum 1966–1970 unterschrieben worden ist.

Gegenwärtig, so unterstrich Gen. Schürer, würden für 1966 so viele neue Probleme entstehen, dass die Apparate der Staatlichen Plankommission und des Volkswirtschaftsrates fast vollständig mit der Ausarbeitung des Entwurfes für den Volkswirtschaftsplan im kommenden Jahr ausgelastet sind. Er geht davon aus, dass diese Arbeiten im November abgeschlossen sein werden, danach wird der Entwurf für den Perspektivplan bis 1970 erneut in Angriff genommen.

---

[447] Auf der erwähnten Sitzung des Politbüros am 5.10.1965 wurden dem Vorsitzenden der Plankommission und seinen Stellvertretern erhebliche Mängel in der Leitung der Volkswirtschaft vorgeworfen. Es wurde eine Arbeitsgruppe des ZK unter Leitung des ZK-Sekretärs Günter Mittag eingesetzt, die sich mit der „Verbesserung der Leitungstätigkeit" in der SPK beschäftigen sollte. Zugleich erging an den SPK-Vorsitzenden Apel der Auftrag, bis Ende Oktober 1965 die Stellung, die Funktion und die Aufgaben der SPK neu zu bestimmen und dem Politbüro ein entsprechendes Papier vorzulegen. Vgl. das Protokoll über die Sitzung des Politbüros am 5.10.1965, in: SAPMO-BArch, DY 30/J IV 2/2/1006.
[448] Hier sind die Vorschläge der SPK für den Jahresplan 1966 gemeint.

Beim Treffen mit Gen. Meiser informierte dieser über die Arbeit, welche die Staatliche Plankommission der DDR zur Erarbeitung des Entwurfes einer Dienstanweisung für die Kommission für wirtschaftliche und wissenschaftlich-technische Zusammenarbeit zwischen der UdSSR und der DDR durchführt[449]. Als Grundlage verwenden die deutschen Freunde bereits existierende Anweisungen zur Zusammenarbeit der UdSSR mit der Tschechoslowakei und der UdSSR mit Bulgarien. Gleichwohl sollen eine ganze Reihe von Fragen der wirtschaftlichen Zusammenarbeit und der Produktionsbeziehungen detaillierter ausgearbeitet werden.

Was die deutsche Zusammensetzung der Kommission betrifft, so verwies Gen. Meiser auf Gen. Ulbricht und nannte die folgenden Genossen, die der Kommission angehören sollen:
Gen. Apel – Stellvertretender Vorsitzender des Ministerrates der DDR und Vorsitzender der Staatlichen Plankommission der DDR;
Gen. Neumann – Stellvertretender Vorsitzender des Ministerrates der DDR und Vorsitzender des Volkswirtschaftsrates der DDR;
Gen. Sölle – Minister für Außenhandel und innerdeutschen Handel der DDR;
Gen. Weiz – Staatssekretär für Forschung und Technik beim Ministerrat der DDR.
Außerdem formulierte Gen. Meiser seine persönliche Auffassung dazu, dass zur Mitarbeit in der Kommission auch die Stellvertretenden Vorsitzenden der Staatlichen Plankommission und des Volkswirtschaftsrates der DDR aufgenommen werden sollten. Die Generaldirektoren der Vereinigungen volkseigener Betriebe und die Vorsitzenden der Forschungsorganisationen und -institute sollen für die Arbeit der Kommission als Experten hinzugezogen werden.

Da der Vorsitzende des deutschen Teils der Kommission aller Wahrscheinlichkeit nach Gen. Apel[450] werde, wäre es wünschenswert, als Vorsitzenden des sowjetischen Teils der Kommission den Stellvertretenden Vorsitzenden des Ministerrates der UdSSR und Vorsitzenden von Gosplan der UdSSR auszuwählen, äußerten die Gen. Schürer und Meiser im Gespräch.

---

[449] 1952 wurde die Kommission für wissenschaftlich-technische Zusammenarbeit zwischen der DDR und UdSSR gegründet. Die Kommission organisierte gemeinsame Konferenzen über wissenschaftlich-technische Probleme bei der Entwicklung und Anwendung neuer Produktionstechnologien, zum Austausch von Lehrprogrammen für die Ausbildung an Hoch- und Fachschulen sowie den Austausch von technischen Dokumentationen, wissenschaftlichen Gutachten und Produktionsmustern. Die UdSSR stellte im Rahmen dieser Kommission u. a. technische Dokumentationen beim Bau von Wärmekraftwerken und die DDR technische Unterlagen für die Produktion automatisierter Ausrüstungen für die Lebensmittelindustrie sowie auch in der Elektrotechnik, der Polygrafie und der chemischen Industrie zur Verfügung. Mit der Gründung der Paritätischen Regierungskommission (PRK) für ökonomische und wissenschaftlich-technische Zusammenarbeit zwischen der DDR und der UdSSR im März 1966 organisierte diese die Durchführung der fachbezogenen bilateralen wissenschaftlich-technischen Zusammenarbeit.

[450] Erich Apel nahm sich am 3.12.1965 in seinem Dienstzimmer das Leben, nachdem es am 2.12.1965 auf einer außerordentlichen Politbürositzung zu heftigen Auseinandersetzungen über den Entwurf für den Fünfjahrplan der Jahre 1966 bis 1970 gekommen und Apels Planentwurf mit dem Verweis auf das persönliche Versagen des Planungschefs abgeschmettert worden war. Nach dem Tod Apels wurde Gerhard Schürer am 16.12.1965 vom Politbüro als Vorsitzender der Plankommission eingesetzt. Schürer übernahm dann auch für die DDR-Seite den Vorsitz in der im März 1966 gebildeten Paritätischen Regierungskommission für ökonomische und wissenschaftlich-technische Zusammenarbeit zwischen der DDR und der UdSSR. Vgl. Karlsch/Tandler, Ein verzweifelter Wirtschaftsfunktionär?; Stefanie Palm, Karrieremuster eines Technokraten. Erich Apels Weg in die Staatliche Plankommission. Masterarbeit. Universität Potsdam, Potsdam 2014.

Sie gehen dabei davon aus, dass die gesamten Aufgabenbereiche zur wirtschaftlichen und wissenschaftlich-technischen Zusammenarbeit im Apparat der Staatlichen Plankommission der DDR konzentriert sein werden, wobei die gleichfalls interessierten Behörden und Organisation einbezogen werden.

Gen. Meiser äußerte den Wunsch zu einem nochmaligen Treffen, um über den Entwurf der Verordnung für die Kommission zu informieren, der in den nächsten Tagen vorliegen wird. Zugleich sicherten Gen. Schürer und Gen. Meiser uns zu, dass wir über die Zusammensetzung des deutschen Teils der Kommission nach der Erörterung beim ZK der SED informiert werden.

Am Ende des Gespräches erklärte Gen. Meiser, dass die Frage der Beteiligung der DDR an den Investitionen für bestimmte Rohstofflagerstätten in der UdSSR (Kupfer, Nickel, Phosphor, Zellulose) bei den Besprechungen in Moskau nicht berührt wurde. Die deutschen Genossen wollen diese Frage nochmals unter sich besprechen. Es könnte sinnvoll sein, diesen Punkt auf die Tagesordnung der Plenarsitzung der Kommission für wirtschaftliche und wissenschaftlich-technische Zusammenarbeit zu setzen. Jedoch schränkte er ein, dass dies seine persönliche Meinung sei. In dieser Frage wird er sich noch mit der Führung der Staatlichen Plankommission der DDR und dem ZK der SED beraten.

Gen. Schürer und Gen. Meiser teilten mit, dass die deutschen Freunde aus den Entscheidungen des Septemberplenums des ZK der KPdSU[451] den Schluss ziehen, dass die Rolle von Gosplan der UdSSR im System der staatlichen Lenkungsorgane der UdSSR ausgebaut werden soll. Die Verantwortung der einzelnen Industrieabteilungen bei Gosplan für die Entwicklung der Industriezweige soll erhöht werden. Gleichzeitig ist der bilanzierten Planungsmethode eine größere Bedeutung beizumessen.

Am Schluss des Gespräches mit Gen. Schürer äußerte dieser den Wunsch, von der Vertretung von Gosplan der UdSSR in der DDR Informationen über die neue Struktur von Gosplan der UdSSR, die in Verbindung mit den Entscheidungen des Septemberplenums des ZK der KPdSU zu erwarten ist, zu erhalten.

Beim Gespräch mit Gen. Schürer war von der Vertretung von Gosplan der UdSSR in der DDR außerdem deren Stellvertreter Gen. Kulakov anwesend.

Der Vertreter von Gosplan der UdSSR in der DDR

A. Prokof'ev

11. Oktober 1965
Nr. 35s

Quelle: RGAE, 4372/81/1372, Bl. 258–260.

---

[451] Das ZK-Plenum der KPdSU vom September 1965 (27.–29. 9. 1965) beschloss eine Reorganisation der zentralen Wirtschaftsverwaltung, die mit einer vollständigen Aufhebung der vormaligen Verwaltungsreformen Chruščëvs und einer Rückkehr zum vertikalen Leitungssystem der Industrieministerien verbunden war. Damit wurde die frühere System der zentralstaatlichen Planung und Leitung der Wirtschaft wieder hergestellt. Durch die Auflösung der von Chruščëv geschaffenen Wirtschaftsverwaltungsbezirke wurde die Stellung des Staatlichen Plankomitees (Gosplan) gestärkt. Die entsprechende Verordnung „über die Verbesserung der Industrieverwaltung" wurde vom Ministerrat der UdSSR am 30. 9. 1965 verabschiedet. Vgl. Leonid Il'jič Brežnev, UdSSR – neue Methoden zur Leitung der Wirtschaft. Das Plenum der ZK der KPdSU (27.–29. September 1965), Moskau 1965.

Nr. 41

Notiz des Vertreters von Gosplan der UdSSR in der DDR Prokof'ev für den Vorsitzenden von Gosplan der UdSSR Bajbakov über ein Gespräch mit dem stellvertretenden Vorsitzenden der SPK Grosse über die gegenseitigen Lieferungen von Maschinen und Ausrüstungen in den Jahren 1966 bis 1970, 3. Dezember 1965

Geheim

Exemplar Nr. 1

An den Vorsitzenden von Gosplan der UdSSR
Gen. N. K. Bajbakov[452]

Ich halte es für notwendig, Ihnen mitzuteilen, dass während des Gespräches der Gen. Ju. S. Medvedkov[453] und A. D. Golovanov[454] (Stellv[ertretender] Leiter der Vertretung von Gosplan der UdSSR in der DDR) mit dem Stellv[vertretenden] Vorsitzenden der SPK Gen. H. Grosse zu Fragen der gegenseitigen Lieferungen von Maschinen und Ausrüstungen im Zeitraum 1966–1970 dieser seine Unzufriedenheit äußerte. Das betrifft die festgestellten Praktiken bei den gegenseitigen Beziehungen zwischen den Planungsorganen der UdSSR und der DDR in Fragen der Spezialisierung der Produktion und bei gegenseitigen Lieferungen von Maschinen und Ausrüstungen.

Im Einzelnen erklärte Gen. Grosse, dass der neue Vorschlag der sowjetischen Experten zur verringerten Lieferung von Universal-Schaufelbaggern mit einem Löffelinhalt von 1,6 Kubikmetern aus der DDR in die UdSSR gegenüber den im Protokoll vom 26.10.1964 zwischen den Staatlichen Plankommissionen beider Länder abgestimmten Zahlen die Planungsorgane der DDR nicht zufriedenstellen kann. Gleiches trifft auf den unzureichenden Umfang der Gegenlieferungen eines Montagekranes auf Gleiskettenfahrgestell mit einer Tragkraft von 30 Tonnen zu. Damit werden die Produktionskapazitäten des VEB Zemag[455] nur zu 50 Prozent genutzt. Gen. Grosse bat darum, zu beachten, dass die Kapazitäten dieses Betriebes ausschließlich mit dem Ziel der traditionellen Lieferungen dieser Bagger in die UdSSR erweitert worden sind. Auf Bitten der Planungsorgane der UdSSR wurde ein Bagger (UB-266) in frostsicherer Ausführung für Arbeiten unter den Bedingun-

---

[452] Nikolai Konstantinovič Bajbakov (1911–2008): Wirtschaftsfunktionär. 1952–1961 und 1966–1986 Mitglied des ZK der KPdSU, 1953–1955 Minister für die Erdölindustrie, 1955–1957 Vorsitzender von Gosplan der UdSSR, 1963–1965 Minister für chemische Industrie, 1965–1985 Vorsitzender von Gosplan und stellvertretender Vorsitzender des Ministerrates der UdSSR.
[453] Jurij Sergeevič Medvedkov (1917–1989): Wirtschaftsexperte. Nach 1949 Berater bei der SKK, dann Chefredakteur der Zeitung ‚Nachrichten für den Außenhandel', 1950–1951 stellvertretender Leiter der sowjetischen Handelsvertretung in der DDR, dann beim RGW tätig, 1956–1960 Leiter der sowjetischen Handelsvertretung in der Bundesrepublik, danach zu Gosplan der UdSSR versetzt, dort u. a. Leiter der Untergruppe DDR bei der Abteilung Internationale wirtschaftliche Zusammenarbeit der sozialistischen Staaten mit der UdSSR.
[454] Biografische Details nicht ermittelbar.
[455] Es handelt sich hier um den VEB Zemag (Zeitzer Eisengießerei und Maschinenbau) in Zeitz (Sachsen-Anhalt), der in den 1960er Jahren Bagger (Universalbagger) und Kräne (Autokräne, Turmdrehkräne) baute. Darüber hinaus war der VEB Zemag ein wichtiger Betrieb für die Planung, den Bau und die Ausrüstung von Braunkohlenbrikettfabriken in der DDR und in osteuropäischen Nachbarländern (ČSR, UdSSR, Ungarn, Bulgarien).

gen Sibiriens konstruiert[456]. Ein Erprobungsmuster dieses Baggers wird gegenwärtig in Vorkuta getestet.

Gen. Grosse erklärte, es sei nicht der erste Fall, dass Gosplan der UdSSR von seinen Bestellungen zurücktritt, nachdem die DDR auf Bitten der UdSSR eine rentable Produktion organisiert habe. So war es auch bei den Ausrüstungen für Zementwerke, bei Brech- und Fräsmaschinen und einer Reihe anderer Fertigungen. Das Ergebnis davon ist, so erklärte Gen. Grosse, dass sich der Maschinenbau der DDR an das „Stopfen von Löchern" anpassen muss.

Weiterhin äußerte Gen. Grosse die Hoffnung, dass mit der Gründung der Sowjetisch-Deutschen Kommission für wirtschaftliche und wissenschaftlich-technische Zusammenarbeit solche Überraschungen hinfällig werden sowie alle Fragen zur Koordinierung der Entwicklungspläne im Bereich Maschinenbau beider Länder schnell und einfach gelöst werden.

Allerdings, so ergänzte Gen. Grosse, wird dies nur in dem Fall so sein, dass in der Kommission die Staatlichen Plankommissionen beider Länder vertreten sind, „anderenfalls wird es erneut nur allgemeine Gespräche geben". Dabei verwies Gen. Grosse auf die positiven Erfahrungen der DDR mit der ČSSR und der UVR auf diesem Gebiet.

Ich bitte Sie, sich nach Möglichkeit auch mit dem Schreiben der Vertretung von Gosplan der UdSSR in der DDR Nr. 22 vom 18. 3. 1965[457] vertraut zu machen. In diesem wurde bereits über das Gespräch mit Gen. Grosse zu Fragen der bilateralen Spezialisierung bei der Fertigung von Maschinen und Ausrüstungen zwischen der UdSSR und der DDR berichtet, und er äußerte schon eine ähnliche Unzufriedenheit.

Weil die Arbeiten zur bilateralen Spezialisierung der Produktion von Erzeugnissen des Maschinenbaus langwierigen Charakter angenommen und alle bisherigen Treffen der Experten der Planungsorgane beider Staaten zu dieser Frage keine praktischen Ergebnisse gezeigt haben – obgleich beide Seiten mehrfach ihr Interesse an der Lösung dieses Problems geäußert haben – bittet Sie die Vertretung von Gosplan der UdSSR in der DDR, Anweisung zur Durchführung der Gespräche mit der DDR zur Spezialisierung und Kooperation der Produktion auf dem Gebiet des Maschinenbaus zu geben. Die letzten Maßnahmen dazu wurden von der Leitung von Gosplan der UdSSR (Gen. Lomako[458]) am 29. 4. 1965 bestätigt. Gleichwohl sind diese bis zum jetzigen Zeitpunkt unerfüllt geblieben, was den Mitarbeitern der Planungsorgane der DDR die Möglichkeit gibt, auf ein mangelndes Interesse unserer Seite bei der Umsetzung der Arbeiten und auf alle damit in Verbindung stehenden Schwierigkeiten auf ihrer Seite zu verweisen.

Der Vertreter von Gosplan der UdSSR in der DDR

A. Prokof'ev

3. Dezember 1965

Quelle: RGAE, 4372/81/1772, Bl. 196–197.

---

[456] Der Universalbagger UB-266 wurde auch als „Kältebagger" bezeichnet, da er für die polaren Bedingungen im sibirischen Winter bei Temperaturen um minus 40 Grad Celsius konzipiert war. Der Bagger verfügte über eine mit Benzinmotor angetriebene Generatoranlage zum Aufladen der Batterien sowie zur Stromabgabe für elektrische Heizungsanlagen auf dem Bagger. Die elektrische Heizung verhinderte auch das Einfrieren der Luftleitungen und Steuerventile.
[457] Hier nicht dokumentiert.
[458] Pëtr Fadeevič Lomako wurde am 2. 10. 1965 als Vorsitzender von Gosplan der UdSSR abgelöst und als Minister für Buntmetallurgie der UdSSR eingesetzt.

Nr. 42
Auskunftsschreiben von Gosplan der UdSSR zum Plan sowjetischer Erdölexporte 1970 bis 1975, 25. März 1967

Geheim

Auskunftsschreiben

Von der Abteilung Koordinierung der volkswirtschaftlichen Pläne der UdSSR und der sozialistischen Staaten wurden im Entwurf des Schreibens an den Ministerrat der UdSSR zur Frage der Lieferung von Erdöl und Erdölprodukten aus der UdSSR in die sozialistischen Staaten nach 1970 folgende Liefermengen von Erdöl für die sozialistischen Staaten zwischen 1970 bis 1975 vorgeschlagen:

Erdöl in Mio. Tonnen

	1970	1971	1972	1973	1974	1975
Sozialistische Staaten – gesamt:	39,6	45,66	50,06	55,26	59,06	63,56
Davon an Mitgliedsländer des RGW	33,8	36,96	40,46	44,76	48,06	52,06
Davon für:						
Bulgarien	4,0	4,6	5,2	5,8	6,4	7,0
Ungarn	4,0	4,4	4,8	5,2	5,6	6,0
DDR	9,25	9,5	10,5	11,5	12,5	13,5
Mongolei	0,05	0,06	0,06	0,06	0,06	0,06
Polen	7,0	7,9	8,4	9,7	10,0	11,0
ČSSR	9,5	10,5	11,5	12,5	13,5	14,5
In Länder, die keine RGW-Mitglieder sind	5,8	8,7	9,6	10,5	11,0	11,5
Davon für:						
Kuba	4,2	6,0	6,0	6,0	6,0	6,0
Volksdemokratische Republik Korea	0,3	1,0	1,5	2,0	2,0	2,0
Jugoslawien	1,3	1,7	2,1	2,5	3,0	3,5

Dabei ist zu beachten, dass Bulgarien, Ungarn und die DDR darum bitten, höhere Liefermengen an Erdöl aus der UdSSR sicherzustellen. 1975 sollen neun Millionen Tonnen mehr geliefert werden[459].

---

[459] Tatsächlich wurden 1970 von der UdSSR 9,235 Millionen Tonnen Erdöl an die DDR geliefert. Der Umfang der Lieferungen steigerte sich bis 1975 auf 15,097 Millionen Tonnen. Vgl. Andreas Malycha, Die SED in der Ära Honecker. Machtstrukturen, Entscheidungsmechanismen und Konfliktfelder in der Staatspartei 1971 bis 1989, München 2014, S. 254.

Wenn die Liefermengen an Erdöl in die kapitalistischen Staaten zwischen 1971 und 1975 entsprechend den Vorschlägen der Abteilung Außenhandel mit jährlich 26,5 Millionen Tonnen bewertet werden, so ergeben sich folgende Exportmengen an Erdöl (in Millionen Tonnen):

1971	1972	1973	1974	1975
72,2	76,6	81,8	85,6	90,1

Ausgehend von den Annahmen der Abteilung Erdöl- und Erdgasindustrie zur Erdölgewinnung zwischen 1971 und 1975 wird sich – im Fall der Annahme der Vorschläge zum Erdölexport – folgende Lage bei der Verteilung der Erdölressourcen ergeben:

in Mio. Tonnen

	1970	1971	1972	1973	1974	1975
Erdölförderung	350	372	395	419	444	470
Zuwachs	21,5	22	23	24	25	26
Verbrauch an Erdöl für technologische und andere Zwecke sowie Erdölverluste	10,0	10,8	11,4	12,2	12,9	13,9
Erdölexport	63,0	72,2	76,6	81,8	85,6	90,1
Zuwachs	3,0	9,2	4,4	5,2	3,8	4,5
Anteil des Exports an der Erdölgewinnung (in Prozent)	18,0	19,4	19,4	19,5	19,2	19,0
Anteil des Zuwachses beim Export am Zuwachs der Erdölförderung (in Prozent)	14	42	19	21,2	14,6	16,4
Verbleibende Erdölressourcen für die Weiterverarbeitung	277	289	307	325	345,5	366
Zuwachs	17,5	12,0	18,0	18,0	20,5	20,5

Nach vorläufiger Einschätzung der Abteilung Erdöl- und Erdgasindustrie ist für die Sicherstellung des Bedarfs an Erdölprodukten für 1971 eine Erdölmenge zur Weiterverarbeitung von 390–400 Millionen Tonnen erforderlich.

Damit fehlen, im Fall der Zustimmung zu den oben genannten Exportumfängen, 1975 für die Weiterverarbeitung 24–34 Millionen Tonnen, bei einer Befriedigung des von den sozialistischen Staaten angemeldeten Bedarfs an Erdöl beträgt das Defizit der Erdölressourcen 33–43 Millionen Tonnen.

Quelle: RGAE, 4372/81/2429, Bl. 93–94.

Nr. 43

Notiz zum Gespräch zwischen dem Direktor des Instituts für Weltwirtschaft und internationale Beziehungen der Akademie der Wissenschaften der UdSSR Inozemcev und dem stellvertretenden Vorsitzenden der SPK Meiser über die weitere Entwicklung der Kernenergie in der DDR und den Bau eines zweiten Strangs der Erdölleitung „Freundschaft", 3. Juni 1967

Geheim

Mitschrift des Gespräches zwischen N. N. Inozemcev[460] und dem Stellv[ertretenden] SPK-Vorsitzenden Gen. H. Meiser

Das Gespräch fand am 3. Juni 1967 im Gebäude von Gosplan der UdSSR (Bersenevskaja nabrežnaja) statt und dauerte von 10.00 bis 11.40 Uhr.

An dem Gespräch nahmen teil:
von sowjetischer Seite: die Genossen Medvedkov, Bagudin[461], Brusov[462];
von deutscher Seite: die Genossen Tscherne[463], Parlitz[464], Richter[465], Mittenzwei[466], Chodkina[467] (Übersetzerin).

Zu Beginn des Gespräches stimmten die Gen. Inozemcev und Meiser einige Formulierungen der Aktennotiz über die Gespräche zu Fragen der Koordinierung der Volkswirtschaftspläne der UdSSR und der DDR für den Zeitraum 1971–1975 ab.
Nach der endgültigen Anpassung des Textes der Aktennotiz erörterten die Gen. Inozemcev und Meiser einige Fragen, die Gen. Meiser auf Weisung von Gen. Schürer[468] stellte.

<u>1. Über die weitere Entwicklung der Kernenergie in der DDR</u>
Gen. Meiser bemerkte, dass die Frage des Baus von Atomkraftwerken in der DDR von Gen. Ulbricht während seines Aufenthalts in Moskau im März 1967[469] aufgeworfen wurde.

---

[460] Nikolaj Nikolaevič Inozemcev (1921–1982): Wirtschaftswissenschaftler. 1966–1982 Direktor des Instituts für Weltwirtschaft und Internationale Beziehungen der Akademie der Wissenschaften der UdSSR, seit 1968 Mitglied der Akademie der Wissenschaften der UdSSR, zugleich in den 1960er Jahren Leiter der Abteilung Internationale wirtschaftliche Zusammenarbeit der sozialistischen Staaten mit der UdSSR von Gosplan, seit 1981 Mitglied des ZK der KPdSU.
[461] Biografische Details nicht ermittelbar.
[462] Biografische Details nicht ermittelbar.
[463] Biografische Details nicht ermittelbar.
[464] Manfred Parlitz (1934): SED-Funktionär. 1956 Mitglied der SED, 1961–1963 Mitarbeiter im Sektor UdSSR bzw. internationale Zusammenarbeit der SPK, 1963–1965 Mitarbeiter der Abteilung Maschinenbau in der Vertretung der SPK in Moskau, 1965–1967 stellvertretender Leiter der Ständigen Vertretung des deutschen Teils der Paritätischen Regierungskommission für ökonomische u. wissenschaftlich-technische Zusammenarbeit zwischen der DDR u. der UdSSR in Moskau, ab 1969 Parteiorganisator des ZK der SED in der UdSSR.
[465] Johannes Richter (1924): Wirtschaftsfunktionär. Ab 1961 Leiter der Abteilung Außenhandel der SPK, bis 1984 Leiter der Abteilung UdSSR der SPK.
[466] Biografische Details nicht ermittelbar.
[467] Biografische Details nicht ermittelbar.
[468] Nach dem Freitod von Erich Apel wurde Gerhard Schürer am 16. 12. 1965 vom Politbüro als Vorsitzender der Plankommission eingesetzt. Vgl. SAPMO-BArch, DY 30/J IV 2/2/1018.
[469] Ende März 1967 weilte Ulbricht zusammen mit einer Partei- und Regierungsdelegation der DDR in Moskau, wo er u. a. Gespräche mit dem Generalsekretär der KPdSU Brežnev führte. Dabei erörter-

Gen. Ulbricht schlug damals vor, die Arbeiten zum Abschluss der Verträge für die Umsetzung der Konstruktionsarbeiten sowie die Übergabe von wissenschaftlichem Forschungsmaterial auf der Grundlage der bereits entsprechend unterzeichneten Vereinbarungen zwischen der UdSSR und der DDR zu beschleunigen[470]. Von deutscher Seite wurde gleichfalls vorgeschlagen, Fragen der Perspektiventwicklung der Kernenergie in der DDR zu erörtern.

Gegenwärtig werden die entsprechenden DDR-Organe von Seiten der Leitungsorgane stark für den langsamen Umbau der Kernenergie kritisiert. Zur Beratung dieser Fragen mit dem Gen. Archipov und anderen Genossen reiste der Gen. DDR-Minister Siebold[471] nach Moskau. Allerdings gelang es ihm in Moskau nicht, entsprechende Gespräche zu der oben genannten Frage führen. Mit dem Ziel der Erörterung einiger Themen auf diesem Gebiet sandte Gen. Siebold entsprechende Schreiben an die Gen. Archipov und Neporožnij[472].

Neben den komplizierten Fragen, deren Lösung viel Zeit erfordern wird, gibt es Fragen, die vergleichsweise rasch gelöst werden können. So wäre es wünschenswert, die Arbeiten zum Abschluss entsprechender Verträge zu beschleunigen, da es in der DDR bereits einen Beschluss zum Bau eines Kernkraftwerkes im Raum Rostock einschließlich der Zeiträume zu dessen Errichtung gibt[473].

Gen. Inozemcev stimmte der Bitte von Gen. Meiser zu, der deutschen Seite Unterstützung in dieser Frage zu leisten, und wies Gen. Medvedkov an, sich mit den Problemen vertraut zu machen, die durch Gen. Meiser aufgeworfen worden sind.

2. Zur Möglichkeit, dass die deutsche Seite genauere Informationen über die Gespräche des Gen. N. K. Bajbakov im Iran bekommen kann

Gen. Meiser wandte sich an Gen. Inozemcev mit der Bitte, genauere Informationen über die Gespräche von Gen. Bajbakov im Iran zu geben.

Gen. Inozemcev bemerkte, dass er leider keine detaillierteren Informationen besitzt, die über jene hinausgehen, die der deutschen Seite bereits zur Verfügung gestellt worden sind.

---

ten die beiden auch Fragen der Nutzung der Kernenergie in der DDR. Vgl. Karlsch, Uran für Moskau, S. 157f.

[470] Am 14. 7. 1965 hatten die Regierungen der DDR und der UdSSR einen Vertrag unterzeichnet, der die Lieferung mehrerer Reaktorblöcke von insgesamt 2000 MW bis zum Jahr 1980 sowie eine Zusammenarbeit bei der Errichtung von Kernkraftwerken und die Ausbildung von DDR-Wissenschaftlern und Technikern am Kernkraftwerk Nowoworonesh vorsah. Vgl. Karlsch, Energie- und Rohstoffpolitik.

[471] Klaus Siebold (1930–1995): Politiker, 1957–1959 Werkleiter eines Braunkohlenwerks, 1959–1963 Leiter der Abteilung Kohle und Energie der Hauptabteilung Grundstoffindustrie der SPK, 1963–1965 stellvertretender Vorsitzender des Volkswirtschaftsrates für den Bereich Kohle und Energie, 1965–1971 Minister für Grundstoffindustrie, 1971–1979 Minister für Kohle und Energie, nach 1979 Direktor des Braunkohlenwerks Welzow.

[472] Pëtr Stepanovič Neporožnij (1910–1999): Politiker. 1962–1985 Energieminister der UdSSR.

[473] Im Ergebnis eines Standort-Auswahlverfahrens hatte sich das Präsidium des Ministerrates am 27. 4. 1967 für Lubmin in der Nähe von Greifswald für den Bau des Kernkraftwerks Nord entschieden. Vgl. BArch, DC 20-I/4/1543. Gründe dafür waren die durch die Ostsee ganzjährig ausreichende Kühlwasserbereitstellung, die geringe landwirtschaftliche Nutzwert der Flächen und die geringe Siedlungsdichte, welche die Auswirkungen eines Störfalls minimieren sollten. 1967 begann die Erschließung des Standorts und ab 1969 der Bau von zunächst zwei Reaktorblöcken. Die Ausrüstung wurde zu 65 Prozent von der Sowjetunion geliefert, zu 35 Prozent von der DDR. Die ersten zwei Reaktoren wurden am 3. 12. 1973 in Betrieb genommen. Vgl. Abele, Kernkraft in der DDR, S. 45f.

3. Über den Bau eines zweiten Strangs der Erdölleitung

Gen. Meiser bemerkte, dass die Frage des Baus eines zweiten Stranges der Erdölleitung bereits mehrfach von der deutschen Seite aufgeworfen wurde. Der zweite Strang der Erdölleitung ist notwendig, um die in Zukunft steigenden Erdöllieferungen aus der UdSSR in die DDR gewährleisten zu können[474]. Sein Bau erscheint der deutschen Seite am effektivsten, da der Transport des Erdöls durch die Rohrleitung am rentabelsten ist. Die DDR beabsichtigt, bis 1973 durch das Territorium der Volksrepublik Polen einen zweiten Strang der Erdölleitung zu bauen und in der Zwischenzeit andere Möglichkeiten zu nutzen. Diese Frage ist außerordentlich wichtig, und sie kann nur schwer ohne die wirtschaftliche und technische Abstimmung mit der sowjetischen Seite gelöst werden. Falls die UdSSR für die Zukunft keinen Bau eines zweiten Leitungsstranges plant, so muss die deutsche Seite entsprechende Gespräche mit der VRP oder der ČSSR über den Erdöltransport führen, auch wenn das unzweckmäßig sei, da der südliche, tschechische Strang der Rohrleitung durch die DDR erst in fünf bis sechs Jahren genutzt werden könnte. Zudem würden die so beförderten Erdölmengen beständig sinken. Ein anderer Weg zur Lösung dieses Problems – der Bau großer Tankschiffe – stellt für die DDR gleichfalls eine große Schwierigkeit dar. Deshalb wäre es notwendig, alle möglichen Entscheidungen zur Lösung auf praktischem Wege mit der UdSSR zu erörtern.

Gen. Meiser wandte sich an Gen. Inozemcev mit der Bitte, die UdSSR möge die deutsche Seite darüber informieren, welche Lösungsmöglichkeiten sie sieht, die gemeinsamen Handlungen abzustimmen und damit der deutschen Seite Unterstützung bei der Erläuterung dieser Fragen in der DDR zu geben.

Gen. Inozemcev stimmte der Bitte des Gen. Meiser um Information der deutschen Seite in diesem Punkt zu.

4. Über die Perspektiven des Imports von Steinkohle aus der UdSSR in die DDR

Gen. Meiser informierte Gen. Inozemcev darüber, dass die DDR zwischen 1968 und 1970 aus der UdSSR jährlich 2,5 bis 3 Millionen Tonnen Steinkohle weniger einführen wird, als es in der langfristigen Handelsvereinbarung zwischen der UdSSR und der DDR vorgesehen ist. Dabei verringert die DDR nur den Import von Steinkohle aus der UdSSR, der Umfang des Reimports der polnischen Steinkohle verbleibt auf dem bisherigen Niveau.

Ungeachtet der Verringerung der Steinkohlelieferungen aus der UdSSR bittet die deutsche Seite darum, sie bei der Verbesserung der Kohlesortierung zu unterstützen. In dieser Frage hat der DDR-Minister Gen. Siebold mit dem Minister für Kohleindustrie der UdSSR Gen. Bratčenko[475] gesprochen und angefragt, ob es realisierbar sei, im gewissen Umfang Kohle aus dem Pechorskij-Kohlebassin[476] und einige andere Kohlearten zu liefern. Gen. Bratčenko teilte mit, dass es die Möglichkeit gebe, diese Frage positiv zu lösen. In Kürze

---

[474] Die im Dezember 1963 in Betrieb genommene Erdölleitung führte von den russischen Ölfeldern über Weißrussland und Polen bis nach Schwedt/Oder. 1973 wurde schließlich eine zweite Leitung in Betrieb genommen, die weiter nach Osten bis zu den westsibirischen Erdölquellen ausgebaut wurde. Die Abnehmer des sowjetischen Öls in der DDR waren das Petrolchemische Kombinat in Schwedt und die Raffinerie in Leuna, die an die Erdölleitung „Freundschaft" angeschlossen war und heute noch ist.
[475] Boris Fëdorovič Bratčenko (1912–2004): Wirtschaftsfunktionär, 1961–1965 Vorsitzender von Gosplan der Kasachischen SSR, 1965–1985 Minister für Kohleindustrie der UdSSR.
[476] Das hier erwähnte Kohlebecken liegt im Pechorskij Rajon, im westlichen Teil Zentralrusslands.

wird der deutschen Seite konkretes Material zum Umfang der Steinkohlelieferungen in die DDR und zu deren Sortierung übergeben.

Gen. Inozemcev stimmte zu, diese Frage nach der Übergabe der entsprechenden Unterlagen durch die deutsche Seite zu erörtern.

5. Über die beschleunigte Lösung der Frage der weiteren Entwicklungsperspektive des Eisenhüttenkombinats Ost
Gen. Meiser wandte sich an Gen. Inozemcev mit der Bitte, Hilfe bei der Beschleunigung des Gesprächsbeginns zur Frage der weiteren Entwicklungsperspektive des Eisenhüttenkombinats Ost zu leisten[477]. Gen. Schürer hat sich gleichfalls mit einer offiziellen Bitte um die beschleunigte Lösung dieser Frage an Gen. Prokof'ev gewandt. Durch die Verzögerung bei der Lösung des Problems „Ost" hat die DDR bis zum gegenwärtigen Zeitpunkt bereits 25 Millionen Mark der DDR an Kapitalinvestitionen verloren und verliert täglich weitere 50 000 Mark durch die Fortführung der Projektierungsarbeiten usw.

Gen. Inozemcev bemerkte, es sei wünschenswert, von der deutschen Seite in dieser Frage konkrete Vorschläge zu erhalten. Dabei sollte eine wirtschaftliche Lösung des Problems gefunden werden, obwohl es ohne Zweifel eine große Anzahl von nicht gelösten technischen und anderen Fragen gibt. Alle diese sollten in einem möglichst kurzen Zeitraum gelöst werden, da sonst die für die Entwicklung des Eisenhüttenkombinats Ost bereitgestellten Mittel von den entsprechenden Organen der DDR für andere Zwecke verwendet werden. Sollte die deutsche Seite von der Richtigkeit der Verwendung der Kapitalinvestitionen „Ost" für andere Vorhaben überzeugt sein, wäre es sinnvoll, in dieser Frage gemeinsame Vorschläge zu formulieren.

Auf Anregung von Gen. Inozemcev verabredeten beide Seiten, dass es zweckmäßig ist, die gemeinsamen Vorschläge in der genannten Frage auf der Ebene der Wirtschaftsexperten zu beraten.

6. Über die bevorstehende Reise einer Gruppe von sowjetischen Experten mit dem Gen. Žarskij[478] an der Spitze in die DDR, um die Frage der Erweiterung von Konsumlieferungen aus der DDR in die UdSSR zu besprechen
Auf die Frage von Gen. Meiser, ob die Gruppe von Gen. Žarskij nur Fragen besprechen wird, die die Lieferungen im Zeitraum von 1968 bis 1969 betreffen, bemerkte Gen. Inozemcev, dem sei nicht so. Gen. Žarskij könnte auch Fragen erörtern, die die Erweiterung der Lieferungen von Konsumgütern aus der DDR im Austausch gegen entsprechende Waren aus der UdSSR für das Jahr 1967 angehen. Außerdem könnte Gen. Žarskij mit der

---

[477] Für das Eisenhüttenkombinat Ost (EKO) bei Fürstenberg an der Oder plante die SED-Führung eine Kombination von Eisenhütte, Stahl und Walzwerk. Dieser metallurgische Zyklus sah vor, aus dem Roheisen Stahl zu schmelzen und den Stahl dann heiß über eine Warmbandstraße zum Ausgangsmaterial für die kalte Verarbeitung zu walzen. Nachdem die Hochofenproduktion in den 1950er Jahren angelaufen war und auf dem Gelände des EKO 1968 ein Kaltwalzwerk in Betrieb genommen wurde, das die Fertigung von Blechen und Bändern aufnahm, sollte im EKO in den 1970er Jahren schließlich der metallurgische Zyklus abgeschlossen werden. Die Lücke im metallurgischen Zyklus, die Errichtung einer Warmbandstraße, konnte aufgrund fehlender Investitionsmittel jedoch bis 1989 nicht mehr geschlossen werden. Es blieb bei der bisherigen Praxis, dass der produzierte Stahl zum Warmwalzen in die Bundesrepublik verschickt, zurückgeführt und im EKO-Kaltwalzwerk weiter verarbeitet wurde. Vgl. Roesler, Das Eisenhüttenkombinat Ost in der Wirtschaft der DDR, S. 150f.
[478] Biografische Details nicht ermittelbar.

deutschen Seite einen Meinungsaustausch über zukünftige Lieferungen von Konsumgütern führen. Falls die deutsche Seite einverstanden ist, diese Fragen mit dem Gen. Žarskij zu erörtern, wäre die Reise der sowjetischen Expertengruppe in die DDR für Mitte Juni dieses Jahres zu organisieren.

Gen. Meiser stimmte dem Vorschlag von Gen. Inozemcev zu, die genannten Fragen zu besprechen. Er teilte mit, dass nach entsprechenden Beratungen in Berlin, den Zeitpunkt der Durchführung des Treffens angehend, der entsprechende Termin der sowjetischen Seite übermittelt werde.

Gen. Meiser übergab Gen. Inozemcev eine Liste von Konsumgütern (es geht hierbei um Herren- und Damenobertrikotagen, Teppichwaren, Gardinenstoffe und einige andere Waren), von deren Einkauf in der DDR die sowjetischen Außenhandelsorganisationen zurückgetreten seien, und bat darum, diese Frage aufzuklären.

Am Schluss des Gespräches teilte Gen. Meiser – auf die Bitte von Gen. Inozemcev hin, die Position der deutschen Seite zur Beteiligung an Investitionen für die Rohstoffgewinnung zu erläutern – mit, dass die Staatliche Plankommission der DDR keine Möglichkeit sieht, sich mit ihren Kapitalinvestitionen an der Schaffung von zusätzlichen Ressourcen zur Erhöhung der Nickel- und Kupfergewinnung und der Produktion von warmgewalzten Blechen, Eisenerzpellets und Zellulose zu beteiligen.

Das Gespräch notierte
Bursov

Quelle: RGAE, 4372/81/2372, Bl. 130–134.

Nr. 44
Schreiben von Gosplan der UdSSR zur Brennstoff- und energetischen Bilanz der DDR bis 1980, 13. Juli 1967

Geheim

An Gen. Ju. S. Medvedkov

<u>Über die Brennstoff- und energetische Bilanz der DDR im Zeitraum bis 1980</u>

Die Abteilung Erdöl- und Erdgasindustrie hat die von der Staatlichen Plankommission der DDR an die Vertretung des sowjetischen Teils der Paritätischen Regierungskommission in Berlin übergebenen Informationen über die vorläufigen Ergebnisse der zukünftigen energetischen Bilanz der DDR für den Zeitraum 1971–1980 geprüft und teilt Folgendes mit:

Die Planungsorgane der DDR sehen die Entwicklung der Brennstoff- und energetischen Bilanz der Republik durch eine weitere Erhöhung des Anteils an fortschrittlichen Brennstoffen (Erdöl und Gas) am allgemeinen Verbrauch der Brennstoffressourcen vor. So ist geplant, den Anteil von Erdöl und Erdgas von drei Prozent im Jahr 1960 auf bis zu 30 Prozent im Jahr 1980 zu steigern. Hierfür ist die Steigerung des Gasimportes aus der

UdSSR auf vier bis sechs Milliarden Kubikmeter und des Imports von Erdöl auf bis zu 26,8 Millionen Tonnen, von denen bis zu 25 Millionen Tonnen aus der UdSSR kommen sollen, vorgesehen.

Der Umfang der Erdölverarbeitung und der Herstellung von Erdölprodukten soll nach vorläufigen Angaben der Staatlichen Plankommission der DDR im folgenden Ausmaß erfolgen:

	1970		1975		1980	
	Mio. Tonnen	Anteil in % an der Verarbeitung	Mio. Tonnen	Anteil in % an der Verarbeitung	Mio. Tonnen	Anteil in % an der Verarbeitung
Erdölverarbeitung	10,5	100	17,2	100	27	100
Davon						
eigene Förderung	0,2	2	0,2	1,3	0,2	0,8
Import	10,2	98	17,0	98,7	26,8	99,2
Davon aus der UdSSR	9,25*		13,5*		25*	
Produktion:						
Leichtöl	3,72	36,7	6,56	38,2	7,8	28,9
Schweröl	4,46	42,9	7,45	43,4	12,5	46,2

* Entsprechend den bestehenden Vereinbarungen.

Die Planungsorgane der DDR gehen nicht von einer Erhöhung der eigenen Erdölförderung bis 1980 aus, und der gesamte Zuwachs der Erdölverarbeitung soll ausschließlich durch den Erdölimport sichergestellt werden.

Nach den bestehenden Vereinbarungen zwischen der DDR und der UdSSR beträgt der Erdölimport aus der UdSSR 1970 insgesamt 9,25 Millionen Tonnen und 1975 13,5 Millionen Tonnen. Die verbleibende Erdölmenge (1970 ungefähr eine Million Tonnen und 1975 ca. 3,5 Millionen Tonnen) soll offensichtlich aus anderen Staaten importiert werden.

Der Import von Erdöl aus der UdSSR erhöht sich 1980 gegenüber 1975 um das 1,8-Fache, während der Import 1975 gegenüber 1970 um das 1,46-Fache steigt.

Der Anteil von Leichtöl bei der Erdölverarbeitung soll 1980 bei ungefähr 30 Prozent liegen, der von Schweröl bei 46 Prozent. Es ist geplant, 13 Prozent des verarbeiteten Erdöls für die Herstellung von Produkten der Petrochemie einzusetzen.

Zu den vorgelegten Informationen lassen sich folgende Bemerkungen machen:

Die Steigerung des Imports von Erdöl aus der UdSSR auf bis zu 25 Millionen Tonnen im Jahr 1980, das heißt bis zu einem Lieferumfang, den die DDR in den 1960/61 durchgeführten zweiseitigen Konsultationen der Planungsorgane der UdSSR und der DDR erklärt hat, kann – ebenso wie die Lieferung von Erdgas – nicht gewährleistet werden[479].

---

[479] Tatsächlich wurden 1980 und 1981 von der UdSSR jeweils 19,012 Millionen Tonnen Erdöl an die DDR geliefert. Der Umfang der Lieferungen verringerte sich 1982 auf 17,709 Millionen Tonnen. Vgl. Malycha, Die SED in der Ära Honecker, S. 254.

Nach vorläufigen Daten der Abteilung wird bereits 1975 die erwartete Erdölförderung um 70 Millionen Tonnen geringer ausfallen als bei den Berechnungen zum generellen Perspektivplan. Bis 1980 wird sich die Differenz noch weiter erhöhen. Bereits 1975 kann der beabsichtigte Erdölexport, darunter auch in die RGW-Staaten, nicht aus den eigenen Erdölressourcen sichergestellt werden. Deshalb ist es zweckmäßig, die Staatliche Plankommission der DDR darauf zu orientieren, dass die Steigerung des Erdölimportes gegenüber dem Niveau von 1975 nur durch Erdöllieferungen aus den Entwicklungsländern gewährleistet werden kann.

Gleichzeitig ist es notwendig, im Perspektivplan für die Entwicklung der Volkswirtschaft der DDR bis 1980 verstärkte geologische Erkundungsarbeiten für Erdöl und Erdgas mit dem Ziel vorzusehen, die Sicherung des Bedarfs durch Stärkung der eigenen Förderung bei Senkung des Imports zu garantieren.

Gleichzeitig muss bemerkt werden, dass die DDR bis 1980 fast die Hälfte der Erdölressourcen zur Gewinnung von Schweröl nutzen will, wobei eine überaus niedrige Gewinnung von Leichtöl (28,9 Prozent) eingeplant ist. Unter Berücksichtigung des Einsatzes als Rohstoff für die Chemie liegt der allgemeine Umfang der Erdölverarbeitung in den erdölverarbeitenden Betrieben der DDR bei 41,9 Prozent, was sogar niedriger ist als die potentielle Menge an Leichtölprodukten bei [dem] aus der UdSSR geliefertem Erdöl. Eine solche Nutzung des Erdöls, das aus großen Entfernungen aus der Sowjetunion geliefert wird, kann man kaum für gerechtfertigt halten.

Es ist zu bemerken, dass der durchschnittliche Anteil des Leichtöls an der Erdölverarbeitung in der UdSSR mehr als 50 Prozent beträgt. In einigen erdölverarbeitenden Betrieben in den östlichen Gebieten der UdSSR, die über örtliche Ressourcen an Brennstoffen verfügen (in Form von Kohle und Gas), liegt dieser Anteil sogar bei 60–65 Prozent. Dies berücksichtigend ist es sinnvoll, der Staatlichen Plankommission der DDR zu empfehlen, nochmals die Frage der Steigerung des Anteils an Leichtölprodukten bei den erdölverarbeitenden Betrieben der DDR bis zum Jahr 1980 zu prüfen.

Starke Zweifel rufen unter Berücksichtigung des Erdöldefizits auch Zweckmäßigkeit und Möglichkeiten des von den Planungsorganen beabsichtigten Nutzungsumfangs der Erdölressourcen für die Chemieproduktion (13 Prozent) hervor; umso mehr, als für die Umsetzung des beabsichtigten Programms umfangreiche Kapitalinvestitionen notwendig sind.

Diese Frage erfordert gleichfalls eine weitergehende Untersuchung und wirtschaftliche Prüfung.

P. Galonskij[480]

Quelle: RGAE, 4372/81/2373, Bl. 132–134.

---

[480] Pavel Petrovič Galonskij (1908–1986): Wirtschaftsfunktionär. 1955–1957 stellvertretender Minister für Erdölindustrie der UdSSR, 1957–1961 Vorsitzender von Gosplan der Turkmenischen SSR, 1962–1965 Mitarbeiter beim Volkswirtschaftsrat der UdSSR, 1965–1976 Mitarbeiter von Gosplan der UdSSR, dort Leiter der Abteilung Erdöl- und Erdgasindustrie.

Nr. 45

Notiz des Vorsitzenden der Paritätischen Regierungskommission für ökonomische und wissenschaftlich-technische Zusammenarbeit zwischen der UdSSR und der DDR Prokof'ev über ein Gespräch zwischen dem sowjetischen Botschafter Abrasimov und dem Vorsitzenden der SPK Schürer über die wissenschaftlich-technische Kooperation sowie über die Struktur und Arbeitsweise der SPK, 30. August 1967

Geheim

Exemplar Nr. 3

Mitschrift des Gespräches
des Botschafters der UdSSR in der DDR Gen. P. A. Abrasimov mit dem Stellv[ertretenden] Vorsitzenden des Ministerrates der DDR und Vorsitzenden der Staatlichen Plankommission der DDR Gen. Schürer

30. August 1967
Berlin
Gebäude der Botschaft der UdSSR in der DDR
An dem Gespräch nahm teil:
der Vorsitzende des sowjetischen Teils der Paritätischen Regierungskommission in Berlin Gen. A. M. Prokof'ev

Während des Gespräches berührte Gen. Schürer eine Reihe von wirtschaftlichen Fragen und sprach über die Arbeit der Paritätischen Regierungskommission[481] sowie Änderungen in der Struktur und bei den Arbeitsinhalten der Staatlichen Plankommission der DDR, die für uns von besonderem Interesse waren, insbesondere:

1. Nach seiner Meinung hat sich nach dem Treffen der Regierungschefs der UdSSR und der DDR am 11. November 1966 in Moskau die Arbeit der Paritätischen Regierungskommission für ökonomische und wissenschaftlich-technische Zusammenarbeit zwischen der UdSSR und der DDR erheblich verbessert:
   – Eine Reihe von Ministerien der UdSSR und der DDR stellten Kontakt zueinander her und unterzeichneten Vereinbarungen zur wirtschaftlichen und wissenschaftlich-technischen Zusammenarbeit. Hierzu trugen im bedeutenden Maße die Reisen von zahlreichen Ministern der UdSSR in die DDR und die Reisen von Ministern der DDR in die UdSSR im laufenden Jahr bei.
   – Zu operativen Fragen der Treffen zwischen den Vorsitzenden von Gosplan der UdSSR und der Staatlichen Plankommission der DDR sowie den Vorsitzenden und Sekretä-

---

[481] Die Paritätische Regierungskommission (PRK) für ökonomische und wissenschaftlich-technische Zusammenarbeit zwischen der DDR und der UdSSR wurde im März 1966 gebildet. Schürer war gemeinsam mit Prokof'ev Ko-Vorsitzender der PRK. Die Kommission diente der Intensivierung der beiderseitigen Handelsbeziehungen und sollte insbesondere den Abschluss von Handelsverträgen, speziell im Maschinenbau und der Grundstoffindustrie vorbereiten. So wurden von 1966 bis 1971 mehr als 40 Regierungsabkommen und Vereinbarungen zwischen der DDR und der UdSSR unterzeichnet, die in der Kommission zuvor abgestimmt worden waren. Darüber hinaus beschäftigte sich die Kommission mit Entwicklungsperspektiven der wirtschaftlichen Handelsbeziehungen bis 1980. Ähnliche Kommissionen entstanden in diesen Jahren auch mit anderen Mitgliedsländern des RGW.

ren des sowjetischen und deutschen Teils der Paritätischen Regierungskommission konnten praktische Entscheidungen gefunden werden.
– Die Frage der Beteiligung der DDR an Kapitalinvestitionen zur Schaffung zusätzlicher Kapazitäten der Erdölförderungen in der UdSSR wurde gelöst[482]. Dies erlaubt es der DDR, nach 1970 zusätzliche Erdöllieferungen zu erhalten, die durch gegenseitige Lieferungen von Anlagen für die Chemieindustrie reguliert werden. Erweiterte Sendungen von Valuta-Konsumgütern bis 1970 wurden vereinbart;
– Die Arbeit zur wissenschaftlich-technischen Kooperation hat sich intensiviert.

Gleichwohl steht es nach Meinung des Gen. Schürer schlecht um die Entscheidung der Fragen zur zweiseitigen Spezialisierung. Obgleich zahlreiche Expertengruppen zur Vorbereitung entsprechender Unterlagen geschaffen worden sind, wird es zur 3. Sitzung der Kommission keinen einzigen abgeschlossenen Vorschlag geben. Dies betrifft besonders die Teile der Spezialisierung der Produktion von Maschinen und Ausrüstungen, worauf die Regierungschefs die Kommission bereits hingewiesen haben. Während der Expertentreffen werden Entwicklungsrichtungen und Nomenklaturen erörtert, es gibt aber keine gegenseitig abgestimmten Vorschläge. Selbst bei einer solchen Frage wie der Spezialisierung in der Herstellung von Papier und Karton, an der beide Seiten interessiert sind, läuft bereits seit zwei Jahren die Vorbereitung und Präzisierung der Vorschläge.

Es gibt auch keine Klarheit in der Frage der Zusammenarbeit mit „Carl Zeiss"[483]. Die deutsche Seite hat im Juli dieses Jahres den Vertragsentwurf für eine Kooperation übergeben und bis heute hierzu keine Antwort von der sowjetischen Seite bekommen. Diese weiß, dass für die Schaffung neuer Produktionskapazitäten in diesem Jahr Mittel für Kapitalinvestitionen bereitgestellt worden sind und auch für 1968 entsprechende Investitionen vorgesehen sind.

2. Das Politbüro des ZK der SED hat den Zeitpunkt der Begutachtung des Entwurfes für den Volkswirtschaftsplan 1968 auf den 2. Oktober und in der Volkskammer auf Dezember festgelegt. In Verbindung damit muss die 3. Sitzung der Kommission in Moskau auf den 5. Oktober verlegt werden[484].

Der Volkswirtschaftsplan für dieses Jahr wird zufriedenstellend erfüllt werden, und im Entwurf für 1968 wird das Wachstumstempo nicht niedriger als das faktisch erreichte sein. Für die ersten sieben Monate des gegenwärtigen Jahres liegen die Überschüsse der Endfertigung in den Lagern um das 2-Fache über der Norm, was für eine unzureichende Arbeit bei der Verbesserung der Herstellungsqualität und der Organisation des Absatzes spricht.

---

[482] Seit 1965 knüpfte die Sowjetunion an die wachsende Versorgung mit Energieträgern und wichtigen Rohstoffen die Bedingung, dass sich die DDR und auch andere RGW-Länder an den Investitionen für die sowjetische Erdöl- und Erdgasindustrie beteiligten. Bei Wirtschaftsverhandlungen zwischen Ulbricht und Breżnev im September 1966 sagte der SED-Chef eine Beteiligung an diesen Investitionen zu, wenn im Gegenzug schon vor 1970 erheblich mehr von den gewünschten Rohstoffen geliefert würden. Vgl. Ahrens, Gegenseitige Wirtschaftshilfe?, S. 166.
[483] Carl Zeiss war ein volkseigener Betrieb (VEB) der feinmechanisch-optischen Industrie in Jena. Der VEB Carl Zeiss Jena wurde 1965 der Stammbetrieb des gleichnamigen Kombinates, dem nach und nach andere Staatsbetriebe der optisch-feinmechanischen Industrie sowie auch der Elektronikindustrie zugeordnet wurden, so der VEB Rathenower Optische Werke sowie weitere Werke in Dresden, Suhl, Gera, Saalfeld, Eisfeld und Freiberg.
[484] Die 3. Sitzung der Paritätischen Regierungskommission fand schließlich am 27./28.11.1967 in Moskau statt.

Gleichzeitig führt die Staatliche Plankommission der DDR Arbeiten zur Prognose für das Jahr 1975 durch, einschließlich der bevorstehenden Tätigkeit zur Koordinierung der Volkswirtschaftspläne in den sozialistischen Staaten von 1971 bis 1975.

3. Die Staatliche Plankommission der DDR bereitet entsprechend der Weisung des ZK eine neue Struktur ihres Apparates vor. Dabei wird von den neuen politischen Aufgaben ausgegangen, die die Form und den Inhalt der wirtschaftlichen Planungsarbeiten in der Volkswirtschaft der Republik ändern. Im Einzelnen ist vorgesehen:
- beim 1. Stellv[ertretenden] Vorsitzenden der SPK Prof. Lilie[485] die Leitung der Erstellung der Prognosen[486] für die langfristige Entwicklung der Volkswirtschaft der DDR zu konzentrieren.
- Der Stellv[ertretende] SPK-Vorsitzende Prof. Wolf[487] leitet alle Arbeiten zur Erforschung und Verallgemeinerung des Einsatzes des neuen ökonomischen Systems in der Volkswirtschaft.
- Neue Technik, Rationalisierung, Produktion und Einführung von Rechentechnik – diesen Bereich leitet ebenfalls ein Stellv[ertretender] Vorsitzender der SPK[488].
- Einem Stellv[ertretenden] Vorsitzenden der SPK werden alle Arbeitsbereiche der Staatlichen Plankommission unterstellt, die mit der Produktion von Lebensmitteln, Industriewaren und dem Binnenhandel verbunden sind[489].

Es ist klar, dass die Zahl der Stellv[ertretenden] Vorsitzenden der SPK um zwei bis drei Personen erhöht wird (gegenwärtig gibt es acht)[490].

Im September wird die Ausarbeitung eines neuen Statuts und der Struktur der Staatlichen Plankommission abgeschlossen sein und dem ZK und dem Ministerrat zur Bestätigung vorgelegt.

---

[485] Helmut Lilie (1923): Wirtschaftsfunktionär/Chemiker. Seit 1945 Mitglied der SPD, 1946 der SED. 1941–1945 Wehrmacht, Luftwaffe, 1949 Abschluss des Studiums als Diplomchemiker, 1956–1961 Vizepräsident und 1961–1966 Präsident des Deutschen Amts für Meßwesen und Warenprüfung (DAMW), 1966–1972 stellvertretender Vorsitzender der SPK, 1973–1989 Präsident des Amts für Standardisierung, Meßwesen und Warenprüfung.

[486] In den Planungsabläufen spielten in der zweiten Hälfte der 1960er Jahre Prognosen eine entscheidende Rolle, die komplex angelegt waren und sich in Teilprognosen für verschiedene gesellschaftliche Bereiche (u. a. für verschiedene Wirtschaftszweige, Landwirtschaft, Verkehr, Wissenschaft, Arbeits- und Wohnverhältnisse) gliederten. Der Plankommission fiel laut einem Ministerratsbeschluss vom 20.10.1967 die Aufgabe zu, eine „Prognose für die Entwicklung der volkswirtschaftlichen Hauptfaktoren" zu erarbeiten. Hauptaugenmerk sollte auf die „Grundlinie der Entwicklung der Wirtschafts- und Industriestruktur sowie der Standortverteilung" gelegt werden. Die dementsprechende Prognosegruppe wurde vom 1. Stellvertreter des SPK-Vorsitzenden, Helmut Lilie, geleitet. Vgl. BArch, DC 20-I/3/622.

[487] Herbert Wolf (1925): Wirtschaftsfunktionär. 1945 Mitglied der KPD, 1946 der SED, 1949 wissenschaftlicher Assistent am Institut für Politische Ökonomie der Universität Leipzig, 1956–1960 Professor und Direktor des Instituts für politische Ökonomie der Universität Leipzig, 1961 Planungsleiter und stellvertretender Werkdirektor des VEB Bodenbearbeitungsgeräte Leipzig, 1963–1965 stellvertretender Leiter des ökonomischen Forschungsinstituts der SPK, 1966–1971 stellvertretender Vorsitzender der SPK, 1972–1990 Professor an der Hochschule für Ökonomie Berlin-Karlshorst.

[488] 1969 wurde Wolfram Krause (1933) zum Stellvertreter des Vorsitzenden für Elektronische Datenverarbeitung berufen.

[489] Rolf Zierold (1928) war Stellvertreter des Vorsitzenden für Land- und Nahrungsgüterwirtschaft.

[490] 1969 gab es dann 13 stellvertretende Vorsitzende der SPK sowie einen Staatssekretär, Heinz Klopfer (1919).

4. Beim Treffen im August dieses Jahres mit Gen. N. K. Bajbakov in Moskau versprach dieser, bis September eine Antwort darauf zu geben, ob nach 1970 die Möglichkeit besteht, jährlich 3 Milliarden Kubikmeter Erdgas in die DDR zu liefern.

Die DDR ist überaus an einer positiven Entscheidung dieser Frage interessiert und bereit, den Abschnitt zum Anschluss an die Erdgasmagistrale, die über das Territorium der ČSSR verläuft, mit eigenen Röhren sicherzustellen. Für längere Abschnitte verfügt die DDR nicht über entsprechende Gasröhren, da für deren Produktion nur sehr beschränkte Kapazitäten zur Verfügung stehen.

Am Schluss des Gespräches übergab Gen. Schürer die Information, dass er offensichtlich zur Sitzung der Regierungen der sozialistischen Staaten nach Belgrad reisen werde. Inhalt wird die Prüfung der Frage wirtschaftlicher Hilfeleistung für die arabischen Staaten sein. Eine Entscheidung der Regierung der DDR in dieser Frage gibt es bislang nicht.

Der Botschafter der UdSSR in der DDR Gen. P. A. Abrasimov dankte Gen. Schürer für das Gespräch.

Das Gespräch hat notiert
A. Prokof'ev

Quelle: RGAE, 4372/81/2373, Bl. 261–264.

Nr. 46

Schreiben der Abteilung Buntmetall von Gosplan der UdSSR an den Mitarbeiter von Gosplan Medvedkov über die Bitte der SPK um zusätzliche Buntmetalllieferungen in die DDR bis 1980, 4. September 1967

Geheim

An den verantwortlichen Sekretär der Paritätischen Regierungskommission für ökonomische und wissenschaftlich-technische Zusammenarbeit zwischen der UdSSR und der DDR Gen. Ju. S. Medvedkov

Die Abteilung Buntmetallurgie hat die vorläufigen Überlegungen der Staatlichen Plankommission der DDR zum ungefähren Bedarf der DDR an wichtigen Buntmetallen, die zwischen 1975 und 1980 aus der UdSSR geliefert werden sollen, geprüft und teilt ihre Überlegungen hierzu mit.

Die deutsche Seite plant eine Steigerung des Imports aus der UdSSR bei den aufgeführten Buntmetallen von 1975 bis 1980 gegenüber den für 1970 vorgesehenen Lieferungen im folgenden Umfang (Tausend Tonnen):

	1970 entsprechend der langfristigen Übereinkunft	Vorschlag der deutschen Seite, 1975 zu liefern	Steigerung gegenüber 1970 um das	Vorschlag der deutschen Seite, 1980 zu liefern	Steigerung gegenüber 1970 um das
Aluminium	115	230	2-Fache	340	2,9-Fache
Kupfer	44,3	85	2-Fache	105	2,4-Fache

Zink	40	55	1,4-Fache	70	1,7-Fache
Blei	45	50	1,1-Fache	56	1,2-Fache
Nickel	2	5,5	2,8-Fache	8,5	4,2-Fache

Bei dem vorhandenen großen Defizit dieser Metalle mit Lieferungen im vorgesehenen Umfang zu rechnen, ist nicht möglich.

Alle Mitgliedsstaaten des RGW wurden rechtzeitig darüber informiert, dass bei dem Interesse, nach 1970 zusätzliche Mengen an wichtigen Buntmetallen zu erhalten, ihre Beteiligung mit eigenen Mitteln an der Schaffung zusätzlicher Kapazitäten zur Produktion dieser Metalle in der UdSSR erforderlich ist. Gleichwohl sind von der deutschen Seite Vorschläge über eine solche Beteiligung bislang nicht eingetroffen.

D. Derkačev[491]

Quelle: RGAE, 4372/81/2373, Bl. 178–179.

---

[491] Biografische Details nicht ermittelbar.

Dokumentenverzeichnis

1951

Nr. 1
Schreiben des Leiters der Ersten Verwaltung der Hauptverwaltung für sowjetisches Vermögen im Ausland beim Ministerrat der UdSSR Lebedev an den stellvertretenden Vorsitzenden von Gosplan Pautin über die beabsichtigte Lieferung von Konsumgütern aus der DDR in die UdSSR, 27. Januar 1951

Nr. 2
Schreiben des stellvertretenden Vorsitzenden von Gosplan Perov an das Präsidium des Ministerrates der UdSSR über den Plan der Warenlieferungen auf Reparationsrechnung für die Jahre 1951 bis 1955, 14. März 1951

Nr. 3
Schreiben des Leiters der Hauptverwaltung für sowjetisches Vermögen im Ausland beim Ministerrat der UdSSR Sergeev an Mikojan mit Schlussfolgerungen zu den Bemerkungen der SPK zum Fünfjahrplan der Verwaltung für sowjetisches Vermögen in der DDR, 30. Juni 1951

1952

Nr. 4
Schreiben des Ministers für Außenhandel der UdSSR Kumykin an den stellvertretenden Vorsitzenden des Ministerrates der UdSSR Mikojan mit Bemerkungen zum Plan der SKK zu den Reparationslieferungen aus der DDR 1953–1955, 15. Januar 1952

1953

Nr. 5
Mitschrift des Gespräches zwischen dem Vorsitzenden von Gosplan der UdSSR Saburov und dem Vorsitzenden der SPK Leuschner über den Entwurf der Kennziffern des DDR-Volkswirtschaftsplanes für die Jahre 1954 bis 1955, 22. August 1953

Nr. 6
Schreiben von Semënov an Molotov über Änderungen im Fünfjahrplan der DDR für die Jahre 1954 und 1955, 11. November 1953 (Auszug)

1954

Nr. 7
Einschätzungen von Gosplan der UdSSR zum Entwicklungstempo in der Industrie und in der Landwirtschaft sowie Empfehlungen zu Perspektiven der DDR-Volkswirtschaft, 24. März 1954

Nr. 8
Briefwechsel von Gosplan der UdSSR zum Ausbau des Bestandes von Dampflokomotiven in der DDR, Oktober 1954

1955

Nr. 9
Mitschrift des Gespräches zwischen dem Chef der SPK Leuschner und dem stellvertretenden Vorsitzenden von Gosplan Pautin über die Ausarbeitung des Fünfjahrplanes zur Entwicklung der Volkswirtschaft für die Jahre 1956 bis 1960, 10. März 1955

1958

Nr. 10
Auskunftsschreiben von Gosplan der UdSSR über den Stand der Gespräche mit einer DDR-Regierungsdelegation über den Ausbau der Maschinenbauindustrie in der DDR, 20. Juni 1958

Nr. 11
Protokoll der Sitzung der Arbeitsgruppe zum Bau einer Erdölleitung aus der Sowjetunion nach Ungarn, in die DDR, nach Polen und in die ČSR in Warschau, 25.-29. September 1958

1959

Nr. 12
Protokoll der Besprechung zwischen dem stellvertretenden Vorsitzenden von Gosplan Chruničev und dem stellvertretenden Vorsitzenden der SPK Wunderlich über den Flugzeugbau in der DDR und die Lieferung des Flugzeuges 152 in die UdSSR, 2. Juni 1959

Nr. 13
Mitschrift des Gespräches der sowjetischen Partei- und Staatsführung unter der Leitung von Chruščëv mit der Partei- und Regierungsdelegation der DDR unter der Leitung von Ulbricht über den Verlauf der Genfer Außenministerkonferenz und die Gewährung sowjetischer Wirtschaftshilfen, 9. Juni 1959

1960

Nr. 14
Schreiben von Gosplan der UdSSR an das ZK der KPdSU über die zusätzlichen Lieferwünsche der DDR, 1. Februar 1960

Nr. 15
Schreiben des Vorsitzenden von Gosplan der UdSSR Kosygin an das ZK der KPdSU über zusätzliche Warenlieferungen in die DDR, 5. Februar 1960

Nr. 16
Bericht des sowjetischen Chefberaters bei der Flugzeugbauindustrie der DDR Pavlovskij über die zwei Testflüge des Flugzeuges vom Typ 152 und deren Folgen, 5. September 1960

Nr. 17
Schreiben von Gosplan der UdSSR an das ZK der KPdSU über zusätzliche Waren- und Rohstofflieferungen in die DDR, 25. November 1960

1961

Nr. 18
Schreiben des Leiters der Abteilung Warenumsatz von Gosplan der UdSSR Trifonov an den stellvertretenden Vorsitzenden von Gosplan der UdSSR Orlov über zusätzliche Lebensmittellieferungen im Zeitraum 1962 bis 1965 in die DDR, 14. Februar 1961

Nr. 19
Mitschrift des Gespräches zwischen dem Ersten Sekretär des ZK der KPdSU Chruščëv und dem Ersten Sekretär des ZK der SED Ulbricht über den Ausbau der wirtschaftlichen und wissenschaftlich-technischen Zusammenarbeit zwischen der UdSSR und der DDR, 31. März 1961 (Auszug)

Nr. 20
Schreiben des Vorsitzenden von Gosplan der UdSSR Novikov an das ZK der KPdSU über die bevorstehende Reise einer Wirtschaftsdelegation der DDR nach Moskau, 15. August 1961

Nr. 21
Schreiben des Vorsitzenden von Gosplan der UdSSR Novikov an das ZK der KPdSU über zusätzliche Wirtschaftshilfen für die DDR, 14. September 1961

1962

Nr. 22
Mitschrift des Gespräches zwischen dem Ersten Sekretär des ZK der KPdSU Chruščëv und dem Ersten Sekretär des ZK der SED Ulbricht über die angespannte wirtschaftliche Lage in der DDR und die Perspektiven der Wirtschaftsbeziehungen zwischen der UdSSR und der DDR, 26. Februar 1962 (Auszug)

Nr. 23
Notiz zum Gespräch zwischen dem Botschafter der UdSSR in der DDR Pervuchin und dem Stellvertreter des Vorsitzenden des Ministerrates der DDR Leuschner zur Vorbereitung einer Reise von Wirtschaftsexperten der SPK und des Volkswirtschaftsrates nach Moskau, 6. April 1962

Nr. 24
Notiz über das Gespräch zwischen dem Vorsitzenden der Ständigen Vertretung von Gosplan der UdSSR in der DDR Ostapčuk und dem Vorsitzenden der SPK Mewis über das Defizit in der Außenhandelsbilanz der DDR und den Planentwurf zur Entwicklung der Volkswirtschaft für die Jahre 1963 bis 1965, 10. April 1962

Nr. 25
Notiz zum Gespräch zwischen dem Stellvertreter des Vorsitzenden des Ministerrates der DDR Leuschner und dem Leiter der Vertretung von Gosplan der UdSSR in der DDR Ostapčuk über den Entwurf des DDR-Volkswirtschaftsplanes für die Jahre 1963 bis 1965, 18. April 1962

Nr. 26
Mitschrift des Gespräches zwischen dem stellvertretenden Vorsitzenden des Ministerrates der UdSSR Zasjad'ko, dem Vorsitzenden von Gosplan der UdSSR Novikov und dem Stellvertreter des Vorsitzenden des Ministerrates der DDR Leuschner über die Schwerpunkte der weiteren wirtschaftlichen Zusammenarbeit, 27. April 1962

Nr. 27
Mitschrift des Gespräches zwischen dem Ersten Sekretär des ZK der KPdSU Chruščëv und dem Ersten Sekretär des ZK der SED Ulbricht über Kennziffern des Volkswirtschaftsplanes der DDR für 1963, 4. Juni 1962 (Auszug)

Nr. 28
Mitschrift des Gespräches zwischen dem Ersten Sekretär des ZK der KPdSU Chruščëv und dem Ersten Sekretär des ZK der SED Ulbricht über den Abbruch des Siebenjahrplanes 1959–1965 und die Ausrichtung einer mittelfristigen wirtschaftspolitischen Strategie, 8. Juni 1962 (Auszug)

Nr. 29
Mitschrift des Gespräches zwischen dem Stellvertreter der Ständigen Vertretung von Gosplan der UdSSR in der DDR Mel'nikov und dem Abteilungsleiter für Innerdeutschen Handel beim Ministerium für Außenhandel und Innerdeutschen Handel der DDR Behrendt über die deutsch-deutschen Wirtschaftskontakte, 27. Juni 1962

Nr. 30
Mitschrift des Gespräches zwischen dem Vorsitzenden der Ständigen Vertretung von Gosplan der UdSSR in der DDR Položenkov und dem Vorsitzenden der SPK Mewis über die Buntmetallurgie in der DDR, 1. August 1962

1963

Nr. 31
Protokoll des Gespräches zwischen dem Vorsitzenden der SPK Apel und dem Vorsitzenden der Ständigen Vertretung von Gosplan der UdSSR in der DDR Ostapčuk über die wirtschaftliche Situation in der DDR und über Schwerpunkte der Spezialisierung der Produktion, 28. Januar 1963

Nr. 32
Mitschrift des Gespräches zwischen dem Ersten Sekretär des ZK der KPdSU Chruščëv und dem Ersten Sekretär des ZK der SED Ulbricht über Schwerpunkte der Spezialisierung der Produktion sowie der wissenschaftlich-technischen Zusammenarbeit, 23. Juli 1963 (Auszug)

1964

Nr. 33
Mitschrift des Gespräches zwischen dem Ersten Sekretär des ZK der KPdSU Chruščëv und dem Ersten Sekretär des ZK der SED Ulbricht über die Perspektiven der wirtschaftlichen Zusammenarbeit zwischen der UdSSR und der DDR, 30. Mai 1964 (Auszug)

Nr. 34
Mitschrift des Gespräches zwischen dem Ersten Sekretär des ZK der KPdSU Chruščëv und dem Ersten Sekretär des ZK der SED Ulbricht über sowjetische Hilfslieferungen in die DDR, 11. Juni 1964 (Auszug)

1965

Nr. 35
Notiz zum Gespräch zwischen dem stellvertretenden Leiter der Abteilung Energie der SPK Hinkelmann und dem Vertreter von Gosplan der UdSSR in der DDR Prokof'ev zur Nutzung der Kernenergie, 4. Februar 1965

Nr. 36
Auskunftsschreiben der Vertretung von Gosplan der UdSSR in der DDR über die Organisationsstruktur der Organe des RGW in der DDR und zu kritischen Bemerkungen des stellvertretenden Vorsitzenden der SPK Meiser über die Arbeit der sowjetischen Vertreter in den Organen des RGW, 22. Juni 1965

Nr. 37
Notiz zum Gespräch zwischen dem stellvertretenden Vorsitzenden der SPK Meiser und dem Vorsitzenden der Vertretung von Gosplan der UdSSR in der DDR Prokof'ev über den Abschluss eines Regierungsvertrages über wissenschaftlich-technische Zusammenarbeit zwischen der UdSSR und der DDR sowie zur Vorbereitung der Besprechung von Ulbricht mit Brežnev über die DDR-Wirtschaft, 5. August 1965

Nr. 38
Notiz zum Gespräch zwischen dem stellvertretenden Vorsitzenden der SPK Meiser und dem Vorsitzenden der Vertretung von Gosplan der UdSSR in der DDR Prokof'ev über die Vorbereitung der Gespräche zwischen der Partei- und Regierungsdelegation der DDR und der Führung der KPdSU und Regierung der UdSSR in Moskau, 17. August 1965

Nr. 39
Notiz der Vertretung von Gosplan der UdSSR in der DDR über ein Gespräch mit dem stellvertretenden Vorsitzenden der SPK Meiser über zusätzliche Rohstofflieferungen aus der UdSSR in die DDR bis 1975, 28. August 1965

Nr. 40
Gesprächsnotiz zum Treffen der Vertretung von Gosplan der UdSSR in der DDR mit den stellvertretenden Vorsitzenden der SPK Schürer und Meiser über die Probleme bei der Ausarbeitung eines Jahresplanes für die DDR-Volkswirtschaft für 1966, 11. Oktober 1965

Nr. 41
Notiz des Vertreters von Gosplan der UdSSR in der DDR Prokof'ev für den Vorsitzenden von Gosplan der UdSSR Bajbakov über ein Gespräch mit dem stellvertretenden Vorsitzenden der SPK Grosse über die gegenseitigen Lieferungen von Maschinen und Ausrüstungen in den Jahren 1966 bis 1970, 3. Dezember 1965

1967

Nr. 42
Auskunftsschreiben von Gosplan der UdSSR zum Plan sowjetischer Erdölexporte 1970 bis 1975, 25. März 1967

Nr. 43
Notiz zum Gespräch zwischen dem Direktor des Instituts für Weltwirtschaft und internationale Beziehungen der Akademie der Wissenschaften der UdSSR Inozemcev und dem stellvertretenden Vorsitzenden der SPK Meiser über die weitere Entwicklung der Kernenergie in der DDR und den Bau eines zweiten Strangs der Erdölleitung „Freundschaft", 3. Juni 1967

Nr. 44
Schreiben von Gosplan der UdSSR zur Brennstoff- und energetischen Bilanz der DDR bis 1980, 13. Juli 1967

Nr. 45
Notiz des Vorsitzenden der Paritätischen Regierungskommission für ökonomische und wissenschaftlich-technische Zusammenarbeit zwischen der UdSSR und der DDR Prokof'ev über ein Gespräch zwischen dem sowjetischen Botschafter Abrasimov und dem Vorsitzenden der SPK Schürer über die wissenschaftlich-technische Kooperation sowie über die Struktur und Arbeitsweise der SPK, 30. August 1967

Nr. 46
Schreiben der Abteilung Buntmetall von Gosplan der UdSSR an den Mitarbeiter von Gosplan Medvedkov über die Bitte der SPK um zusätzliche Buntmetalllieferungen in die DDR bis 1980, 4. September 1967

Abkürzungsverzeichnis

AdL	Akademie der Landwirtschaftswissenschaften (der DDR)
AfT	Amt für Technik
AG	Aktiengesellschaft
ASSR	Autonome Sozialistische Sowjetrepublik
BArch	Bundesarchiv
BHG	Bäuerliche Handelsgenossenschaft
BKP	Bulgarische Kommunistische Partei
BMWi	Bundesministerium für Wirtschaft und Technologie
BRD	Bundesrepublik Deutschland
CDU	Christlich-Demokratische Union
ČSR	Tschechoslowakische Republik
ČSSR	Tschechoslowakische Sozialistische Republik
DAMW	Deutsches Amt für Meßwesen und Warenprüfung
DAW	Deutsche Akademie der Wissenschaften
DBD	Demokratische Bauernpartei Deutschlands
DDR	Deutsche Demokratische Republik
DHZ	Deutsche Handelszentrale
DIA	Deutscher Innen- und Außenhandel
DM	Deutsche Mark
DR	Deutsche Reichsbahn
DVP	Deutsche Volkspolizei
DWK	Deutsche Wirtschaftskommission
EKO	Eisenhüttenkombinat Ost
EMW	Eisenacher Motorenwerk
EPZL	Entwicklungs- und Prüfstelle der Zivilen Luftfahrt
EWG	Europäische Wirtschaftsgemeinschaft
FCA	Free Carrier (Frei Frachtführer)
FDGB	Freier Deutscher Gewerkschaftsbund
FDJ	Freie Deutsche Jugend
FDP	Freie Demokratische Partei
FLN	Front de Libération Nationale (Nationale Befreiungsfront)
Gen.	Genosse
GOELRO	Gosudarstvennaja komissija po elektrifikatsii Rossii (Staatsplan zur Elektrifizierung Russlands)

GOSPLAN	Gosudarstwenny planowy komitet (Staatliches Plankomitee, beim Ministerrat der UdSSR)
KP	Kommunistische Partei
KPČ	Kommunistische Partei der Tschechoslowakei
KPD	Kommunistische Partei Deutschlands
KPdSU	Kommunistische Partei der Sowjetunion
KPP	Kommunistische Partei Polens
KVP	Kasernierte Volkspolizei
kW	Kilowatt
kWh	Kilowattstunde
KZ	Konzentrationslager
LDPD	Liberal-Demokratische Partei Deutschlands
LKW	Lastkraftwagen
LPG	Landwirtschaftliche Produktionsgenossenschaft
MAB	Maschinen- und Apparatebau
MAS	Maschinen-Ausleih-Station
MfAA	Ministerium für Auswärtige Angelegenheiten
MfS	Ministerium für Staatssicherheit
Mio.	Millionen
MPS	Ministerstvo putej soobščenija SSSR (Ministerium für Verkehrswesen der UdSSR)
Mrd.	Milliarden
MTS	Maschinen-Traktor-Station
MW	Megawatt
NATO	North Atlantic Treaty Organization
NDPD	National-Demokratische Partei Deutschlands
NE	Nichteisen
NÖSPL	Neues ökonomisches System der Planung und Leitung der Volkswirtschaft
NS	Nationalsozialismus
NSDAP	Nationalsozialistische Deutsche Arbeiterpartei
NVA	Nationale Volksarmee
o. D.	ohne Datum
OKB	Ópytno-Konstrúktorskoje bjuró (Experimental-Konstruktionsbüro)
PfL	Prüfstelle für Luftfahrtgerät
PKW	Personenkraftwagen
Politbüro	Politisches Büro
POS	Polytechnische allgemeinbildende Oberschule
PPR	Polska Partia Robotnicza (Polnische Arbeiterpartei)
PRK	Paritätische Regierungskommission (für ökonomische und wissenschaftlich-technische Zusammenarbeit zwischen der DDR und der UdSSR)

PS	Pferdestärke
PTL	Propellerturbinenluftstrahltriebwerk
PVAP	Polnische Vereinigte Arbeiterpartei
PVC	Polyvinylchlorid
RGAE	Rossijskij Gosudarstvennyj Archiv Ėkonomiki (Russisches Staatsarchiv für Ökonomie)
RGANI	Rossijskij Gosudarstvennyj Archiv Novejšej Istorii (Russisches Staatsarchiv für Zeitgeschichte)
RGW	Rat für gegenseitige Wirtschaftshilfe
RSFSR	Russische Sozialistische Föderative Sowjetrepublik
SAG	Sowjetische Aktiengesellschaft
SAPMO-BArch	Stiftung Archiv der Parteien und Massenorganisationen der DDR im Bundesarchiv
SBZ	Sowjetische Besatzungszone
SDAG	Sowjetisch-Deutsche Aktiengesellschaft
SDAPR	Sozialdemokratische Arbeiterpartei Russlands
SED	Sozialistische Einheitspartei Deutschlands
SKK	Sowjetische Kontrollkommission
SMA	Sowjetische Militäradministration
SMAD	Sowjetische Militäradministration in Deutschland
SPD	Sozialdemokratische Partei Deutschlands
SPK	Staatliche Plankommission (der DDR)
SSR	Sozialistische Sowjetrepublik
SSSR	Sojuz Sovetskich Socialističeskich Respublik (Union der Sozialistischen Sowjetrepubliken)
SvDP	Svobodnaja demokratičeskaja partija Germanii (Freie Demokratische Partei, FDP)
Tsd.	Tausend
UdSSR	Union der Sozialistischen Sowjetrepubliken
UK	United Kingdom
UNO	United Nations Organization
US	United States
USA	United States of America
USAP	Ungarische Sozialistische Arbeiterpartei
UVR	Ungarische Volksrepublik
VAR	Vereinigte Arabische Republik
VdgB	Vereinigung der gegenseitigen Bauernhilfe
VEB	Volkseigener Betrieb
VEG	Volkseigenes Gut
VM	Valutamark
VR	Volksrepublik

VRP	Volksrepublik Polen
VVB	Vereinigung Volkseigener Betriebe
ZEMAG	Zeitzer Eisengießerei und Maschinenbau Aktiengesellschaft
ZK	Zentralkomitee

Literaturverzeichnis

Gedruckte Quellen

Brežnev, Leonid Il'ič: UdSSR – neue Methoden zur Leitung der Wirtschaft. Das Plenum der ZK der KPdSU (27.–29. September 1965), Moskau 1965.

Dokumente der SED. Beschlüsse und Erklärungen des Parteivorstandes des ZK und des Politischen Büros, Bd. II, Berlin (Ost) 1952.

Dokumente zur Deutschlandpolitik, IV. Reihe/Bd. 2, 9. Mai bis 10. August 1959, Erster Halbband, hrsg. vom Bundesministerium für Innerdeutsche Beziehungen, Frankfurt a. M./Berlin (West) 1971.

Dokumente zur Deutschlandpolitik, IV. Reihe/Bd. 10, 1. Januar bis 31. Dezember 1964, Erster Halbband, hrsg. vom Bundesministerium für Innerdeutsche Beziehungen, Frankfurt a. M. 1980.

Dokumente zur Deutschlandpolitik, IV. Reihe/Bd. 10, 1. Januar bis 31. Dezember 1964, Zweiter Halbband, hrsg. v. Bundesministerium für Innerdeutsche Beziehungen, Frankfurt a. M. 1980.

Dokumente zur Deutschlandpolitik, II. Reihe, Bd. 2 (unveröffentlichte Dokumente 1949), hrsg. vom Bundesministerium des Innern unter Mitwirkung des Bundesarchivs, bearbeitet von Hanns Jürgen Küsters unter Mitarbeit von Daniel Hofmann, München 1996.

Enge Wirtschaftsgemeinschaft, in: Neues Deutschland vom 31. 5. 1961, S. 1.

Erhard, Ludwig: Über den „Lebensstandard". Die Freiheit und der Totalitarismus – Die Herausforderung des Herrn Ulbricht, in: Die Zeit vom 15. 8. 1958.

Friedensvertrag mit Deutschland, vordringlichste Aufgabe in Genf: Erklärung der Regierung der DDR zur Außenministerkonferenz vom 16. April 1959, Berlin (Ost) 1959.

Gesetz über den Siebenjahrplan zur Entwicklung der Volkswirtschaft der Deutschen Demokratischen Republik in den Jahren 1959 bis 1965, in: Der Siebenjahrplan des Friedens, des Wohlstands und des Glücks des Volkes, Berlin (Ost) 1959.

Gesetzblatt der DDR, 1963, Berlin (Ost) 1963.

Grundprinzipien der internationalen sozialistischen Arbeitsteilung, in: Neues Deutschland vom 17. 6. 1962, S. 5 f.

Das Kommuniqué der Moskauer Beratung, in: Neues Deutschland vom 9. 6. 1962, S. 1.

Kosthorst, Daniel: „Sie sind ein Opfer unserer Propaganda". Die letzten Gespräche Ulbrichts mit Chruschtschow 1964 in Moskau. Eine Dokumentation, in: Deutschland Archiv 29 (1996), S. 872–887.

Melis, Damian van/Bispinck, Henrik (Hrsg.): „Republikflucht". Flucht und Abwanderung aus der SBZ/DDR 1945 bis 1961, München 2006.

Protokoll der Verhandlungen des VI. Parteitages der Sozialistischen Einheitspartei Deutschlands. 15. bis 21. Januar 1963 in der Werner-Seelenbinder-Halle zu Berlin, Berlin (Ost) 1963.

Staritz, Dietrich: Die SED, Stalin und die Gründung der DDR. Aus den Akten des Zentralen Parteiarchivs des Instituts für Marxismus-Leninismus für Geschichte der Arbeiterbewegung (ehemals Institut für Marxismus-Leninismus beim ZK der SED), in: Aus Politik und Zeitgeschichte B 5 (1991), S. 3–16.

Steiner, André: Politische Vorstellungen und ökonomische Probleme im Vorfeld der Errichtung der Berliner Mauer. Briefe Walter Ulbrichts an Nikita Chruschtschow, in: Hartmut Mehringer (Hrsg.): Von der SBZ zur DDR. Studien zum Herrschaftssystem in der Sowjetischen Besatzungszone und in der Deutschen Demokratischen Republik, München 1995, S. 254–268.

Uhl, Matthias/Wagner, Armin (Hrsg.): Ulbricht, Chruschtschow und die Mauer. Eine Dokumentation, München 2003.

Wettig, Gerhard (Hrsg.): Chruschtschows Westpolitik 1955 bis 1964, Bd. 2: Anfangsjahre der Berlin-Krise (Herbst 1958 bis Herbst 1960), München 2015.

Wettig, Gerhard (Hrsg.): Chruschtschows Westpolitik, Bd. 3: Kulmination der Berlin-Krise (Herbst 1960 bis Herbst 1962), München 2011.

Literatur

Abele, Johannes: Kernkraft in der DDR. Zwischen nationaler Industriepolitik und sozialistischer Zusammenarbeit 1963–1990, Dresden 2000.

Abelshauser, Werner: Zur Entstehung der „Magnet-Theorie" in der Deutschlandpolitik. Ein Bericht von Hans Schlange-Schöningen über einen Staatsbesuch in Thüringen im Mai 1946, in: Vierteljahrshefte für Zeitgeschichte 27 (1979), S. 661–679.

Ahrens, Ralf: Gegenseitige Wirtschaftshilfe? Die DDR im RGW. Strukturen und handelspolitische Strategien 1963–1976, Köln/Weimar/Wien 2000.

Ahrens, Ralf: Außenwirtschaftspolitik zwischen Ostintegration und Westverschuldung, in: Dierk Hoffmann (Hrsg.): Die zentrale Wirtschaftsverwaltung in der SBZ/DDR. Akteure, Strukturen, Verwaltungspraxis, München 2016, S. 510–590.

Augustine, Dolores L.: Red Prometheus. Engineering and Dictatorship in East Germany, 1945–1990, Cambridge (Mass.)/London 2007.

Baar, Lothar/Müller, Uwe/Zschaler, Frank: Strukturveränderungen und Wachstumsschwankungen. Investitionen und Budget in der DDR 1949–1989, in: Jahrbuch für Wirtschaftsgeschichte 1995/2, S. 47–74.

Bähr Johannes: Entwicklung und Blockaden des Planungssystems für Forschung und Technik, in: Dierk Hoffmann (Hrsg.): Die zentrale Wirtschaftsverwaltung in der SBZ/DDR. Akteure, Strukturen, Verwaltungspraxis, München 2016, S. 363–422.

Barkleit, Gerhard: Die Rolle des MfS beim Aufbau der Luftfahrtindustrie der DDR, Dresden 1995.

Barkleit, Gerhard: Die Spezialisten und die Parteibürokratie. Der gescheiterte Versuch des Aufbaus einer Luftfahrtindustrie in der Deutschen Demokratischen Republik, in: Gerhard Barkleit/Heinz Hartlepp: Zur Geschichte der Luftfahrtindustrie der DDR 1952–1961, Dresden 1995, S. 5–29.

Barkleit, Gerhard/Hartlepp, Heinz: Zur Geschichte der Luftfahrtindustrie der DDR 1952–1961, Dresden 1995.

Bauer, Theresia: Blockpartei und Agrarrevolution von oben. Die Demokratische Bauernpartei Deutschlands 1948–1963, München 2003.

Bauerkämper, Arnd: Ländliche Gesellschaft in der kommunistischen Diktatur. Zwangsmodernisierung und Tradition in Brandenburg 1945–1963, Köln 2002.

Berghoff, Hartmut/Balbier, Uta Andrea: From Centrally Planned Economy to Capitalist Avant-Garde? The Creation, Collapse and Transformation of a Socialist Economy, in: Hartmut Berghoff/Uta Andrea Balbier (Eds.): The East German Economy, 1945–2010. Falling Behind or Catching Up?, New York/Washington 2013, S. 3–16.

Boch, Rudolf/Karlsch, Rainer (Hrsg.): Uranbergbau im Kalten Krieg. Die Wismut im sowjetischen Atomkomplex, Bd. 1: Studien, Berlin 2011.

Bremer, Lothar/Werner, Jochen: Tragödie 152. Aufbau und Absturz der Luftfahrtindustrie in der DDR, Markkleeberg 2010.

Buchheim, Christoph: Die Achillesferse der DDR – der Außenhandel, in: André Steiner (Hrsg.): Überholen ohne einzuholen. Die DDR-Wirtschaft als Fußnote der deutschen Geschichte?, Berlin 2006, S. 91–103.

Ciesla, Burghard: Von der Luftkriegsrüstung zur zivilen Flugzeugproduktion. Über die Entwicklung der Luftfahrtforschung und Flugzeugproduktion in der SBZ/DDR und UdSSR 1945–1954, in: Hans-Jürgen Teuteberg (Hrsg.): Beiträge zur Geschichte der Binnenschiffahrt, des Luft- und Kraftfahrzeugverkehrs, Bergisch-Gladbach 1994, S. 179–202.

Ciesla, Burghard: Die Transferfalle. Zum DDR-Flugzeugbau in den fünfziger Jahren, in: Dieter Hoffmann/Kristie Macrakis (Hrsg.): Naturwissenschaft und Technik in der DDR, Berlin 1997, S. 193–221.

Creuzberger, Stefan/Hoffmann, Dierk: Antikommunismus und politische Kultur in der Bundesrepublik Deutschland. Einleitende Vorbemerkungen, in: Dies. (Hrsg.): „Geistige Gefahr" und „Immunisierung der Gesellschaft". Antikommunismus und politische Kultur in der frühen Bundesrepublik, München 2014, S. 1–13.

Dienel, Hans-Liudger: „Das wahre Wirtschaftswunder" – Flugzeugproduktion, Fluggesellschaften und innerdeutscher Flugverkehr im West-Ost-Vergleich 1955–1980, in: Johannes Bähr/Dietmar Petzina (Hrsg.): Innovationsverhalten und Entscheidungsstrukturen. Vergleichende Studien zur wirtschaftlichen Entwicklung im geteilten Deutschland 1945–1990, Berlin 1996, S. 341–371.

Fäßler, Peter E.: Durch den „Eisernen Vorhang". Die deutsch-deutschen Wirtschaftsbeziehungen 1949–1969, Köln/Weimar/Wien 2006.

Foitzik, Jan: Sowjetische Militäradministration in Deutschland (SMAD) 1945–1949. Struktur und Funktion, Berlin 1999.

Gruhn, Werner/Lauterbach, Günter: Energiepolitik und Energieforschung in der DDR. Herausforderungen, Pläne und Maßnahmen, Erlangen 1986.

Harrison, Hope M.: Ulbrichts Mauer. Wie die SED Moskaus Widerstand gegen den Mauerbau brach, Bonn 2011.

Hartlepp, Heinz: Hatte die DDR-Luftfahrtindustrie 1954 und danach eine Chance?, in: Gerhard Barkleit/Heinz Hartlepp: Zur Geschichte der Luftfahrtindustrie der DDR 1952–1961, Dresden 1995, S. 31–48.

Haupt, Heinz-Gerhard/Requate, Jörg (Hrsg.): Aufbruch in die Zukunft. Die 1960er Jahre zwischen Planungseuphorie und kulturellem Wandel. DDR, CSSR und Bundesrepublik Deutschland im Vergleich, Weilerswist 2004.

Hegemann, Margot: Kurze Geschichte des RGW, Berlin 1980.

Hildermeier, Manfred: Geschichte der Sowjetunion 1917–1991. Entstehung und Niedergang des ersten sozialistischen Staates, München 1998.

Hobsbawm, Eric: Das Zeitalter der Extreme. Weltgeschichte des 20. Jahrhunderts, München/Wien 1995.

Hoffmann, Dierk: Ölpreisschock und Utopieverlust. Getrennte Krisenwahrnehmung und -bewältigung, in: Udo Wengst/Hermann Wentker (Hrsg.): Das doppelte Deutschland. 40 Jahre Systemkonkurrenz, Berlin 2008, S. 213–234.

Hoffmann, Dierk (Hrsg.): Die zentrale Wirtschaftsverwaltung in der SBZ/DDR. Akteure, Strukturen, Verwaltungspraxis, München 2016.

Hoffmann, Dierk: Einleitung, in: Dierk Hoffmann (Hrsg.): Die zentrale Wirtschaftsverwaltung in der SBZ/DDR. Akteure, Strukturen, Verwaltungspraxis, München 2016, S. 1–16.

Hoffmann, Dierk: Lebensstandard und Konsumpolitik, in: Dierk Hoffmann (Hrsg.): Die zentrale Wirtschaftsverwaltung in der SBZ/DDR. Akteure, Strukturen, Verwaltungspraxis, München 2016, S. 423–509.

Hoffmann, Dieter/Macrakis, Kristie (Hrsg.): Naturwissenschaft und Technik in der DDR, Berlin 1997.

Karlsch, Rainer: Allein bezahlt? Die Reparationsleistungen der SBZ/DDR 1945-53, Berlin 1993.

Karlsch, Rainer: Umfang und Struktur der Reparationsentnahmen aus der SBZ/DDR 1945-1953. Stand und Probleme der Forschung, in: Christoph Buchheim (Hrsg.): Wirtschaftliche Folgelasten des Krieges in der SBZ/DDR, Baden-Baden 1995.

Karlsch, Rainer/Tandler, Agnes: Ein verzweifelter Wirtschaftsfunktionär? Neue Erkenntnisse über den Tod Erich Apels 1965, in: Deutschland Archiv 34 (2001), S. 50-64.

Karlsch, Rainer/Laufer, Jochen (Hrsg.): Sowjetische Demontagen in Deutschland 1944–1949. Hintergründe, Ziele und Wirkungen, Berlin 2002.

Karlsch, Rainer/Stokes, Raymond G.: Faktor Öl. Die Mineralölwirtschaft in Deutschland 1859-1974, München 2003.

Karlsch, Rainer: Uran für Moskau. Die Wismut – Eine populäre Geschichte, Berlin 2007.

Karlsch, Rainer: Energie- und Rohstoffpolitik, in: Dierk Hoffmann (Hrsg.): Die zentrale Wirtschaftsverwaltung in der SBZ/DDR. Akteure, Strukturen, Verwaltungspraxis, München 2016, S. 249-362.

Kopstein, Jeffrey: The Politics of Economic Decline in East Germany, 1945-1989, Chapel Hill/London 1997.

Kornai, János, Das sozialistische System. Die politische Ökonomie des Kommunismus, Baden-Baden 1995.

Krienen, Dag/Prott, Stefan: Zum Verhältnis von Demontage, Konversion und Arbeitsmarkt in den Verdichtungsräumen des Flugzeugbaus in der SBZ 1945-1950, in: Rainer Karlsch/Jochen Laufer (Hrsg.): Sowjetische Demontagen in Deutschland 1944-1949. Hintergründe, Ziele und Wirkungen, Berlin 2002, S. 275-328.

Kühr, Rüdiger: Die Reparationspolitik der UdSSR und die Sowjetisierung des Verkehrswesens der SBZ. Eine Untersuchung der Entwicklung der Deutschen Reichsbahn 1945-1949, Bochum 1996.

Kühr, Rüdiger: Die Folgen der Demontagen bei der Deutschen Reichsbahn (DR), in: Rainer Karlsch/Jochen Laufer (Hrsg.): Sowjetische Demontagen in Deutschland 1944-1949. Hintergründe, Ziele und Wirkungen, Berlin 2002, S. 473-506.

Landsmann, Mark: Dictatorship and Demand. The Politics of Consumerism in East Germany, Cambridge (Mass.) 2005.

Lemke, Michael: Die Berlinkrise von 1958 bis 1963. Interessen und Handlungsspielräume der SED im Ost-West-Konflikt, Berlin 1995.

Lemke, Michael: Einheit oder Sozialismus? Die Deutschlandpolitik der SED 1949-1961, Köln/Weimar/Wien 2001.

Lemke, Michael: Wandlungsprozesse in den Beziehungen zwischen der DDR und der Sowjetunion als Grundlage der Entwicklung von äußeren Handlungsspielräumen für die SED von 1955/56 bis zum Beginn der sechziger Jahre, in: Heiner Timmermann (Hrsg.): Die DDR – Analysen eines aufgegebenen Staates, Berlin 2001, S. 505-519.

Lemke, Michael: Nur ein Ausweg aus der Krise? Der Plan einer ostdeutsch-sowjetischen Wirtschaftsgemeinschaft als Systemkonkurrenz und innerdeutscher Konflikt 1960-1964, in: Heiner Timmermann (Hrsg.): Die DDR zwischen Mauerbau und Mauerfall, Münster 2003, S. 248-265.

Lemke, Michael (Hrsg.): Schaufenster der Systemkonkurrenz. Die Region Berlin-Brandenburg im Kalten Krieg, Köln/Weimar/Wien 2006.

Loth, Wilfried/Picht, Robert (Hrsg.): De Gaulle, Deutschland und Europa, Opladen 1991.

Malycha, Andreas: Die SED in der Ära Honecker. Machtstrukturen, Entscheidungsmechanismen und Konfliktfelder in der Staatspartei 1971 bis 1989, München 2014.

Malycha, Andreas: Die Staatliche Plankommission (SPK) und ihre Vorläufer 1945 bis 1990. Struktur und Personal, in: Dierk Hoffmann (Hrsg.): Die zentrale Wirtschaftsverwaltung in der SBZ/DDR. Akteure, Strukturen, Verwaltungspraxis, München 2016, S. 17-131.

Müller, Reinhard: Brundolf Baade und die Luftfahrtindustrie der DDR. Die wahre Geschichte des Strahlverkehrsflugzeugs 152, Erfurt 2013.

Neumann, Gerd: Die ökonomischen Entwicklungsbedingungen des RGW 1945-1958. Versuch einer wirtschaftshistorischen Analyse, Berlin (Ost) 1980.

Nötzoldt, Peter: Der Weg zur „sozialistischen Forschungsakademie". Zum Wandel des Akademiegedankens in der SBZ/DDR zwischen 1945 und 1968, in: Dieter Hoffmann/Kristie Macrakis (Hrsg.): Naturwissenschaft und Technik in der DDR, Berlin 1997, S. 125-146.

Palm, Stefanie: Karrieremuster eines Technokraten. Erich Apels Weg in die Staatliche Plankommission. Masterarbeit. Universität Potsdam, Potsdam 2014.

Pirker, Theo/Lepsius, M. Rainer/Weinert, Rainer/Hertle, Hans-Hermann (Hrsg.): Der Plan als Fiktion. Wirtschaftsführung in der DDR. Gespräche und Analysen, Opladen 1995.

Reichert, Mike: Kernenergiewirtschaft in der DDR. Entwicklungsbedingungen, konzeptioneller Anspruch und Realisierungsgrad, 1955-1990, St. Katharinen 1999.

Reinhard, Wolfgang: Geschichte der Staatsgewalt. Eine vergleichende Verfassungsgeschichte Europas von den Anfängen bis zur Gegenwart, München 2000 (2. durchgesehene Aufl.).

Ritschl, Albrecht: Aufstieg und Niedergang der Wirtschaft der DDR. Ein Zahlenbild 1945-1989, in: Jahrbuch für Wirtschaftsgeschichte 1995/2, S. 11-46.

Roesler, Jörg: Die Herausbildung der sozialistischen Planwirtschaft in der DDR, Berlin 1978.

Roesler, Jörg: Zwischen Plan und Markt. Die Wirtschaftsreform in der DDR zwischen 1963 und 1970, Freiburg i. Br. 1990.

Roesler, Jörg: Der Handlungsspielraum der DDR-Führung gegenüber der UdSSR. Zu einem Schlüsselproblem des Verständnisses der DDR-Geschichte, in: Zeitschrift für Geschichtswissenschaft 41 (1993), S. 293-304.

Roesler, Jörg: „Eisen für den Frieden". Das Eisenhüttenkombinat Ost in der Wirtschaft der DDR, in: Rosemarie Beier (Hrsg.): Aufbau West – Aufbau Ost. Die Planstädte Wolfsburg und Eisenhüttenstadt in der Nachkriegszeit, Ostfildern 1997, S. 149-158.

Roesler, Jörg: Momente deutsch-deutscher Wirtschafts- und Sozialgeschichte 1945 bis 1990. Eine Analyse auf Augenhöhe, Leipzig 2006.

Scherstjanoj, Elke: Das SKK-Statut. Zur Geschichte der Sowjetischen Kontrollkommission in Deutschland 1949 bis 1953. Eine Dokumentation, München 1998.

Schevardo, Jennifer: Vom Wert des Notwendigen. Preispolitik und Lebensstandard in der DDR der fünfziger Jahre, Stuttgart 2006.

Schöne, Jens: Frühling auf dem Lande? Die Kollektivierung der DDR-Landwirtschaft, Berlin 2005.

Schöne, Jens: Die Landwirtschaft der DDR 1945-1990, Erfurt 2005.

Schmid, Bernhard: Algerien – Frontstaat im globalen Krieg? Neoliberalismus, soziale Bewegungen und islamistische Ideologie in einem nordafrikanischen Land, Münster 2005.

Schütterle, Juliane: Kumpel, Kader und Genossen: Arbeiten und Leben im Uranbergbau der DDR. Die Wismut AG, Paderborn u. a. 2010.

Schwarz, Hans-Peter: Vom Reich zur Bundesrepublik Deutschland im Widerstreit der außenpolitischen Konzeptionen in den Jahren der Besatzungsherrschaft 1945-1949, Neuwied/Berlin 1966.

Schwarzer, Oskar: Sozialistische Zentralplanwirtschaft in der SBZ/DDR. Ergebnisse eines ordnungspolitischen Experiments (1945-1989), Stuttgart 1999.

Spilker, Dirk: The East German Leadership and the Division of Germany. Patriotism and Propaganda 1945–1953, Oxford 2006.

Stange, Thomas: Zu früh zu viel gewollt. Der mißglückte Start der DDR in die Kernenergie, in: Deutschland Archiv 30 (1997), S. 923–933.

Stange, Thomas: Institut X. Die Anfänge der Kern- und Hochenergiephysik in der DDR, Stuttgart 2001.

Steiner, André: Sowjetische Berater in den zentralen wirtschaftsleitenden Instanzen der DDR in der zweiten Hälfte der fünfziger Jahre, in: Jahrbuch für historische Kommunismusforschung (1993), S. 100–117.

Steiner, André: Die DDR-Wirtschaftsreform der sechziger Jahre. Konflikt zwischen Effizienz- und Machtkalkül, Berlin 1999.

Steiner, André (Hrsg.): Überholen ohne einzuholen. Die DDR-Wirtschaft als Fußnote der deutschen Geschichte?, Berlin 2006.

Steiner, André: Von Plan zu Plan. Eine Wirtschaftsgeschichte der DDR, Bonn 2007.

Uhl, Matthias: Stalins V-2. Der Technologietransfer der deutschen Fernlenkwaffentechnik in die UdSSR und der Aufbau der sowjetischen Raketenindustrie 1945 bis 1959, Bonn 2001.

Uhl, Matthias/Filippovych, Dimitrij N. (Hrsg.): Vor dem Abgrund. Die Streitkräfte der USA und UdSSR sowie ihrer deutschen Bündnispartner in der Kubakrise, München 2005.

Unger, Stefan: Eisen und Stahl für den Sozialismus. Modernisierungs- und Innovationsstrategien der Schwarzmetallurgie in der DDR von 1949 bis 1971, Berlin 2000.

Wagner, Armin: Walter Ulbricht und die geheime Sicherheitspolitik der SED. Der Nationale Verteidigungsrat der DDR und seine Vorgeschichte (1953–1971), Berlin 2002.

Wagner, Matthias: Der Forschungsrat der DDR. Im Spannungsfeld von Sachkompetenz und Ideologieanspruch. 1954 – April 1962, Dissertation, Humboldt-Universität zu Berlin 1992.

Wentker, Hermann: Außenpolitik in engen Grenzen. Die DDR im internationalen System 1949–1989, München 2007.

Werner, Jochen: Luftfahrtindustrie in der DDR (1952–1961), in: Jürgen Michels/Jochen Werner (Hrsg.) Luftfahrt Ost 1945–1990. Geschichte der deutschen Luftfahrt in der Sowjetischen Besatzungszone (SBZ) und der Deutschen Demokratischen Republik (DDR), Bonn 1994, S. 72–156.

Wettig, Gerhard. Die sowjetische Besatzungsmacht und der politische Handlungsspielraum in der SBZ (1945–1949), in: Ulrich Pfeil (Hrsg.): Die DDR und der Westen. Transnationale Beziehungen 1949–1989, Berlin 2001, S. 39–61.

Wettig, Gerhard: Chruschtschows Berlin-Krise 1958 bis 1963. Drohpolitik und Mauerbau, München 2006.

Wettig, Gerhard: Die Stalin-Note. Historische Kontroverse im Spiegel der Quellen, Berlin 2015.

Wölbern, Jan Philipp: Der Häftlingsfreikauf aus der DDR, 1962/63–1989. Zwischen Menschenhandel und humanitären Aktionen, Göttingen 2014.

Zimmermann, Wolfgang: Die industrielle Arbeitswelt der DDR unter dem Primat der sozialistischen Ideologie, Teilband 1, Münster 2002.

Personenregister

Die Namensschreibung im Register folgt der wissenschaftlichen Transliteration, die auch in den Dokumenten, den Dokumenten-Überschriften und der Kommentierung verwendet wird.

Abraham, H.   133
Abrasimov, Pëtr Andreevič   170, 175, 180, 226, 229
Adenauer, Konrad   1, 69, 72, 74, 76, 78, 120, 125, 142, 155, 157
Adler, Hans   211
Alekseev, A. M.   133
Alfeev, V. I.   133
Apel, Erich   11, 60, 62, 64f., 67, 101–103, 130, 137, 145, 152f., 164–170, 172, 174–177, 187f., 192, 195–197, 206–208, 210, 212f., 219
Archipov, Ivan Vasil'evič   109, 220
Ardenne, Manfred von   99
Avramec, V. V.   48

Baade, Brunolf   60f., 63f., 66f., 90
Bach, August   75
Bagudin   219
Bajbakov, Nikolaj Konstantinovič   215, 220, 229
Balkow, Julius   156f., 202f.
Baransky, K.   48
Bat'a, Tomáš   147
Batkovsky, S.   48
Baženov, Michail Fedorovič   158f., 161–164
Behrendt, Heinz Karl   124, 154–157
Beleckij   82
Belobrov, N. F.   133
Beljanskij, Aleksandr Aleksandrovič   67
Ben Bella, Mohammed Ahmed   9, 193f., 197
Bereznoj, Nikolaj Ivanovič   59
Berger, Wolfgang   43, 45
Bobyrev, T. R.   133
Bolz, Lothar   71f., 130, 181
Borisenko, N. I.   133
Borisov, S.   109
Boruzky, T.   47
Boussac, Marcel   97, 100
Brandt, Willy   155
Bratčenko, Boris Fëdorovič   221
Brentano, Heinrich von   155
Brežnev, Leonid Il'ič   64, 121, 200, 206, 208, 214, 219, 227
Bulganin, Nikolaj Alexandrovič   32
Brusov   219
Bylinsky, B.   48

Castro, Fidel Alejandro   183
Chodkina   219

Christofzik, Paul   134
Chruničev, Michail Vasil'evič   58–67
Chruščëv, Nikita Sergeevič   3f., 9, 12f., 24, 32, 64, 67f., 71, 74–83, 88, 91, 93, 96–101, 106, 110–112, 114–121, 123, 127, 134f., 137–154, 165, 167–169, 172, 175, 177–184, 186–190, 192–197, 199f., 206, 214
Cichy, Hans   60
Correns, Erich   75f.
Čujkov, Vasilij Ivanovič   21, 23f.

Dantschak, Č.   48
Dement'ev, Pëtr Vasil'evič   59, 64, 66
Demidov, D. D.   200, 202
Derkačev, D.   133, 230
Dölling, Rudolf   110, 121
Dulles, John Foster   71f.
Dutka, S.   48
Džambov, G.   48
Dzerzhinsky, I.   48

Eisenhower, Dwight David   68, 71f., 74, 77
Elgurt, P.   48

Fëdorov, A. F.   164
Fichtner, Kurt   163
Flick   60, 134
Frenzel, Max   134

Galonskij, Pavel Petrovič   225
Gaulle, Charles André Joseph Marie de   71f., 118
Gerlach, Manfred   130, 181
Gladkov, P. I.   48
Glinjanski, I.   48
Götting, Gerald   130, 181
Gomułka, Władysław   115–119, 143f., 191
Gol'čik, Ja.   49
Golicky, S.   48
Golovanov, A. D.   215
Goregljad. Aleksej Adamovič   109
Gregor, Kurt   25, 154, 166
Grojušin, V. N.   133, 787
Gromyko, Andrej Andreevič   69–73, 77
Grosse, Hermann   129f., 133, 164f., 172–175, 206, 210, 215f.
Grotewohl, Otto   1, 24f., 74, 81, 99, 152f.
Grüneberg, Gerhard   152f.

Hager, Kurt   169

Henke, Georg 38, 41, 102, 126, 130, 133
Herter, Christian Archibald 72
Hess 164
Hinkelmann, Herbert 200f.
Homann, Heinrich 75f.
Honecker, Erich 12, 101, 124, 169
Hoxha, Enver 118f., 121
Hübner, Heinz-Werner 134
Hüttenreich, W. 134

Inozemcev, Nikolaj Nikolaevič 133, 210, 219-223

Jaščuk, B. 48f., 58
Judin, Pavel Fëdorovič 118
Jurkovsky, I. 49
Jušin, Jakov Vasil'evič 47

Kabanov 32
Kádár, János 116f.
Kaganovič, Lasar Moisejevič 32
Kas'janov, A. A. 59, 67
Kerber, Erwin 130, 205
Kennedy, John F. 195
Kettig, R. 48
Kiričenko, Aleksej Illarionovič 68
Kiselev, V. I. 45
Klopfer, Heinz 228
Koptel'cev, V. 101, 122, 145, 154, 180, 196, 200
Kopzinsky, E. 48
Korb 81
Kosjačenko 32
Koslov 82
Kostousov, Anatolij Ivanovič 173
Kosygin, Aleksej Nikolaevič 63, 88f., 95, 112-114, 116, 120f., 139, 141, 145, 147f., 153, 169, 175, 184, 197, 206
Kotomkin 82
Koval, T. A. 133
Kovtun, Evgenij Grigor'evič 59
Kozlov, Frol Romanovič 68, 95, 119, 121
Krause, Wolfram 228
Krejči, I. 49
Kulakov 214
Kumykin, Pavel Nikolaevič 23f.
Kundermann, Aenne 68, 81
Kusmin, Iosif I. 46
Kuznecov, A. N. 60
Kuznecov, V. V. 68, 81
Kvicinskij, Julij Aleksandrovič 125

Landler, E. 48f., 58
Langurov, I. Z. 48
Lebedev, N. 15f.
Lebedev, V. D. 133
Leopold, Kurt 124, 155, 156

Lesečko, Michail Avksent'vič 95, 179, 189, 192
Leuschner, Bruno Max 5, 11, 24-26, 43-45, 79, 81, 85, 88, 91, 110, 113, 116f., 120-127, 129-137, 145, 153, 156, 169f., 179, 202
Lilie, Helmut 228
Loch, Hans 75f.
Lomako, Pëtr Fadeevič 178f., 183, 185f., 189, 196f., 207f., 211, 216
Lošakov, Michail G. 15, 133
Lowinsky, S. 48
Lun'kov, N. M. 68

Macmillan, Maurice Harold 72-74, 118
Malenkov, Georgij Maksimilianovič 32, 43, 190
Maljavin, G. A. 154, 157
Malova 45, 129
Marek, Ja. 48
Markov, V. P. 48
Markowitsch, Erich 172
Medvedkov, Jurij Sergeevič 133, 215, 219f., 223, 229
Meiser, Hugo 128, 130, 133, 164f., 169, 174, 202-214, 219, 220-223
Mel'nikov, N. I. 126, 129, 132, 154, 165, 177
Merkulov, Vsevolod N. 15
Mewis, Karl 11, 13, 102f., 122f., 125-130, 133, 137f., 145, 153, 158, 161-163, 171, 173, 176
Mielke, Erich 13, 142f., 150
Mikojan, Anastas Ivanovič 20, 23, 32, 68, 79, 95, 153, 183, 193f., 206
Mindach, Boris 90
Mirošničenko, Boris Pantelejmonovič 32, 35
Mirotvorcev, I. N. 133
Mittag, Günter 209
Mittenzwei 219
Mjaldisin 82
Molotov, Vjačeslav Michajlovič 26, 32
Müller, Fritz 130, 133

Nagel 164
Neporožnij, Pëtr Stepanovič 220
Nesmejanov, Aleksandr Nikolaevič 98f.
Neumann, Alfred 11, 102f., 122, 130, 133, 153, 173, 213
Nierstein, G. 48
Nixon, Richard 82
Notkin, D. I. 133
Novikov, Vladimir Nikolaevič 95, 101f., 109, 133, 136, 145, 153, 158, 169
Novotný, Antonín 146
Nowak 164
Nuschke, Otto 143, 150

Oblomskij, Ja. A. 133
Opitz, Kurt 41

Orlov, Georgij Michajlovič 95
Ostapčuk, P. F. 125f., 128–133, 136, 138, 164–166, 170–177

Pätzold, Karl 66
Paizoni, Wilhelm 142
Panza 200
Papst 164
Parlitz, Manfred 219
Pashkovsky, I. 48
Patoličev, Nikolai Semënovič 81, 88, 95
Pautin, Nikolaj Aleksandrovič 15, 40, 43 f.
Pavlov, V. V. 59
Pavlovskij, Boris V. 89, 91
Pelz, Ja. 49, 58
Perov, Georgij Vasil'evič 17, 19
Pervuchin, Michail Georgievič 32, 68, 81, 98, 112, 115 f., 121 f., 126
Pieck, Wilhelm 24
Pitsche 164
Plaksin, S. V. 133
Podgornyj, Nikolaj Viktorovič 168
Podugol'nikov, A. P. 45
Poiser 164
Položenkov, A. G. 125 f., 129, 158, 162, 164 f., 177
Pomaznev, Michail Trofimovič 23
Popov, A. Ja. 68,
Popov, V. 196, 200
Pospelov, Pëtr Nikolaevič 154
Prokof'ev, A. M. 200 f., 206, 208 f., 211, 214–216, 222, 226, 229

Rachutin, N. 206
Rahnefeld, G. 48
Rapoport, Samuel Mitja 99
Rassadnikov, P. I. 164
Rau, Heinrich 46
Rauter 142
Redl, M. 49
Richter, Johannes 219
Rietz, Hans 130, 181
Rjabenko, A. Ja. 133
Routschik, L. 134
Rudnev, Konstantin Nikolaevič 101, 109
Rumpf, Willy 130
Rusk, Dean 157
Ryžkov, D. A. 133
Ryžkov, Nikolaj Ivanovič 175

Saburov, Maksim Zacharovič 5, 24–26, 32, 37, 39, 42, 44
Scholz, Paul 75 f.
Schröder, Gerhard 157
Schürer, Gerhard 164 f., 174, 212–214, 219, 222, 226 f., 229
Schumacher, Kurt 1

Selbmann, Fritz 25
Selichov, A. N. 89
Semičastnov, Ivan Fedorovič 20
Sergeev, Vasilij Alekseevič 20, 22
Ševčenko, Danil Fedorovič 143
Sidorovič, Georgij Stepanovič 59
Siebold, Klaus 220 f.
Sinev, Nikolaj Michajlovič 201
Sirmaj, O. 48
Široký, Viliam 146
Sölle, Horst 213
Sorokin, Gennadij Michajlovič 43
Stalin, Iosif Vissarionivič 3, 6, 22, 113, 144
Stoph, Willi 10, 152 f., 184
Strankenmüller, I. 48
Strube, Otto 142 f., 147 f., 151
Stubbe, Hans 151
Suchoel', Z. 49

Tabakopol, N. 49
Taban, B. 48
Thiessen, Peter Adolf 99
Tichomirov, S. M. 133
Tirolf, H. 133
Trifonov, S. 95 f.
Tscherne 219

Ulbricht, Walter 2, 4, 9, 11–13, 45, 48, 63, 67 f., 74 f., 77–79, 81, 83–86, 88, 91, 93, 96–101, 106, 110 f., 114–121, 123–125, 127, 129 f., 134 f., 137–154, 165, 167, 169–171, 175, 177–184, 187–189, 192–196, 198 f., 206, 208, 210, 213, 219 f., 227

Vinogradov, N. T. 68
Vogelt 154
Vorošilov, Kliment Efremovič 32

Weiz, Herbert 213
Wenzel, Siegfried 133, 164 f., 176
Winkler, P. 48
Winzer, Otto 110, 121, 194, 197
Wittkowski, Margarete 43, 45
Wolf, Herbert 228
Wolynski, L. 48
Worowsky, Ja. 48
Wunderlich, Helmut 58–61, 63, 67, 130, 133
Wyschofsky, Günther 163, 165, 206, 210

Zabolotnikov, M. D. 49
Zacharov, Aleksej Vasil'evič 39, 42, 45
Zacharov, Nikita Alekseevič 59, 65
Zagljadimov, Dimitrij Petrovič 40
Zamarin, Evgenij Alekseevič 170
Žarskij 222 f.
Zasjad'ko, Alexandr Fëdorovič 95, 101, 133, 136 f., 186

Zauleck, Dietrich 161–163
Zavazal', V. 49
Žavoronkov, Vasilij Gavrilovič 15
Zborovsky, Z. 48
Zdeb, S. 48
Zeiler, Friedrich 60

Ziergiebel, Heinz 133
Zierold, Rolf 228
Žigarev, Pavel Fëdorovič 63, 67
Živkov, Todor Christov 168
Zotov, G. M. 45
Žukov, A. V. 48

Bei Fragen zur Produktsicherheit wenden Sie sich bitte an:
If you have any questions regarding product safety,
please contact:

Walter de Gruyter GmbH
Genthiner Straße 13
10785 Berlin
productsafety@degruyterbrill.com